"十四五"普通高等教育会计专业精品规划教材

税 法

SHUIFA

茆晓颖 编著

苏州大学出版社
Soochow University Press

图书在版编目(CIP)数据

税法 / 茆晓颖编著. —苏州：苏州大学出版社，
2021.7
"十四五"普通高等教育会计专业精品规划教材
ISBN 978-7-5672-3577-9

Ⅰ.①税… Ⅱ.①茆… Ⅲ.①税法-中国-高等学校-教材 Ⅳ.①D922.22

中国版本图书馆 CIP 数据核字(2021)第 107414 号

税　法

茆晓颖　编著

责任编辑　施小占

苏州大学出版社出版发行
(地址：苏州市十梓街 1 号　邮编：215006)
常州市武进第三印刷有限公司印装
(地址：常州市湟里镇村前街　邮编：213154)

开本 787 mm×1 092 mm　1/16　印张 21.75　字数 482 千
2021 年 7 月第 1 版　2021 年 7 月第 1 次印刷
ISBN 978-7-5672-3577-9　定价：58.00 元

图书若有印装错误，本社负责调换
苏州大学出版社营销部　电话：0512-67481020
苏州大学出版社网址　http://www.sudapress.com
苏州大学出版社邮箱　sdcbs@suda.edu.cn

"十四五"普通高等教育会计专业精品规划教材
编 审 委 员 会

顾　问　冯　博
主　任　周中胜
委　员　王则斌　俞雪华　龚菊明　茆晓颖　郁　刚　张　薇
　　　　　何　艳　蒋海晨　薛华勇　王雪珍　滕　青

Preface 前言

在现实生活中,任何人都与税收有着千丝万缕的关系。对于财经管理类专业的学生而言,进行税法知识的学习是十分重要的。系统学习税法知识和相关的税收实务技能,有助于学生健全和完善自己的专业知识结构体系。本教材在编写体例上,参考了一般手册的写法,尽可能使读者在查找某一个税种时,能够快速便捷地找到所要了解的内容。在编写中尽量采用简洁明快的语言,避免繁琐拖沓的叙述。因此,无论哪类读者,都可以把本书作为一本手册来使用。

本教材具有以下几个特点:

第一,内容详细,实时更新。作为希望依法纳税的纳税人,需要及时了解税法最新动态。本教材力争介绍国家最新颁布实施的相关税收政策。虽然从长远来看,税收政策会随着客观情况的变化而变化,但在一定时期内还是保持相对稳定的。

第二,结构合理,突出重点。本教材重点放在对各个税种所有知识的全面而详细的介绍上,对每一个税种的征税对象、纳税人、税率、应纳税额的计算、税收优惠、税收管理等税收要素都做了详尽介绍,以帮助学习者掌握各个税种的重点内容。

第三,案例精练,提高能力。对税法知识的学习,重在掌握对每个税种应纳税额的计算这项实务操作技术,特别是中国注册会计师考试,非常注重对实务操作能力的考核。因此,为了兼顾这方面的需要,我们在编写中紧密结合实际,精选一些典型案例,以帮助学习者尽快熟练掌握各个税种应纳税额的计算这项实务操作能力。

本教材不仅可作为高等院校财经管理类学生学习税法课程的教材,也可作为广大财务会计人员、税务人员参加中国注册会计师(CPA)考试、中国税务师考试和会计师、高级会计师考试的辅助教材,另外还可作为财政税务部门、法制部门培训专业人员和在公民中普及税法知识的学习教材。

本教材在编写过程中参考了一些专家、学者的著作和税务部门提供的资料,在此一并致以衷心的感谢!

Contents 目录

第一章　税法总论

第一节　税收概论　/ 1

第二节　税法概念　/ 5

第三节　税法原则　/ 9

第四节　税法要素　/ 11

第五节　税收立法与我国税法体系　/ 16

本章小结　/ 25

复习思考题　/ 26

第二章　增值税法

第一节　征收范围　/ 28

第二节　纳税义务人　/ 41

第三节　税率和征收率　/ 44

第四节　增值税的计税方法　/ 47

第五节　一般计税方法应纳税额的计算　/ 50

第六节　简易计税方法应纳税额的计算　/ 61

第七节　进口环节应纳税额的计算　/ 62

第八节　税收优惠　/ 64

第九节　出口货物、劳务和跨境应税行为退（免）增值税　/ 77

第十节　征收管理　/ 82

本章小结　/ 86

复习思考题　/ 86

第三章　消费税法

第一节　征收范围和纳税义务人　/ 88

第二节　税率　／92

第三节　计税依据和应纳税额的计算　／94

第四节　出口应税消费品退（免）税　／106

第五节　征收管理　／107

本章小结　／110

复习思考题　／111

第四章　关税法

第一节　征税对象和纳税义务人　／112

第二节　进出口税则　／113

第三节　完税价格和应纳税额的计算　／117

第四节　减免税规定　／124

第五节　征收管理　／127

本章小结　／129

复习思考题　／130

第五章　企业所得税法

第一节　纳税义务人、征税对象和税率　／131

第二节　应纳税所得额　／133

第三节　资产的税务处理　／145

第四节　企业重组的所得税处理　／151

第五节　应纳税额的计算　／156

第六节　税收优惠　／161

第七节　征收管理　／172

本章小结　／175

复习思考题　／176

第六章　个人所得税法

第一节　纳税义务人　／177

第二节　征收范围　／179

第三节　税率　／185

第四节　应纳税所得额　／187

第五节　应纳税额的计算　／198

第六节　税收优惠　／208

第七节 征收管理 / 218

本章小结 / 226

复习思考题 / 227

第七章　资源和环境税法

第一节 资源税法 / 228

第二节 土地增值税法 / 243

第三节 城镇土地使用税法 / 257

第四节 环境保护税法 / 264

本章小结 / 277

复习思考题 / 278

第八章　特定目的税法

第一节 城市维护建设税法 / 279

第二节 教育费附加和地方教育附加 / 283

第三节 车辆购置税法 / 285

第四节 耕地占用税法 / 294

第五节 烟叶税法 / 300

本章小结 / 302

复习思考题 / 303

第九章　财产和行为税法

第一节 房产税法 / 305

第二节 车船税法 / 312

第三节 船舶吨税法 / 318

第四节 印花税法 / 322

第五节 契税法 / 327

本章小结 / 333

复习思考题 / 334

参考文献 / 335

第一章 税法总论

第一节 税收概论

一、税收的产生

税收是一个经济范畴,也是一个历史范畴。税收是人类社会发展到一定历史阶段的产物。在国家没有产生以前的原始社会是没有税收的。一般说来,税收的产生取决于两个相互制约的前提条件:一是物质条件,即剩余产品的出现;二是政治条件,即国家的产生和存在。只有同时存在这两个前提条件,税收才能产生。可以说,税收是剩余产品和国家公共权力相结合的产物。

在人类社会发展的历史长河中,原始社会经历了漫长的时期。那时,劳动工具简陋,生产力水平低下,人类为了生存,必须联合起来同自然界做斗争。人们共同劳动,共同分配,共同消费,没有阶级,没有私有财产。氏族内部逐渐产生较为严密的组织和分工关系,由氏族成员公推的酋长负责处理属于氏族的公共事务。此时,国家没有产生,捐税也还没有必要。直到原始社会末期,随着生产工具的改进和生产力的发展,特别是金属工具出现以后,氏族社会出现了剩余产品,私有制逐渐占了优势,社会出现了贫富分化。不仅原来在部落战争中得到的俘虏成为奴隶,而且在氏族公社内部由于借债等原因破产的贫民也沦为奴隶,社会开始分裂成对立的阶级,即奴隶主与奴隶、剥削者与被剥削者。在阶级矛盾不可调和的条件下,国家应运而生。

国家是以向社会提供公共产品、履行公共职能为基础的阶级统治机关。而国家公共支出受益的非排他性和非竞争性特点,又决定了国家只能凭借自身权威,以税收这一强制收入来筹措资金,作为其提供公共产品、履行公共职能的财力保证。国家与旧氏族组织不同的地方，第一是按地区来划分它的国民，第二是公共权力的设立。构成这种公共权力的，不仅有武装的人——军队，而且还有物质的附属物，如监狱和各种强制机关。这种公共权力的存在，一方面使税收的产生成为必要；另一方面也为税收的产生提供了可能的条件，即国家的征税权。公共权力依靠征税权取得赖以存在的物质基础，而征税权则以各种强制性的公共权力为后盾。

由此可见，税收的产生与剩余产品的出现和国家的产生有着必然的联系。剩余产品的出现和国家的产生是税收产生的前提，而税收的产生正是为了维持国家这个公共权力的存在和实现其职能。税收为国家的存在和发挥作用提供了物质基础，也是国家权力强制性的经济体现。

二、税收的概念

税收是国家为了满足社会公共需要，凭借政治权力，按照法律的规定，强制、无偿地取得财政收入的一种形式。理解税收的内涵需要从税收的分配关系本质、国家税权、税收的分配依据和税收的目的这四个方面来把握。

（一）税收属于分配范畴

在社会再生产过程中，分配是连接生产与消费的必要环节，在市场经济条件下，分配主要是对社会产品价值的分割。税收解决的是分配问题，是国家参与社会产品价值分配的法定形式，处于社会再生产的分配环节，因而在本质上它体现的是一种分配关系。

（二）税收是财政收入的一种形式

国家要行使职能必须有一定的财政收入作为保障。取得财政收入的手段多种多样，如征税、发行货币、发行国债、收费、罚没等，其中税收是大部分国家取得财政收入的主要形式。国家通过征税取得收入，一是不会凭空扩大社会购买力而引起通货膨胀；二是政府不负担任何偿还责任，也不必为此付出任何代价，不会给政府带来额外的负担；三是税收是强制征收的，国家可以制定法律向其管辖范围内的任何人或任何行为课征一定数额的税款，从而为国家公共支出提供充足的资金来源。

（三）税收的分配依据是政治权力

国家通过征税，将一部分社会产品由纳税人所有转变为国家所有，因此征税的过程实际上是国家参与社会产品的分配过程。国家与纳税人之间形成的这种分配关系与社会再生产中的一般分配关系不同。分配问题涉及两个基本问题：一是分配的主体；二是分配的依据。税收分配是以国家为主体进行的分配，而一般分配则是以各生产要素的所有者为主体进行的分配；税收分配是国家凭借政治权力，以法律形式进行的分配，而一般分配则是基于财产权利即生产要素进行的分配。

（四）税收的目的是满足公共需要

国家是以履行社会公共职能为基础的行政机关。国家在执行公共职能的过程中必然会有相应的人力和物力消耗，形成一定的公共支出。公共产品提供的特殊性决定了公共支出一般情况下不可能由公民个人、企业采取自愿出价的方式，而只能采用由国家强制征税的方式，由经济组织、单位和个人来负担。国家征税的目的是满足提供社会公共产品、弥补市场失灵和促进公平分配等的需要。同时，国家征税也要受到所提供公共产品规模和质量的制约。

三、税收的特征

税收的形式特征通常被概括为"三性"，即强制性、无偿性、固定性，这是税收本质在形态上的具体表现，也是税收本质属性的重要方面。以国家为主体的分配，三性同时具备就是税收，缺少其中任何一项，都不成其为税收，这是税收区别于任何其他分配的标志。它使税收与利润、地租、利息、工资等一般经济分配形式区别开来，也使税收与发行货币、发行国债、收费、罚没、国有企业利润上缴等其他财政收入形式区别开来。税收的这三个特征是统一整体。三个特征有其各自的内涵，但三者又是互相联系、互相依赖的。

（一）无偿性

税收的无偿性是指国家征税以后，税款即归国家所有，既不需要直接归还给具体纳税人，也不需要向具体纳税人支付任何报酬或代价。税收的无偿性是由社会费用补偿的性质决定的。由于公共需要的设施和服务是共享的，社会成员从公共需要的设施和服务中得到的利益是无法直接计量和收费的，这决定了国家对社会成员提供的公共服务只能是无偿的。相应地，国家要筹集满足公共需要的社会费用也只能采取无偿形式。从这个意义上看，无偿性是税收本身特征的核心。

税收的无偿性可以从两个方面来理解：一是国家对具体纳税人不存在直接偿还义务。国家征税时不需要向具体纳税人付出任何代价或等价物。当然，就国家与全体纳税人的利益关系而言，税收是有偿还的。国家征税使纳税人失去部分剩余产品所有权，国家为全体纳税人提供社会秩序、公共安全、共同的生产条件和生活设施等各种服务，纳税人整体享受了这种服务。二是体现国家税收为用而征，不能直接偿还。国家征税是为了实现其职能，满足社会公共需要，每年取得的税款按照国家预算规定的程序拨付出去，用于国家各个方面的支出。从这个意义出发，国家向纳税人所征收的税款就无须直接偿还，也不能直接偿还。

（二）强制性

税收的强制性是指国家凭借政治权力，以法律形式确定征纳双方的权利和义务关系。国家的政治权力可以凌驾于财产权力之上，因此，它不受生产要素归属的限制，国家可以对不同财产所有者行使这种权力。在财产私有的条件下，国家不直接占有生产资料，国家征税不能依据所有权，只能依据政治权力，这一点是显而易见的。税收因具有强制性而与发行自愿认购的国债等所形成的收入有明显的区别。同时，税收也不同于罚没收入，因为税收是纳税人按照法律规定应尽的义务，而不是对纳税人的惩罚。

税收的强制性可以从三个方面来理解：一是以法律的形式规范了征纳双方必须遵守的权利和义务关系，没有哪一方可以只享受权利而不履行义务。二是政府征税是凭借国家政治权力强制执行的，而不是凭借财产权或某种协议。这种强制是以国家为后盾的，它的强制力要高于任何规范。三是征纳双方的关系是以法律形式确定的。这种法律规范对双方当事人都具有法律上的约束力，任何一方违反税法都要受到法律的制裁。税收的强制性是由其无偿性决定的。由于国家是无偿征税，如果没有强制力作为保证，税款将很难征收上来，从而会影响财政收入的可靠和稳定取得。

（三）固定性

税收的固定性是指国家通过法律形式预先规定了征税对象和征税标准。征税对象和征税标准确定以后，征纳双方都要遵守，不能随意变动。税收固定性的特征包含时间上的连续性和征收比例上的限度性两层意思。税收的这种固定性，对于纳税人来说，比较容易接受确定的税负，可以据以预测生产经营成果，便于做出安排；对于国家来说，可以保证取得稳定和可靠的财政收入；对于社会经济来说，可以发挥有力的调节作用。

税收的固定性可以从三个方面来理解：一是以税法的形式明确了纳税人、征税对象和税率等内容；二是税收的征收标准在一定范围（一个国家或地区）内是统一的；三是征纳双方的税收法律关系在一定时期内是相对稳定的。当然，也不能把固定性理解为征税对象范围和征收比例的固定不变。随着经济社会的发展和政治条件的变化，税收的纳税人、征税对象和税率，都是会不断改变的，但税收制度的改革和调整必须通过一定的法律程序、以法律的形式进行，因而在一定时期内会保持相对稳定。税收的固定性是由其无偿性和强制性共同决定的，是为了避免税收的滥征和随意加征，从而保持社会稳定。

四、税收的职能

税收职能是指税收作为一种分配范畴所固有的职责与功能。职责是指税收在社会再生产中所承担的根本任务，表明税收应该做什么；功能是指税收完成任务的能力，表明税收能够做什么。一般认为，税收具有三大职能：财政职能、调节职能和监督职能。

（一）财政职能

税收的财政职能是指税收具有组织财政收入的功能，即税收作为参与社会产品分配的手段，能将一部分社会产品从社会成员手中转移到国家手中，形成国家财政收入的能力。税收作为国家无偿地、强制地取得财政收入的一种手段，能够把纳税人的财物及时、可靠、稳定地征收过来，保证国家财政收入，这是税收在经济范畴的基本属性。

（二）调节职能

税收的调节职能是指税收在组织财政收入的过程中，改变国民收入原有的分配格局，从而对经济产生影响的功能。这种影响是客观存在的，是税收反作用于经济的结果。国家通过征税取得财政收入，必然会改变纳税人收入的分配，进而必然会对经济活动产生某种影响。国家正是通过这种影响来贯彻自身的方针和政策，达到一定的政治和经济目的。

（三）监督职能

税收的监督职能是指监督和管理社会经济活动，制约纳税人的经济行为和纳税行为的功能。国家通过征税取得收入的活动，必然要建立在日常深入细致的税务管理基础上，具体掌握税源、了解情况、发现问题，督促纳税人依法纳税，制约纳税人的经济行为，并同违反税法的行为做斗争，从而监督社会经济活动方向、维护社会生活秩序。

第二节　税法概念

一、税法的概念

税法是国家立法机关制定的用于调整国家与纳税人之间在征纳税方面的权利和义务关系的法律规范的总称。税法构建了国家和纳税人依法征税、依法纳税的行为准则体系，其目的是保障国家利益和纳税人的合法权益，维护正常的税收秩序，保证国家的财政收入。税法体现为法律这一规范形式，是税收制度的核心内容。

税收制度是在税收分配活动中税收征纳双方所应遵守的行为规范的总和。其内容主要包括各税种的法律法规及为了保证这些税法得以实施的税收征管制度和税收管理体制。财政是国家治理的基础和重要支柱，优化与国家治理体系相适应的税收制度和税法体系是建设中国特色社会主义财政制度的重要内容。为此，既需要循序渐进地落实税收法定原则，使征税有法可依、有法必依，又需要保持合理的宏观税负水平，激发社会活力，还需要构建有利于公平竞争、创新驱动和人力资本积累的税收制度，发挥先进税收制度对经济社会高质量发展的促进作用。

二、税收法律关系

税收法律关系是税法所确认和调整的国家与纳税人之间、国家与国家之间及各级政府之间在税收分配过程中形成的权利和义务关系。国家征税与纳税人纳税在形式上表现为利益分配的关系，但经过法律明确双方的权利和义务后，这种关系实质上已上升为一种特定的法律关系。了解税收法律关系，对于正确理解国家税法的本质，严格依法纳税、依法征税都具有重要的意义。

（一）税收法律关系的构成

税收法律关系在总体上与其他法律关系一样，都是由税收法律关系的主体、客体和内容三方面构成的，但在三方面的内涵上，税收法律关系又具有一定的特殊性。

1. 税收法律关系的主体

法律关系的主体是指法律关系的参加者。税收法律关系的主体即税收法律关系中享有权利和承担义务的当事人。在我国，税收法律关系的主体包括征纳双方，一方是代表国家行使征税职责的国家行政机关，包括国家各级税务机关和海关，另一方是履行纳税义务的人，包括法人、自然人和其他组织，在华的外国企业、组织、外籍人、无国籍人，以及在华虽然没有机构、场所但有来源于中国境内所得的外国企业或组织。这种对税收法律关系中权利主体另一方的确定，在我国采取的是属地兼属人的原则。

2. 税收法律关系的客体

客体即税收法律关系主体的权利、义务所共同指向的对象，也就是征税对象。例如，流转税法律关系客体就是货物或劳务收入，所得税法律关系客体就是生产经营所得和其他所得，财产税法律关系客体就是财产。税收法律关系客体也是国家利用税收调整和控制的目标，国家在一定时期内根据客观经济形势发展的需要，通过扩大或缩小征收范围来调整征税对象，以达到限制或鼓励国民经济中某些产业、行业发展的目的。

3. 税收法律关系的内容

税收法律关系的内容就是主体所享有的权利和所应承担的义务，这是税收法律关系中最实质的东西，也是税法的灵魂。它规定权利主体可以有什么行为，不可以有什么行为，若违反了这些规定，须承担相应的法律责任。

税务机关的权利主要表现为依法征税、进行税务检查及对违章者进行处罚。其义务主要是向纳税人宣传、讲解税法，及时把征收的税款解缴国库，依法受理纳税人对税收争议的申诉等。

纳税义务人的权利主要有申请退还多缴的税款、延期纳税、依法申请减免税、申请复议和提起诉讼等。其义务主要是按照税法规定办理税务登记、进行纳税申报、接受税务检查、依法缴纳税款等。

（二）税收法律关系的产生、变更和消灭

税法是引起税收法律关系的前提条件，但税法本身并不能产生具体的税收法律关系。税收法律关系的产生、变更和消灭必须有能够引起税收法律关系产生、变更或消灭的客观情况，也就是由税收法律事实来决定。税收法律事实可以分为税收法律事件和税收法律行为。税收法律事件是指不以税收法律关系主体的意志为转移的客观事件。例如，自然灾害可以导致税收减免，从而改变税收法律关系内容的变化。税收法律行为是指税收法律关系主体在正常意志支配下做出的活动。例如，纳税人开业经营即产生税收法律关系，纳税人转业或停业就会造成税收法律关系的变更或消灭。

（三）税收法律关系的保护

税收法律关系是与国家利益及企业和个人的权益相联系的。保护税收法律关系，实质上就是保护国家正常的经济秩序、保障国家财政收入和维护纳税人的合法权益。税收法律关系的保护形式和方法是很多的，税法中关于限期纳税、征收滞纳金和罚款的规定，《刑法》对构成逃税罪、抗税罪的行为给予刑事处罚的规定，以及税法中对纳税人不服税务机关征税处理决定，可以申请复议或提出诉讼的规定等都是对税收法律关系的直接保护。税收法律关系的保护对权利主体双方是平等的，不能只对一方保护，而对另一方不予保护。同时对其享有权利的保护，就是对其承担义务的制约。

三、税法与其他法律的关系

法的调整对象是具有某一性质的社会关系，它是划分各法律部门的基本因素，也是一个法律部门区别于其他法律部门的基本标志和依据。税法以税收关系为自己的调整对象，正是这一社会关系的特定性把税法与其他法律部门划分开来。因此，税法主要以维护公共利益而非个人利益为目的，在性质上属于公法。不过与宪法、行政法、刑法等典型公法相比，税法仍具有一些私法的属性，如征税依据私法化、税收法律关系私法化、税法概念范畴私法化等。

涉及税收征纳关系的法律规范，除税法本身直接在税收实体法、税收程序法、税收争讼法、税收处罚法中规定外，在某种情况下也援引一些其他法律。深入辨析税法与其他法律之间的关系属性，是解决税法适用范围的基础，同时对于增强税法与整个法制体系的协调性也是十分必要的。

（一）税法与宪法的关系

在我国，作为国家的根本大法，《中华人民共和国宪法》（以下简称《宪法》）是制定所有法律、法规的依据和章程。宪法在现代法治社会中具有最高的法律效力，是立法的基础。税法是国家法律的组成部分，当然也是依据宪法的原则制定的。

《宪法》第五十六条规定："中华人民共和国公民有依照法律纳税的义务。"这里一是明确了国家可以向公民征税，二是明确了向公民征税要有法律依据。因此，《宪法》的这一条规定是立法机关制定税法并据以向公民征税及公民必须依照税法纳税的最直接的法律依据。

《宪法》还对国家要保护公民的合法收入、财产所有权和人身自由不受侵犯做出了规定。因此，在制定税法时，就要规定公民应享受的各项权利和国家税务机关行使征税权的约束条件，同时要求税务机关在行使征税权时，不能侵犯公民的合法权益。

《宪法》第三十三条规定："中华人民共和国公民在法律面前一律平等。"在制定税法时也应遵循这一原则，平等对待所有的纳税人，不能因为纳税人的种族、性别、出身、年龄等不同而在税收上给予不平等的待遇。

（二）税法与民法的关系

税法与民法既有明显的区别，又有内在的联系。民法是调整平等主体之间，也就是公民之间、法人之间、公民与法人之间财产关系和人身关系的法律规范，故民法调整方法的主要特点是平等、等价和有偿。而税法的本质是国家依据政治权力向公民课税，是调整国家与纳税人之间的权利和义务关系的法律规范，这种税收征纳关系不是商品的关系，明显带有国家意志和强制的特点，其调整方法要采用命令和服从的方法，这是由税法与民法的本质区别所决定的。

当税法的某些规范与民法的规范基本相同时，税法一般援引民法条款。在征税过程中，经常涉及大量的民事权利和义务问题。例如，印花税中有关经济合同关系的成立，房产税中有关房屋的产权认定等，这些在民法中已予以规定，所以税法就不再另行规定。

当涉及税收征纳关系的问题时，一般应以税法的规范为准则。例如，两个关联企业之间，一方以高进低出的价格与对方进行商业交易，然后再以其他方式从对方取得利益补偿，以达到避税的目的。虽然上述交易符合民法中规定的"民事活动应遵循自愿、公平、等价有偿、诚实信用"的原则，但是违反了税法的规定，在确定纳税义务时应该按照税法的规定对此种交易的法律属性做相应调整。

（三）税法与刑法的关系

刑法是关于犯罪、刑事责任和刑罚的法律规范的总和。税法则是调整税收征纳关系的法律规范。两者调整的范围不同，但两者也有着密切的联系，因为税法和刑法对违反税法的行为都规定了处罚条款。但应该指出，违反了税法，并不一定就是刑事犯罪。区别就在于情节是否严重，轻者给予行政处罚，重者则给予刑事处罚。

（四）税法与行政法的关系

税法与行政法有着十分密切的联系，主要是因为税法具有行政法的一般特性。税收实体法和税收程序法中都有大量内容是调整国家机关之间、国家机关与法人或自然人之间的法律关系的，而且税收法律关系中居于领导地位的一方总是国家，体现国家单方面意志，不需要征纳双方意思表示完全一致。另外，税收法律关系中争议的解决一般按照行政复议程序和行政诉讼程序进行。

税法与行政法也有一定区别。与一般行政法所不同的是，税法具有经济分配的性质，并且经济利益由纳税人向国家无偿单方面转移，这是一般行政法所不具备的。社会再生产的几乎每一个环节都有税法的参与和调节，在广度和深度上是一般行政法所不能比的。另外，行政法大多为授权性法规，所含的少数义务性规定也不像税法一样涉及货币收益的转移，而税法则是一种义务性法规。

 第三节 税法原则

税法原则反映税收活动的根本属性，是税收法律制度建立的基础。税法原则包括税法基本原则和税法适用原则。

一、税法基本原则

税法基本原则是统领所有税收规范的根本准则，是税收法律制度建立的基础。

（一）税收法定原则

税收法定原则是税法基本原则中的核心。税收法定原则又称税收法定主义，是指税法主体的权利和义务必须由法律加以规定，税法的各类构成要素皆必须且只能由法律予以明确。税收法定主义贯穿税收立法和执法的全部领域，其内容包括税收要件法定原则和税务合法性原则。

1. 税收要件法定原则

税收要件法定原则是指有关纳税人、课税对象、课税标准等税收要件必须以法律形式做出规定，且有关课税要素的规定必须尽量明确。具体来说，它要求：

（1）国家只有对其开征的任何税种都以法律形式进行专门确定后才能实施这些税种。

（2）国家在对任何税种征税要素做出变动时都应当按相关法律的规定进行。

（3）征税的各个要素不仅应当由法律做出专门的规定，这种规定还应当尽量明确。如果规定不明确，则定会产生漏洞或者歧义，在税收的立法过程中对税收的各要素加以规定之后，还应当采用恰当准确的用语，使之明确化，尽量避免使用模糊性的文字。

2. 税收合法性原则

税收合法性原则是指税务机关按照法定程序依法征税，不得随意减征、停征或免征，无法律依据不征税。

（1）要求立法者在立法的过程中要对各个税种征收的法定程序进行明确规定，这样既可以使纳税得以程序化，从而提高工作效率和节约社会成本，又尊重并保护了税收债务人的程序性权利，促使其提高纳税意识。

（2）要求税务机关及其工作人员在征税过程中，必须按照税收程序法和税收实体法律的规定来行使自己的职权，履行自己的职责，充分尊重纳税人的各项权利。

（二）税收公平原则

一般认为税收公平原则包括税收横向公平和纵向公平，即税收负担必须根据纳税人的负担能力分配。负担能力相等，税负相同；负担能力不等，税负不同。税收公平原则源于法律上的平等性原则，所以许多国家的税法在贯彻税收公平原则时，都特别强调"禁止不平等对待"的法理，禁止对特定纳税人给予歧视性对待，也禁止在没有正当理由的情况下对特定纳税人给予特别优惠。

（三）税收效率原则

税收效率原则包含两个方面：一是经济效率；二是行政效率。前者要求税法的制定要有利于资源的有效配置和经济体制的有效运行；后者要求提高税收行政效率，节约税收征管成本。

（四）实质课税原则

实质课税原则是指应根据客观事实确定是否符合课税要件，并根据纳税人的真实负担能力决定纳税人的税负，而不能仅考虑相关外观和形式。

二、税法适用原则

税法适用原则是指税务机关和司法机关运用税收法律规范解决具体问题所必须遵循的准则。税法适用原则并不违背税法基本原则，而且在一定程度上体现着税法基本原则。但与税法基本原则相比，税法适用原则含有更多的法律技术性准则，内容更为具体化。这些法律技术性准则包括以下几个方面。

（一）法律优位原则

其基本含义为：法律的效力高于行政法规的效力。法律优位原则在税法中的作用主要体现在处理不同等级税法的关系上。法律优位原则明确了税收法律的效力高于税收行政法规的效力，对此还可以进一步推论为税收行政法规的效力优于税收行政规章的效力。效力低的税法与效力高的税法发生冲突时，效力低的税法即是无效的。

（二）法律不溯及既往原则

法律不溯及既往原则是绝大多数国家所遵循的法律程序技术原则。其基本含义为：一部新法实施后，对新法实施之前人们的行为不得适用新法，而只能沿用旧法。在税法领域坚持这一原则，目的在于维护税法的稳定性和可预测性，使纳税人能在知道纳税结果的前提下做出相应的经济决策，这样税收的调节作用才会较为有效。

（三）新法优于旧法原则

新法优于旧法原则也称后法优于先法原则，其基本含义为：新法、旧法对同一事项有不同规定时，新法的效力优于旧法。其作用在于避免因法律修订带来新法、旧法对同一事项有不同的规定而引起法律适用的混乱，为法律的更新和完善提供法律适用上的保障。新法优于旧法原则在税法中普遍适用，但是当新税法与旧税法处于普通法与特别法的关系时，以及某些程序性税法引用"实体从旧、程序从新原则"时，可以例外。

（四）特别法优于普通法原则

其基本含义为：对于同一事项，两部法律分别定有一般和特别规定时，特别规定的效力高于一般规定的效力。特别法优于普通法原则打破了税法效力等级的限制，即居于特别法地位的级别较低的税法，其效力可以高于作为普通法的级别较高的税法。

（五）实体从旧、程序从新原则

这一原则的含义包括两个方面：一是实体税法不具备溯及力。即在纳税义务的确定上，以纳税义务发生时的税法规定为准，实体性的税法规则不具有向前的溯及力。二是程序性税法在特定条件下具备一定的溯及力。即对于在新税法公布实施之前发生，但在新税法公布实施之后才进入税款征收程序的纳税义务，原则上新税法对其具有约束力。

（六）程序优于实体原则

程序优于实体原则是关于税收争讼法的原则，其基本含义为：在诉讼发生时，税收程序法优于税收实体法。适用这一原则，是为了确保国家课税权的实现，不因争议的发生而影响税款的及时、足额入库。

第四节　税法要素

税法要素是指各种单行税法具有的共同的基本要素的总称。首先，税法要素既包括实体性的，也包括程序性的；其次，税法要素是所有完善的单行税法都共同具备的，仅为某一税法单独具有而非普遍性的内容，不构成税法要素，如扣缴义务人。税法要素一般包括总则、纳税义务人、征税对象、税率、纳税环节、纳税期限、纳税地点、减税免税、罚则、附则等项目。

一、总则

总则主要包括立法依据、立法目的、适用原则等。例如，《中华人民共和国耕地占用税法》规定："为了合理利用土地资源，加强土地管理，保护耕地，制定本法。"此条突出了该法制定的目的，即"立法目的"。

二、纳税义务人

纳税义务人（或纳税人）又称纳税主体，是税法规定的直接负有纳税义务的单位和个人。任何一个税种首先要解决的就是国家对谁征税的问题。例如，我国企业所得税法、个人所得税法、契税法、车船税法、车辆购置税法的第一条规定的都是该税种的纳税义务人。

纳税人有两种基本形式：自然人和法人。自然人和法人是两个相对称的法律概念。自然人是基于自然规律而出生的，有民事权利和义务的主体，包括本国公民，也包括外国人和无国籍人。法人与自然人相对称，根据《中华人民共和国民法典》的规定，法人是具有民事权利能力和民事行为能力，依法独立享有民事权利和承担民事责任的组织。法人应当依法成立，并以其全部财产独立承担民事责任。我国的法人主要有四种：机关法人、事业法人、企业法人和社团法人。

税法中规定的纳税人有自然人和法人两种最基本的形式，按照不同的目的和标准，还可以对自然人和法人进行多种详细的分类。这些分类对国家制定区别对待纳税人的税收政策，发挥税收的经济调节作用，具有重要的意义。例如，自然人可划分为居民个人和非居民个人，个体经营者和其他个人等；法人可划分为居民企业和非居民企业，还可按企业的不同所有制性质来进行分类等。

与纳税人紧密联系的两个概念是代扣代缴义务人和代收代缴义务人。前者是指虽不承担纳税义务，但依照有关规定，在向纳税人支付收入、结算货款、收取费用时有义务代扣代缴其应纳税款的单位和个人。例如，出版社代扣作者稿酬所得的个人所得税等。如果代扣代缴义务人按规定履行了代扣代缴义务，税务机关将支付一定的手续费。反之，如果代扣代缴人未按规定代扣代缴税款，造成应纳税款流失，或者将已扣的税款私自截留挪用、不按时缴入国库，一经税务机关发现，将要承担相应的法律责任。代收代缴义务人是指虽不承担纳税义务，但依照有关规定，在向纳税人收取商品或劳务收入时，有义务代收代缴其应纳税款的单位和个人。例如，《中华人民共和国消费税暂行条例》规定，委托加工的应税消费品，除受托方为个人外，由受托方在向委托方交货时代收代缴税款。

三、征税对象

征税对象又叫课税对象或征税客体，是指税法规定的对什么征税，也是征纳税双方权利和义务共同指向的客体或标的物，还是区别一种税与另一种税的重要标志。例如，消费税的征税对象是《中华人民共和国消费税暂行条例》所列举的应税消费品，房产税的征税对象是房屋等。征税对象是税法最基本的要素，因为它体现着征税的最基本界限，决定着某一种税的基本征收范围，同时征税对象也决定了各个税种的名称。例如，消费税、土地增值税、个人所得税等，这些税种因征税对象不同、性质不同，税名也就不同。征税对象按其性质的不同，通常可划分为流转额、所得额、资源环境、特定目的、财产行为等五大类，通常也因此将税收分为相应的五大类即流转税或称商品和劳务税类、所得税类、资源和环境税类、特定目的税类、财产和行为税类等。

有两个与课税对象相关的基本概念：税目和税基。

税目是在税法中对征税对象分类规定的具体的征税项目，反映具体的征收范围，是对课税对象质的界定。设置税目的目的，首先是明确具体的征收范围，凡列入税目的即为应税项目，凡未列入税目的就不属于应税项目；其次是贯彻执行国家税收调节政策的需要，国家可以以不同项目的利润水平和国家的经济政策等为依据制定高低不同的税率，以体现不同的税收政策。

并非所有税种都需要规定税目，有些税种不分课税对象的具体项目，一律按照课税对象的应税数额采用同一税率计征税款，因此一般不需要设置税目，如企业所得税。有些税种具体课税对象比较复杂，需要规定税目，如消费税，一般都规定有不同的税目。

税基又叫计税依据，是据以计算征税对象应纳税款的直接数量依据，它解决对征税对象课税的计算问题，是对课税对象的量的规定。例如，企业所得税应纳税额的基本计算方法是应纳税所得额乘以适用税率，其中，应纳税所得额是据以计算所得税应纳税额的数量基础，为所得税的税基。计税依据按照计量单位的性质划分，有两种基本形态：价值形态和物理形态。价值形态包括应纳税所得额、销售收入、营业收入等；物理形态包括面积、体积、容积、重量等。以价值形态为税基，又称从价计征，即按征税对象的货币价值计算。例如，生产销售化妆品应纳消费税税额是由化妆品的销售收入乘以适用税率计算产生，其税基为销售收入，属于从价计征的方法。以物理形态为税基，又称从量计征，即直接按征税对象物理形态的自然单位计算。例如，城镇土地使用税应纳税额是由占用土地的面积乘以每单位面积应纳税额计算产生，其税基为占用土地的面积，属于从量计征的方法。

四、税率

税率是对征税对象的征收比例或征收程度。税率是计算税额的尺度，也是衡量税负轻重的重要标志。我国现行的税率主要有以下几种。

（一）比例税率

即对同一征税对象，不分数额大小，规定相同的征收比例。例如，我国的增值税、城市维护建设税、企业所得税等采用的是比例税率。比例税率在适用中又可分为单一比例税率、差别比例税率、幅度比例税率三种具体形式。

（1）单一比例税率是指对同一征税对象的所有纳税人都适用同一比例税率。

（2）差别比例税率是指对同一征税对象的不同纳税人适用不同的比例税率。我国现行税法又分别按产品、行业和地区的不同将差别比例税率划分为以下三种类型：一是产品差别比例税率，即对不同产品分别适用不同的比例税率，同一产品采用同一比例税率，如消费税、关税等；二是行业差别比例税率，即对不同行业分别适用不同的比例税率，同一行业采用同一比例税率，如增值税等；三是地区差别比例税率，即对不同地区分别适用不同的比例税率，同一地区采用同一比例税率，如城市维护建设税等。

（3）幅度比例税率是指对于同一征税对象，税法只规定最低税率和最高税率，各地区在该幅度内确定具体的适用税率。

比例税率具有计算简单、税负透明度高、有利于保证财政收入、有利于纳税人公平竞争、不妨碍商品流转额或非商品营业额扩大等优点，符合税收效率原则。但比例税率不能针对不同的收入水平实施不同的税收负担，在调节纳税人的收入水平方面难以体现税收公平原则。

（二）超额累进税率

为了解释超额累进税率，在此先说明累进税率和全额累进税率。

累进税率是指随着计税依据的数额的增大而递增的税率，即将计税依据的数额划分为若干等级，不同等级的课税数额分别适用不同的税率，课税数额越大，适用税率越高。累进税率一般在所得课税中使用，可以充分体现对纳税人收入多的多征、收入少的少征、无收入的不征的税收原则，从而有效地调节纳税人的收入，正确处理税收负担的纵向公平问题。

全额累进税率是把计税依据的数额划分为若干等级，对每个等级分别规定相应税率，当税基达到某个等级时，计税依据的全部数额都按其达到等级的相应税率征税。运用全额累进税率的关键是查找每一纳税人应税收入在税率表中所属的等级，找到与其对应的税率，这一税率便是该纳税人所适用的税率，全部税基乘以适用税率即可计算出应纳税额。全额累进税率计算方法简便，但税收负担不合理，特别是在上下等级的临界点附近，税负呈跳跃式递增，甚至会出现税额增加超过课税对象数额增加的不合理现象，不利于鼓励纳税人增加收入。

超额累进税率是把计税依据的数额划分为若干等级，对每个等级规定一个税率，税率依次提高，每一纳税人的计税依据则依所属等级同时适用几个税率，分别计算每个等级的税额，各等级税额之和就是纳税人的应纳税款。目前，我国采用这种税率的税种是个人所得税。

在级数较多的情况下，分级计算然后相加的方法比较烦琐。为了简化计算，也可采用速算法。速算法的原理是基于全额累进计算的方法比较简单，可将超额累进计算的方法转化为全额累进计算的方法。对于同样的课税对象数额，按全额累进方法计算出的税额比按超额累进方法计算出的税额多，即有重复计算的部分，这个多征的常数叫速算扣除数。用公式表示为：

速算扣除数＝按全额累进方法计算的税额－按超额累进方法计算的税额

公式移项得：

按超额累进方法计算的税额＝按全额累进方法计算的税额－速算扣除数

（三）定额税率

即按计税依据确定的计算单位，直接规定一个固定的税额。目前，我国采用定额税率的税种有车船税、城镇土地使用税等。

（四）超率累进税率

即按计税依据数额的相对率来划分若干等级，对不同等级分别规定相应的差别税率，相对率每超过一个等级，对超过的部分就按高一级的税率计算征税。目前，我国税收体系中采用这种税率的是土地增值税。超率累进税率的计算公式是：

$$应纳税额 = 增值额 \times 适用税率 - 扣除项目金额 \times 速算扣除率$$
$$或： = 扣除项目金额 \times （增值率 \times 税率 - 速算扣除率）$$

五、纳税环节

纳税环节是指税法规定的征税对象在从生产到消费的流转过程中应当缴纳税款的环节。例如，流转税在生产和流通环节纳税，所得税在分配环节纳税等。纳税环节有广义和狭义之分。广义的纳税环节指全部课税对象在再生产中的分布情况。例如，资源税分布在生产环节，商品税分布在生产或流通环节，所得税分布在分配环节等。狭义的纳税环节特指应税商品在流转过程中纳税的环节。商品从生产到消费要经历诸多流转环节，各环节都存在销售额，都可能成为纳税环节。但考虑到税收对经济的影响、财政收入的需要及税收征管的能力等因素，国家常常对在商品流转过程中所征税种规定不同的纳税环节。按照征税环节的多少，可以将税种划分为一次课征制或多次课征制。

六、纳税期限

纳税期限是指税法规定的关于税款缴纳时间即纳税时限方面的限定。税法关于纳税时限的规定，有三个相关概念：

一是纳税义务发生时间。纳税义务发生时间是指应税行为发生的时间。例如，《中华人民共和国增值税暂行条例》规定，采取预收货款方式销售货物的，其纳税义务发生时间为货物发出的当天。

二是纳税期限。纳税人每次发生纳税义务后，不可能马上去缴纳税款，税法规定了每种税的纳税期限，即每隔固定时间汇总一次纳税义务的时间。例如，《中华人民共和国增值税暂行条例》规定，增值税的纳税期限分别为1日、3日、5日、10日、15日、1个月或者1个季度。纳税人的具体纳税期限，由主管税务机关根据纳税人应纳税额的大小分别核定；不能按照固定期限纳税的，可以按次纳税。

三是缴库期限，即税法规定的纳税期满后，纳税人将应纳税款缴入国库的期限。例如，《中华人民共和国增值税暂行条例》规定，纳税人以1个月或者1个季度为1个纳税期的，自期满之日起 15 日内申报纳税；以 1 日、3 日、5 日、10 日或者 15 日为 1 个纳税期的，自期满之日起 5 日内预缴税款，于次月 1 日起 15 日内申报纳税并结清上月应纳税款。

七、纳税地点

纳税地点是指根据各个税种纳税对象的纳税环节和有利于对税款的源泉控制而规定的纳税人（包括代征、代扣、代缴义务人）具体申报缴纳税款的地点。

八、减税免税

减免税是指国家对特定纳税人或征税对象，给予减轻或者免除税收负担的一种税收优惠措施。

九、罚则

罚则是指对纳税人违反税法的行为采取的处罚措施。

十、附则

附则一般都规定与该法紧密相关的内容，如税法的解释权、生效时间等。

第五节 税收立法与我国税法体系

一、税收立法原则

税收立法是指有权的机关依据一定的程序，遵循一定的原则，运用一定的技术，制定、公布、修改、补充和废止有关税收法律、法规、规章的活动。税收立法是税法实施的前提，有法可依，有法必依，执法必严，违法必究，是税收立法与税法实施过程中必须遵循的基本原则。

税收立法原则是指税收立法活动中必须遵循的准则。我国的税收立法原则是根据我国的社会性质和具体国情确定的，是立法机关根据社会经济活动、经济关系，特别是税收征纳双方的特点确定的，是贯穿于税收立法工作始终的指导方针。税收立法主要应遵循以下几个原则。

(一) 从实际出发的原则

从实际出发,是唯物主义的思想路线在税收立法实践中的运用和体现。贯彻这一原则,首先,要求税收立法必须根据经济、政治发展的客观需要,反映客观规律,也就是要求从中国国情出发,充分尊重经济社会发展规律和税收分配理论。其次,要求税收立法要客观反映国家一定时期的经济、政治、社会等各方面的实际情况,既不能被某些条条框框束缚,也不能盲目照搬别国的立法模式。在此基础上,充分运用科学知识和技术手段,不断丰富税收立法理论,完善税法体系,以适应社会主义市场经济发展的客观需要。

(二) 公平原则

在税收立法中一定要体现公平原则。所谓公平,就是要体现合理负担原则。在市场经济体制下,参加市场竞争的各个主体需要有一个平等竞争的环境,而税收的公平是实现平等竞争的重要条件。公平主要体现在三个方面:一是从税收负担能力来看,负担能力大的,应多纳税;负担能力小的,应少纳税;没有负担能力的,不纳税。二是从纳税人所处的生产和经营环境来看,因客观环境优越而取得超额收入或级差收益者,应多纳税;反之,应少纳税。三是从税负平衡来看,不同地区之间、不同行业之间及多种经济成分之间的实际税负必须尽可能公平。

(三) 民主决策的原则

民主决策的原则是指在税收立法过程中必须充分倾听群众的意见,严格按照法定程序进行,确保税收法律能体现广大群众的根本利益。坚持这一原则,要求税收立法的主体应以人民代表大会及其常务委员会为主,由其按照法定程序进行;对于税收法案的审议,要进行充分的辩论,倾听各方面意见;税收立法过程要公开化,让广大群众及时了解税收立法的全过程,以及立法过程中各个环节的争论和如何达成共识的情况。

(四) 原则性与灵活性相结合的原则

在制定税法时,要求明确、具体、严谨、周密。但是,为了保证税法制定后在全国范围内、在各个地区都能贯彻执行,不致与现实脱节,又要求在制定税法时,不能规定得过细过死,这就要求必须坚持原则性与灵活性相结合的原则。具体来讲,就是必须将法制的统一性与因时、因地制宜相结合。法制的统一性表现在税收立法上,就是税收立法权只能由国家最高权力机关来行使,各地区、各部门不能擅自制定违背国家法律的"土政策"和"土规定"。但是,我国又是一个幅员辽阔、人口众多、多民族的国家,各地区的经济文化发展水平不平衡,因而对不同地区不能强求一样。因此,为了照顾不同地区特别是少数民族地区不同的情况和特点,充分发挥地方的积极性,在某些情况下,允许地方在遵守国家法律、法规的前提下,制定适合当地的实施办法等。因此,只有贯彻这个原则,才能制定出既符合全国统一性要求又能适应各地区实际情况的税法。

（五）法律的稳定性、连续性与废、改、立相结合的原则

制定税法，是与一定经济基础相适应的，税法一旦制定，在一定阶段内就要保持其稳定性，不能朝令夕改，变化不定。如果税法经常变动，不仅会破坏税法的权威性和严肃性，而且会给国民经济生活造成非常不利的影响。但是，这种稳定性不是绝对的，因为社会政治、经济状况是不断变化的，税法也要进行相应的发展变化。这种发展变化具体表现在：有的税法，已经过时，需要废除；有的税法，部分失去效力，需要修改、补充；根据新的情况，需要制定新的税法。此外，还必须注意保持税法的连续性，即税法不能中断，在新的税法未制定前，原有的税法不应随便中止、失效；在修改、补充或制定新的税法时，应保持与原有税法的承续关系，应在原有税法的基础上，结合新的实践经验，修改、补充原有的税法和制定新的税法。只有遵循这一原则，才能制定出符合社会政治、经济发展规律的税法。

二、税收立法权及其划分

税收立法权是指制定、修改、解释或废止税收法律、法规、规章和规范性文件的权力。它包括两个方面的内容：一是什么机关有税收立法权；二是各级机关的税收立法权是如何划分的。

（一）税收立法权划分的依据

税收立法权的明确有利于保证国家税法的统一制定和贯彻执行，充分、准确地发挥各级有权机关管理税收的职能作用，防止各种越权自定章法、随意减免税收现象的发生。

税收立法权可以按照以下不同的依据进行划分：

（1）可以按照税种类型的不同来划分。如按商品和劳务税类、所得税类、地方税类来划分。有关特定税收领域的税收立法权通常全部给予特定一级的政府。

（2）可以按照任何税种的基本要素来划分。任何税种的结构都由几个要素构成：纳税人、征税对象、税率、纳税环节等。理论上，可以将税种的某一要素如税基和税率的立法权，授予某级政府。但在实践中，这种做法并不多见。

（3）可以按照税收执法的级次来划分。立法权可以授予某级政府，行政上的执行权给予另一级，这是一种传统的划分方法，能适用于任何类型的立法权。根据这种模式，有关纳税主体、征税对象和税率的基本法规的立法权放在中央政府，更具体的税收实施规定的立法权给予较低级次政府或政府机构。因此，需要指定某级政府或政府机构制定不同级次的法规。我国的税收立法权的划分就属于此种类型。

（二）我国税收立法权划分的现状

第一，中央税、中央与地方共享税及全国统一实行的地方税的立法权集中在中央，

以保证中央政令统一，维护全国统一市场和企业平等竞争。其中，中央税是指维护国家权益、实施宏观调控所必需的税种，具体包括消费税、关税、车辆购置税等。中央与地方共享税是指与经济发展直接相关的主要税种，具体包括增值税、企业所得税、个人所得税等。地方税具体包括房产税、车船税、土地增值税、城镇土地使用税等。

第二，依法赋予地方适当的地方税收立法权。我国地域辽阔，地区之间的经济发展水平很不平衡，经济资源包括税源存在着较大差异，这种状况给全国统一制定税收法律带来一定的难度。因此，随着分税制改革的推进，有前提地、适当地给地方下放一些税收立法权，使地方可以实事求是地根据自己特有的税源开征新的税种，既有利于地方因地制宜地发挥当地的经济优势，促进地方经济的发展，同时也便于同国际税收惯例对接。

具体地说，我国税收立法权划分的层次是这样的：

（1）全国性税种的立法权，即包括全部中央税、中央与地方共享税及在全国范围内征收的地方税税法的制定、公布和税种的开征、停征权，税收征收管理基本制度的设立权属于全国人民代表大会（以下简称"全国人大"）及其常务委员会（以下简称"常委会"）。

（2）经全国人大及其常委会授权，全国性税种可先由国务院以"条例"或"暂行条例"的形式发布施行。经过一段时间后，再行修订，并通过立法程序，由全国人大及其常委会正式立法。

（3）经全国人大及其常委会授权，国务院有制定税法实施细则、增减税目和调整税率的权力。

（4）经全国人大及其常委会的授权，国务院有税法的解释权；经国务院授权，国家税务主管部门（财政部、国家税务总局及海关总署）有税收条例的解释权和制定税收条例实施细则的权力。

（5）经国务院授权，省级人民政府有本地区地方税法的解释权和制定税法实施细则、调整税目和税率的权力，也可在上述规定的前提下，制定一些税收征收办法，还可以在全国性地方税条例规定的幅度内，确定本地区适用的税率或税额。上述权力除税法解释权外，在行使后和发布实施前须报国务院备案。

地区性地方税收的立法权应只限于省级立法机关或经省级立法机关授权的同级政府，不能层层下放。所立税法可在全省（自治区、直辖市）范围内执行，也可只在部分地区执行。

关于我国现行税收立法权的划分，迄今为止，尚无一部基本法律对之加以完整规定，只是散见于若干财政和税收法律、法规中，还有待未来的税收基本法对此做出统一规定。

三、税收立法机关

根据《宪法》《中华人民共和国全国人民代表大会组织法》《中华人民共和国国务院组织法》《中华人民共和国立法法》《中华人民共和国地方各级人民代表大会和地方各级人民政府组织法》的规定,我国的立法体制是:全国人大及其常委会行使立法权,制定法律;国务院及其所属各部委,有权根据宪法和法律制定行政法规和部门规章;地方人民代表大会(以下简称"地方人大")及其常务委员会,在不同宪法、法律、行政法规相抵触的前提下,有权制定地方性法规,但要报全国人大常委会和国务院备案;民族自治地方的人大有权依照当地民族的政治、经济和文化的特点,制定自治条例和单行条例。

各有权机关根据国家立法体制规定所制定的一系列税收法律、法规、规章和规范性文件,构成了我国的税收法律体系。需要说明的是,我们平时所说的税法,有广义和狭义之分。广义概念上的税法包括所有调整税收关系的法律、法规、规章和规范性文件,是税法体系的总称;而狭义概念上的税法,特指由全国人大及其常委会制定和颁布的税收法律。由于制定税收法律、法规和规章的机关不同,其法律级次不同,因此其法律效力也不同。

(一) 全国人大和全国人大常委会制定的税收法律

《宪法》第五十八条规定:"全国人民代表大会和全国人民代表大会常务委员会行使国家立法权。"上述规定确定了我国税收法律的立法权由全国人大及其常委会行使,其他任何机关都没有制定税收法律的权力。在国家税收中,凡是基本的、全局性的问题,如国家税收的性质,税收法律关系中征纳双方的权利和义务,税种的设置,税目和税率等,都需要由全国人大及其常委会以税收法律的形式加以确定,并且在全国范围内,无论是对居民纳税人,还是对非居民纳税人都普遍适用。在现行税法中,《中华人民共和国企业所得税法》《中华人民共和国个人所得税法》《中华人民共和国税收征收管理法》都是税收法律。除《宪法》外,在税法体系中,税收法律具有最高的法律效力,是其他有权机关制定税收法规、规章的法律依据,其他各级有权机关制定的税收法规、规章都不得与《宪法》和税收法律相抵触。

(二) 全国人大或全国人大常委会授权立法

授权立法是指全国人大及其常委会根据需要授权国务院制定某些具有法律效力的暂行规定或者条例。授权立法与制定行政法规不同。国务院经授权立法所制定的规定或条例等,具有国家法律的性质和地位,它的法律效力高于行政法规,在立法程序上还需报全国人大常委会备案。1984年9月1日,全国人大常委会授权国务院改革工商税制和发布有关税收条例。1985年,全国人大授权国务院在经济体制改革和对外开放方面可以制定暂行的规定或者条例,这些都是授权国务院立法的依据。按照这两次授权立法,国务院在1994年1月1日起实施的工商税制改革中，制定实施了增值税、营业税、消费税、资源税、土地增值税、企业所得税六个暂行条例。授权立法，在一定程度上解决了我国经济体制改革和对外开放工作急需法律保障的当务之急。税收暂行条例的制定和公布施行，也为全国人大及其常委会立法工作提供了有益的经验和条件，将这些条例在条件成熟时上升为法律做好了准备。

（三）国务院制定的税收行政法规

国务院作为最高国家权力机关的执行机关，是最高国家行政机关，拥有广泛的行政立法权。我国《宪法》规定，国务院可"根据宪法和法律，规定行政措施，制定行政法规，发布决定和命令"。在中国，行政法规作为一种法律形式，处于低于宪法、法律和高于地方法规、部门规章、地方规章的地位，也是在全国范围内普遍适用的。行政法规的立法目的在于保证宪法和法律的实施，行政法规不得同宪法、法律相抵触，否则无效。国务院发布的《中华人民共和国企业所得税法实施条例》《中华人民共和国税收征收管理法实施细则》等，都是税收行政法规。

（四）地方人大及其常委会制定的税收地方性法规

根据《中华人民共和国地方各级人民代表大会和地方各级人民政府组织法》的规定，省、自治区、直辖市的人大及省、自治区的人民政府所在地的市和经国务院批准的较大的市的人大有制定地方性法规的权力。由于我国在税收立法上坚持"统一税法"的原则，地方权力机关制定税收地方性法规不是无限制的，而是要严格按照税收法律的授权行事。目前，除了海南省、民族自治区按照全国人大授权立法规定，在遵循宪法、法律和行政法规的基础上，可以制定有关税收的地方性法规外，其他省、市一般都无权自定税收地方性法规。

（五）国务院税务主管部门制定的税收部门规章

《宪法》第九十条规定："各部、各委员会根据法律和国务院的行政法规、决定、命令，在本部门的权限内，发布命令、指示和规章。"有权制定税收部门规章的税务主管机关是财政部、国家税务总局和海关总署。其制定规章的范围包括对有关税收法律、法规的具体解释，对税收征收管理的具体规定、办法等，税收部门规章在全国范围内具有普遍适用效力，但不得与税收法律、行政法规相抵触。例如，财政部颁发的《中华人民共和国增值税暂行条例实施细则》、国家税务总局颁发的《税务代理试行办法》等都属于税收部门规章。

（六）地方政府制定的税收地方规章

根据《中华人民共和国地方各级人民代表大会和地方各级人民政府组织法》的规定，省、自治区、直辖市及省、自治区的人民政府所在地的市和国务院批准的较大的市的人民政府，可以根据法律和国务院的行政法规，制定规章。按照"统一税法"的原则，上述地方政府制定税收规章，都必须在税收法律、行政法规明确授权的前提下进行，并且不得同税收法律、行政法规相抵触。没有税收法律、行政法规的授权，地方政府是无权自定税收规章的，凡是越权自定的税收规章没有法律效力。例如，国务院发布实施的房产税、城镇土地使用税等地方性税种暂行条例，规定了省、自治区、直辖市人民政府可根据条例制定实施细则。

四、税收立法程序

税收立法程序是指有权的机关，在制定、认可、修改、补充、废止等税收立法活动中，必须遵循的法定步骤和方法。

目前，我国税收立法程序主要包括以下几个阶段。

1. 提议阶段

无论是税法的制定，还是税法的修改、补充和废止，一般由国务院授权其税务主管部门（财政部、国家税务总局和海关总署）负责立法的调查研究等准备工作，并由税务主管部门提出立法方案或税法草案，上报国务院。

2. 审议阶段

税收行政法规由国务院负责审议。税收法律在经国务院审议通过后，以议案的形式提交全国人大常委会的有关工作部门，在广泛征求意见并做修改后，提交全国人大或全国人大常委会审议通过。

3. 通过和公布阶段

税收行政法规，由国务院审议通过后，以国务院总理名义发布实施。税收法律，在全国人大或全国人大常委会开会期间，先听取国务院关于制定税法议案的说明，然后经过讨论，以简单多数的方式通过后，以国家主席名义发布实施。

五、我国现行税法体系

税法内容十分丰富，涉及范围也极为广泛，各单行税收法律法规结合起来，形成了完整配套的税法体系，共同规范和制约税收分配的全过程，是实现依法治税的前提和保证。从法律角度来讲，一个国家在一定时期内、一定体制下以法定形式规定的各种税收法律、法规的总和，被称为税法体系。但从税收工作角度来讲，税法体系往往被称为税收制度。一个国家的税收制度是指在既定的管理体制下设置的税种及与这些税种的征收、管理有关的，具有法律效力的各级成文法律、行政法规、部门规章等的总和。换句话说，税法体系就是通常所说的税收制度（以下简称"税制"）。

一个国家的税制，可按照构成方法和形式分为简单型税制和复合型税制。简单型税制主要是指税种单一、结构简单的税收制度；复合型税制主要是指由多个税种构成的税收制度。在现代社会中，世界各国一般都采用多种税并存的复合型税制。一个国家为了有效取得财政收入或调节社会经济活动，必须设置一定数量的税种，并规定每种税的征收和缴纳办法，包括对什么征税、向谁征税、征多少税，以及何时纳税、何地纳税、按什么手续纳税和不纳税如何处理等。

因此，税收制度的内容主要有三个层次：一是不同的要素构成税种。构成税种的要素主要包括纳税人、征税对象、税率、纳税环节、纳税期限、减税免税等。二是不同的税种构成税收制度。构成税收制度的具体税种，国与国之间差异较大，但一般都包括所得税（直接税），如企业（法人）所得税、个人所得税，也包括商品课税（间接税），如增值税、消费税和其他一些税种。三是规范税款征收程序的法律法规，如税收征收管理法等。

税种的设置及每种税的征税办法，一般是以法律形式确定的，这些法律就是税法。一个国家的税法一般包括税法通则、各税税法（条例）、实施细则、具体规定四个层次。其中，"税法通则"规定一个国家的税种设置和每个税种的立法精神；各个税种的"税法（条例）"分别规定每种税的征税办法；"实施细则"是对各税税法（条例）的详细说明和解释；"具体规定"则是根据不同地区、不同时期的具体情况制定的补充性法规。目前，世界上只有少数国家单独制定税法通则，大多数国家都把税法通则的有关内容包含在宪法和各税税法（条例）之中，我国的税法就属于这种情况。

税法体系中各税法按基本内容和效力、职能作用征收对象和权限范围的不同可分为不同类型。

（一）按照税法的基本内容和效力的不同，可分为税收基本法和税收普通法

税收基本法也称税收通则，是税法体系的主体和核心，在税法体系中起着税收母法的作用。其基本内容一般包括税收制度的性质、税务管理机构、税收立法与管理权限、纳税人的基本权利和义务、征税机关的权利和义务、税种设置等。我国目前还没有制定统一的税收基本法，随着我国税收法制建设的发展和完善，将研究制定税收基本法。税收普通法是根据税收基本法的原则，对税收基本法规定的事项分别立法实施的法律，如个人所得税法、税收征收管理法等。

（二）按照税法的职能作用的不同，可分为税收实体法和税收程序法

税收实体法主要是指确定税种立法，具体规定各税种的征收对象、税率、纳税地点等。例如，《中华人民共和国企业所得税法》和《中华人民共和国个人所得税法》就属于税收实体法。税收程序法是指税务管理方面的法律，主要包括税收管理法、纳税程序法、发票管理法、税务机关组织法、税务争议处理法等。例如，《中华人民共和国税收征收管理法》就属于税收程序法。

1. 税收实体法体系

就实体法而言，我国的现行税制是中华人民共和国成立后经过几次较大的改革逐步演变而来的，主要是在1994年税制改革后形成的，按征税对象大致分为以下五类：

(1) 流转税类或称商品和劳务税类,包括增值税、消费税和关税。主要在生产、流通或者服务业中发挥调节作用。

(2) 所得税类,包括企业所得税和个人所得税。主要是在国民收入形成后,对生产经营者的利润和个人的纯收入发挥调节作用。

(3) 资源和环境税类,包括资源税、土地增值税、城镇土地使用税和环境保护税。主要是对因开发和利用自然资源差异而形成的级差收入发挥调节作用。

(4) 特定目的税类,包括城市维护建设税、车辆购置税、耕地占用税和烟叶税。主要是为了达到特定目的,对特定对象和特定行为发挥调节作用。

(5) 财产和行为税类,包括房产税、车船税、船舶吨税、印花税和契税。主要是对某些财产和行为发挥调节作用。

上述税种一共有18个,其中,进口的增值税和消费税、关税、船舶吨税由海关负责征收管理,其他税种由税务机关负责征收管理。

在我国的现行税种中,以国家法律的形式发布实施的有:企业所得税、个人所得税、车船税、环境保护税、烟叶税、船舶吨税、车辆购置税、耕地占用税、资源税、契税、印花税、城市维护建设税;除此之外的其他税种都是经全国人大授权,由国务院以暂行条例(或条例)的形式发布实施的。这些法律法规共同组成了我国的税收实体法体系。

2. 税收程序法体系

除税收实体法外,我国对税收征收管理适用的法律制度,是按照税收征收管理机关的不同而分别规定的。目前,我国的税收分别由税务、海关等系统负责征收管理。

(1) 由税务机关负责征收的税种的征收管理,按照全国人大常委会发布实施的《中华人民共和国税收征收管理法》及各实体税法中的征管规定执行。

由税务系统即国家税务总局系统负责征收管理的税种有:增值税、消费税、车辆购置税、企业所得税、个人所得税、资源税、城镇土地使用税、耕地占用税、土地增值税、房产税、车船税、印花税、契税、城市维护建设税、环境保护税和烟叶税,共16个税种。

(2) 由海关机关负责征收的税种的征收管理,按照《中华人民共和国海关法》和《中华人民共和国进出口关税条例》等有关规定执行。

由海关系统负责征收管理的税种有关税、船舶吨税,以及由海关代征的进口环节的增值税和消费税。

上述税收实体法和税收征收管理的程序法共同构成了我国现行税法体系。

(三) 按照主权国家行使税收管辖权的不同,可分为国内税法和国际税法

国内税法一般是按照属人或属地原则,规定一个国家的内部税收制度。国际税法是指国家间形成的税收制度,主要包括双边或多边国家间的税收协定、条约和国际惯例等,一般而言,其效力高于国内税法。

以上对于税法或税种的分类不具有法定性,但将各具体税种按照一定方法分类,在税收理论研究和税制建设方面用途相当广泛,作用非常大。例如,商品和劳务税也称间接税,是由于这些税种都是按照商品和劳务收入计算征收的,而这些税种虽然是由纳税人负责缴纳,但最终是由商品和劳务的购买者即消费者负担的,所以称为间接税;而所得税类税种的纳税人本身就是负税人,一般不存在税负转移或转嫁问题,所以称为直接税。

国家税收制度的确立,要根据本国的具体政治经济条件。就一个国家而言,在不同的时期,由于政治经济条件和政治经济目标不同,税收制度也有着或大或小的差异。

六、税收收入划分

根据国务院《关于实行分税制财政管理体制的决定》,我国的税收收入分为中央政府固定收入、地方政府固定收入和中央政府与地方政府共享收入。

中央政府固定收入包括消费税(含进口环节海关代征的部分)、车辆购置税、关税、海关代征的进口环节增值税等。

地方政府固定收入包括城镇土地使用税、耕地占用税、土地增值税、房产税、车船税、契税、环境保护税、烟叶税等。

中央政府与地方政府共享收入主要包括:

(1)增值税(不含进口环节由海关代征的部分):中央政府分享50%,地方政府按税收缴纳地分享50%。

(2)企业所得税:中国铁路总公司(原铁道部)、各银行总行和海洋石油企业缴纳的部分归中央政府,其余部分中央政府与地方政府按60%和40%的比例分享。

(3)个人所得税:除储蓄存款利息所得的个人所得税外,其余部分的分享比例与企业所得税相同。

(4)资源税:海洋石油企业缴纳的部分归中央政府,其余部分归地方政府。

(5)城市维护建设税:中国铁路总公司、各银行总行、各保险总公司集中缴纳的部分归中央政府,其余部分归地方政府。

(6)印花税:证券交易印花税收入全部归中央政府,其他印花税收入归地方政府。

本章小结

税收是一个经济范畴,也是一个历史范畴。一般说来,税收的产生,取决于两个相互制约相互影响的前提条件:一是物质条件,即剩余产品的出现;二是政治条件,即国家的产生和存在。

税收是国家为了满足社会公共需要，凭借政治权力，按照法律的规定，强制、无偿地取得财政收入的一种形式。税收的形式特征通常被概括为"三性"，即强制性、无偿性、固定性。一般认为，税收具有三大职能：财政职能、调节职能和监督职能。

税法是国家立法机关制定的用以调整国家与纳税人之间在纳税方面的权利及义务关系的法律规范的总称。税收法律关系是税法所确认和调整的国家与纳税人之间、国家与国家之间及各级政府之间在税收分配过程中形成的权利与义务关系。税法原则包括税法基本原则和税法适用原则。税法要素一般包括总则、纳税义务人、征税对象、税率、纳税环节、纳税期限、纳税地点、减税免税、罚则和附则等项目。

税收立法主要应遵循以下几个原则：从实际出发的原则；公平原则；民主决策的原则；原则性与灵活性相结合的原则；法律的稳定性、连续性与废、改、立相结合的原则。

我国的立法体制是：全国人民代表大会及其常务委员会行使立法权，制定法律；国务院及所属各部委，有权根据宪法和法律制定行政法规和规章；地方人民代表大会及其常务委员会，在不与宪法、法律、行政法规抵触的前提下，有权制定地方性法规，但要报全国人大常委会和国务院备案；民族自治地方的人大有权依照当地民族政治、经济和文化的特点，制定自治条例和单行条例。税法体系中各税法按基本内容和效力、职能作用、征收对象和权限范围的不同可分为不同类型。

根据国务院关于实行分税制财政管理体制的规定，我国的税收收入分为中央政府固定收入、地方政府固定收入和中央政府与地方政府共享收入。

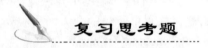

复习思考题

1. 试述国家征税的依据。
2. 如何理解税收的特征？
3. 如何理解税收制度的含义？其意义是什么？
4. 简述累进税率、比例税率和定额税率的主要区别。
5. 我国现行税收制度按照法律级次主要包括哪几个层次？
6. 税法可分为哪些类型？

第二章 增值税法

增值税是以商品（含应税劳务和应税服务）在流转过程中产生的增值额为征税对象而征收的一种流转税。按照《中华人民共和国增值税暂行条例》的规定，增值税是对在中华人民共和国境内（以下简称"境内"）销售货物或者加工、修理修配劳务（以下简称"劳务"），销售服务、无形资产、不动产及进口货物的单位和个人，就其销售货物、劳务、服务、无形资产、不动产（以下统称"应税销售行为"）的增值额和货物进口金额为计税依据而课征的一种流转税。

增值税法是指国家制定的用于调整增值税征纳双方权利和义务关系的法律规范。

增值税之所以能够在世界上众多国家推广，是因为其可以有效地防止商品在流转过程中的重复征税问题，并具备保持税收中性、普遍征收、税收负担由最终消费者承担、实行税款抵扣制度、实行比例税率、实行价外税制度等特点。

我国从1979年开始在部分城市试行生产型增值税。1994年，我国在生产和流通领域全面实施生产型增值税。2008年，国务院决定全面实施增值税改革，即将生产型增值税转为消费型增值税。2011年11月16日，经国务院批准，财政部和国家税务总局发布《营业税改征增值税试点方案》（财税〔2011〕110号），国家决定首先在上海市试点营业税改征增值税工作，并逐步将试点地区扩展到全国。2016年3月23日，经国务院批准，财政部和国家税务总局发布了《关于全面推开营业税改征增值税试点的通知》（财税〔2016〕36号，以下简称《营改增通知》），自2016年5月1日起，在全国范围内全面推开营业税改征增值税（以下简称"营改增"）试点，建筑业、房地产业、金融业、生活服务业等全部营业税纳税人，纳入试点范围，由缴纳营业税改为缴纳增值税。2017年11月19日，国务院发布了《关于废止〈中华人民共和国营业税暂行条例〉和修改〈中华人民共和国增值税暂行条例〉的决定》（国务院令第691号），正式结束了营业税的历史使命。之后又逐步发布了诸多"营改增"的具体实施办法和措施。

我国现行增值税的基本规范是2017年11月19日国务院令第691号公布的《中华人民共和国增值税暂行条例》（以下简称《增值税暂行条例》）、2016年3月23日财政部和国家税务总局发布的《营改增通知》及2011年10月28日财政部、国家税务总局令第65号公布的《中华人民共和国增值税暂行条例实施细则》(以下简称《增值税暂行条例实施细则》)。

第一节 征收范围

根据《增值税暂行条例》《增值税暂行条例实施细则》《营改增通知》的规定,增值税的征收范围是指在境内发生的应税销售行为,具体包括销售货物、劳务、服务、无形资产、不动产及进口货物等行为。

为了方便理解,本教材将现行增值税的征收范围分为传统征收范围("营改增"之前已有的征收范围)、"营改增"征收范围("营改增"之后新纳入的征收范围)和特殊征收范围三部分。其中,传统征收范围包括在境内销售货物、进口货物和销售劳务;"营改增"征收范围包括在境内销售服务、无形资产和不动产;特殊征收范围包括视同发生应税销售行为、混合销售行为和兼营销售行为。

一、传统征收范围

增值税的传统征收范围包括在境内销售货物、进口货物和销售劳务。货物是指有形动产,包括电力、热力、气体在内。劳务是指纳税人提供的加工、修理修配劳务。

(一)销售货物

销售货物是指有偿转让货物的所有权。有偿是指取得货币、货物或者其他经济利益。在境内销售货物是指销售货物的起运地或者所在地在境内。

(二)进口货物

凡是申报进入我国海关境内的货物,不论其是国外产制还是我国已出口而转销国内的货物、是进口者自行采购还是国外捐赠的货物、是进口者自用还是作为贸易或其他用途的货物,均应按照规定缴纳进口环节的增值税。

(三)销售劳务

销售劳务是指纳税人在境内有偿提供加工、修理修配劳务。单位或者个体工商户聘用的员工为本单位或者雇主提供劳务不包括在内。

加工是指受托加工货物,即委托方提供原料及主要材料,受托方按照委托方的要求制造货物并收取加工费的业务;修理修配是指受托对损伤和丧失功能的货物进行修复,使其恢复原状和功能的业务。在境内提供加工、修理修配劳务,是指提供的应税劳务发生在境内。

二、"营改增"征收范围

增值税的"营改增"征收范围包括在境内销售服务、无形资产和不动产。

（一）销售服务

销售服务是指有偿提供服务。服务包括交通运输服务、邮政服务、电信服务、建筑服务、金融服务、现代服务和生活服务。具体征收范围如下。

1. 交通运输服务

交通运输服务是指利用运输工具将货物或者旅客送达目的地，使其空间位置得到转移的业务活动，包括陆路运输服务、水路运输服务、航空运输服务和管道运输服务。

（1）陆路运输服务是指通过陆路（地上或者地下）运送货物或者旅客的运输业务活动，包括铁路运输服务和其他陆路运输服务。

（2）水路运输服务是指通过江、河、湖、川等天然、人工水道或者海洋航道运送货物或者旅客的运输业务活动。

（3）航空运输服务是指通过空中航线运送货物或者旅客的运输业务活动。

（4）管道运输服务是指通过管道设施输送气体、液体、固体物质的运输业务活动。

纳税人已售票但客户逾期未消费取得的运输逾期票证收入，按照"交通运输服务"缴纳增值税。

2. 邮政服务

邮政服务是指中国邮政集团公司及其所属邮政企业提供邮件寄递、邮政汇兑和机要通信等邮政基本服务的业务活动，包括邮政普遍服务、邮政特殊服务和其他邮政服务。

（1）邮政普遍服务是指函件、包裹等邮件寄递，以及邮票发行、报刊发行和邮政汇兑等业务活动。

（2）邮政特殊服务是指义务兵平常信函、机要通信、盲人读物和革命烈士遗物的寄递等业务活动。

（3）其他邮政服务是指邮册等邮品销售、邮政代理等业务活动。

3. 电信服务

电信服务是指利用有线、无线的电磁系统或者光电系统等各种通信网络资源，提供语音通话服务，传送、发射、接收或者应用图像、短信等电子数据和信息的业务活动，包括基础电信服务和增值电信服务。

（1）基础电信服务是指利用固网、移动网、卫星、互联网，提供语音通话服务的业务活动，以及出租或者出售带宽、波长等网络元素的业务活动。

（2）增值电信服务是指利用固网、移动网、卫星、互联网、有线电视网络，提供短信和彩信服务、电子数据和信息的传输及应用服务、互联网接入服务等业务活动。

卫星电视信号落地转接服务，按照增值电信服务缴纳增值税。纳税人通过楼宇、隧道等室内通信分布系统，为电信企业提供的语音通话和移动互联网等无线信号室分系统传输服务，分别按照基础电信服务和增值电信服务缴纳增值税。

4. 建筑服务

建筑服务是指各类建筑物、构筑物及其附属设施的建造、修缮、装饰，线路、管道、设备、设施等的安装及其他工程作业的业务活动，包括工程服务、安装服务、修缮服务、装饰服务和其他建筑服务。

（1）工程服务是指新建、改建各种建筑物、构筑物的工程作业，包括与建筑物相连的各种设备或者支柱、操作平台的安装或者装设工程作业，以及各种窑炉和金属结构工程作业。

（2）安装服务是指生产设备、动力设备、起重设备、运输设备、传动设备、医疗实验设备及其他各种设备、设施的装配、安置工程作业，包括与被安装设备相连的工作台、梯子、栏杆的装设工程作业，以及被安装设备的绝缘、防腐、保温、油漆等工程作业。固定电话、有线电视、宽带、水、电、燃气、暖气等经营者向用户收取的安装费、初装费、开户费、扩容费及类似收费，按照安装服务缴纳增值税。

（3）修缮服务是指对建筑物、构筑物进行修补、加固、养护、改善，使之恢复原来的使用价值或者延长其使用期限的工程作业。

（4）装饰服务是指对建筑物、构筑物进行修饰装修，使之美观或者具有特定用途的工程作业。

（5）其他建筑服务是指上列工程作业之外的各种工程作业服务，如钻井（打井）、拆除建筑物或者构筑物、平整土地、园林绿化、疏浚（不包括航道疏浚）、建筑物平移、搭脚手架、爆破、矿山穿孔、表面附着物（包括岩层、土层、沙层等）剥离和清理等工程作业。

物业服务企业为业主提供的装修服务，按照"建筑服务"缴纳增值税。纳税人将建筑施工设备出租给他人使用并配备操作人员的，按照"建筑服务"缴纳增值税。

5. 金融服务

金融服务是指经营金融保险的业务活动，包括贷款服务、直接收费金融服务、保险服务和金融商品转让。

（1）贷款服务是指将资金贷与他人使用而取得利息收入的业务活动。各种占用、拆借资金取得的收入，包括金融商品持有期间（含到期）利息（保本收益、报酬、资金占用费、补偿金等）收入、信用卡透支利息收入、买入返售金融商品利息收入、融资融券收取的利息收入，以及融资性售后回租、押汇、罚息、票据贴现、转贷等业务取得的利息及利息性质的收入，按照贷款服务缴纳增值税。

所谓"保本收益、报酬、资金占用费、补偿金"，是指合同中明确承诺到期本金可全部收回的投资收益。金融商品持有期间（含到期）取得的非保本的上述收益，不属于利息或利息性质的收入，不征收增值税。

融资性售后回租是指承租方以融资为目的，将资产出售给从事融资性售后回租业务的企业后，从事融资性售后回租业务的企业将该资产出租给承租方的业务活动。

以货币资金投资收取的固定利润或者保底利润，按照"贷款服务"缴纳增值税。

（2）直接收费金融服务是指为货币资金融通及其他金融业务提供相关服务并且收取费用的业务活动，包括提供货币兑换、账户管理、电子银行、信用卡、信用证、财务担保、资产管理、信托管理、基金管理、金融交易场所（平台）管理、资金结算、资金清算、金融支付等服务。

（3）保险服务是指投保人根据合同约定，向保险人支付保险费，保险人对于合同约定的可能发生的事故因其发生所造成的财产损失承担赔偿保险金责任，或者当被保险人死亡、伤残、疾病或者达到合同约定的年龄、期限等条件时承担给付保险金责任的商业保险行为，包括人身保险服务和财产保险服务。

人身保险服务是指以人的寿命和身体为保险标的的保险业务活动。

财产保险服务是指以财产及其有关利益为保险标的的保险业务活动。

（4）金融商品转让是指转让外汇、有价证券、非货物期货和其他金融商品所有权的业务活动。

其他金融商品转让包括基金、信托、理财产品等各类资产管理产品和各种金融衍生品的转让。

纳税人购入基金、信托、理财产品等各类资产管理产品持有至到期，不属于金融商品转让。

6. 现代服务

现代服务是指围绕制造业、文化产业、现代物流产业等提供技术性、知识性服务的业务活动，包括研发和技术服务、信息技术服务、文化创意服务、物流辅助服务、租赁服务、鉴证咨询服务、广播影视服务、商务辅助服务和其他现代服务。

（1）研发和技术服务包括研发服务、合同能源管理服务、工程勘察勘探服务、专业技术服务。

① 研发服务也称技术开发服务，是指就新技术、新产品、新工艺或者新材料及其系统进行研究与试验开发的业务活动。

② 合同能源管理服务是指节能服务公司与用能单位以契约形式约定节能目标，节能服务公司提供必要的服务，用能单位以节能效果支付节能服务公司投入及其合理报酬的业务活动。

③ 工程勘察勘探服务是指在采矿、工程施工前后，对地形、地质构造、地下资源蕴藏情况进行实地调查的业务活动。

④ 专业技术服务是指气象服务、地震服务、海洋服务、测绘服务、城市规划、环境与生态监测服务等专项技术服务。

（2）信息技术服务是指利用计算机、通信网络等技术对信息进行生产、收集、处理、加工、存储、运输、检索和利用,并提供信息服务的业务活动,包括软件服务、电路设计及测试服务、信息系统服务、业务流程管理服务和信息系统增值服务。

① 软件服务是指提供软件开发服务、软件维护服务、软件测试服务的业务活动。

② 电路设计及测试服务是指提供集成电路和电子电路产品设计、测试及相关技术支持服务的业务活动。

③ 信息系统服务是指提供信息系统集成、网络管理、网站内容维护、桌面管理与维护、信息系统应用、基础信息技术管理平台整合、信息技术基础设施管理、数据中心、托管中心、信息安全服务、在线杀毒、虚拟主机等业务活动,包括网站对非自有的网络游戏提供的网络运营服务。

④ 业务流程管理服务是指依托信息技术提供的人力资源管理、财务经济管理、审计管理、税务管理、物流信息管理、经营信息管理和呼叫中心等服务的活动。

⑤ 信息系统增值服务是指利用信息系统资源为用户附加提供的信息技术服务,包括数据处理、分析和整合、数据库管理、数据备份、数据存储、容灾服务、电子商务平台等。

(3) 文化创意服务包括设计服务、知识产权服务、广告服务和会议展览服务。

① 设计服务是指把计划、规划、设想通过文字、语言、图画、声音、视觉等形式传递出来的业务活动,包括工业设计、内部管理设计、业务运作设计、供应链设计、造型设计、服装设计、环境设计、平面设计、包装设计、动漫设计、网游设计、展示设计、网站设计、机械设计、工程设计、广告设计、创意策划、文印晒图等。

② 知识产权服务是指处理知识产权事务的业务活动,包括对专利、商标、著作权、软件、集成电路布图设计的登记、鉴定、评估、认证、检索服务。

③ 广告服务是指利用图书、报纸、杂志、广播、电视、电影、幻灯、路牌、招贴、橱窗、霓虹灯、灯箱、互联网等各种形式为客户的商品、经营服务项目、文体节目或者通告、声明等委托事项进行宣传和提供相关服务的业务活动,包括广告代理和广告的发布、播映、宣传、展示等。

④ 会议展览服务是指为商品流通、促销、展示、经贸洽谈、民间交流、企业沟通、国际往来等举办或者组织安排的各类展览和会议的业务活动。

组织安排会议或展览的服务,按照"会议展览服务"征收增值税。宾馆、旅馆、旅社、度假村和其他经营性住宿场所提供会议场地及配套服务的活动,按照"会议展览服务"缴纳增值税。

(4) 物流辅助服务包括航空服务、港口码头服务、货运客运场站服务、打捞救助服务、装卸搬运服务、仓储服务和收派服务。

① 航空服务包括航空地面服务和通用航空服务。

航空地面服务是指航空公司、飞机场、民航管理局、航站等向在境内航行或者在境内机场停留的境内外飞机或者其他飞行器提供的导航等劳务性地面服务的业务活动,包括旅客安全检查服务、停机坪管理服务、机场候机厅管理服务、飞机清洗消毒服务、空中飞行管理服务、飞机起降服务、飞行通信服务、地面信号服务、飞机安全服务、飞机跑道管理服务、空中交通管理服务等。

通用航空服务是指为专业工作提供飞行服务的业务活动,包括航空摄影、航空培训、航空测量、航空勘探、航空护林、航空吊挂播洒、航空降雨、航空气象探测、航空海洋监测、航空科学实验等。

② 港口码头服务是指港务船舶调度服务、船舶通信服务、航道管理服务、航道疏浚服务、灯塔管理服务、航标管理服务、船舶引航服务、理货服务、系解缆服务、停泊和移泊服务、海上船舶溢油清除服务、水上交通管理服务、船只专业清洗消毒检测服务和防止船只漏油服务等为船只提供服务的业务活动。

港口设施经营人收取的港口设施保安费,按照"港口码头服务"缴纳增值税。

③ 货运客运场站服务是指货运客运场站提供货物配载服务、运输组织服务、中转换乘服务、车辆调度服务、票务服务、货物打包整理、铁路线路使用服务、加挂铁路客车服务、铁路行包专列发送服务、铁路到达和中转服务、铁路车辆编解服务、车辆挂运服务、铁路接触网服务、铁路机车牵引服务等业务活动。

④ 打捞救助服务是指提供船舶人员救助、船舶财产救助、水上救助和沉船沉物打捞服务的业务活动。

⑤ 装卸搬运服务是指使用装卸搬运工具或者人力、畜力将货物在运输工具之间、装卸现场之间或者运输工具与装卸现场之间进行装卸和搬运的业务活动。

⑥ 仓储服务是指利用仓库、货场或者其他场所代客贮放、保管货物的业务活动。

⑦ 收派服务是指接受寄件人委托,在承诺的时限内完成函件和包裹的收件、分拣、派送服务的业务活动。

收件服务是指从寄件人收取函件和包裹,并运送到服务提供方同城的集散中心的业务活动。

分拣服务是指服务提供方在其集散中心对函件和包裹进行归类、分发的业务活动。

派送服务,是指服务提供方从其集散中心将函件和包裹送达同城的收件人的业务活动。

(5)租赁服务包括融资租赁服务和经营租赁服务。

① 融资租赁服务是指具有融资性质和所有权转移特点的租赁活动。即出租人根据承租人所要求的规格、型号、性能等条件购入有形动产或者不动产租赁给承租人,合同期内租赁物所有权属于出租人,承租人只拥有使用权,合同期满付清租金后,承租人有权按照残值购入租赁物,以拥有其所有权。不论出租人是否将租赁物销售给承租人,均属于融资租赁。

按照标的物的不同,融资租赁服务可分为有形动产融资租赁服务和不动产融资租赁服务。

融资性售后回租不按照本税目缴纳增值税。

② 经营租赁服务是指在约定时间内将有形动产或者不动产转让他人使用且租赁物所有权不变更的业务活动。按照标的物的不同，经营租赁服务可分为有形动产经营租赁服务和不动产经营租赁服务。

将建筑物、构筑物等不动产或者飞机、车辆等有形动产的广告位出租给其他单位或者个人用于发布广告，按照经营租赁服务缴纳增值税。

车辆停放服务、道路通行服务（包括过路费、过桥费、过闸费等）等按照不动产经营租赁服务缴纳增值税。

纳税人以经营租赁方式将土地出租给他人使用，按照不动产经营租赁服务缴纳增值税。

（6）鉴证咨询服务包括认证服务、鉴证服务和咨询服务。

① 认证服务是指具有专业资质的单位利用检测、检验、计量等技术，证明产品、服务、管理体系符合相关技术规范、相关技术规范的强制性要求或者标准的业务活动。

② 鉴证服务是指具有专业资质的单位受托对相关事项进行鉴证，发表具有证明力的意见的业务活动，包括会计鉴证、税务鉴证、法律鉴证、职业技能鉴定、工程造价鉴证、工程监理、资产评估、环境评估、房地产土地评估、建筑图纸审核、医疗事故鉴定等。

③ 咨询服务是指提供信息、建议、策划、顾问等服务的活动，包括金融、软件、技术、财务、税收、法律、内部管理、业务运作、流程管理、健康等方面的咨询。

翻译服务和市场调查服务按照"咨询服务"缴纳增值税。代理记账服务按照"咨询服务"缴纳增值税。

（7）广播影视服务包括广播影视节目（作品）的制作服务、发行服务和播映（含放映，下同）服务。

① 广播影视节目（作品）制作服务是指进行专题（特别节目）、专栏、综艺、体育、动画片、广播剧、电视剧、电影等广播影视节目和作品制作的服务。具体包括与广播影视节目和作品相关的策划、采编、拍摄、录音、音视频文字图片素材制作、场景布置、后期的剪辑、翻译（编译）、字幕制作、片头、片尾、片花制作、特效制作、影片修复、编目和确权等业务活动。

② 广播影视节目（作品）发行服务是指以分账、买断、委托等方式，向影院、电台、电视台、网站等单位和个人发行广播影视节目（作品）及转让体育赛事等活动的报道和播映权的业务活动。

③ 广播影视节目（作品）播映服务是指在影院、剧院、录像厅及其他场所播映广播影视节目（作品），以及通过电台、电视台、卫星通信、互联网、有线电视等无线或者有线装置播映广播影视节目（作品）的业务活动。

（8）商务辅助服务包括企业管理服务、经纪代理服务、人力资源服务和安全保护服务。

①企业管理服务是指提供总部管理、投资与资产管理、市场管理、物业管理、日常综合管理等服务的业务活动。

②经纪代理服务是指各类经纪、中介、代理服务，包括金融代理、知识产权代理、货物运输代理、代理报关、法律代理、房地产中介、职业中介、婚姻中介、代理记账、拍卖等。

拍卖行受托拍卖取得的手续费或佣金收入，按照"经纪代理服务"缴纳增值税。

货物运输代理服务是指接受货物收货人、发货人、船舶所有人、船舶承租人或者船舶经营人的委托，以委托人的名义，为委托人办理货物运输、装卸、仓储和船舶进出港口、引航、靠泊等相关手续的业务活动。

代理报关服务是指接受进出口货物的收、发货人委托，代为办理报关手续的业务活动。

③人力资源服务是指提供公共就业、劳务派遣、人才委托招聘、劳动力外包等服务的业务活动。

④安全保护服务是指提供保护人身安全和财产安全、维护社会治安等服务的业务活动，包括场所住宅保安、特种保安、安全系统监控及其他安保服务。

纳税人提供武装守护押运服务，按照"安全保护服务"缴纳增值税。

（9）其他现代服务是指除研发和技术服务、信息技术服务、文化创意服务、物流辅助服务、租赁服务、鉴证咨询服务、广播影视服务和商务辅助服务以外的现代服务。

纳税人为客户办理退票而向客户收取的退票费、手续费等收入，按照"其他现代服务"缴纳增值税。

纳税人对安装运行后的机器设备提供的维护保养服务，按照"其他现代服务"缴纳增值税。

7. 生活服务

生活服务是指为满足城乡居民日常生活需求提供的各类服务活动，包括文化体育服务、教育医疗服务、旅游娱乐服务、餐饮住宿服务、居民日常服务和其他生活服务。

（1）文化体育服务包括文化服务和体育服务。

①文化服务是指为满足社会公众文化生活需求提供的各种服务，包括文艺创作、文艺表演、文化比赛，图书馆的图书和资料借阅，档案馆的档案管理，文物及非物质遗产保护，组织举办宗教活动、科技活动、文化活动，提供游览场所。

②体育服务是指组织举办体育比赛、体育表演、体育活动，以及提供体育训练、体育指导、体育管理的业务活动。

纳税人在游览场所经营索道、摆渡车、电瓶车、游船等取得的收入，按照"文化体育服务"缴纳增值税。

（2）教育医疗服务包括教育服务和医疗服务。

① 教育服务是指提供学历教育服务、非学历教育服务、教育辅助服务的业务活动。

学历教育服务是指根据教育行政管理部门确定或者认可的招生和教学计划组织教学，并颁发相应学历证书的业务活动，包括初等教育、初级中等教育、高级中等教育、高等教育等。

非学历教育服务包括学前教育、各类培训、演讲、讲座、报告会等。

教育辅助服务包括教育测评、考试、招生等服务。

② 医疗服务是指提供医学检查、诊断、治疗、康复、预防、保健、接生、计划生育、防疫服务等方面的服务，以及与这些服务有关的提供药品、医用材料器具、救护车、病房住宿和伙食的业务。

(3) 旅游娱乐服务包括旅游服务和娱乐服务。

① 旅游服务是指根据旅游者的要求，组织安排交通、游览、住宿、餐饮、购物、文娱、商务等服务的业务活动。

② 娱乐服务是指为娱乐活动同时提供场所和服务的业务。具体包括歌厅、舞厅、夜总会、酒吧、台球、高尔夫球、保龄球、游艺（包括射击、狩猎、跑马、游戏机、蹦极、卡丁车、热气球、动力伞、射箭、飞镖）。

(4) 餐饮住宿服务包括餐饮服务和住宿服务。

① 餐饮服务是指通过同时提供饮食和饮食场所的方式为消费者提供饮食消费服务的业务活动。

提供餐饮服务的纳税人销售的外卖食品，按照"餐饮服务"缴纳增值税。纳税人现场制作食品并直接销售给消费者，按照"餐饮服务"缴纳增值税。

② 住宿服务是指提供住宿场所及配套服务等的活动，包括宾馆、旅馆、旅社、度假村和其他经营性住宿场所提供的住宿服务。

(5) 居民日常服务是指主要为满足居民个人及其家庭日常生活需求提供的服务，包括市容市政管理、家政、婚庆、养老、殡葬、照料和护理、救助救济、美容美发、按摩、桑拿、氧吧、足疗、沐浴、洗染、摄影扩印等服务。

(6) 其他生活服务是指除文化体育服务、教育医疗服务、旅游娱乐服务、餐饮住宿服务和居民日常服务之外的生活服务。

纳税人提供植物养护服务，按照"其他生活服务"缴纳增值税。

(二) 销售无形资产

销售无形资产是指有偿转让无形资产所有权或者使用权的业务活动。无形资产是指不具实物形态，但能带来经济利益的资产，包括技术、商标、著作权、商誉、自然资源使用权和其他权益性无形资产。

技术包括专利技术和非专利技术。

自然资源使用权包括土地使用权、海域使用权、探矿权、采矿权、取水权和其他自然资源使用权。

其他权益性无形资产包括基础设施资产经营权、公共事业特许权、配额、经营权（包括特许经营权、连锁经营权、其他经营权）、经销权、分销权、代理权、会员权、席位权、网络游戏虚拟道具、域名、名称权、肖像权、冠名权、转会费等。

（三）销售不动产

销售不动产是指有偿转让不动产所有权的业务活动。不动产是指不能移动或者移动后会引起性质、形状改变的财产，包括建筑物、构筑物等。

建筑物包括住宅、商业营业用房、办公楼等可供居住、工作或者进行其他活动的建造物。

构筑物包括道路、桥梁、隧道、水坝等建造物。

转让建筑物有限产权或者永久使用权的，转让在建的建筑物或者构筑物所有权的，以及在转让建筑物或者构筑物时一并转让其所占土地的使用权的，按照"销售不动产"缴纳增值税。

在判断一项经济行为是否属于"营改增"征收范围时，有以下具体规定：

（1）确定一项经济行为是否需要缴纳增值税，根据《营改增通知》，除另有规定外，一般应同时具备以下四个条件：

① 应税行为是发生在中华人民共和国境内的。

② 应税行为属于《销售服务、无形资产、不动产注释》范围内的业务活动。

③ 应税服务是为他人提供的。

④ 应税行为是有偿的。

（2）上述所说的有偿，有两类情形属于例外：

第一种情形是同时满足上述四个增值税征税条件但不需要缴纳增值税的情形，主要包括：

① 行政单位收取的同时满足条件的政府性基金或者行政事业性收费。

② 存款利息。

③ 被保险人获得的保险赔付。

④ 房地产主管部门或者其指定机构、公积金管理中心、开发企业及物业管理单位代收的住宅专项维修资金。

⑤ 在资产重组过程中，通过合并、分立、出售、置换等方式，将全部或者部分实物资产及与其相关联的债权、负债和劳动力一并转让给其他单位和个人，其中涉及的不动产、土地使用权转让行为。

第二种情形是不同时满足上述四个增值税征税条件但需要缴纳增值税的情形，主要包括某些无偿的应税行为，即《营改增通知》规定的三种视同销售服务、无形资产或者不动产情形：

① 单位或者个体工商户向其他单位或者个人无偿提供服务，但用于公益事业或者以社会公众为对象的除外。

② 单位或者个人向其他单位或者个人无偿转让无形资产或者不动产，但用于公益事业或者以社会公众为对象的除外。

③ 财政部和国家税务总局规定的其他情形。

按照此条规定，向其他单位或者个人无偿提供服务、无偿转让无形资产或者不动产，除用于公益事业或者以社会公众为对象外，应视同发生应税行为，照章缴纳增值税。

（3）销售服务、无形资产或者不动产，是指有偿提供服务、有偿转让无形资产或者不动产，但属于下列非经营活动的情形除外：

① 行政单位收取的同时满足以下条件的政府性基金或者行政事业性收费。

a. 由国务院或者财政部批准设立的政府性基金，由国务院或者省级人民政府及其财政、价格主管部门批准设立的行政事业性收费；

b. 收取时开具省级以上（含省级）财政部门监（印）制的财政票据；

c. 所收款项全额上缴财政。

② 单位或者个体工商户聘用的员工为本单位或者雇主提供取得工资的服务。

③ 单位或者个体工商户为聘用的员工提供服务。

④ 财政部和国家税务总局规定的其他情形。

（4）在境内销售服务、无形资产或者不动产，是指：

① 服务（租赁不动产除外）或者无形资产（自然资源使用权除外）的销售方或者购买方在境内。

② 所销售或者租赁的不动产在境内。

③ 所销售自然资源使用权的自然资源在境内。

④ 财政部和国家税务总局规定的其他情形。

（5）下列情形不属于在境内销售服务或者无形资产：

① 境外单位或者个人向境内单位或者个人销售完全在境外发生的服务。

② 境外单位或者个人向境内单位或者个人销售完全在境外使用的无形资产。

③ 境外单位或者个人向境内单位或者个人出租完全在境外使用的有形动产。

④ 财政部和国家税务总局规定的其他情形：

a. 为出境的函件、包裹在境外提供的邮政服务、收派服务；

b. 向境内单位或者个人提供的工程施工地点在境外的建筑服务、工程监理服务；

c. 向境内单位或者个人提供的工程、矿产资源在境外的工程勘察勘探服务；

d. 向境内单位或者个人提供的会议展览地点在境外的会议展览服务。

（6）境外单位或者个人销售的服务（不含租赁不动产）在以下两种情况下属于在我国境内销售服务，应照章缴纳增值税：

① 境外单位或者个人向境内单位或者个人销售的完全在境内发生的服务，属于在境内销售服务。例如，境外某一工程公司到境内给境内某单位提供工程勘察勘探服务。

② 境外单位或者个人向境内单位或者个人销售的未完全在境外发生的服务，属于在境内销售服务。例如，境外某一咨询公司与境内某一公司签订咨询合同，就这家境内公司开拓境内、境外市场进行实地调研并提出合理化管理建议，境外咨询公司提供的咨询服务同时在境内和境外发生，属于在境内销售服务。

（7）境外单位或者个人销售的无形资产在以下两种情况下属于在我国境内销售无形资产，应照章缴纳增值税：

① 境外单位或者个人向境内单位或者个人销售的完全在境内使用的无形资产，属于在境内销售无形资产。例如，境外 A 公司向境内 B 公司转让 A 公司在境内的连锁经营权。

② 境外单位或者个人向境内单位或者个人销售的未完全在境外使用的无形资产，属于在境内销售无形资产。例如，境外 C 公司向境内 D 公司转让一项专利技术，该技术同时用于 D 公司在境内和境外的生产线。

上述一般规定中所说的有偿，是指从购买方取得货币、货物或者其他经济利益。其他经济利益是指非货币、非货物形式的收益，包括固定资产（不含货物）、生物资产（不含货物）、无形资产（包括特许权）、股权投资、存货、不准备持有至到期的债券投资、服务及有关权益等。

三、特殊征收范围

增值税的特殊征收范围包括视同发生应税销售行为、混合销售行为和兼营销售行为。

（一）视同发生应税销售行为

单位或者个体工商户的下列行为，视同发生应税销售行为：

（1）将货物交付其他单位或者个人代销。

（2）销售代销货物。

（3）设有两个以上机构并实行统一核算的纳税人，将货物从一个机构移送其他机构用于销售，但相关机构设在同一县（市）的除外。

所谓的"用于销售"，是指受货机构发生以下情形之一的经营行为：一是向购货方开具发票；二是向购货方收取货款。受货机构的货物移送行为有上述两项情形之一的，应当向所在地税务机关缴纳增值税；未发生上述两项情形的，则应由总机构统一缴纳增值税。如果受货机构只就部分货物向购货方开具发票或收取货款，则应当区别不同情况计算并分别向总机构所在地或分支机构所在地缴纳税款。

（4）将自产或者委托加工的货物用于非增值税应税项目。

(5) 将自产、委托加工的货物用于集体福利或者个人消费。

(6) 将自产、委托加工或者购进的货物作为投资，提供给其他单位或者个体工商户。

(7) 将自产、委托加工或者购进的货物分配给股东或者投资者。

(8) 将自产、委托加工或者购进的货物无偿赠送其他单位或者个人。

(9) 单位或者个体工商户向其他单位或者个人无偿提供服务、无偿转让无形资产或者不动产，但用于公益事业或者以社会公众为对象的除外。

(10) 财政部和国家税务总局规定的其他情形。

上述十种情形应该确定为视同发生应税销售行为，均要征收增值税。其确定的目的主要有三个：一是保证增值税税款抵扣制度的实施，不致因发生上述行为而造成各相关环节税款抵扣链条的中断，如（1）（2）两种情况就是这种原因。如果不将其视同发生应税销售行为，就会出现销售代销货物方仅有销项税额而无进项税额，而将货物交付其他单位或者个人代销方仅有进项税额而无销项税额的情况，就会出现增值税抵扣链条不完整。二是避免因发生上述行为而造成应税销售行为之间税收负担不平衡的矛盾，防止以上述行为逃避纳税的现象。三是体现增值税计算的配比原则，即购进货物、劳务、服务、无形资产、不动产已经在购进环节实施了进项税额抵扣，这些购进货物、劳务、服务、无形资产、不动产应该产生相应的销售额，同时就应该产生相应的销项税额，否则就会产生不配比情况，如(4)—(9)这几种情况就属于此种原因。

（二）混合销售行为

一项销售行为如果既涉及货物又涉及服务，为混合销售行为。从事货物的生产、批发或者零售的单位和个体工商户的混合销售行为，按照销售货物缴纳增值税；其他单位和个体工商户的混合销售行为，按照销售服务缴纳增值税。

上述从事货物的生产、批发或者零售的单位和个体工商户，包括以从事货物的生产、批发或者零售为主，并兼营销售服务的单位和个体工商户在内。

混合销售行为成立的行为标准有两点：一是混合销售行为必须是一项；二是该项行为必须既涉及货物又涉及服务。我们在确定混合销售行为是否成立时，上述两点行为标准必须同时存在，如果一项销售行为只涉及销售服务，不涉及销售货物，这种行为就不是混合销售行为；反之，如果涉及销售服务和涉及销售货物的行为，不是存在于一项销售行为之中，这种行为也不是混合销售行为。

（三）兼营销售行为

如果涉及销售服务和涉及销售货物的行为，不是存在于一项销售行为之中，这种行为就是兼营销售行为。

混合销售和兼营销售的区别是：混合销售是同一笔销售业务既涉及服务又涉及货物，提供服务是直接为销售货物做出的，两者是紧密的因果（从属）关系；而兼营销售虽然也涉及提供服务和销售货物，但两者并不是发生在同一笔业务之中，提供服务和销售货物之间是平行关系。

兼营销售行为的税务处理方法包括：第一，纳税人兼营销售货物、劳务、服务、无形资产或者不动产，适用不同税率或者征收率的，应当分别核算适用不同税率或者征收率的销售额；未分别核算的，从高适用税率。第二，纳税人兼营免税、减税项目的，应当分别核算免税、减税项目的销售额；未分别核算的，不得免税、减税。

兼营销售的特殊税务处理规定包括：第一，一般纳税人销售自产机器设备的同时提供安装服务，应分别核算机器设备和安装服务的销售额，安装服务可以按照甲供工程选择适用简易计税方法计税。第二，一般纳税人销售外购机器设备的同时提供安装服务，如果已经按照兼营的有关规定，分别核算机器设备和安装服务的销售额，安装服务可以按照甲供工程选择适用简易计税方法计税。第三，纳税人对安装运行后的机器设备提供的维护保养服务，按照"其他现代服务"缴纳增值税。

第二节　纳税义务人

根据《增值税暂行条例》《增值税暂行条例实施细则》《营改增通知》的规定，在境内发生应税销售行为及进口货物的单位和个人，为增值税的纳税人。纳税人应当依照《增值税暂行条例》《增值税暂行条例实施细则》《营改增通知》的规定缴纳增值税。

一、纳税义务人和扣缴义务人

（一）纳税义务人

在境内销售货物、劳务、服务、无形资产、不动产的单位和个人，为增值税纳税人。

单位是指企业、行政单位、事业单位、军事单位、社会团体及其他单位。个人是指个体工商户和其他个人。

单位以承包、承租、挂靠方式经营的，承包人、承租人、挂靠人（以下统称"承包人"）以发包人、出租人、被挂靠人（以下统称"发包人"）名义对外经营并由发包人承担相关法律责任的，以该发包人为纳税人。否则，以承包人为纳税人。采用承包、承租、挂靠经营方式的，区分以下两种情况界定纳税人：

（1）同时满足以下两个条件的，以发包人为纳税人：

① 以发包人名义对外经营。

② 由发包人承担相关法律责任。

(2) 不同时满足上述两个条件的，以承包人为纳税人。

资管产品运营过程中发生的增值税应税销售行为，以资管产品管理人为增值税纳税人。

(二) 扣缴义务人

中华人民共和国境外（以下简称"境外"）单位或者个人在境内发生应税销售行为，在境内未设有经营机构的，以购买方为增值税扣缴义务人。

二、一般纳税人和小规模纳税人

增值税实行凭增值税专用发票（不限于增值税专用发票）抵扣税款的制度，客观上要求纳税人具备健全的会计核算制度和能力。在实际经济生活中，我国增值税纳税人众多，会计核算水平参差不齐，大量的小企业和个人还不具备用增值税专用发票抵扣税款的条件，为了既简化增值税的计算和征收，也有利于减少税收征管漏洞，增值税法将增值税纳税人按会计核算水平和经营规模分为一般纳税人和小规模纳税人两类，分别采取不同的登记管理办法。

(一) 一般纳税人

1. 一般纳税人的登记条件

根据《增值税一般纳税人登记管理办法》的规定，增值税纳税人（以下简称"纳税人"），年应税销售额超过财政部、国家税务总局规定的小规模纳税人标准（以下简称"规定标准"）的，除下述第2条第（1）款规定外，应当向主管税务机关办理一般纳税人登记。

年应税销售额是指纳税人在连续不超过12个月或四个季度的经营期内累计应征增值税销售额，包括纳税申报销售额、稽查查补销售额、纳税评估调整销售额。

销售服务、无形资产或者不动产（以下简称"应税行为"）有扣除项目的纳税人，其应税行为年应税销售额按未扣除之前的销售额计算。纳税人偶然发生的销售无形资产、转让不动产的销售额，不计入应税行为年应税销售额。

年应税销售额未超过规定标准的纳税人，会计核算健全，能够提供准确税务资料的，可以向主管税务机关办理一般纳税人登记。

会计核算健全是指能够按照国家统一的会计制度规定设置账簿，根据合法、有效凭证进行核算。

纳税人应当向其机构所在地主管税务机关办理一般纳税人登记手续。

纳税人登记为一般纳税人后，不得转为小规模纳税人，国家税务总局另有规定的除外。

2. 不得办理一般纳税人登记的情形

(1) 按照政策规定，选择按照小规模纳税人纳税的（应当向主管税务机关提交书面说明）。

（2）年应税销售额超过规定标准的其他个人。

3. 办理一般纳税人登记的程序

（1）纳税人向主管税务机关填报《增值税一般纳税人登记表》，如实填写固定生产经营场所等信息，并提供税务登记证件。

（2）纳税人填报内容与税务登记信息一致的，主管税务机关当场登记。

（3）纳税人填报内容与税务登记信息不一致，或者不符合填列要求的，税务机关应当场告知纳税人需要补正的内容。

4. 登记的时限

纳税人在年应税销售额超过规定标准的月份（或季度）的所属申报期结束后15日内按照规定办理相关手续；未按规定时限办理的，主管税务机关应当在规定时限结束后5日内制作《税务事项通知书》，告知纳税人应当在5日内向主管税务机关办理相关手续；逾期仍不办理的，次月起按销售额依照增值税税率计算应纳税额，不得抵扣进项税额，直至纳税人办理相关手续为止。

纳税人自一般纳税人生效之日起，按照增值税一般计税方法计算应纳税额，并可以按照规定领用增值税专用发票，财政部、国家税务总局另有规定的除外。

生效之日是指纳税人办理登记的当月1日或者次月1日，由纳税人在办理登记手续时自行选择。

5. 风险管理

主管税务机关应当加强对税收风险的管理。对税收遵从度低的一般纳税人，主管税务机关可以实行纳税辅导期管理，具体办法由国家税务总局另行制定。

（二）小规模纳税人

小规模纳税人是指年销售额在规定标准以下，并且会计核算不健全，不能按规定报送有关税务资料的增值税纳税人。小规模纳税人的具体认定标准为年应征增值税销售额500万元及以下。

第三节 税率和征收率

一、增值税的税率

（一）传统征收范围税率

1. 适用13%税率的

除低税率和零税率以外的一般应税货物的销售行为、进口货物行为和销售劳务行为，税率为13%，具有一般调节意义。另开征消费税起特定调节作用。

2. 适用9%税率的

纳税人销售或者进口下列货物，税率为9%：

（1）粮食等农产品、食用植物油、鲜奶、食用盐。

（2）自来水、暖气、冷气、热水、煤气、石油液化气、天然气、二甲醚、沼气、居民用煤炭制品。

（3）图书、报纸、杂志、音像制品、电子出版物。

（4）饲料、化肥、农药、农机、农膜。

（5）国务院及其有关部门规定的其他货物。

农产品是指种植业、养殖业、林业、牧业、水产业生产的各种植物、动物的初级产品。具体征收范围暂继续按照《财政部、国家税务总局关于印发〈农业产品征税范围注释〉的通知》（财税字〔1995〕52号）及现行相关规定执行。

3. 适用出口货物零税率的

纳税人出口货物，税率为零；但是，国务院另有规定的除外。

（二）"营改增"征收范围税率

1. 适用13%税率的

纳税人提供有形动产租赁服务，税率为13%。

2. 适用9%税率的

纳税人销售交通运输服务、邮政服务、基础电信服务、建筑服务、不动产租赁服务，销售不动产，转让土地使用权，税率为9%。

3. 适用6%税率的

纳税人销售服务、无形资产，除以上1和2点另有规定外，税率为6%。

纳税人通过省级土地行政主管部门设立的交易平台转让补充耕地指标，按照"销售无形资产"缴纳增值税，税率为6%。补充耕地指标是指根据《中华人民共和国土地管理法》及国务院土地行政主管部门《耕地占补平衡考核办法》的有关要求，经省级土地行政主管部门确认，用于耕地占补平衡的指标。

4. 适用跨境销售服务、无形资产零税率的

境内单位和个人跨境销售国务院规定范围内的服务、无形资产，税率为零。

二、增值税的征收率

增值税征收率是指对特定的货物或特定的纳税人发生应税销售行为在某一生产流通环节应纳税额与销售额的比率。增值税征收率适用于两种情况：一是小规模纳税人；二是一般纳税人发生应税销售行为按规定可以选择简易计税方法计税的。

（一）征收率的一般规定

（1）下列情形适用5%征收率：

① 小规模纳税人销售其自建或者取得的不动产。

② 一般纳税人销售其2016年4月30日前自建或者取得的不动产，选择适用简易计税方法的。

③ 房地产开发企业中的小规模纳税人，销售自行开发的房地产项目。

④ 房地产开发企业中的一般纳税人，销售自行开发的房地产老项目，选择适用简易计税方法的。

⑤ 其他个人销售其取得（不含自建）的不动产（不含其购买的住房）。

⑥ 一般纳税人出租（经营租赁）其2016年4月30日前取得的不动产，选择适用简易计税方法的。

⑦ 小规模纳税人出租（经营租赁）其取得的不动产（不含个人出租住房）。

⑧ 其他个人出租（经营租赁）其取得的不动产（不含住房）。

⑨ 个人出租住房，应按照5%的征收率减按1.5%计算应纳税额。

⑩ 一般纳税人和小规模纳税人提供劳务派遣、安全保护服务选择差额纳税的。

⑪ 一般纳税人2016年4月30日前签订的不动产融资租赁合同，或以2016年4月30日前取得的不动产提供的融资租赁服务，选择适用简易计税方法的。

⑫ 一般纳税人收取试点前开工的一级公路、二级公路、桥、闸通行费，选择适用简易计税方法的。

⑬ 一般纳税人提供人力资源外包服务，选择适用简易计税方法的。

⑭ 纳税人转让2016年4月30日前取得的土地使用权，选择适用简易计税方法的。

（2）除上述适用5%征收率以外的纳税人选择适用简易计税方法发生的应税销售行为均按照3%征收率征收增值税。

（二）征收率的特殊规定

（1）根据增值税法的有关规定，适用3%征收率的某些一般纳税人和小规模纳税人可以减按2%计征增值税。

① 一般纳税人销售自己使用过的属于《增值税暂行条例》第十条规定不得抵扣且未抵扣进项税额的固定资产，按照简易办法依照3%征收率减按2%征收增值税。

纳税人销售自己使用过的固定资产，适用简易办法依照3%征收率减按2%征收增值税政策的，可以放弃减税，按照简易办法依照3%征收率缴纳增值税，并可以开具增值税专用发票。

"已使用过的固定资产"是指纳税人根据财务会计制度已经计提折旧的固定资产。

② 小规模纳税人（除其他个人外，下同）销售自己使用过的固定资产，减按2%征收率征收增值税。

③ 纳税人销售旧货，按照简易办法依照3%征收率减按2%征收增值税。旧货是指进入二次流通的具有部分使用价值的货物（含旧汽车、旧摩托车和旧游艇），但不包括自己使用过的物品。

上述纳税人销售自己使用过的固定资产、旧货按照简易办法依照3%征收率减按2%征收增值税的，按下列公式确定销售额和应纳税额：

$$销售额 = 含税销售额 \div (1 + 3\%)$$

$$应纳税额 = 销售额 \times 2\%$$

（2）提供物业管理服务的纳税人，向服务接受方收取的自来水水费，以扣除其对外支付的自来水水费后的余额为销售额，按照简易计税方法依3%的征收率计算缴纳增值税。

（3）小规模纳税人提供劳务派遣服务，可以按照《营改增通知》的有关规定，以取得的全部价款和价外费用为销售额，按照简易计税方法依3%的征收率计算缴纳增值税，也可以选择差额纳税，以取得的全部价款和价外费用，扣除代用工单位支付给劳务派遣员工的工资、福利和为其办理社会保险及住房公积金后的余额为销售额，按照简易计税方法依5%的征收率计算缴纳增值税。

选择差额纳税的纳税人，向用工单位收取用于支付给劳务派遣员工工资、福利和为其办理社会保险及住房公积金的费用，不得开具增值税专用发票，可以开具普通发票。

（4）非企业性单位中的一般纳税人提供的研发和技术服务、信息技术服务、鉴证咨询服务，以及销售技术、著作权等无形资产，可以选择简易计税方法按照3%征收率计算缴纳增值税。

非企业性单位中的一般纳税人提供《营业税改征增值税试点过渡政策的规定》（财税〔2016〕36号）第一条第（二十六）项中的"技术转让、技术开发和与之相关的技术咨询、技术服务"，可以参照上述规定，选择简易计税方法按照3%征收率计算缴纳增值税。

（5）一般纳税人提供教育辅助服务，可以选择简易计税方法按照3%征收率计算缴纳增值税。

（6）增值税一般纳税人生产销售和批发、零售抗癌药品，可选择按照简易办法依照3%征收率计算缴纳增值税。抗癌药品是指经国家药品监督管理部门批准注册的抗癌制剂及原料药。

抗癌药品范围实行动态调整，纳税人选择简易办法计算缴纳增值税后，36个月内不得变更。

（7）增值税一般纳税人生产销售和批发、零售罕见病药品，可选择按照简易办法依照3%征收率计算缴纳增值税。上述纳税人选择简易办法计算缴纳增值税后，36个月内不得变更。

罕见病药品是指经国家药品监督管理部门批准注册的罕见病药品制剂及原料药。罕见病药品范围实行动态调整，由财政部、海关总署、税务总局、药监局根据变化情况适时明确。

纳税人应单独核算罕见病药品的销售额。未单独核算的，不得适用上述规定的简易征收政策。

（8）自2020年5月1日至2023年12月31日，从事二手车经销的纳税人销售其收购的二手车，由原按照简易办法依3%征收率减按2%征收增值税，改为减按0.5%征收增值税。

二手车是指从办理完注册登记手续至达到国家强制报废标准之前进行交易并转移所有权的车辆，具体范围按照国务院商务主管部门出台的二手车流通管理办法执行。

三、兼营行为的税率选择

试点纳税人发生应税销售行为适用不同税率或者征收率的，应当分别核算适用不同税率或者征收率的销售额，未分别核算销售额的，按照以下方法适用税率或者征收率：

（1）兼有不同税率的应税销售行为，从高适用税率。

（2）兼有不同征收率的应税销售行为，从高适用征收率。

（3）兼有不同税率和征收率的应税销售行为，从高适用税率。

第四节　增值税的计税方法

增值税的计税方法包括一般计税方法、简易计税方法和扣缴计税方法。

一、一般计税方法

一般纳税人发生应税销售行为适用一般计税方法计税。其计算公式是：

当期应纳增值税税额＝当期销项税额－当期进项税额

二、简易计税方法

小规模纳税人发生应税销售行为适用简易计税方法计税。其计算公式是：

当期应纳增值税税额＝当期销售额（不含增值税）×征收率

一般纳税人发生财政部和国家税务总局规定的特定应税销售行为，也可以选择适用简易计税方法计税，但是不得抵扣进项税额。其主要包括以下情形：

（1）县级及县级以下小型水力发电单位生产的电力。小型水力发电单位是指各类投资主体建设的装机容量为5万千瓦以下（含5万千瓦）的小型水力发电单位。

（2）自产的建筑用和生产建筑材料所用的砂、土、石料。

（3）以自己采掘的砂、土、石料或其他矿物连续生产的砖、瓦、石灰（不含黏土实心砖、瓦）。

（4）自产的用微生物、微生物代谢产物、动物毒素、人或动物的血液或组织制成的生物制品。

（5）自产的自来水。

（6）自来水公司销售自来水。

（7）自产的商品混凝土（仅限于以水泥为原料生产的水泥混凝土）。

（8）单采血浆站销售非临床用人体血液。

（9）寄售商店代销寄售物品（包括居民个人寄售的物品在内）。

（10）典当业销售死当物品。

（11）药品经营企业销售生物制品。

（12）公共交通运输服务。公共交通运输服务包括轮客渡、公交客运、地铁、城市轻轨、出租车、长途客运、班车。班车是指按固定路线、固定时间运营并在固定站点停靠的运送旅客的陆路运输服务。

（13）经认定的动漫企业为开发动漫产品提供的动漫脚本编撰、形象设计、背景设计、动画设计、分镜、动画制作、摄制、描线、上色、画面合成、配音、配乐、音效合成、剪辑、字幕制作、压缩转码（面向网络动漫、手机动漫格式适配）服务，以及在境内转让动漫版权（包括动漫品牌、形象或者内容的授权及再授权）。

（14）电影放映服务、仓储服务、装卸搬运服务、收派服务和文化体育服务。

（15）以纳入营改增试点之日前取得的有形动产为标的物提供的经营租赁服务。

（16）在纳入营改增试点之日前签订的尚未执行完毕的有形动产租赁合同。

（17）以清包工方式提供的建筑服务。以清包工方式提供建筑服务是指施工方不采购建筑工程所需的材料或只采购辅助材料，并收取人工费、管理费或者其他费用的建筑服务。

（18）为甲供工程提供的建筑服务。甲供工程是指全部或部分设备、材料、动力由工程发包方自行采购的建筑工程。

（19）销售其2016年4月30日前取得的不动产。

（20）为建筑工程老项目提供的建筑服务。建筑工程老项目是指：

①《建筑工程施工许可证》注明的合同开工日期在2016年4月30日前的建筑工程项目。

② 未取得《建筑工程施工许可证》的，建筑工程承包合同注明的开工日期在2016年4月30日前的建筑工程项目。

（21）出租其2016年4月30日前取得的不动产。

（22）提供非学历教育服务。

（23）一般纳税人收取试点前开工的一级公路、二级公路、桥、闸通行费。

（24）一般纳税人提供人力资源外包服务。

（25）一般纳税人2016年4月30日前签订的不动产融资租赁合同，或以2016年4月30日前取得的不动产提供的融资租赁服务。

（26）纳税人转让2016年4月30日前取得的土地使用权。

（27）一般纳税人提供劳务派遣服务，可以选择差额纳税，以取得的全部价款和价外费用，扣除代用工单位支付给劳务派遣员工的工资、福利和为其办理社会保险及住房公积金后的余额为销售额，按照简易计税方法依5%的征收率计算缴纳增值税。

（28）一般纳税人销售电梯的同时提供安装服务，其安装服务可以按照甲供工程选择适用简易计税方法计税。

（29）房地产开发企业中的一般纳税人以围填海方式取得土地并开发的房地产项目，围填海工程《建筑工程施工许可证》或建筑工程承包合同注明的围填海开工日期在2016年4月30日前的，属于房地产老项目，可以选择适用简易计税方法按照5%的征收率计算缴纳增值税。

一般纳税人发生财政部和国家税务总局规定的特定应税销售行为，一经选择适用简易计税方法计税，36个月内不得变更。

三、扣缴计税方法

境外的单位或者个人在境内发生应税销售行为，在境内未设有经营机构的，以购买方为增值税扣缴义务人。扣缴义务人按照下列公式计算应扣缴税额：

$$应扣缴税额 = 购买方支付的价款 \div (1 + 税率) \times 税率$$

第五节 一般计税方法应纳税额的计算

我国采用的一般计税方法是间接计算法,即先按当期销售额和适用税率计算出销项税额,然后将当期准予抵扣的进项税额进行抵扣,从而间接计算出当期增值额部分的应纳税额。

增值税一般纳税人(除适用简易计税方法外)发生应税销售行为的应纳税额均应等于当期销项税额抵扣当期进项税额后的余额。其计算公式如下:

$$当期应纳税额 = 当期销项税额 - 当期进项税额$$

增值税一般纳税人当期应纳税额的多少,取决于当期销项税额和当期进项税额这两个因素。

一、销项税额的计算

销项税额是指纳税人发生应税销售行为时,按照销售额与规定税率计算并向购买方收取的增值税税额。销项税额的计算公式为:

$$销项税额 = 销售额 \times 适用税率$$

从销项税额的定义和公式可以看出,它是由购买方在购买货物、劳务、服务、无形资产、不动产时,一并向销售方支付的税额。对于属于一般纳税人的销售方来说,在没有抵扣其进项税额前,销售方收取的销项税额还不是其应纳增值税税额。

销项税额的计算取决于销售额和适用税率两个因素。在适用税率既定的前提下,销项税额的大小主要取决于销售额的大小。本教材将销售额的确认分为以下五种情形。

(一)一般销售方式下的销售额确认

销售额是指纳税人发生应税销售行为时向购买方(承受劳务和服务行为也视为购买方)收取的全部价款和价外费用。需要特别强调的是,尽管销项税额也是销售方向购买方收取的,但是增值税采用的是价外计税方式,即用不含增值税(以下简称"不含税")价作为计税依据,因而销售额中不包括向购买方收取的销项税额。

价外费用是指价外收取的各种性质的收费,但下列项目不包括在内:

(1)受托加工应征消费税的消费品所代收代缴的消费税。

(2)同时符合以下条件的代垫运输费用:

① 承运部门的运输费用发票开具给购买方的。

② 纳税人将该项发票转交给购买方的。

(3)同时符合以下条件代为收取的政府性基金或者行政事业性收费:

①由国务院或者财政部批准设立的政府性基金,由国务院或者省级人民政府及其财政、价格主管部门批准设立的行政事业性收费。

②收取时开具省级以上财政部门印制的财政票据。

③所收款项全额上缴财政。

(4)以委托方名义开具发票代委托方收取的款项。

(5)销售货物的同时代办保险等而向购买方收取的保险费,以及向购买方收取的代购买方缴纳的车辆购置税、车辆牌照费。

凡随同应税销售行为向购买方收取的价外费用,无论会计制度规定如何核算,均应并入销售额计算应纳税额。应当注意,根据国家税务总局的规定,对于增值税一般纳税人(包括纳税人自己或代其他部门)向购买方收取的价外费用和逾期包装物押金,应视为含增值税(以下简称"含税")收入,在征税时应换算成不含税收入再并入销售额。

销售额应以人民币计算。纳税人按人民币以外的货币结算销售额的,应当折合成人民币计算。折合率可以选择销售额发生的当天或者当月1日的人民币汇率中间价。纳税人应当在事先确定采用何种折合率,确定后12个月内不得变更。

(二)特殊销售方式下的销售额确认

在销售活动中,为了达到促销的目的,纳税人有多种销售方式选择。不同销售方式下,销售者取得的销售额会有所不同。增值税相关法律法规对以下几种销售方式分别做了规定。

1. 采取折扣方式销售

折扣销售是指销货方在发生应税销售行为时,因购货方购货数量较大等原因而给予购货方的价格优惠,如购买5件商品,销售价格折扣10%;购买10件商品,销售价格折扣20%。根据增值税相关法律法规的规定,纳税人发生应税销售行为并向购货方开具增值税专用发票后,由于购货方在一定时期内累计购买货物、劳务、服务、无形资产、不动产达到一定数量,或者由于市场价格下降等原因,销货方给予购货方相应的价格优惠或补偿等折扣、折让行为,销货方可按现行《增值税专用发票使用规定》的有关规定开具红字增值税专用发票。这里需要解释的是:

(1)折扣销售不同于销售折扣。销售折扣是指销货方在发生应税销售行为后,为了鼓励购货方及早偿还货款而协议许诺给予购货方的一种折扣优待,如10天内付款,货款折扣2%;20天内付款,货款折扣1%;30天内全价付款。销售折扣发生在应税销售行为之后,是一种融资性质的理财费用,因此,销售折扣不得从销售额中减除。企业在确定销售额时应把折扣销售与销售折扣严格区分开。

(2)销售折扣不同于销售折让。销售折让是指企业因售出商品的质量不合格等原因而在售价上给予的减让。就增值税而言,销售折让其实是指纳税人发生应税销售行为后因为劳动成果质量不合格等原因在售价上给予的减让。虽然销售折让和销售折扣都是在应税销售行为发生后发生的,但是销售折让是因应税销售行为的品种和质量而引起的销售额的减少,因此,在销售折让中可以以折让后的货款为销售额。

(3) 折扣销售仅限于应税销售行为价格的折扣,如果销货方将自产、委托加工和购买的应税销售行为用于实物折扣的,则该实物款额不能从应税销售行为的销售额中减除,并且该实物应按"视同销售货物"中的"赠送他人"计算征收增值税。

纳税人发生应税销售行为,将价款和折扣额在同一张发票"金额"栏分别注明的,以折扣后的价款为销售额;未将价款和折扣额在同一张发票"金额"栏分别注明的(不论发票的"备注"栏是否注明折扣额),以价款为销售额,不得扣减折扣额。

纳税人因销售折让、中止或者退回而退还给购货方的增值税额,应扣减当期的销项税额(一般计税方法)或销售额(简易计税方法)。

2. 采取以旧换新方式销售

以旧换新是指纳税人在销售自己的货物时,有偿收回旧货物的行为。根据增值税相关法律法规的规定,采取以旧换新方式销售货物的,应按新货物的同期销售价格确定销售额,不得扣减旧货物的收购价格。之所以这样规定,是因为销售货物与收购货物是两个不同的业务活动,销售额与收购额不能相互抵减,也是为了严格增值税的计算征收,防止出现销售额不实、减少纳税的现象。

但是,考虑到金银首饰以旧换新业务的特殊情况,对金银首饰以旧换新业务,可以按销售方实际收取的不含增值税的全部价款征收增值税。

3. 采取还本销售方式销售

还本销售是指纳税人在销售货物后,到一定期限由销售方一次或分次退还给购货方全部或部分价款。这种方式实际上是一种筹资行为,是以货物换取资金的使用价值,到期还本不付息的方法。根据增值税相关法律法规的规定,采取还本销售方式销售货物,其销售额就是货物的销售价格,不得从销售额中减除还本支出。

4. 采取以物易物方式销售

以物易物是一种较为特殊的购销活动,是指购销双方不是以货币结算,而是以同等价款的应税销售行为相互结算,实现应税销售行为购销的一种方式。以物易物双方都应做购销处理,以各自发出的应税销售行为核算销售额并计算销项税额,以各自收到的货物、劳务、服务、无形资产、不动产核算购进金额并计算进项税额。应注意的是,在以物易物活动中,应分别开具合法的票据,如果收到的货物、劳务、服务、无形资产、不动产不能取得相应的增值税专用发票或其他合法票据的,不能抵扣进项税额。

5. 包装物押金的税务处理

包装物是指纳税人包装本单位货物的各种物品。纳税人销售货物时另收取包装物押金,目的是促使购货方及早退回包装物以便周转使用。

根据增值税相关法律法规的规定,纳税人为销售货物出租出借包装物而收取的押金，单独记账核算，时间在 1 年以内且未过期的，不并入销售额征税，但对逾期未收回包装物不再退还的押金，应按所包装货物的适用税率计算销项税额。

"逾期"是指按合同约定实际逾期或以 1 年为期限，对收取 1 年以上的押金，无论是否退还均并入销售额征税。当然，在将包装物押金并入销售额征税时，需要先将该押金换算为不含税价，再并入销售额征税。

纳税人为销售货物出租出借包装物而收取的押金，无论包装物周转使用期限长短，超过 1 年（含 1 年）以上仍不退还的均并入销售额征税。

国家税务总局《关于加强增值税征收管理若干问题的通知》（国税发〔1995〕192号）规定，从 1995 年 6 月 1 日起，对销售除啤酒、黄酒外的其他酒类产品而收取的包装物押金，无论是否返还及会计上如何核算，均应并入当期销售额征税。对于销售啤酒、黄酒所收取的押金，按上述一般押金的规定处理。

另外，包装物押金不应混同于包装物租金，纳税人销售货物同时收取包装物租金的，在包装物租金收取之时就应该考虑销项税额的征纳问题。

6. 贷款服务的销售额

贷款服务以提供贷款服务取得的全部利息及利息性质的收入为销售额。

银行提供贷款服务按期计收利息的，结息日当日计收的全部利息收入，均应计入结息日所属期的销售额，按照现行规定计算缴纳增值税。

证券公司、保险公司、金融租赁公司、证券基金管理公司、证券投资基金及其他经人民银行、银保监会、证监会、批准成立且经营金融保险业务的机构发放贷款后，自结息日起 90 天内发生的应收未收利息按现行规定缴纳增值税，自结息日起 90 天后发生的应收未收利息暂不缴纳增值税，待实际收到利息时按规定缴纳增值税。

自 2018 年 1 月 1 日起，资管产品管理人运营资管产品提供的贷款服务以 2018 年 1 月 1 日起产生的利息及利息性质的收入为销售额。

7. 直接收费金融服务的销售额

直接收费金融服务以提供直接收费金融服务收取的手续费、佣金、酬金、管理费、服务费、经手费、开户费、过户费、结算费、转托管费等各类费用为销售额。

（三）按差额确定销售额

虽然原营业税的征收范围全行业均纳入了增值税的征收范围，但是目前仍然有无法通过抵扣机制避免重复征税的情况存在，因此引入了差额征税的办法，解决纳税人税收负担增加问题。以下项目按差额确定销售额。

1. 金融商品转让的销售额

金融商品转让按照卖出价扣除买入价后的余额为销售额。

转让金融商品出现的正负差，按盈亏相抵后的余额为销售额。若相抵后出现负差，可结转下一纳税期与下期转让金融商品销售额相抵，但年末时仍出现负差的，不得转入下一个会计年度。

上市公司因实施重大资产重组形成的限售股，以及股票复牌首日至解禁日期间由上述股份孳生的送、转股，因重大资产重组停牌的，按照《国家税务总局关于营改增试点若干征管问题的公告》（国家税务总局公告2016年第53号）第五条第（三）项的规定确定买入价；在重大资产重组前已经暂停上市的，以上市公司完成资产重组后股票恢复上市首日的开盘价为买入价。

金融商品的买入价可以选择按照加权平均法或者移动加权平均法进行核算，选择后36个月内不得变更。

金融商品转让不得开具增值税专用发票。

2. 经纪代理服务的销售额

经纪代理服务以取得的全部价款和价外费用，扣除向委托方收取并代为支付的政府性基金或者行政事业性收费后的余额为销售额。向委托方收取的政府性基金或者行政事业性收费，不得开具增值税专用发票。

3. 融资租赁和融资性售后回租业务的销售额

（1）经人民银行、银保监会或者商务部批准从事融资租赁业务的试点纳税人（包括经上述部门备案从事融资租赁业务的试点纳税人），提供融资租赁服务，以取得的全部价款和价外费用，扣除支付的借款利息（包括外汇借款和人民币借款利息）、发行债券利息和车辆购置税后的余额为销售额。

（2）经人民银行、银保监会或者商务部批准从事融资租赁业务的试点纳税人，提供融资性售后回租服务，以取得的全部价款和价外费用（不含本金），扣除对外支付的借款利息（包括外汇借款和人民币借款利息）、发行债券利息后的余额作为销售额。

（3）试点纳税人根据2016年4月30日前签订的有形动产融资性售后回租合同，在合同到期前提供的有形动产融资性售后回租服务，可继续按照有形动产融资租赁服务缴纳增值税。

4. 航空运输企业的销售额

航空运输企业的销售额不包括代收的机场建设费和代售其他航空运输企业客票而代收转付的价款。

自2018年1月1日起，航空运输销售代理企业提供境外航段机票代理服务，以取得的全部价款和价外费用，扣除向客户收取并支付给其他单位或者个人的境外航段机票结算款和相关费用后的余额为销售额。其中，支付给境内单位或者个人的款项，以发票或行程单为合法有效凭证；支付给境外单位或者个人的款项，以签收单据为合法有效凭证，税务机关对签收单据有疑义的，可以要求其提供境外公证机构的确认证明。

航空运输销售代理企业提供境内机票代理服务，以取得的全部价款和价外费用，扣除向客户收取并支付给航空运输企业或其他航空运输销售代理企业的境内机票净结算款和相关费用后的余额为销售额。其中，支付给航空运输企业的款项，以国际航空运输协会（IATA）开账与结算计划（BSP）对账单或航空运输企业的签收单据为合法有效凭证；支付给其他航空运输销售代理企业的款项，以代理企业间的签收单据为合法有效凭证。航空运输销售代理企业就取得的全部价款和价外费用，向购买方开具行程单，或开具增值税普通发票。

航空运输销售代理企业是指根据《航空运输销售代理资质认可办法》取得中国航空运输协会颁发的"航空运输销售代理业务资质认可证书"，接受中国航空运输企业或通航中国的外国航空运输企业委托，依照双方签订的委托销售代理合同提供代理服务的企业。

5. 客运场站服务的销售额

试点纳税人中的一般纳税人提供客运场站服务，以其取得的全部价款和价外费用，扣除支付给承运方运费后的余额为销售额。

6. 旅游服务的销售额

试点纳税人提供旅游服务，可以选择以取得的全部价款和价外费用，扣除向旅游服务购买方收取并支付给其他单位或者个人的住宿费、餐饮费、交通费、签证费、门票费和支付给其他接团旅游企业的旅游费用后的余额为销售额。

选择上述办法计算销售额的试点纳税人，向旅游服务购买方收取并支付的上述费用，不得开具增值税专用发票，可以开具普通发票。

7. 建筑服务的销售额

试点纳税人提供建筑服务适用简易计税方法的，以取得的全部价款和价外费用扣除支付的分包款后的余额为销售额。分包款是指支付给分包方的全部价款和价外费用。

（四）视同发生应税销售行为的销售额确定

纳税人发生应税销售行为的价格明显偏低并无正当理由的，或者视同发生应税销售行为而无销售额的，由主管税务机关按照下列顺序确定其销售额：

（1）按纳税人最近时期发生同类应税销售行为的平均价格确定。

（2）按其他纳税人最近时期发生同类应税销售行为的平均价格确定。

（3）按组成计税价格确定。组成计税价格的公式为：

$$组成计税价格 = 成本 \times (1 + 成本利润率)$$

公式中的成本利润率由国家税务总局确定。

（五）含税销售额的换算

我国的增值税是价外税，计税依据中不含增值税本身的数额。一般纳税人发生应税销售行为取得的含税销售额在计算销项税额时，必须将其换算为不含税的销售额。一般纳税人发生应税销售行为，采用销售额和销项税额合并定价方法的，按下列公式计算销售额：

$$销售额 = 含税销售额 \div (1 + 税率)$$

公式中的税率为发生应税销售行为时按《增值税暂行条例》的规定所适用的税率。

二、进项税额的计算

进项税额是指纳税人购进货物、劳务、服务、无形资产、不动产支付或者负担的增值税额。进项税额是与销项税额相对应的另一个概念。在开具增值税专用发票的情形下，它们之间的对应关系是：销售方收取的销项税额，就是购买方支付的进项税额。对于任何一个一般纳税人而言，其在经营活动中，既会发生应税销售行为，又会发生购进货物、劳务、服务、无形资产、不动产行为，因此，每一个一般纳税人都会有收取的销项税额和支付的进项税额。

（一）准予从销项税额中抵扣的进项税额

根据《增值税暂行条例》和《营改增通知》，准予从销项税额中抵扣的进项税额，限于下列增值税扣税凭证上注明的增值税额和按规定的扣除率计算的进项税额。

（1）从销售方取得的增值税专用发票（含机动车销售统一发票，下同）上注明的增值税额。

（2）从海关取得的海关进口增值税专用缴款书上注明的增值税额。

（3）自境外单位或者个人购进劳务、服务、无形资产或者境内的不动产，从税务机关或者扣缴义务人取得的代扣代缴税款的完税凭证上注明的增值税额。

（4）纳税人购进农产品，按下列规定抵扣进项税额：

① 纳税人购进农产品，取得一般纳税人开具的增值税专用发票或者海关进口增值税专用缴款书的，以增值税专用发票或者海关进口增值税专用缴款书上注明的增值税额为进项税额。

② 从按照简易计税方法依照3%征收率计算缴纳增值税的小规模纳税人取得增值税专用发票的，以增值税专用发票上注明的金额和9%的扣除率计算进项税额。

③ 取得（开具）农产品销售发票或者收购发票的，以农产品销售发票或者收购发票上注明的农产品买价和9%的扣除率计算进项税额。

④ 纳税人购进用于生产或者委托加工13%税率货物的农产品，按照10%的扣除率计算进项税额。

⑤ 购进农产品进项税额的计算公式：

$$进项税额 = 买价 \times 扣除率$$

⑥ 纳税人从批发、零售环节购进适用免征增值税政策的蔬菜、部分鲜活肉蛋而取得的普通发票，不得作为计算抵扣进项税额的凭证。

⑦ 纳税人购进农产品既用于生产销售或委托受托加工13%税率货物又用于生产销售其他货物服务的，应当分别核算用于生产销售或委托受托加工13%税率货物和其他货物服务的农产品进项税额。未分别核算的，统一以增值税专用发票或海关进口增值税

专用缴款书上注明的增值税额为进项税额,或以农产品收购发票或销售发票上注明的农产品买价和9%的扣除率计算进项税额。

⑧ 对烟叶税纳税人按规定缴纳的烟叶税,准予并入烟叶产品的买价计算增值税的进项税额,并在计算缴纳增值税时予以抵扣。购进烟叶准予抵扣的增值税进项税额,按照烟叶收购金额和烟叶税及法定扣除率计算。计算公式如下:

$$烟叶税应纳税额 = 烟叶收购金额 \times 税率(20\%)$$

$$准予抵扣的进项税额 = (烟叶收购金额 + 烟叶税应纳税额) \times 扣除率$$

上述购进农产品抵扣进项税额的办法,不适用于《农产品增值税进项税额核定扣除试点实施办法》中规定的购进农产品。

(5) 收费公路通行费增值税抵扣规定。

① 纳税人支付的道路通行费,按照收费公路通行费增值税电子普通发票上注明的增值税额抵扣进项税额。

② 纳税人支付的桥、闸通行费,暂凭取得的通行费发票注明的收费金额按照下列公式计算可抵扣的进项税额:

$$桥、闸通行费可抵扣进项税额 = 桥、闸发票上注明的金额 \div (1 + 5\%) \times 5\%$$

(6) 国内旅客运输服务进项税额的抵扣规定。

纳税人购进国内旅客运输服务,其进项税额允许从销项税额中抵扣。国内旅客运输服务限于与本单位签订了劳动合同的员工,以及本单位作为用工单位接受的劳务派遣员工发生的国内旅客运输服务。

纳税人未取得增值税专用发票的,暂按照以下规定确定进项税额:

① 取得增值税电子普通发票的,为发票上注明的税额。增值税电子普通发票上注明的购买方"名称""纳税人识别号"等信息,应当与实际抵扣税款的纳税人一致,否则不予抵扣。

② 取得注明旅客身份信息的航空运输电子客票行程单的,为按照下列公式计算进项税额:

$$航空旅客运输进项税额 = (票价 + 燃油附加费) \div (1 + 9\%) \times 9\%$$

③ 取得注明旅客身份信息的铁路车票的,为按照下列公式计算的进项税额:

$$铁路旅客运输进项税额 = 票面金额 \div (1 + 9\%) \times 9\%$$

④ 取得注明旅客身份信息的公路、水路等其他客票的,按照下列公式计算进项税额:

$$公路、水路等其他旅客运输进项税额 = 票面金额 \div (1 + 3\%) \times 3\%$$

(7) 增值税加计抵减政策。

自2019年4月1日至2021年12月31日,允许生产、生活性服务业纳税人按照当期可抵扣进项税额加计抵减应纳税额。生产性服务业的加计抵减比例为10%,生活性服务业的加计抵减比例为15%。

生产、生活性服务业纳税人是指提供邮政服务、电信服务、现代服务、生活服务取得的销售额占全部销售额的比重超过50%的纳税人。

上述所称"销售额",包括纳税申报销售额、稽查查补销售额、纳税评估调整销售额。其中,纳税申报销售额包括一般计税方法销售额,简易计税方法销售额,免税销售额,税务机关代开发票销售额,免、抵、退办法出口销售额,即征即退项目销售额。

稽查查补销售额和纳税评估调整销售额,计入查补或评估调整当期销售额确定适用加计抵减政策;适用增值税差额征收政策的,以差额后的销售额确定适用加计抵减政策。

经财政部和国家税务总局或者其授权的财政和税务机关批准,实行汇总缴纳增值税的总机构及其分支机构,以总机构本级及其分支机构的合计销售额,确定总机构及其分支机构适用加计抵减政策。

纳税人确定适用加计抵减政策后,当年内不再调整,以后年度是否适用,根据上年度销售额计算确定。纳税人可计提但未计提的加计抵减额,可在确定适用加计抵减政策当期一并计提。

$$当期计提加计抵减额 = 当期可抵扣进项税额 \times 10\% （或15\%）$$

(二) 不得从销项税额中抵扣的进项税额

纳税人购进货物、劳务、服务、无形资产、不动产,取得的增值税扣税凭证不符合法律、行政法规或者国务院税务主管部门有关规定的,其进项税额不得从销项税额中抵扣。增值税扣税凭证是指增值税专用发票、海关进口增值税专用缴款书、农产品收购发票和农产品销售发票、从税务机关或者境内代理人取得的解缴税款的税收缴款凭证及增值税相关法律法规规定允许抵扣的其他扣税凭证。

根据《增值税暂行条例》和《营改增通知》及其他相关政策的规定,下列项目的进项税额不得从销项税额中抵扣:

(1) 用于简易计税方法计税项目、免征增值税项目、集体福利或者个人消费的购进货物、劳务、服务、无形资产和不动产。

其中涉及的固定资产、无形资产、不动产,仅指专用于上述项目的固定资产、无形资产(不包括其他权益性无形资产)、不动产。但是发生兼用于上述不允许抵扣项目情形的,该进项税额准予全部抵扣。

另外,纳税人购进其他权益性无形资产无论是专用于简易计税方法计税项目、免征增值税项目、集体福利或者个人消费,还是兼用于上述不允许抵扣项目,均可以抵扣进项税额。

纳税人的交际应酬消费属于个人消费,即交际应酬消费不属于生产经营中的生产投入和支出。

(2) 非正常损失的购进货物,以及相关的劳务和交通运输服务。

(3) 非正常损失的在产品、产成品所耗用的购进货物（不包括固定资产）、劳务和交通运输服务。

(4) 非正常损失的不动产，以及该不动产所耗用的购进货物、设计服务和建筑服务。

(5) 非正常损失的不动产在建工程所耗用的购进货物、设计服务和建筑服务。纳税人新建、改建、扩建、修缮、装饰不动产，均属于不动产在建工程。

上述第（2）（3）（4）（5）项所说的"非正常损失"，是指因管理不善造成货物被盗、丢失、霉烂变质，以及因违反法律法规造成货物或者不动产被依法没收、销毁、拆除的情形。这些非正常损失是由纳税人自身原因造成的，进而导致征税对象实体的灭失，为保证税负公平，这些损失不应由国家承担，因而纳税人无权要求抵扣进项税额。

上述第（4）（5）项所说的"货物"，是指构成不动产实体的材料和设备，包括建筑装饰材料和给排水、采暖、卫生、通风、照明、通信、煤气、消防、中央空调、电梯、电气、智能化楼宇设备及配套设施。

(6) 购进的贷款服务、餐饮服务、居民日常服务和娱乐服务。

一般情况下，餐饮服务、居民日常服务和娱乐服务主要接受对象是个人。对于一般纳税人购买的餐饮服务、居民日常服务和娱乐服务，难以准确界定接受劳务的对象是企业还是个人，因此，一般纳税人购进的餐饮服务、居民日常服务和娱乐服务的进项税额不得从销项税额中抵扣。

纳税人接受贷款服务向贷款方支付的与该笔贷款直接相关的投融资顾问费、手续费、咨询费等费用，其进项税额不得从销项税额中抵扣。

(7) 财政部和国家税务总局规定的其他情形。

(8) 适用一般计税方法的纳税人，兼营简易计税方法计税项目、免征增值税项目而无法划分不得抵扣的进项税额，按照下列公式计算不得抵扣的进项税额：

不得抵扣的进项税额＝当期无法划分的全部进项税额×（当期简易计税方法计税项目销售额＋免征增值税项目销售额）÷当期全部销售额

主管税务机关可以按照上述公式依据年度数据对不得抵扣的进项税额进行清算。

(9) 已抵扣进项税额的固定资产、无形资产或者不动产，发生不得从销项税额中抵扣进项税额情形的，按照下列公式计算不得抵扣的进项税额：

不得抵扣的进项税额＝固定资产、无形资产或者不动产净值×适用税率

固定资产、无形资产或者不动产净值是指纳税人根据财务会计制度计提折旧或摊销后的余额。

(10) 纳税人适用一般计税方法计税的，因销售折让、中止或者退回而退还给购买方的增值税额，应当从当期的销项税额中扣减；因销售折让、中止或者退回而收回的增值税额，应当从当期的进项税额中扣减。

(11) 有下列情形之一者，应当按照销售额和增值税税率计算应纳税额，不得抵扣

进项税额,也不得使用增值税专用发票:

① 一般纳税人会计核算不健全,或者不能够提供准确税务资料的。

② 应当办理一般纳税人资格登记而未办理的。

三、应纳税额的计算

一般纳税人发生应税销售行为的计算公式是:

当期应纳增值税税额 = 当期销项税额 - 当期进项税额 - 上期未抵扣完的进项税额

【例2-1】 某百货大楼2021年3月发生以下经济业务(购销货物的税率均为13%):

(1) 销售货物开具增值税专用发票,发票上注明的价款为1 000万元。

(2) 向消费者个人销售货物开具增值税普通发票,取得收入56.5万元。

(3) 购进货物取得增值税专用发票,发票上注明的货物金额为600万元,税额为78万元。

(4) 没收包装物押金4.52万元。

(5) 将上年购进的5万元货物用于职工福利,购进货物取得的增值税专用发票上注明的税额为0.65万元。

请计算当月允许抵扣的进项税额及当月应缴纳的增值税税额。

【答案】

(1) 当月允许抵扣的进项税额 = 78 - 0.65 = 77.35(万元)。

(2) 当月销项税额 = [1 000 + 56.5 ÷ (1 + 13%) + 4.52 ÷ (1 + 13%)] × 13% = 137.02(万元)。

(3) 当月应缴纳的增值税税额 = 137.02 - 77.35 = 59.67(万元)。

【例2-2】 某生产企业为增值税一般纳税人,其生产的货物适用13%的增值税税率,2021年3月该企业的有关生产经营业务如下:

(1) 销售甲产品给某大商场,开具了增值税专用发票,取得不含税销售额80万元;同时取得销售甲产品的送货运输费收入5.65万元(含增值税价格,与销售货物不能分别核算)。

(2) 销售乙产品,开具了增值税普通发票,取得含税销售额22.6万元。

(3) 将自产的一批应税新产品用于本企业集体福利项目,成本价为20万元,该新产品无同类产品市场销售价格,国家税务总局确定该产品的成本利润率为10%。

(4) 销售2017年10月购进作为固定资产使用过的进口摩托车5辆,开具增值税专用发票,发票上注明每辆取得不含税销售额1万元。

(5) 购进货物取得增值税专用发票,发票上注明的货款金额为60万元,税额为7.8万元;另外,支付购货的运输费用6万元,取得运输公司开具的增值税专用发票,发票上注明的税额为0.54万元。

(6) 从农产品经营者（小规模纳税人）购进农产品一批作为生产货物的原材料，取得的增值税专用发票上注明的不含税金额为30万元，税额为0.9万元，同时支付给运输单位的运费为5万元（不含增值税），取得运输部门开具的增值税专用发票，发票上注明的税额为0.45万元。本月下旬将购进的农产品的20%用于本企业职工福利。

(7) 当月租入商用楼房一层，取得对方开具的增值税专用发票，发票上注明的税额为5.22万元。该楼房的1/3用于工会的集体福利项目，其余为企业管理部门使用。

以上相关票据均符合税法的规定。请按下列顺序计算该企业3月应缴纳的增值税额。

(1) 计算销售甲产品的销项税额。
(2) 计算销售乙产品的销项税额。
(3) 计算自产自用新产品的销项税额。
(4) 计算销售使用过的摩托车的销项税额。
(5) 计算当月允许抵扣进项税额的合计数。
(6) 计算该企业3月份合计应缴纳的增值税税额。

【答案】

(1) 销售甲产品的销项税额 = $80 \times 13\% + 5.65 \div (1 + 13\%) \times 13\% = 11.05$（万元）。

(2) 销售乙产品的销项税额 = $22.6 \div (1 + 13\%) \times 13\% = 2.6$（万元）。

(3) 自产自用新产品的销项税额 = $20 \times (1 + 10\%) \times 13\% = 2.86$（万元）。

(4) 销售使用过的摩托车的销项税额 = $1 \times 13\% \times 5 = 0.65$（万元）。

(5) 允许抵扣的进项税额合计 = $7.8 + 0.54 + (30 \times 10\% + 0.45) \times (1 - 20\%) + 5.22 = 16.32$（万元）。

(6) 该企业3月份应缴纳的增值税税额 = $11.05 + 2.6 + 2.86 + 0.65 - 16.32 = 0.84$（万元）。

第六节 简易计税方法应纳税额的计算

一、含税销售额的换算

按简易计税方法计税的销售额不包括其应纳的增值税额，纳税人采用销售额和应纳增值税额合并定价方法的，按照下列公式计算销售额：

$$销售额 = 含税销售额 \div (1 + 征收率)$$

二、应纳税额的计算

纳税人发生应税销售行为适用简易计税方法的,应该按照销售额和增值税征收率计算应纳税额,并且不得抵扣进项税额。应纳税额的计算公式如下:

$$应纳税额 = 销售额(不含增值税) \times 征收率$$

小规模纳税人一律采用简易计税方法计税。一般纳税人发生某些应税销售行为按规定可以选择适用简易计税方法。例如,一般纳税人提供的公共交通运输服务,以清包工方式提供的建筑服务,可以选择按照简易计税方法计算缴纳增值税。

【例2-3】 某餐馆为增值税小规模纳税人,2019年3月取得含增值税的餐饮收入总额为12.36万元。请计算该餐馆3月应缴纳的增值税额。

【答案】

(1) 3月份取得的不含税销售额 = 12.36 ÷ (1 + 3%) = 12(万元)。

(2) 3月份应缴纳的增值税税额 = 12 × 3% = 0.36(万元)。

【例2-4】 某化工原料商店为小规模纳税人。2019年3月从一般纳税人手里购入商品两批:一批取得增值税专用发票,发票上注明的货款为80 000元,税额为10 400元;另一批取得普通发票,发票金额为70 000元。当月售给一般纳税人商品82 000元,售给小规模纳税人和直接消费者商品57 050元,均开具普通发票。请计算该商店当月应缴纳的增值税额。

【答案】

(1) 3月份取得的不含税销售额 = (82 000 + 57 050) ÷ (1 + 3%) = 135 000(元)。

(2) 3月份应缴纳的增值税税额 = 135 000 × 3% = 4 050(元)。

第七节 进口环节应纳税额的计算

纳税人进口货物,按照组成计税价格和规定的税率计算应纳税额。

一、组成计税价格的确定

按照《中华人民共和国海关法》和《中华人民共和国进出口关税条例》(以下简称《进出口关税条例》)的规定,一般贸易项下进口货物的关税完税价格是指以海关审定的成交价格为基础的到岸价格。"成交价格"是指一般贸易项下进口货物的买方为购买该项货物向卖方实际支付或应当支付的价格。"到岸价格"是指货物价格加上货物运抵我国关境内输入地点起卸前的包装费、运费、保险费和其他劳务费用的价格。特殊贸易下进口的货物,由于进口时没有"成交价格"作为依据,因而《进出口关税条例》对这些进口货物制定了确定其完税价格的具体办法。

进口货物增值税的组成计税价格中包括已纳的关税税额。组成计税价格的计算公式为:

$$组成计税价格 = 关税完税价格 + 关税$$

如果进口货物属于《中华人民共和国消费税暂行条例》(以下简称《消费税暂行条例》)规定的应税消费品,该进口货物的组成计税价格中还要包括进口环节已纳的消费税税额。组成计税价格的计算公式为:

$$组成计税价格 = 关税完税价格 + 关税 + 消费税$$

二、应纳税额的计算

纳税人进口货物,按照组成计税价格和《增值税暂行条例》规定的税率计算应纳税额,不得抵扣任何税金,即不得抵扣发生在我国境外的各种税金。

$$应纳税额 = 组成计税价格 \times 税率$$

【例2-5】 某进出口公司9月份进口商品一批,海关核定的关税完税价格为700万元,当月在国内销售,取得不含税销售额1 900万元,该商品的关税税率为10%,增值税税率为13%。请计算该公司9月份进口环节应缴纳的增值税额和国内销售环节应缴纳的增值税税额。

【答案】

(1) 该公司9月份进口环节应缴纳的增值税税额 = 700 × (1 + 10%) × 13% = 100.1(万元)。

(2) 该公司9月份国内销售环节应缴纳的增值税税额 = 1 900 × 13% - 100.1 = 146.9(万元)。

【例2-6】 某进出口公司当月进口120辆小轿车,每辆关税完税价格为7万元人民币。该公司当月销出其中的110辆,每辆价税合并销售价22.6万元。已知小轿车关税税率为10%,消费税税率为5%,请计算该公司当月应缴纳的增值税税额。

【答案】

(1) 进口关税 = 7 × 10% × 120 = 84(万元)。

(2) 进口消费税 = (7 × 120 + 84) ÷ (1 - 5%) × 5% = 48.63(万元)。

(3) 进口增值税 = (7 × 120 + 84 + 48.63) × 13%。

或 = [7 × 120 × (1 + 10%)] ÷ (1 - 5%) × 13% = 126.44(万元)。

(4) 当月销项税额 = 22.6 ÷ (1 + 13%) × 110 × 13% = 286(万元)。

(5) 当月应缴纳的增值税税额 = 286 - 126.44 = 159.56(万元)。

该公司当月向报关地海关申报缴纳增值税126.44万元,向机构所在地税务局申报缴纳增值税 159.56 万元。

第八节 税收优惠

纳税人发生应税行为适用免税、减税规定的，可以放弃免税、减税，依照规定缴纳增值税。放弃免税、减税后，36 个月内不得再申请免税、减税。纳税人发生应税行为同时适用免税和零税率规定的，纳税人可以选择适用免税或者零税率。

一、起征点

《营改增通知》规定，个人发生应税行为的销售额未达到增值税起征点的，免征增值税；达到起征点的，全额计算缴纳增值税。增值税起征点不适用于登记为一般纳税人的个体工商户。增值税起征点幅度如下：

（1）按期纳税的，为月销售额 5 000～20 000 元（含本数）。

（2）按次纳税的，为每次（日）销售额 300～500 元（含本数）。

起征点的调整由财政部和国家税务总局规定。省、自治区、直辖市财政厅（局）和国家税务局应当在规定的幅度内，根据实际情况确定本地区适用的起征点，并报财政部和国家税务总局备案。

依据《关于明确增值税小规模纳税人免征增值税政策的公告》（财政部 税务总局公告 2021 年第 11 号）和《关于小规模纳税人免征增值税征管问题的公告》（国家税务总局公告 2021 年第 5 号）的规定，自 2021 年 4 月 1 日至 2022 年 12 月 31 日，对月销售额 15 万元以下（含本数）的增值税小规模纳税人，免征增值税。小规模纳税人以 1 个季度为 1 个纳税期的，季度销售额未超过 45 万元的，免征增值税。小规模纳税人发生增值税应税销售行为，合计月销售额超过 15 万元，但扣除本期发生的销售不动产的销售额后未超过 15 万元的，其销售货物、劳务、服务、无形资产取得的销售额免征增值税。适用增值税差额征税政策的小规模纳税人，以差额后的销售额确定是否可以享受规定的免征增值税政策。按固定期限纳税的小规模纳税人可以选择以 1 个月或 1 个季度为纳税期限，一经选择，一个会计年度内不得变更。《中华人民共和国增值税暂行条例实施细则》第九条所称的其他个人，采取一次性收取租金形式出租不动产取得的租金收入，可在对应的租赁期内平均分摊，分摊后的月租金收入未超过 15 万元的，免征增值税。按照现行规定应当预缴增值税税款的小规模纳税人，凡在预缴地实现的月销售额未超过 15 万元的，当期无须预缴税款。

二、《增值税暂行条例》规定的免税项目

（1）农业生产者销售的自产农产品。

（2）避孕药品和用具。

（3）古旧图书。

（4）直接用于科学研究、科学试验和教学的进口仪器、设备。

（5）外国政府、国际组织无偿援助的进口物资和设备。

（6）由残疾人的组织直接进口供残疾人专用的物品。

（7）销售的自己使用过的物品。自己使用过的物品是指其他个人自己使用过的物品。

除前款规定外，增值税的免税、减税项目由国务院规定。任何地区、部门均不得规定免税、减税项目。

三、《营改增通知》及有关部门规定的税收优惠政策

（一）下列项目免征增值税

（1）托儿所、幼儿园提供的保育和教育服务。

托儿所、幼儿园是指经县级以上教育部门审批成立、取得办园许可证的实施0—6岁学前教育的机构，包括公办和民办的托儿所、幼儿园、学前班、幼儿班、保育院、幼儿院。

公办托儿所、幼儿园免征增值税的收入是指在省级财政部门和价格主管部门审核报省级人民政府批准的收费标准以内收取的教育费、保育费。

民办托儿所、幼儿园免征增值税的收入是指在报经当地有关部门备案并公示的收费标准范围内收取的教育费、保育费。

超过规定收费标准的收费，以开办实验班、特色班和兴趣班等为由另外收取的费用及与幼儿入园挂钩的赞助费、支教费等超过规定范围的收入，不属于免征增值税的收入。

（2）养老机构提供的养老服务。

养老机构是指依照民政部《养老机构设立许可办法》（民政部令第48号）设立并依法办理登记的为老年人提供集中居住和照料服务的各类养老机构。养老机构包括依照《中华人民共和国老年人权益保障法》依法办理登记，并向民政部门备案的为老年人提供集中居住和照料服务的各类养老机构。

养老服务是指上述养老机构按照民政部《养老机构管理办法》（民政部令第49号）的规定，为收住的老年人提供的生活照料、康复护理、精神慰藉、文化娱乐等服务。

（3）残疾人福利机构提供的育养服务。

(4) 婚姻介绍服务。

(5) 殡葬服务。

殡葬服务是指收费标准由各地价格主管部门会同有关部门核定，或者实行政府指导价管理的遗体接运（含抬尸、消毒）、遗体整容、遗体防腐、存放（含冷藏）、火化、骨灰寄存、吊唁设施设备租赁、墓穴租赁及管理等服务。

(6) 残疾人员本人为社会提供的服务。

(7) 医疗机构提供的医疗服务。

医疗机构是指依据国务院《医疗机构管理条例》（国务院令第149号）及原卫生部（现为卫计委）《医疗机构管理条例实施细则》（卫生部令第35号）的规定，经登记取得《医疗机构执业许可证》的机构，以及军队、武警部队各级各类医疗机构。具体包括：各级各类医院、门诊部（所）、社区卫生服务中心（站）、急救中心（站）、城乡卫生院、护理院（所）、疗养院、临床检验中心、各级政府及有关部门举办的卫生防疫站（疾病控制中心）、各种专科疾病防治站（所），各级政府举办的妇幼保健所（站）、母婴保健机构、儿童保健机构，各级政府举办的血站（血液中心）等医疗机构。

本项所称的医疗服务，是指医疗机构按照不高于地（市）级以上价格主管部门会同同级卫生主管部门及其他相关部门制定的医疗服务指导价格（包括政府指导价和按照规定由供需双方协商确定的价格等）为就医者提供《全国医疗服务价格项目规范》所列的各项服务，以及医疗机构向社会提供卫生防疫、卫生检疫的服务。

(8) 从事学历教育的学校提供的教育服务。

① 学历教育是指受教育者经过国家教育考试或者国家规定的其他入学方式，进入国家有关部门批准的学校或者其他教育机构学习，获得国家承认的学历证书的教育形式。具体包括：

a. 初等教育：普通小学、成人小学。

b. 初级中等教育：普通初中、职业初中、成人初中。

c. 高级中等教育：普通高中、成人高中和中等职业学校（包括普通中专、成人中专、职业高中、技工学校）。

d. 高等教育：普通本专科、成人本专科、网络本专科、研究生（博士、硕士）、高等教育自学考试、高等教育学历文凭考试。

② 从事学历教育的学校，是指：

a. 普通学校。

b. 经地（市）级以上人民政府或者同级政府的教育行政部门批准成立、国家承认其学员学历的各类学校。

c. 经省级及以上人力资源社会保障行政部门批准成立的技工学校、高级技工学校。

d. 经省级人民政府批准成立的技师学院。

上述学校均包括符合规定的从事学历教育的民办学校，但不包括职业培训机构等国家不承认学历的教育机构。

③ 提供教育服务免征增值税的收入是指对列入规定招生计划的在籍学生提供学历教育服务取得的收入，具体包括：经有关部门审核批准并按规定标准收取的学费、住宿费、课本费、作业本费、考试报名费收入，以及学校食堂提供餐饮服务取得的伙食费收入。除此之外的收入，包括学校以各种名义收取的赞助费、择校费等，不属于免征增值税的范围。

学校食堂是指依照《学校食堂与学生集体用餐卫生管理规定》（教育部令第14号）管理的学校食堂。

④ 境外教育机构与境内从事学历教育的学校开展中外合作办学，提供学历教育服务取得的收入免征增值税。中外合作办学是指中外教育机构按照《中华人民共和国中外合作办学条例》（国务院令第372号）的有关规定，合作举办的以中国公民为主要招生对象的教育教学活动。上述"学历教育""从事学历教育的学校""提供学历教育服务取得的收入"的范围，按照《营业税改征增值税试点过渡政策的规定》（财税〔2016〕36号文件附件3）第一条第（八）项的有关规定执行。

（9）政府举办的从事学历教育的高等、中等和初等学校（不含下属单位），举办进修班、培训班取得的全部归该学校所有的收入。

全部归该学校所有是指举办进修班、培训班取得的全部收入进入该学校统一账户，并纳入预算全额上缴财政专户管理，同时由该学校对有关票据进行统一管理和开具。举办进修班、培训班取得的收入进入该学校下属部门自行开设账户的，不予免征增值税。

（10）政府举办的职业学校设立的主要为在校学生提供实习场所并由学校出资自办、由学校负责经营管理、经营收入归学校所有的企业，从事《销售服务、无形资产或者不动产注释》中"现代服务"（不含融资租赁服务、广告服务和其他现代服务）、"生活服务"（不含文化体育服务、其他生活服务和桑拿、氧吧）业务活动取得的收入。

（11）学生勤工俭学提供的服务。

（12）农业机耕、排灌、病虫害防治、植物保护、农牧保险及相关技术培训业务，家禽、牲畜、水生动物的配种和疾病防治。

农业机耕是指在农业、林业、牧业中使用农业机械进行耕作（包括耕耘、种植、收割、脱粒、植物保护等）的业务；排灌是指对农田进行灌溉或者排涝的业务；病虫害防治是指从事农业、林业、牧业、渔业的病虫害测报和防治的业务；农牧保险是指为种植业、养殖业、牧业种植和饲养的动植物提供保险的业务；相关技术培训是指与农业机耕、排灌、病虫害防治、植物保护业务相关及为使农民获得农牧保险知识的技术培训业务；家禽、牲畜、水生动物的配种和疾病防治业务的免税范围，包括与该项服务有关的提供药品和医疗用具的业务。

动物诊疗机构销售动物食品和用品，提供动物清洁、美容、代理看护等服务，应按照现行规定缴纳增值税。

（13）采取转包、出租、互换、转让、入股等方式将承包地流转给农业生产者用于农业生产。

（14）将国有农用地出租给农业生产者用于农业生产。

（15）从事蔬菜批发、零售的纳税人销售的蔬菜。

蔬菜是指可做副食的草本、木本植物，包括各种蔬菜、菌类植物和少数可做副食的木本植物。蔬菜的主要品种参照《蔬菜主要品种目录》执行。

经挑选、清洗、切分、晾晒、包装、脱水、冷藏、冷冻等工序加工的蔬菜，属于本条所述蔬菜的范围。

各种蔬菜罐头不属于本条所述蔬菜的范围。蔬菜罐头是指蔬菜经处理、装罐、密封、杀菌或无菌包装而制成的食品。

纳税人既销售蔬菜又销售其他增值税应税货物的，应分别核算蔬菜和其他增值税应税货物的销售额；未分别核算的，不得享受蔬菜增值税免税政策。

（16）从事农产品批发、零售的纳税人销售的部分鲜活肉蛋产品。

免征增值税的鲜活肉产品是指猪、牛、羊、鸡、鸭、鹅及其整块或者分割的鲜肉、冷藏或者冷冻肉，内脏、头、尾、骨、蹄、翅、爪等组织。

免征增值税的鲜活蛋产品是指鸡蛋、鸭蛋、鹅蛋，包括鲜蛋、冷藏蛋及对其进行破壳分离的蛋液、蛋黄和蛋壳。

上述产品中不包括《中华人民共和国野生动物保护法》所规定的国家珍贵、濒危野生动物及其鲜活肉类、蛋类产品。

从事农产品批发、零售的纳税人既销售部分鲜活肉蛋产品又销售其他增值税应税货物的，应分别核算上述鲜活肉蛋产品和其他增值税应税货物的销售额；未分别核算的，不得享受部分鲜活肉蛋产品增值税免税政策。

（17）纪念馆、博物馆、文化馆、文物保护单位管理机构、美术馆、展览馆、书画院、图书馆在自己的场所提供文化体育服务取得的第一道门票收入。

（18）寺院、宫观、清真寺和教堂举办文化、宗教活动的门票收入。

（19）行政单位之外的其他单位收取的符合《试点实施办法》第十条规定条件的政府性基金和行政事业性收费。（见本章第一节的相关内容）

（20）中国邮政集团公司及其所属邮政企业提供的邮政普遍服务和邮政特殊服务。

（21）中国邮政集团公司及其所属邮政企业为金融机构代办金融保险业务取得的代理收入，在营改增试点期间免征增值税。

（22）青藏铁路公司提供的铁路运输服务。

（23）台湾地区航运公司、航空公司从事海峡两岸海上直航、空中直航业务在大陆取得的运输收入。

台湾地区航运公司是指取得交通运输部颁发的"台湾海峡两岸间水路运输许可证"且该许可证上注明的公司登记地址在中国台湾的航运公司。

台湾地区航空公司是指取得中国民用航空局颁发的"经营许可"或者依据《海峡两岸空运协议》和《海峡两岸空运补充协议》规定，批准经营两岸旅客、货物和邮件不定期（包机）运输业务，且公司登记地址在中国台湾的航空公司。

（24）纳税人提供的直接或者间接国际货物运输代理服务。

① 纳税人提供直接或者间接国际货物运输代理服务，向委托方收取的全部国际货物运输代理服务收入，以及向国际运输承运人支付的国际运输费用，必须通过金融机构进行结算。

② 纳税人为大陆与香港、澳门、台湾地区之间的货物运输提供的货物运输代理服务参照国际货物运输代理服务有关规定执行。

③ 委托方索取发票的，纳税人应当就国际货物运输代理服务收入向委托方全额开具增值税普通发票。

④ 试点纳税人通过其他代理人，间接为委托人办理货物的国际运输、从事国际运输的运输工具进出港口、联系安排引航、靠泊、装卸等货物和船舶代理相关业务手续，可免征增值税。

试点纳税人提供上述国际货物运输代理服务，向委托人收取的全部代理服务收入，以及向其他代理人支付的全部代理费用，必须通过金融机构进行结算。

试点纳税人为大陆与香港、澳门、台湾地区之间的货物运输间接提供的货物运输代理服务，参照上述规定执行。

（25）按照国家有关规定应取得相关资质的国际运输服务项目，纳税人取得相关资质的，适用增值税零税率政策，未取得的，适用增值税免税政策。

境内单位和个人以无运输工具承运方式提供的国际运输服务，由境内实际承运人适用增值税零税率；无运输工具承运业务的经营者适用增值税免税政策。

（26）下列利息收入免征增值税：

① 国家助学贷款。

② 国债、地方政府债。

③ 人民银行对金融机构的贷款。

④ 住房公积金管理中心用住房公积金在指定的委托银行发放的个人住房贷款。

⑤ 外汇管理部门在从事国家外汇储备经营过程中，委托金融机构发放的外汇贷款。

⑥ 统借统还业务中，企业集团或企业集团中的核心企业及集团所属财务公司按不高于支付给金融机构的借款利率水平或者支付的债券票面利率水平，向企业集团或者集团内下属单位收取的利息。

统借方向资金使用单位收取的利息，高于支付给金融机构借款利率水平或者支付的债券票面利率水平的，应全额缴纳增值税。

统借统还业务是指：

a. 企业集团或者企业集团中的核心企业向金融机构借款或对外发行债券取得资金

后,将所借资金分拨给下属单位(包括独立核算单位和非独立核算单位,下同),并向下属单位收取用于归还金融机构或债券购买方本息的业务。

b. 企业集团向金融机构借款或对外发行债券取得资金后,由集团所属财务公司与企业集团或者集团内下属单位签订统借统还贷款合同并分拨资金,并向企业集团或者集团内下属单位收取本息,再转付企业集团,由企业集团统一归还金融机构或债券购买方的业务。

⑦ 自2017年12月1日至2023年12月31日,对金融机构向农户、小型企业、微型企业及个体工商户发放小额贷款取得的利息收入,免征增值税。

⑧ 对社保基金会及养老基金投资管理机构在国务院批准的投资范围内,运用养老基金投资过程中,提供贷款服务取得的全部利息及利息性质的收入和金融商品转让收入,免征增值税。

⑨ 自2019年2月1日至2020年12月31日,对企业集团内单位(含企业集团)之间的资金无偿借贷行为,免征增值税。

⑩ 自2018年11月7日起至2021年11月6日止,对境外机构投资境内债券市场取得的债券利息收入暂免征收增值税。

(27)金融同业往来利息收入。

① 金融机构与人民银行所发生的资金往来业务,包括人民银行对一般金融机构贷款,人民银行对商业银行的再贴现,以及商业银行购买央行票据、与央行开展货币掉期和货币互存等业务。

② 银行联行往来业务。同一银行系统内部不同行、处之间所发生的资金账务往来业务,包括境内银行与其境外的总机构、母公司之间,以及境内银行与其境外的分支机构、全资子公司之间的资金往来业务。

③ 金融机构间的资金往来业务,是指经人民银行批准,进入全国银行间同业拆借市场的金融机构之间通过全国统一的同业拆借网络进行的短期(一年以下含一年)无担保资金融通行为。

④ 金融机构开展下列业务取得的利息收入,属于金融同业往来利息收入:

a. 质押式买入返售金融商品。质押式买入返售金融商品是指交易双方进行的以债券等金融商品为权利质押的一种短期资金融通业务。

b. 持有政策性金融债券。政策性金融债券是指开发性、政策性金融机构发行的债券。

c. 同业存款。同业存款是指金融机构之间开展的同业资金存入与存出业务,其中资金存入方仅为具有吸收存款资格的金融机构。

d. 同业借款。同业借款是指法律法规赋予此项业务范围的金融机构开展的同业资金借出和借入业务。此条所称"法律法规赋予此项业务范围的金融机构"主要是指农村信用社之间及在金融机构营业执照列示的业务范围中有反映为"向金融机构借款"

业务的金融机构。

e. 同业代付。同业代付是指商业银行（受托方）接受金融机构（委托方）的委托向企业客户付款，委托方在约定还款日偿还代付款项本息的资金融通行为。

f. 买断式买入返售金融商品。买断式买入返售金融商品是指金融商品持有人（正回购方）将债券等金融商品卖给债券购买方（逆回购方）的同时，交易双方约定在未来某一日期，正回购方再以约定价格从逆回购方买回相等数量同种债券等金融商品的交易行为。

g. 持有金融债券。金融债券是指依法在中华人民共和国境内设立的金融机构法人在全国银行间和交易所债券市场发行的、按约定还本付息的有价证券。

h. 同业存单。同业存单是指银行业存款类金融机构法人在全国银行间市场上发行的记账式定期存款凭证。

（28）国家商品储备管理单位及其直属企业承担商品储备任务，从中央或者地方财政取得的利息补贴收入和价差补贴收入。

（29）被撤销金融机构以货物、不动产、无形资产、有价证券、票据等财产清偿债务。

被撤销金融机构是指经人民银行、银保监会依法决定撤销的金融机构及其分设于各地的分支机构，包括被依法撤销的商业银行、信托投资公司、财务公司、金融租赁公司、城市信用社和农村信用社。除另有规定外，被撤销金融机构所属、附属企业，不享受被撤销金融机构增值税免税政策。

（30）保险公司开办的一年期以上人身保险产品取得的保费收入。

一年期以上人身保险是指保险期间为一年期及以上返还本利的人寿保险、养老年金保险，以及保险期间为一年期及以上的健康保险。

人寿保险是指以人的寿命为保险标的的人身保险。

养老年金保险是指以养老保障为目的，以被保险人生存为给付保险金条件，并按约定的时间间隔分期给付生存保险金的人身保险。养老年金保险应当同时符合下列条件：

① 保险合同约定给付被保险人生存保险金的年龄不得小于国家规定的退休年龄。

② 相邻两次给付的时间间隔不得超过一年。

健康保险是指以因健康原因导致损失为给付保险金条件的人身保险。

（31）再保险服务。

① 境内保险公司向境外保险公司提供的完全在境外消费的再保险服务，免征增值税。

② 试点纳税人提供再保险服务（境内保险公司向境外保险公司提供的再保险服务除外），实行与原保险服务一致的增值税政策。再保险合同对应多个原保险合同的，所有原保险合同均适用免征增值税政策时，该再保险合同适用免征增值税政策；否则，该再保险合同应按规定缴纳增值税。

原保险服务是指保险分出方与投保人之间直接签订保险合同而建立保险关系的业务活动。

（32）下列金融商品转让收入：

① 合格境外投资者（QFII）委托境内公司在我国从事证券买卖业务。

人民币合格境外投资者（RQFII）委托境内公司在我国从事证券买卖业务，以及经人民银行认可的境外机构投资银行间本币市场取得的收入，属于本条所称的金融商品转让收入。银行间本币市场包括货币市场、债券市场及衍生品市场。

② 香港市场投资者（包括单位和个人）通过沪港通买卖上海证券交易所上市 A 股。

③ 对香港市场投资者（包括单位和个人）通过基金互认买卖内地基金份额。

④ 证券投资基金（封闭式证券投资基金，开放式证券投资基金）管理人运用基金买卖股票、债券。

⑤ 个人从事金融商品转让业务。

（33）中国信达资产管理股份有限公司、中国华融资产管理股份有限公司、中国长城资产管理公司和中国东方资产管理公司及各自经批准分设于各地的分支机构，在收购、承接和处置剩余政策性剥离不良资产和改制银行剥离不良资产过程中开展的以下业务，免征增值税：

① 接受相关国有银行的不良债权，借款方以货物、不动产、无形资产、有价证券和票据等抵充贷款本息的，资产公司销售、转让该货物、不动产、无形资产、有价证券、票据及利用该货物、不动产从事的融资租赁业务。

② 接受相关国有银行的不良债权取得的利息。

③ 对各公司回收的房地产在未处置前的闲置期间，免征房产税和城镇土地使用税。对资产公司转让房地产取得的收入，免征土地增值税。

④ 资产公司所属的投资咨询类公司，为本公司收购、承接、处置不良资产而提供的资产、项目评估和审计服务。

资产公司除收购、承接、处置不良资产业务外，从事其他经营业务或发生未规定免税的应税行为，应一律依法纳税。

（34）个人转让著作权。

（35）纳税人提供技术转让、技术开发和与之相关的技术咨询、技术服务。

（36）同时符合下列条件的合同能源管理服务：

① 节能服务公司实施合同能源管理项目相关技术，应当符合原国家质量监督检验检疫总局（现为国家市场监督管理总局）和国家标准化管理委员会发布的《合同能源管理技术通则》（GB/T 24915—2010）规定的技术要求。

② 节能服务公司与用能企业签订节能效益分享型合同，其合同格式和内容，符合《中华人民共和国合同法》和《合同能源管理技术通则》（GB/T 24915—2010）等规定。

（37）福利彩票、体育彩票的发行收入。

（38）社会团体收取的会费。

社会团体是指依照国家有关法律法规设立或登记并取得《社会团体法人登记证书》的非营利法人。会费是指社会团体在国家法律法规、政策许可的范围内，依照社团章程的规定，收取的个人会员、单位会员和团体会员的会费。

社会团体开展经营服务性活动取得的其他收入，一律照章缴纳增值税。

（39）家政服务企业由员工制家政服务员提供家政服务取得的收入。

家政服务企业是指在企业营业执照的规定经营范围中包括家政服务内容的企业。

员工制家政服务员是指同时符合下列三个条件的家政服务员：

① 依法与家政服务企业签订半年及半年以上的劳动合同或者服务协议，且在该企业实际上岗工作。

② 家政服务企业为其按月足额缴纳了企业所在地人民政府根据国家政策规定的基本养老保险、基本医疗保险、工伤保险、失业保险等社会保险。对已享受新型农村养老保险和新型农村合作医疗等社会保险或者下岗职工原单位继续为其缴纳社会保险的家政服务员，如果本人书面提出不再缴纳企业所在地人民政府根据国家政策规定的相应的社会保险，并出具其所在乡镇或者原单位开具的已缴纳相关保险的证明，可视同家政服务企业已为其按月足额缴纳了相应的社会保险。

③ 家政服务企业通过金融机构向其实际支付不低于企业所在地适用的经省级人民政府批准的最低工资标准的工资。

（40）自2019年6月1日至2025年12月31日，为社区提供养老、托育、家政等服务的机构，提供社区养老、托育、家政服务取得的收入，免征增值税。

（41）自2019年1月1日至2023年12月31日，对经营公租房所取得的租金收入，免征增值税。公租房经营管理单位应单独核算公租房租金收入，未单独核算的，不得享受免征增值税优惠政策。

（42）土地所有者出让土地使用权和土地使用者将土地使用权归还给土地所有者。

（43）县级以上地方人民政府或自然资源行政主管部门出让、转让或收回自然资源使用权（不含土地使用权）。

（44）个人销售自建自用住房。

（45）为了配合国家住房制度改革，企业、行政事业单位按房改成本价、标准价出售住房取得的收入。

（46）涉及家庭财产分割的个人无偿转让不动产、土地使用权。

家庭财产分割包括下列情形：离婚财产分割；无偿赠与配偶、父母、子女、祖父母、外祖父母、孙子女、外孙子女、兄弟姐妹；无偿赠与对其承担直接抚养或者赡养义务的抚养人或者赡养人；房屋产权所有人死亡，法定继承人、遗嘱继承人或者受遗赠人依法取得房屋产权。

（47）个人将购买不足2年的住房对外销售的，按照5%的征收率全额缴纳增值税；

个人将购买2年以上（含2年）的住房对外销售的，免征增值税。上述政策适用于北京市、上海市、广州市和深圳市之外的地区。

个人将购买不足2年的住房对外销售的，按照5%的征收率全额缴纳增值税；个人将购买2年以上（含2年）的非普通住房对外销售的，以销售收入减去购买住房价款后的差额按照5%的征收率缴纳增值税；个人将购买2年以上（含2年）的普通住房对外销售的，免征增值税。上述政策仅适用于北京市、上海市、广州市和深圳市。

（48）军队空余房产租赁收入。

（49）随军家属就业。

① 为安置随军家属就业而新开办的企业，自领取税务登记证之日起，其提供的应税服务3年内免征增值税。

享受税收优惠政策的企业，随军家属必须占企业总人数的60%（含）以上，并有军（含）以上政治和后勤机关出具的证明。

② 从事个体经营的随军家属，自办理税务登记事项之日起，其提供的应税服务3年内免征增值税。

随军家属必须有师以上政治机关出具的可以表明其身份的证明。

按照上述规定，每一名随军家属可以享受一次免税政策。

（50）军队转业干部就业。

① 从事个体经营的军队转业干部，自领取税务登记证之日起，其提供的应税服务3年内免征增值税。

② 为安置自主择业的军队转业干部就业而新开办的企业，凡安置自主择业的军队转业干部占企业总人数60%（含）以上的，自领取税务登记证之日起，其提供的应税服务3年内免征增值税。

享受上述优惠政策的自主择业的军队转业干部必须持有师以上部队颁发的转业证件。

（51）海南离岛旅客免税购物政策。

离岛免税政策是指对乘飞机、火车、轮船离岛（不包括离境）旅客实行限值、限量、限品种免进口税购物，在实施离岛免税政策的免税商店内或经批准的网上销售窗口付款，在机场、火车站、港口码头指定区域提货离岛的税收优惠政策。离岛免税政策免税税种为关税、进口环节增值税和消费税。

（52）在全岛封关运作前，对在海南自由贸易港注册登记并具有独立法人资格的企业，进口用于生产自用、以"两头在外"模式进行生产加工活动或以"两头在外"模式进行服务贸易过程中所消耗的原辅料，免征进口关税、进口环节增值税和消费税。

（53）在全岛封关运作前，对在海南自由贸易港注册登记并具有独立法人资格，从事交通运输、旅游业的企业（航空企业须以海南自由贸易港为主营运基地），进口用于交通运输、旅游业的船舶、航空器、车辆等营运用交通工具及游艇，免征进口关税、进口环节增值税和消费税。

（54）对赞助企业及参与赞助的下属机构根据赞助协议及补充赞助协议向北京冬奥组委免费提供的，与北京2022年冬奥会、冬残奥会、测试赛有关的服务，免征增值税。

（55）自2019年1月1日至2021年12月31日，对国家级、省级科技企业孵化器、大学科技园和国家备案众创空间自用及无偿或通过出租等方式提供给在孵对象使用的房产、土地，免征房产税和城镇土地使用税；对其向在孵对象提供孵化服务取得的收入，免征增值税。

本条所称孵化服务是指为在孵对象提供的经纪代理、经营租赁、研发和技术、信息技术、鉴证咨询服务。

国家级、省级科技企业孵化器、大学科技园和国家备案众创空间应当单独核算孵化服务收入。

（56）自2019年1月1日至2022年12月31日，对单位或者个体工商户将自产、委托加工或购买的货物通过公益性社会组织、县级及以上人民政府及其组成部门和直属机构，或直接无偿捐赠给目标脱贫地区的单位和个人，免征增值税。在政策执行期限内，目标脱贫地区实现脱贫的，可继续适用上述政策。

"目标脱贫地区"包括832个国家扶贫开发工作重点县、集中连片特困地区县（新疆阿克苏地区6县1市享受片区政策）和建档立卡贫困村。

（57）自2019年1月1日至2023年12月31日，党报、党刊将其发行、印刷业务及相应的经营性资产剥离组建的文化企业，自注册之日起所取得的党报、党刊发行收入和印刷收入免征增值税。

（58）自2019年1月1日至2023年12月31日，对电影主管部门（包括中央、省、地市及县级）按照各自职能权限批准从事电影制片、发行、放映的电影集团公司（含成员企业）、电影制片厂及其他电影企业取得的销售电影拷贝（含数字拷贝）收入、转让电影版权（包括转让和许可使用）收入、电影发行收入及在农村取得的电影放映收入，免征增值税。一般纳税人提供的城市电影放映服务，可以按现行政策规定，选择按照简易计税办法计算缴纳增值税。

（59）自2019年1月1日至2023年12月31日，对广播电视运营服务企业收取的有线数字电视基本收视维护费和农村有线电视基本收视费，免征增值税。

（60）自2020年10月1日至2023年12月31日，对注册在广州市的保险企业向注册在南沙自贸片区的企业提供国际航运保险业务取得的收入，免征增值税。

（61）自2019年1月1日至2023年12月31日，对广播电视运营服务企业收取的有线数字电视基本收视维护费和农村有线电视基本收视费，免征增值税。

（62）自2019年1月1日至2023年12月31日，对饮水工程运营管理单位向农村居民提供生活用水取得的自来水销售收入，免征增值税。

所称饮水工程，是指为农村居民提供生活用水而建设的供水工程设施。本公告所称饮水工程运营管理单位,是指负责饮水工程运营管理的自来水公司、供水公司、供水(总)站(厂、中心)、村集体、农民用水合作组织等单位。

对于既向城镇居民供水,又向农村居民供水的饮水工程运营管理单位,依据向农村居民供水收入占总供水收入的比例免征增值税。无法提供具体比例或所提供数据不实的,不得享受上述税收优惠政策。

(63) 自2020年1月1日至2021年12月31日,对纳税人运输疫情防控重点保障物资取得的收入,免征增值税。疫情防控重点保障物资的具体范围,由国家发展改革委、工业和信息化部确定。

(64) 自2020年1月1日至2021年12月31日,对纳税人提供电影放映服务取得的收入免征增值税。所称电影放映服务,是指持有《电影放映经营许可证》的单位利用专业的电影院放映设备,为观众提供的电影视听服务。

(65) 自2020年1月1日至2021年12月31日,单位和个体工商户将自产、委托加工或购买的货物,通过公益性社会组织和县级以上人民政府及其部门等国家机关,或者直接向承担疫情防治任务的医院,无偿捐赠用于应对新型冠状病毒感染的肺炎疫情的,免征增值税。

(66) 自2020年10月1日至2023年12月31日,对注册在广州市的保险企业向注册在南沙自贸片区的企业提供国际航运保险业务取得的收入,免征增值税。

(67) 自2021年1月1日至2023年12月31日,免征图书批发、零售环节增值税。

(68) 自2021年1月1日至2023年12月31日,对科普单位的门票收入,以及县级及以上党政部门和科协开展科普活动的门票收入免征增值税。

(69) 自2021年1月1日至2030年12月31日,对卫生健康委委托进口的抗艾滋病病毒药物,免征进口环节增值税。

(二) 增值税即征即退政策

(1) 增值税一般纳税人销售其自行开发生产的软件产品,按13%税率征收增值税后,对其增值税实际税负超过3%的部分实行即征即退政策。

增值税一般纳税人将进口软件产品进行本地化改造后对外销售,其销售的软件产品可享受上款规定的增值税即征即退政策。本地化改造是指对进口软件产品进行重新设计、改进、转换等,单纯对进口软件产品进行汉字化处理不包括在内。

(2) 自2018年5月1日至2023年12月31日,对动漫企业增值税一般纳税人销售其自主开发生产的动漫软件,按照13%的税率征收增值税后,对其增值税实际税负超过3%的部分,实行即征即退政策。动漫软件出口免征增值税。

(3) 一般纳税人提供管道运输服务,对其增值税实际税负超过3%的部分实行增值税即征即退政策。所称增值税实际税负,是指纳税人当期提供应税服务实际缴纳的增值税额占纳税人当期提供应税服务取得的全部价款和价外费用的比例。

(4) 经人民银行、银保监会或者商务部批准从事融资租赁业务的试点纳税人中的一般纳税人，提供有形动产融资租赁服务和有形动产融资性售后回租服务，对其增值税实际税负超过3%的部分实行增值税即征即退政策。本规定所称增值税实际税负，是指纳税人当期提供应税服务实际缴纳的增值税额占纳税人当期提供应税服务取得的全部价款和价外费用的比例。

第九节 出口货物、劳务和跨境应税行为退(免)增值税

出口货物、劳务和跨境应税行为退（免）税是国际贸易中通常采用的并为世界各国所普遍接受的、目的在于鼓励各国出口货物公平竞争的一种退还或免征间接税（目前我国主要包括增值税、消费税）的税收措施，即对出口货物、劳务和跨境应税行为已承担或应承担的增值税和消费税等间接税实行退还或者免征。由于这项制度比较公平合理，它已成为国际社会通行的惯例。

我国的出口货物、劳务和跨境应税行为退（免）增值税是指在国际贸易业务中，对我国报关出口的货物、劳务和跨境应税行为退还或免征其在国内各生产和流转环节按税法规定缴纳的增值税，即对应征收增值税的出口货物、劳务和跨境应税行为实行零税率（国务院另有规定除外）。

一、出口货物、劳务和跨境应税行为退(免)增值税基本政策

世界各国为了鼓励本国货物出口，在遵循 WTO 基本规则的前提下，一般都采取优惠的税收政策。我国根据本国的实际，采取出口退税与免税相结合的政策。目前，我国对出口货物、劳务和跨境应税行为实行的增值税税收政策分为以下三种形式：

（1）出口免税并退税。出口免税是指对货物、劳务和跨境应税行为在出口销售环节免征增值税，这是把货物、劳务和跨境应税行为出口环节与出口前的销售环节都同样视为一个征税环节；出口退税是指对货物、劳务和跨境应税行为在出口前实际承担的税收负担，按规定的退税率计算后予以退还。

（2）出口免税不退税。出口免税与上述第（1）项含义相同。出口不退税是指适用这项政策的出口货物、劳务和跨境应税行为在前一道生产、销售环节或进口环节是免税的，因此，出口时该货物、劳务和跨境应税行为的价格中本身就不含税，也无须退税。

（3）出口不免税也不退税。出口不免税是指对国家限制或禁止出口的某些货物、劳务和跨境应税行为的出口环节视同内销环节，照章征税；出口不退税是指对这些货物、劳务和跨境应税行为出口不退还出口前其所负担的税款。

二、出口货物、劳务和跨境应税行为退(免)增值税具体政策

(一) 适用增值税退(免)税政策的范围

对下列出口货物、劳务和跨境应税行为,实行增值税退(免)税政策,即免征和退还增值税政策:

(1) 出口企业出口货物。
(2) 出口企业或其他企业视同出口货物。
(3) 生产企业视同出口满足条件的自产货物。
(4) 出口企业对外提供加工修理修配劳务。
(5) 融资租赁货物出口退税。
(6) 跨境应税行为适用增值税零税率政策。

根据《营改增通知》的相关规定,销售服务、无形资产适用增值税零税率政策的情况如下:

第一,境内的单位和个人销售的下列服务和无形资产,适用增值税零税率:

① 国际运输服务。国际运输服务是指:
a. 在境内载运旅客或者货物出境。
b. 在境外载运旅客或者货物入境。
c. 在境外载运旅客或者货物。

② 航天运输服务。

③ 向境外单位提供的完全在境外消费的下列服务:
a. 研发服务。
b. 合同能源管理服务。
c. 设计服务。
d. 广播影视节目(作品)的制作和发行服务。
e. 软件服务。
f. 电路设计及测试服务。
g. 信息系统服务。
h. 业务流程管理服务。
i. 离岸服务外包业务。离岸服务外包业务包括信息技术外包服务(ITO)、技术性业务流程外包服务(BPO)、技术性知识流程外包服务(KPO),其所涉及的具体业务活动,按照《销售服务、无形资产、不动产注释》相对应的业务活动执行。
j. 转让技术。

④ 财政部和国家税务总局规定的其他服务。

第二,其他零税率政策:

① 按照国家有关规定应取得相关资质的国际运输服务项目，纳税人取得相关资质的，适用增值税零税率政策；未取得的，适用增值税免税政策。

② 境内单位和个人以无运输工具承运方式提供的国际运输服务，由境内实际承运人适用增值税零税率；无运输工具承运业务的经营者适用增值税免税政策。

第三，境内单位和个人发生的与香港、澳门、台湾地区有关的应税行为，除另有规定外，参照上述规定执行。

(二) 增值税退 (免) 税办法

适用增值税退（免）税政策的出口货物、劳务和跨境应税行为，按照下列规定实行增值税"免、抵、退"税或"免、退"税办法。

(1)"免、抵、退"税办法。适用增值税一般计税方法的生产企业出口自产货物与视同自产货物、对外提供加工修理修配劳务，列名的 74 家生产企业出口非自产货物，免征增值税，相应的进项税额抵减应纳增值税额（不包括适用增值税即征即退、先征后退政策的应纳增值税额），未抵减完的部分予以退还。

境内的单位和个人提供适用增值税零税率的服务或者无形资产，如果属于适用增值税一般计税方法的，生产企业实行"免、抵、退"税办法，外贸企业直接将服务或自行研发的无形资产出口，视同生产企业连同其出口货物统一实行"免、抵、退"税办法。

实行退（免）税办法的研发服务和设计服务，如果主管税务机关认定出口价格偏高的，有权按照核定的出口价格计算退（免）税，核定的出口价格低于外贸企业购进价格的，低于部分对应的进项税额不予退税，转入成本。

境内的单位和个人提供适用增值税零税率应税服务的，可以放弃适用增值税零税率，选择免税或按规定缴纳增值税。放弃适用增值税零税率后，36 个月内不得再申请适用增值税零税率。

(2)"免、退"税办法。不具有生产能力的出口企业（以下简称"外贸企业"）或其他单位出口货物、劳务，免征增值税，相应的进项税额予以退还。

适用增值税一般计税方法的外贸企业外购服务或者无形资产出口实行"免、退"税办法。

外贸企业外购研发服务和设计服务免征增值税，其对应的外购应税服务的进项税额予以退还。

(三) 增值税出口退税率

增值税出口退税在具体计算时分不同情况采用规定的退税率、适用税率和征收率。适用不同退税率的货物、劳务和跨境应税行为，应分开报关、核算并申报退（免）税，未分开报关、核算或划分不清的，从低适用退税率。

除财政部和国家税务总局根据国务院决定而明确的增值税出口退税率外，出口货物、劳务和跨境应税行为的退税率为其适用税率。出口货物适用增值税零税率,但适用不同 HS 编码的出口货物的出口退税率不同。

目前,出口货物、劳务和跨境应税行为的增值税出口退税率档次包括 13%、10%、9%、6% 和 0%。

境外旅客购物离境退税物品的退税率档次包括 11% 和 8%。适用 13% 税率的境外旅客购物离境退税物品,退税率为 11%;适用 9% 税率的境外旅客购物离境退税物品,退税率为 8%。计算公式为:

应退增值税额 = 离境的退税物品销售发票金额(含增值税)× 退税率

实退增值税额 = 应退增值税额 – 退税代理机构办理退税手续费

(四)增值税"免、抵、退"税和"免、退"税的计算

(1)生产企业出口货物、劳务、服务和无形资产的增值税"免、抵、退"税,依下列公式计算:

① 当期应纳税额的计算。

当期应纳税额 = 当期销项税额 – (当期进项税额 – 当期不得免征和抵扣税额) – 上期期末留抵税额

如为负数,其绝对额为当期期末留抵税额。

其中:

当期不得免征和抵扣的税额 = 当期出口货物离岸价格 × 外汇人民币折合率 ×(出口货物适用税率 – 出口货物退税率) – 当期不得免征和抵扣税额抵减额

当期不得免征和抵扣税额抵减额 = 当期免税购进原材料价格 ×(出口货物适用税率 – 出口货物退税率)

② 当期"免、抵、退"税额的计算。

当期"免、抵、退"税额 = 当期出口货物离岸价 × 外汇人民币折合率 × 出口货物退税率 – 当期"免、抵、退"税额抵减额

其中:

当期"免、抵、退"税额抵减额 = 当期免税购进原材料价格 × 进口货物退税率

③ 当期应退税额和免抵税额的计算。

a. 如果当期期末留抵税额 ≤ 当期"免、抵、退"税额,则当期应退税额 = 当期期末留抵税额,当期免抵税额 = 当期"免、抵、退"税额 – 当期应退税额;

b. 如果当期期末留抵税额 > 当期"免、抵、退"税额,则当期应退税额 = 当期"免、抵、退"税额,当期免抵税额 = 0。

④ 当期免税购进原材料价格包括当期国内购进的无进项税额且不计提进项税额的免税原材料的价格和当期进料加工保税进口料件的价格,其中当期进料加工保税进口料件的价格为进料加工出口货物耗用的保税进口料件金额,其计算公式如下:

进料加工出口货物耗用的保税进口料件金额=进料加工出口货物人民币离岸价×进料加工计划分配率

计划分配率=计划进口总值÷计划出口总值×100%

计算不得免征和抵扣税额时，应按当期全部出口货物的销售额扣除当期全部进料加工出口货物耗用的保税进口料件金额后的余额乘以征退税率之差计算。

进料加工出口货物收齐有关凭证申报"免、抵、退"税时，以收齐凭证的进料加工出口货物人民币离岸价扣除其耗用的保税进口料件金额后的余额计算"免、抵、退"税额。

（2）外贸企业出口货物、劳务和应税服务增值税免退税，依下列公式计算：

① 外贸企业出口委托加工修理修配货物以外的货物：

增值税应退税额=增值税退（免）税计税依据×出口货物退税率

② 外贸企业出口委托加工修理修配货物：

出口委托加工修理修配货物的增值税应退税额=委托加工修理修配的增值税退（免）税计税依据×出口货物退税率

③ 外贸企业兼营的零税率应税服务增值税免退税的计算：

外贸企业兼营的零税率应税服务应退税额=外贸企业兼营的零税率应税服务免退税计税依据×零税率应税服务增值税退税率

（3）融资租赁出口货物退税的计算：

融资租赁出租方将融资租赁出口货物租赁给境外承租方、将融资租赁海洋工程结构物租赁给海上石油天然气开采企业，向融资租赁出租方退还其购进租赁货物所含增值税。计算公式如下：

增值税应退税额=购进融资租赁货物的增值税专用发票注明的金额或海关（进口增值税）专用缴款书注明的完税价格×融资租赁货物适用的增值税退税率

（4）退税率低于适用税率的，相应计算出的差额部分的税款计入出口货物劳务成本。

（5）出口企业既有适用增值税"免、抵、退"项目，也有增值税即征即退、先征后退项目的，增值税即征即退和先征后退项目不参与出口项目"免、抵、退"税计算。出口企业应分别核算增值税"免、抵、退"项目和增值税即征即退、先征后退项目，并分别申请享受增值税即征即退、先征后退和"免、抵、退"税政策。

用于增值税即征即退或者先征后退项目的进项税额无法划分的，按照下列公式计算：

无法划分进项税额中用于增值税即征即退或者先征后退项目的部分=当月无法划分的全部进项税额×当月增值税即征即退或者先征后退销售额÷当月全部销售额、营业额合计

（6）实行"免、抵、退"税办法的增值税零税率应税服务提供者如同时有货物、

劳务（劳务指对外加工修理修配劳务，下同）出口且未分别计算的，应一并计算"免、抵、退"税额。税务机关在审批时，按照出口货物、劳务、增值税零税率应税服务"免、抵、退"税额的比例划分出口货物、劳务、增值税零税率应税服务的退税额和免抵税额。

第十节 征收管理

一、纳税义务发生时间

（1）纳税人发生应税行为并收讫销售款或者取得索取销售款凭据的当天；先开具发票的，为开具发票的当天。

收讫销售款是指纳税人销售服务、无形资产、不动产过程中或者完成后收到款项。

取得索取销售款凭据的当天是指书面合同确定的付款日期；未签订书面合同或者书面合同未确定付款日期的，为服务、无形资产转让完成的当天或者不动产权属变更的当天。

由于纳税人销售结算方式的不同，《增值税暂行条例实施细则》和《营改增通知》规定了具体的纳税义务发生时间。

① 采取直接收款方式销售货物，不论货物是否发出，均为收到销售款或者取得索取销售款凭据的当天。

纳税人生产经营活动中采取直接收款方式销售货物，已将货物移送对方并暂估销售收入入账，但既未收到销售款或者取得索取销售款凭据也未开具销售发票的，其增值税纳税义务发生时间为收到销售款或者取得索取销售款凭据的当天；先开具发票的，为开具发票的当天。

② 采取托收承付和委托银行收款方式销售货物，为发出货物并办妥托收手续的当天。

③ 采取赊销和分期收款方式销售货物，为书面合同约定的收款日期的当天，无书面合同的或者书面合同没有约定收款日期的，为货物发出的当天。

④ 采取预收货款方式销售货物，为货物发出的当天，但生产销售生产工期超过12个月的大型机械设备、船舶、飞机等货物，为收到预收款或者书面合同约定的收款日期的当天。

⑤ 委托其他纳税人代销货物，为收到代销单位的代销清单或者收到全部或者部分货款的当天。未收到代销清单及货款的，为发出代销货物满180天的当天。

⑥ 销售应税劳务，为提供劳务同时收讫销售款或者取得索取销售款的凭据的当天。

⑦ 纳税人发生除将货物交付其他单位或者个人代销和销售代销货物以外的视同销售货物行为，为货物移送的当天。

⑧ 纳税人提供建筑服务、租赁服务采取预收款方式的，其纳税义务发生时间为收到预收款的当天。

⑨ 纳税人从事金融商品转让的，为金融商品所有权转移的当天。

（2）纳税人进口货物，为报关进口的当天。

（3）纳税人提供建筑服务取得预收款，应在收到预收款时，以取得的预收款扣除支付的分包款后的余额，按照规定的预征率预缴增值税。

① 适用一般计税方法计税的项目预征率为2%，适用简易计税方法计税的项目预征率为3%。

② 按照现行规定应在建筑服务发生地预缴增值税的项目，纳税人收到预收款时在建筑服务发生地预缴增值税。按照现行规定无须在建筑服务发生地预缴增值税的项目，纳税人收到预收款时在机构所在地预缴增值税。

③ 一般纳税人跨县（市）提供建筑服务，适用一般计税方法计税的，应以取得的全部价款和价外费用为销售额计算应纳税额。纳税人应以取得的全部价款和价外费用扣除支付的分包款后的余额，按照2%的预征率在建筑服务发生地预缴税款后，向机构所在地主管税务机关进行纳税申报。

④ 一般纳税人跨县（市）提供建筑服务，选择适用简易计税方法计税的，应以取得的全部价款和价外费用扣除支付的分包款后的余额为销售额，按照3%的征收率计算应纳税额。纳税人应按照上述计税方法在建筑服务发生地预缴税款后，向机构所在地主管税务机关进行纳税申报。

⑤ 小规模纳税人跨县（市）提供建筑服务，应以取得的全部价款和价外费用扣除支付的分包款后的余额为销售额，按照3%的征收率计算应纳税额。纳税人应按照上述计税方法在建筑服务发生地预缴税款后，向机构所在地主管税务机关进行纳税申报。

（4）纳税人发生视同销售服务、无形资产或者不动产的，其纳税义务发生时间为服务、无形资产转让完成的当天或者不动产权属变更的当天。

（5）增值税扣缴义务发生时间为纳税人增值税纳税义务发生的当天。

二、纳税期限

增值税的纳税期限分别为1日、3日、5日、10日、15日、1个月或者1个季度。纳税人的具体纳税期限，由主管税务机关根据纳税人应纳税额的大小分别核定。以1个季度为纳税期限的规定适用于小规模纳税人、银行、财务公司、信托投资公司、信用社，以及财政部和国家税务总局规定的其他纳税人。不能按照固定期限纳税的，可以按次纳税。

纳税人以 1 个月或者 1 个季度为 1 个纳税期的，自期满之日起 15 日内申报纳税；以 1 日、3 日、5 日、10 日或者 15 日为 1 个纳税期的，自期满之日起 5 日内预缴税款，于次月 1 日起 15 日内申报纳税并结清上月应纳税款。

纳税人进口货物，应当自海关填发海关进口增值税专用缴款书之日起 15 日内缴纳税款。

扣缴义务人解缴税款的期限，按照前两款规定执行。

三、纳税地点

（1）固定业户应当向其机构所在地或者居住地主管税务机关申报纳税。总机构和分支机构不在同一县（市）的，应当分别向各自所在地的主管税务机关申报纳税；经财政部和国家税务总局或者其授权的财政和税务机关批准，可以由总机构汇总向总机构所在地的主管税务机关申报纳税。

属于固定业户的试点纳税人，总分支机构不在同一县（市），但在同一省（自治区、直辖市、计划单列市）范围内的，经省（自治区、直辖市、计划单列市）财政厅（局）和国家税务局批准，可以由总机构汇总向总机构所在地的主管税务机关申报缴纳增值税。

（2）非固定业户应当向应税行为发生地主管税务机关申报纳税；未申报纳税的，由其机构所在地或者居住地主管税务机关补征税款。

（3）进口货物，应当向报关地海关申报纳税。

（4）其他个人提供建筑服务，销售或者租赁不动产，转让自然资源使用权，应向建筑服务发生地、不动产所在地、自然资源所在地主管税务机关申报纳税。

按照现行规定应在建筑服务发生地预缴增值税的项目，纳税人收到预收款时在建筑服务发生地预缴增值税。按照现行规定无须在建筑服务发生地预缴增值税的项目，纳税人收到预收款时在机构所在地预缴增值税。

（5）扣缴义务人应当向其机构所在地或者居住地主管税务机关申报缴纳扣缴的税款。

四、增值税发票使用和管理

增值税纳税人发生应税销售行为，应使用增值税发票管理新系统开具增值税专用发票、增值税普通发票和机动车销售统一发票。

（一）增值税专用发票的联次

增值税专用发票由基本联次或者基本联次附加其他联次构成，基本联次为三联：发票联、抵扣联和记账联。发票联，作为购买方核算采购成本和增值税进项税额的记账凭证；抵扣联，作为购买方报送主管税务机关认证和留存备查的凭证；记账联，作为销售方核算销售收入和增值税销项税额的记账凭证。其他联次用途，由一般纳税人自行确定。

（二）增值税发票的开具和使用

（1）纳税人发生应税行为，应当向索取增值税专用发票的购买方开具增值税专用发票，并在增值税专用发票上分别注明销售额和销项税额。

属于下列情形之一的，不得开具增值税专用发票：

① 向消费者个人销售服务、无形资产或者不动产。

② 适用免征增值税规定的应税行为。

（2）小规模纳税人发生应税行为，购买方索取增值税专用发票的，可以向主管税务机关申请代开。

（3）全面推行小规模纳税人自行开具增值税专用发票。税务总局进一步扩大小规模纳税人自行开具增值税专用发票范围，小规模纳税人（其他个人除外）发生增值税应税行为、需要开具增值税专用发票的，可以自愿使用增值税发票管理系统自行开具。

（4）为全面落实《优化营商环境条例》，深化税收领域"放管服"改革，加大推广使用电子发票的力度，国家税务总局决定在全国新设立登记的纳税人（以下简称"新办纳税人"）中实行增值税专用发票电子化。

① 自 2020 年 12 月 21 日起，在天津、河北、上海、江苏、浙江、安徽、广东、重庆、四川、宁波和深圳等 11 个地区的新办纳税人中实行专票电子化，受票方范围为全国。

② 自 2021 年 1 月 21 日起，在北京、山西、内蒙古、辽宁、吉林、黑龙江、福建、江西、山东、河南、湖北、湖南、广西、海南、贵州、云南、西藏、陕西、甘肃、青海、宁夏、新疆、大连、厦门和青岛等 25 个地区的新办纳税人中实行专票电子化，受票方范围为全国。

③ 电子专票由各省税务局监制，采用电子签名代替发票专用章，属于增值税专用发票，其法律效力、基本用途、基本使用规定等与增值税纸质专用发票（以下简称"纸质专票"）相同。

④ 纳税人开具增值税专用发票时，既可以开具电子专票，也可以开具纸质专票。受票方索取纸质专票的，开票方应当开具纸质专票。

本章小结

本章主要阐述增值税法的基本政策和制度。

增值税是对在中华人民共和国境内销售货物或者加工、修理修配劳务，销售服务、无形资产、不动产及进口货物的单位和个人，就其销售货物、劳务、服务、无形资产、不动产的增值额和货物进口金额为计税依据而课征的一种流转税。

增值税的征收范围分为传统征收范围、"营改增"征收范围和特殊征收范围三部分。其中，传统征收范围包括在境内销售货物、进口货物和销售劳务；"营改增"征收范围包括在境内销售服务、无形资产和不动产；特殊征收范围包括视同发生应税销售行为、混合销售行为和兼营销售行为。

在中华人民共和国境内发生应税销售行为及进口货物的单位和个人，为增值税的纳税人。为了简化增值税的计算和征收，同时减少税收征管漏洞，增值税法将增值税纳税人按会计核算水平和经营规模分为一般纳税人和小规模纳税人两类纳税人。

增值税的计税方法，包括一般计税方法、简易计税方法和扣缴计税方法。一般纳税人发生应税销售行为适用一般计税方法计税；小规模纳税人发生应税销售行为适用简易计税方法计税；纳税人进口货物，按照组成计税价格和规定的税率计算应纳税额。

增值税法规定了多项税收优惠政策。为了鼓励出口货物公平竞争，我国的出口货物、劳务和跨境应税行为实行退（免）增值税制度。

增值税的纳税义务发生时间为纳税人发生应税行为并收讫销售款项或者取得索取销售款项凭据的当天；先开具发票的，为开具发票的当天；进口货物，为报关进口的当天。

固定业户应当向其机构所在地或者居住地主管税务机关申报纳税；进口货物，应当向报关地海关申报纳税。

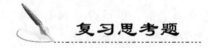

复习思考题

1. 增值税有哪些优点？
2. 简述"营改增"的基本过程。
3. 增值税的征税范围包括哪些项目？
4. 什么是视同销售？包括哪些情形？

5. 一般纳税人和小规模纳税人如何划分？
6. 如何理解增值额？
7. 一般纳税人计算增值税的方法是什么？
8. 列出增值税应纳税额计算中不得抵扣进项税额的情形。
9. 出口货物退（免）税的办法有哪些？
10. 增值税的纳税地点如何确定？

第三章 消费税法

消费税法是指国家制定的用于调整消费税征纳双方权利和义务关系的法律规范。我国现行消费税的基本法律规范是 2008 年 11 月 5 日国务院第 34 次常务会议修订通过，自 2009 年 1 月 1 日起施行的《中华人民共和国消费税暂行条例》（以下简称《消费税暂行条例》），以及 2008 年 12 月 15 日财政部和国家税务总局令第 51 号颁布的《中华人民共和国消费税暂行条例实施细则》（以下简称《消费税暂行条例实施细则》）。

消费税是指对消费品和特定消费行为按流转额征收的一种商品税。从广义上看，应对所有消费品包括生活必需品和日用品在内普遍课征消费税；但从征收实践来看，主要对特定消费品或特定消费行为课征消费税。消费税主要以消费品为课税对象，属于间接税，税收随价格转嫁给消费者，消费者是税收的实际负担者。消费税的征收具有较强的选择性，是国家贯彻消费政策、引导消费结构从而引导产业结构的重要手段，因而在保证国家财政收入、体现国家经济政策等方面具有十分重要的意义。

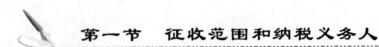

第一节 征收范围和纳税义务人

一、征收范围

消费税的征收范围比较狭窄，同时国家会根据经济发展、环境保护等国家大政方针对消费税征收范围进行调整。根据《消费税暂行条例》及相关法规的规定，目前我国消费税税目包括烟、酒、高档化妆品等 15 种商品，部分税目还进一步划分了若干子目。

（一）烟

凡是以烟叶为原料加工生产的产品，不论使用何种辅料，均属于本税目的征收范围。

在"烟"税目下分"卷烟""雪茄烟""烟丝"三个子目,"卷烟"又分"甲类卷烟"和"乙类卷烟"。其中,甲类卷烟是指每标准条(200支,下同)调拨价格在70元(不含增值税)以上(含70元)的卷烟;乙类卷烟是指每标准条调拨价格在70元(不含增值税)以下的卷烟。

(二)酒

酒是酒精度在1度以上的各种酒类饮料,包括白酒、黄酒、啤酒和其他酒。

啤酒每吨出厂价(含包装物及包装物押金,但不包括供重复使用的塑料周转箱的押金)在3 000元(含3 000元,不含增值税)以上的是甲类啤酒,在3 000元(不含增值税)以下的是乙类啤酒。对饮食业、商业、娱乐业举办的啤酒屋(啤酒坊)利用啤酒生产设备生产的啤酒,应当征收消费税。果啤属于啤酒,按啤酒征收消费税。

(三)高档化妆品

本税目包括高档美容、修饰类化妆品,高档护肤类化妆品和成套化妆品。

美容、修饰类化妆品是指香水、香水精、香粉、口红、指甲油、胭脂、眉笔、唇笔、蓝眼油、眼睫毛及成套化妆品。

舞台、戏剧、影视演员化妆用的上妆油、卸妆油、油彩,不属于本税目的征收范围。

高档美容、修饰类化妆品和高档护肤类化妆品是指生产(进口)环节销售(完税)价格(不含增值税)在10元/毫升(克)或15元/片(张)及以上的美容、修饰类化妆品和护肤类化妆品。

(四)贵重首饰及珠宝玉石

本税目包括以金、银、白金、宝石、珍珠、钻石、翡翠、珊瑚、玛瑙等高贵稀有物质及其他金属、人造宝石等制作的各种纯金银首饰和镶嵌首饰,以及经采掘、打磨、加工的各种珠宝玉石。

(五)鞭炮、焰火

本税目包括各种鞭炮、焰火。体育上用的发令纸、鞭炮药引线,不按本税目征收消费税。

(六)成品油

本税目包括汽油、柴油、石脑油、溶剂油、航空煤油、润滑油和燃料油七个子目。其中,航空煤油的消费税暂缓征收。

汽油是指用原油或其他原料加工生产的辛烷值不小于66的可用作汽油发动机燃料的各种轻质油。以汽油、汽油组分调和生产的甲醇汽油、乙醇汽油也属于本税目征收范围。

柴油是指用原油或其他原料加工生产的倾点或凝点在-50℃至30℃的可用作柴油

发动机燃料的各种轻质油和以柴油组分为主、经调和精制可用作柴油发动机燃料的非标油。以柴油、柴油组分调和生产的生物柴油也属于本税目征收范围。

石脑油又叫化工轻油,是以原油或其他原料加工生产的用于化工原料的轻质油。石脑油的征收范围包括除汽油、柴油、航空煤油、溶剂油以外的各种轻质油。非标汽油、重整生成油、拔头油、戊烷原料油、轻裂解料(减压柴油 VGO 和常压柴油 AGO)、重裂解料、加氢裂化尾油、芳烃抽余油均属轻质油,属于石脑油征收范围。

溶剂油是用原油或其他原料加工生产的用于涂料、油漆、食用油、印刷油墨、皮革、农药、橡胶、化妆品生产和机械清洗、胶粘行业的轻质油。橡胶填充油、溶剂油原料,属于溶剂油征收范围。

航空煤油也叫喷气燃料,是用原油或其他原料加工生产的用作喷气发动机和喷气推进系统燃料的各种轻质油。

润滑油是用原油或其他原料加工生产的用于内燃机、机械加工过程的润滑产品。润滑油的征收范围包括矿物性润滑油、矿物性润滑油基础油、植物性润滑油、动物性润滑油和化工原料合成润滑油。以植物性、动物性和矿物性基础油(或矿物性润滑油)混合掺配而成的"混合性"润滑油,不论矿物性基础油(或矿物性润滑油)所占比例高低,均属润滑油的征收范围。另外,用原油或其他原料加工生产的用于内燃机、机械加工过程的润滑产品均属于润滑油征收范围。润滑脂是润滑产品,生产、加工润滑脂应当征收消费税。变压器油、导热类油等绝缘油类产品不属于润滑油,不征收消费税。

燃料油也称重油或渣油,是用原油或其他原料加工生产,主要用作电厂发电、锅炉用燃料、加热炉燃料、冶金和其他工业炉燃料。腊油、船用重油、常压重油、减压重油、180CTS 燃料油、7 号燃料油、糠醛油、工业燃料、4~6 号燃料油等油品的主要用途是作为燃料燃烧,属于燃料油征收范围。

(七)小汽车

小汽车是指由动力驱动,具有 4 个或 4 个以上车轮的非轨道承载的车辆。

本税目征收范围包括:

(1)乘用车:含驾驶员座位在内最多不超过 9 个座位(含)的,在设计和技术特性上用于载运乘客和货物的各类乘用车。

(2)中轻型商用客车:含驾驶员座位在内的座位数在 10~23 座(含 23 座)的在设计和技术特性上用于载运乘客和货物的各类中轻型商用客车。

(3)超豪华小汽车:每辆零售价格 130 万元(不含增值税)及以上的乘用车和中轻型商用客车。

用排气量小于 1.5 升(含)的乘用车底盘(车架)改装、改制的车辆属于乘用车征收范围。用排气量大于 1.5 升的乘用车底盘(车架)或用中轻型商用客车底盘(车架)改装、改制的车辆属于中轻型商用客车征收范围。

含驾驶员人数（额定载客）为区间值的（如8~10人、17~26人）小汽车，按其区间值下限人数确定征收范围。

电动汽车不属于本税目征收范围。车身长度大于7米（含），并且座位在10~23座（含）以下的商用客车，不属于中轻型商用客车征税范围，不征收消费税。沙滩车、雪地车、卡丁车、高尔夫车不属于消费税征收范围，不征收消费税。

（八）摩托车

本税目包括轻便摩托车和摩托车两种。对最大设计车速不超过50千米/小时、发动机气缸总工作容量不超过50毫升的三轮摩托车不征收消费税。气缸容量250毫升（不含）以下的小排量摩托车不征收消费税。

（九）高尔夫球及球具

高尔夫球及球具是指从事高尔夫球运动所需的各种专用装备，包括高尔夫球、高尔夫球杆及高尔夫球包（袋）等。

高尔夫球是指重量不超过45.93克、直径不超过42.67毫米的高尔夫球运动比赛、练习用球；高尔夫球杆是指被设计用来打高尔夫球的工具，由杆头、杆身和握把三部分组成；高尔夫球包（袋）是指专用于盛装高尔夫球及球杆的包（袋）。

本税目征收范围包括高尔夫球、高尔夫球杆、高尔夫球包（袋）。高尔夫球杆的杆头、杆身和握把属于本税目的征收范围。

（十）高档手表

高档手表是指销售价格（不含增值税）每只在10 000元（含）以上的各类手表。

（十一）游艇

游艇是指长度大于8米小于90米，船体由玻璃钢、钢、铝合金、塑料等多种材料制作，可以在水上移动的水上浮载体。按照动力划分，游艇分为无动力艇、帆艇和机动艇。

（十二）木制一次性筷子

木制一次性筷子又称卫生筷子，是指以木材为原料经过锯段、浸泡、旋切、刨切、烘干、筛选、打磨、倒角、包装等环节加工而成的各类供一次性使用的筷子。未经打磨、倒角的木制一次性筷子属于本税目征收范围。

（十三）实木地板

实木地板是指以木材为原料，经锯割、干燥、刨光、截断、开榫、涂漆等工序加工而成的块状或条状的地面装饰材料。实木地板按生产工艺不同，可分为独板（块）实木地板、实木指接地板、实木复合地板三类；按表面处理状态不同，可分为未涂饰地板（白坯板、素板）和漆饰地板两类。

本税目征收范围包括各类规格的实木地板、实木指接地板、实木复合地板及用于装饰墙壁、天棚的侧端面为榫、槽的实木装饰板。未经涂饰的素板也属于本税目征收范围。

（十四）电池

电池是一种将化学能、光能等直接转换为电能的装置，一般由电极、电解质、容器、极端，通常还有隔离层组成的基本功能单元，以及用一个或多个基本功能单元装配成的电池组。电池的范围包括：原电池、蓄电池、燃料电池、太阳能电池和其他电池。对无汞原电池、金属氢化物镍蓄电池（又称"氢镍蓄电池"或"镍氢蓄电池"）、锂原电池、锂离子蓄电池、太阳能电池、燃料电池和全钒液流电池免征消费税。

（十五）涂料

涂料是指涂于物体表面能形成具有保护、装饰或特殊性能的固态涂膜的一类液体或固体材料的总称。对施工状态下挥发性有机物（Volatile Organic Compounds，VOC）含量低于420克/升（含）的涂料免征消费税。

二、纳税义务人

在中华人民共和国境内生产、委托加工和进口《消费税暂行条例》规定的消费品的单位和个人，以及国务院确定的销售《消费税暂行条例》规定的消费品的其他单位和个人，为消费税的纳税人，应当依照《消费税暂行条例》缴纳消费税。

单位是指企业、行政单位、事业单位、军事单位、社会团体及其他单位。

个人是指个体工商户及其他个人。

在中华人民共和国境内是指生产、委托加工和进口属于应当缴纳消费税的消费品的起运地或者所在地在境内。

为了加强对税收源泉的控制，简化税收征管手续，我国现行消费税制度规定，委托加工的应税消费品，以委托方为纳税人，受托方为代收代缴义务人，但受托方为个体经营者的除外；进口的应税消费品，以进口人或其代理人为纳税义务人；在卷烟批发环节，批发商也是纳税人。

第二节 税　率

消费税采用比例税率和定额税率两种形式，以适应不同应税消费品的实际情况。

消费税根据不同的税目或子目确定相应的税率或单位税额。大部分应税消费品适用比例税率，如烟丝税率为30%、高档化妆品税率为15%等；黄酒、啤酒和成品油按单位重量或单位体积确定单位税额；卷烟和白酒采用比例税率和定额税率双重征收形式。

消费税税目、税率如表 3-1 所示。

表 3-1 消费税税目、税率表

税目	税率(税额标准)
一、烟	
1. 卷烟	
(1) 甲类卷烟(生产或进口环节)	56% 加 0.003 元/支
(2) 乙类卷烟(生产或进口环节)	36% 加 0.003 元/支
(3) 批发环节	11% 加 0.005 元/支
2. 雪茄烟	36%
3. 烟丝	30%
二、酒	
1. 白酒	20% 加 0.5 元/500 克(或者 500 毫升)
2. 黄酒	240 元/吨
3. 啤酒	
(1) 甲类啤酒	250 元/吨
(2) 乙类啤酒	220 元/吨
4. 其他酒	10%
三、高档化妆品	15%
四、贵重首饰及珠宝玉石	
1. 金银首饰、铂金首饰和钻石及钻石饰品	5%
2. 其他贵重首饰及珠宝玉石	10%
五、鞭炮、焰火	15%
六、成品油	
1. 汽油	1.52 元/升
2. 柴油	1.20 元/升
3. 航空煤油	1.20 元/升
4. 石脑油	1.52 元/升
5. 溶剂油	1.52 元/升
6. 润滑油	1.52 元/升
7. 燃料油	1.20 元/升
七、小汽车	
1. 乘用车	
(1) 气缸容量(排气量,下同)在 1.0 升(含 1.0 升)以下的	1%
(2) 气缸容量在 1.0 升以上至 1.5 升(含 1.5 升)的	3%
(3) 气缸容量在 1.5 升以上至 2.0 升(含 2.0 升)的	5%
(4) 气缸容量在 2.0 升以上至 2.5 升(含 2.5 升)的	9%
(5) 气缸容量在 2.5 升以上至 3.0 升(含 3.0 升)的	12%
(6) 气缸容量在 3.0 升以上至 4.0 升(含 4.0 升)的	25%
(7) 气缸容量在 4.0 升以上的	40%
2. 中轻型商用客车	5%
3. 超豪华小汽车(零售环节)	10%

续表

税目	税率(税额标准)
八、摩托车	
1. 气缸容量为250毫升的	3%
2. 气缸容量在250毫升以上的	10%
九、高尔夫球及球具	10%
十、高档手表	20%
十一、游艇	10%
十二、木制一次性筷子	5%
十三、实木地板	5%
十四、电池	4%
十五、涂料	4%

  纳税人兼营不同税率的应税消费品，应当分别核算不同税率应税消费品的销售额、销售数量；未分别核算销售额、销售数量，或者将不同税率的应税消费品组成成套消费品销售的，从高适用税率。

  纳税人兼营不同税率的应税消费品，是指纳税人生产销售两种税率以上的应税消费品。例如，某酒厂既生产税率为20%的粮食白酒，又生产税率为10%的其他酒，如汽酒、药酒等，该酒厂应分别核算白酒和其他酒的销售额，然后按各自适用的税率计税；如果该酒厂没有分别核算各自的销售额，其他酒也按白酒的税率计算纳税。如果该酒厂还生产白酒和其他酒小瓶装礼品套酒，就是税法所指的成套消费品，应以全部销售额按白酒的税率20%计算应纳消费税额，而不能按其他酒10%的税率计算其中一部分的应纳税额。对未分别核算的销售额按高税率计税，目的在于督促企业对不同税率应税消费品的销售额分别核算，准确计算纳税。

第三节 计税依据和应纳税额的计算

  按照现行消费税法律制度的规定，消费税应纳税额的计算分为从价计征、从量计征和从价从量复合计征三种方法。

一、从价计征

  在从价定率计算方法下，应纳税额等于应税消费品的销售额乘以适用税率，应纳税额的多少取决于应税消费品的销售额和适用税率两个因素。消费税实行从价定率办法计算应纳税额的公式为：

实行从价定率办法计算的应纳税额 = 销售额 × 比例税率

(一) 销售额的确定

(1) 销售额为纳税人销售应税消费品向购买方收取的全部价款和价外费用。

销售是指有偿转让应税消费品的所有权；有偿是指从购买方取得货币、货物或者其他经济利益；价外费用是指价外向购买方收取的手续费、补贴、基金、集资费、返还利润、奖励费、违约金、滞纳金、延期付款利息、赔偿金、代收款项、代垫款项、包装费、包装物租金、储备费、优质费、运输装卸费及其他各种性质的价外收费。但下列项目不包括在内：

① 同时符合以下条件的代垫运输费用：

a. 承运部门的运输费用发票开具给购买方的；

b. 纳税人将该项发票转交给购买方的。

② 同时符合以下条件代为收取的政府性基金或者行政事业性收费：

a. 由国务院或者财政部批准设立的政府性基金，由国务院或者省级人民政府及其财政、价格主管部门批准设立的行政事业性收费；

b. 收取时开具省级以上财政部门印制的财政票据；

c. 所收款项全额上缴财政。

其他价外费用，无论是否属于纳税人的收入，均应并入销售额计算征税。

(2) 纳税人销售的应税消费品，以人民币计算销售额。纳税人以人民币以外的货币结算销售额的，应当折合成人民币计算，其销售额的人民币折合率可以选择结算的当天或者当月1日的国家外汇牌价（原则上为中间价）。纳税人应在事先确定采取何种折合率，确定后1年内不得变更。

(3) 纳税人应税消费品的计税价格明显偏低并无正当理由的，由主管税务机关核定其计税价格。

(4) 纳税人通过自设非独立核算门市部销售的自产应税消费品，应当按照门市部对外销售额或者销售数量征收消费税。

(5) 实行从价定率办法计算应纳税额的应税消费品连同包装销售的，无论包装是否单独计价，也不论在会计上如何核算，均应并入应税消费品的销售额中征收消费税。如果包装物不作价随同产品销售，而是收取押金，此项押金则不应并入应税消费品的销售额中征税。但对因逾期未收回的包装物不再退还的或者已收取的时间超过12个月的押金，应并入应税消费品的销售额，按照应税消费品的适用税率缴纳消费税。

对既作价随同应税消费品销售，又另外收取押金的包装物的押金，凡纳税人在规定的期限内没有退还的，均应并入应税消费品的销售额，按照应税消费品的适用税率缴纳消费税。

但是，对销售除啤酒、黄酒以外的其他酒类产品而收取的包装物押金，无论是否返还及会计上如何核算，均应并入当期销售额征税。

白酒生产企业向商业销售单位收取的"品牌使用费"是随着应税白酒的销售而向购货方收取的，属于应税白酒销售价款的组成部分，因此，不论企业采取何种方式或以何种名义收取价款，均应并入白酒的销售额中缴纳消费税。

（二）含增值税销售额的换算

应税消费品在缴纳消费税的同时，与一般货物一样，还应缴纳增值税。按照《消费税暂行条例实施细则》的规定，应税消费品的销售额不包括应向购货方收取的增值税税款。如果纳税人应税消费品的销售额中未扣除增值税税款或者因不得开具增值税专用发票而发生价款和增值税税款合并收取的，在计算消费税时，应将含增值税税款的销售额换算为不含增值税税款的销售额。其换算公式为：

$$应税消费品的销售额 = 含增值税的销售额 \div (1 + 增值税税率或征收率)$$

在使用换算公式时，应根据纳税人的具体情况分别使用增值税税率或征收率。如果消费税的纳税人同时又是增值税一般纳税人，应适用13%的增值税税率；如果消费税的纳税人是增值税小规模纳税人，应适用3%的征收率。

（三）生产销售环节应纳消费税的计算

纳税人在生产销售环节应缴纳的消费税，包括直接对外销售应税消费品应缴纳的消费税和自产自用应税消费品应缴纳的消费税。

1. 直接对外销售应税消费品应纳消费税的计算

在从价定率计算方法下，应纳消费税额等于销售额乘以适用税率。计算公式为：

$$应纳税额 = 应税消费品的销售额 \times 比例税率$$

【例3-1】 某化妆品生产企业为增值税一般纳税人，2021年3月2日向某大型商场销售高档化妆品一批，开具增值税专用发票，取得不含增值税销售额90万元，增值税额11.7万元；3月18日向某单位销售高档化妆品一批，开具普通发票，取得含增值税销售额22.6万元。请计算该化妆品生产企业当月应缴纳的消费税额。

【答案】

（1）当月应税销售额 = 90 + 22.6 ÷ (1 + 13%) = 110（万元）。

（2）该化妆品生产企业当月应缴纳的消费税额 = 110 × 15% = 16.5（万元）。

2. 自产自用应税消费品应纳消费税的计算

所谓自产自用，就是纳税人生产应税消费品后，不是用于直接对外销售，而是用于连续生产应税消费品或用于其他方面。

（1）用于连续生产应税消费品。

纳税人自产自用的应税消费品，用于连续生产应税消费品的，不纳税。所谓"用于连续生产应税消费品"，是指纳税人将自产自用的应税消费品作为直接材料生产最终应税消费品，自产自用应税消费品构成最终应税消费品的实体。例如，卷烟厂生产出烟丝，再用生产出的烟丝连续生产卷烟，虽然烟丝是应税消费品，但用于连续生产卷烟的烟丝就不用缴纳消费税，只对生产销售的卷烟征收消费税。如果生产的烟丝直接用于销售，则烟丝需要缴纳消费税。税法规定对自产自用的应税消费品用于连续生产应税消费品不征税，体现了不重复课税原则。

（2）用于其他方面。

纳税人自产自用的应税消费品，除用于连续生产应税消费品外，凡用于其他方面的，于移送使用时纳税。所谓"用于其他方面"，是指纳税人将自产自用应税消费品用于生产非应税消费品、在建工程、管理部门、非生产机构、提供劳务、馈赠、赞助、集资、广告、样品、职工福利、奖励等方面。其中，用于生产非应税消费品，是指把自产的应税消费品用于生产《消费税暂行条例》税目、税率表所列 15 类产品以外的产品。例如，原油加工厂用生产出的应税消费品汽油调和制成溶剂汽油，该溶剂汽油就属于非应税消费品，原油加工厂应就该自产自用行为缴纳消费税，但是不用缴纳增值税。用于在建工程，是指把自产的应税消费品用于本单位的各项建设工程。例如，石化工厂把自己生产的柴油用于本厂基建工程的车辆、设备。用于管理部门、非生产机构，是指把自产的应税消费品用于与本单位有隶属关系的管理部门或非生产机构。例如，汽车制造厂把自己生产的小汽车提供给上级主管部门使用。用于馈赠、赞助、集资、广告、样品、职工福利、奖励，是指把自产的应税消费品无偿赠送给他人，或以资金的形式投资于外单位，或作为商品广告、经销样品，或以福利、奖励的形式发给职工。例如，小汽车生产企业把自己生产的小汽车赠送或赞助给小汽车拉力赛赛手，兼做商品广告；酒厂把自己生产的滋补药酒以福利的形式发给职工；等等。总之，企业自产的应税消费品虽然没有用于销售或连续生产应税消费品，但只要是用于税法所规定的范围都要依法缴纳消费税。

（3）组成计税价格及应纳税额的计算。

纳税人自产自用的应税消费品，凡用于其他方面，应当纳税的，按照纳税人生产的同类消费品的销售价格计算纳税。同类消费品的销售价格是指纳税人当月销售的同类消费品的销售价格，如果当月同类消费品各期销售价格高低不同，应按销售数量加权平均计算。但销售的应税消费品有下列情况之一的，不得列入加权平均计算：

① 销售价格明显偏低又无正当理由的。
② 无销售价格的。

如果当月无销售或者当月未完结，应按照同类消费品上月或者最近月份的销售价格计算纳税。

纳税人用于换取生产资料和消费资料，投资入股和抵偿债务等方面的应税消费品，应当以纳税人同类应税消费品的最高销售价格作为计税依据计算消费税。

没有同类消费品销售价格的，按照组成计税价格计算纳税。实行从价定率办法计算纳税的计算公式为：

组成计税价格 =（成本 + 利润）÷（1 - 比例税率）

应纳税额 = 组成计税价格 × 比例税率

实行复合计税办法计算纳税的计算公式为：

组成计税价格 =（成本 + 利润 + 自产自用数量 × 定额税率）÷（1 - 比例税率）

应纳税额 = 组成计税价格 × 比例税率 + 组成计税价格 × 定额税率

上述公式中所说的"成本"，是指应税消费品的产品生产成本。

上述公式中所说的"利润"，是指根据应税消费品的全国平均成本利润率计算的利润。应税消费品全国平均成本利润率由国家税务总局确定（表3-2）。

表3-2　平均成本利润率表　　　　　　　　　　　单位：%

货物名称	利润率	货物名称	利润率
1. 甲类卷烟	10	11. 摩托车	6
2. 乙类卷烟	5	12. 高尔夫球及球具	10
3. 雪茄烟	5	13. 高档手表	20
4. 烟丝	5	14. 游艇	10
5. 粮食白酒	10	15. 木制一次性筷子	5
6. 薯类白酒	5	16. 实木地板	5
7. 其他酒	5	17. 乘用车	8
8. 高档化妆品	5	18. 中轻型商用客车	5
9. 鞭炮、焰火	5	19. 电池	4
10. 贵重首饰及珠宝玉石	6	20. 涂料	7

【例3-2】　某化妆品公司将一批自产的高档化妆品用作职工福利，该批高档化妆品的成本为15万元，无同类产品市场销售价格，但已知其成本利润率为5%，消费税税率为15%。请计算该批高档化妆品应缴纳的消费税额。

【答案】

（1）组成计税价格 = 15 ×（1 + 5%）÷（1 - 15%）≈ 18.53（万元）。

（2）应纳消费税额 = 18.53 × 15% ≈ 2.78（万元）。

（四）委托加工应税消费品应纳税额的计算

企业、单位或个人由于设备、技术、人力等方面的局限或其他方面的原因，常常要委托其他单位代为加工应税消费品，然后将加工好的应税消费品收回，直接销售或自己使用。这是生产应税消费品的另一种形式，也需要纳入消费税征收范围。例如，某企业将购来的小客车底盘和零部件提供给某汽车改装厂，加工组装成小客车供自己使用，则加工、组装成的小客车就需要缴纳消费税。

按照消费税相关规定，委托加工的应税消费品，除受托方为个人外，由受托方在向委托方交货时代收代缴税款。委托个人加工的应税消费品，由委托方收回后缴纳消费税。

1. 委托加工应税消费品的确定

委托加工的应税消费品是指由委托方提供原料和主要材料，受托方只收取加工费和代垫部分辅助材料加工的应税消费品。对于由受托方提供原材料生产的应税消费品，或者受托方先将原材料卖给委托方，然后再接受加工的应税消费品，以及由受托方以委托方名义购进原材料生产的应税消费品，不论在财务上是否做销售处理，都不得作为委托加工应税消费品，而应当按照销售自制应税消费品缴纳消费税。

2. 组成计税价格及应纳税额的计算

委托加工的应税消费品，按照受托方的同类消费品的销售价格计算纳税。同类消费品的销售价格是指受托方（即代收代缴义务人）当月销售的同类消费品的销售价格，如果当月同类消费品各期销售价格高低不同，应按销售数量加权平均计算。但销售的应税消费品有下列情况之一的，不得列入加权平均计算：

（1）销售价格明显偏低又无正当理由的。

（2）无销售价格的。

如果当月无销售或者当月未完结，应按照同类消费品上月或最近月份的销售价格计算纳税。没有同类消费品销售价格的，按照组成计税价格计算纳税。实行从价定率办法计算纳税的组成计税价格计算公式为：

$$组成计税价格=(材料成本+加工费)\div(1-比例税率)$$

实行复合计税办法计算纳税的组成计税价格计算公式为：

$$组成计税价格=(材料成本+加工费+委托加工数量\times定额税率)\div(1-比例税率)$$

上述公式中所说的"材料成本"，是指委托方所提供加工材料的实际成本。委托加工应税消费品的纳税人，必须在委托加工合同上如实注明（或以其他方式提供）材料成本，凡未提供材料成本的，受托方所在地主管税务机关有权核定其材料成本。

上述公式中所说的"加工费"，是指受托方加工应税消费品向委托方所收取的全部费用（包括代垫辅助材料的实际成本，不包括增值税税款）。

【例3-3】 向阳化妆品厂为增值税一般纳税人，3月份销售高档化妆品150箱，取得销售收入576.3万元（含增值税）。此外，接受某单位委托加工特制化妆品一批，计35箱，耗用原材料成本100万元（委托方提供），收取加工费20万元（不含增值税），同时还代垫辅助材料计价5万元（不含增值税），受托方没有同类产品销售价格。

要求：（1）请计算该企业应代收代缴的消费税。

（2）请计算该企业3月份应缴纳的消费税。

【答案】

（1）该企业应代收代缴的消费税 = $(100+20+5)\div(1-15\%)\times15\%\approx22.06$（万元）。

（2）该企业3月份应缴纳的消费税 = $576.3\div(1+13\%)\times15\%=76.5$（万元）。

(五)进口环节应纳消费税的计算

进口的应税消费品,按照组成计税价格和规定的税率计算应纳税额。实行从价定率办法计算纳税的组成计税价格计算公式为:

$$组成计税价格 = (关税完税价格 + 关税) \div (1 - 消费税比例税率)$$

实行复合计税办法计算纳税的组成计税价格计算公式为:

$$组成计税价格 = (关税完税价格 + 关税 + 进口数量 \times 消费税定额税率) \div (1 - 消费税比例税率)$$

【例3-4】 国内某企业5月进口高档化妆品一批,关税完税价格50万元。该批化妆品进口后,其中三分之一当月生产领用加工成新的成套化妆品全部出售,开具增值税专用发票,取得销售额180万元(进口关税税率10%,消费税税率15%)。请计算该企业应纳的关税、增值税和消费税。

【答案】

(1) 进口环节的关税、增值税和消费税:

① 应纳进口关税 $= 50 \times 10\% = 5$(万元)。

② 应纳进口增值税 $= 50 \times (1 + 10\%) \div (1 - 15\%) \times 13\% \approx 8.41$(万元)。

③ 应纳进口消费税 $= 50 \times (1 + 10\%) \div (1 - 15\%) \times 15\% \approx 9.71$(万元)。

(2) 加工出售后的增值税和消费税:

① 应纳增值税 $= 180 \times 13\% - 8.41 = 14.99$(万元)。

② 应纳消费税 $= 180 \times 15\% - 9.71 \times 1/3 \approx 23.76$(万元)。

(六)已纳消费税扣除的计算

为了避免重复征税,现行消费税法律制度规定,将外购应税消费品和委托加工收回的应税消费品继续生产应税消费品销售的,可以扣除外购应税消费品和委托加工收回应税消费品已缴纳的消费税税款。

1. 外购应税消费品已纳税款的扣除

由于某些应税消费品是用外购已缴纳消费税的应税消费品连续生产出来的,在对这些连续生产出来的应税消费品计算征税时,税法规定应按当期生产领用数量计算准予扣除外购的应税消费品已纳的消费税税款。扣除范围包括:

(1) 外购已税烟丝生产的卷烟。

(2) 外购已税高档化妆品生产的高档化妆品。

(3) 外购已税珠宝玉石生产的贵重首饰及珠宝玉石。

(4) 外购已税鞭炮、焰火生产的鞭炮、焰火。

(5) 以外购已税杆头、杆身和握把为原料生产的高尔夫球杆。

(6) 以外购已税木制一次性筷子为原料生产的木制一次性筷子。

(7) 以外购已税实木地板为原料生产的实木地板。

(8) 外购已税汽油、柴油、石脑油、燃料油、润滑油连续生产的应税成品油。

（9）外购已税摩托车连续生产的应税摩托车（如用外购两轮摩托车改装三轮摩托车）。

上述当期准予扣除外购应税消费品已纳消费税税款的计算公式为：

当期准予扣除的外购应税消费品已纳税款＝当期准予扣除的外购应税消费品买价×外购应税消费品适用税率

当期准予扣除的外购应税消费品买价＝期初库存的外购应税消费品的买价＋当期购进的应税消费品的买价－期末库存的外购应税消费品的买价

外购已税消费品的买价是指购货发票上注明的销售额（不包括增值税税款）。

2. 委托加工收回的应税消费品已纳税款的扣除

委托加工的应税消费品直接出售的，不再缴纳消费税。这一规定的含义解释如下：委托方将收回的应税消费品，以不高于受托方的计税价格出售的，为直接出售，不再缴纳消费税；委托方以高于受托方的计税价格出售的，不属于直接出售，需要按照规定申报缴纳消费税，在计税时准予扣除受托方已代收代缴的消费税。

委托方收回货物后用于连续生产应税消费品的，其已纳税款准予按照规定从连续生产的应税消费品应纳消费税税额中抵扣。按照国家税务总局的规定，下列连续生产的应税消费品准予从应纳消费税税额中按当期生产领用数量计算扣除委托加工收回的应税消费品已纳消费税税款：

（1）以委托加工收回的已税烟丝为原料生产的卷烟。

（2）以委托加工收回的已税高档化妆品为原料生产的高档化妆品。

（3）以委托加工收回的已税珠宝玉石为原料生产的贵重首饰及珠宝玉石。

（4）以委托加工收回的已税鞭炮、焰火为原料生产的鞭炮、焰火。

（5）以委托加工收回的已税杆头、杆身和握把为原料生产的高尔夫球杆。

（6）以委托加工收回的已税木制一次性筷子为原料生产的木制一次性筷子。

（7）以委托加工收回的已税实木地板为原料生产的实木地板。

（8）以委托加工收回的已税汽油、柴油、石脑油、燃料油、润滑油连续生产的应税成品油。

（9）以委托加工收回的已税摩托车连续生产的应税摩托车。

上述当期准予扣除委托加工收回的应税消费品已纳消费税税款的计算公式为：

当期准予扣除的委托加工应税消费品已纳税款＝期初库存的委托加工应税消费品已纳税款＋当期收回的委托加工应税消费品已纳税款－期末库存的委托加工应税消费品已纳税款

纳税人以进口、委托加工收回应税油品连续生产应税成品油，分别依据《海关进口消费税专用缴款书》和《税收缴款书（代扣代收专用）》，按照现行政策规定计算扣除应税油品已纳消费税税款。

纳税人以外购、进口、委托加工收回的应税消费品（以下简称"外购应税消费品")为原料连续生产应税消费品,准予按现行政策规定抵扣外购应税消费品已纳消费税税款。经主管税务机关核实上述外购应税消费品未缴纳消费税的,纳税人应将已抵扣的消费税税款,从核实当月允许抵扣的消费税中冲减。

(七) 卷烟批发环节应纳消费税的计算

为了适当增加财政收入,完善烟产品消费税制度,自 2009 年 5 月 1 日起,在卷烟批发环节加征一道从价税。自 2015 年 5 月 10 日起,卷烟批发环节税率又有调整。

(1) 纳税义务人:在中华人民共和国境内从事卷烟批发业务的单位和个人。

纳税人销售给纳税人以外的单位和个人的卷烟于销售时纳税。纳税人之间销售的卷烟不缴纳消费税。

(2) 征收范围:纳税人批发销售的所有牌号规格的卷烟。

(3) 适用税率:从价税税率11%,从量税税率0.005元/支。

(4) 计税依据:纳税人批发卷烟的销售额(不含增值税)、销售数量。

纳税人应将卷烟销售额与其他商品销售额分开核算,未分开核算的,一并征收消费税。

纳税人兼营卷烟批发和零售业务的,应当分别核算批发和零售环节的销售额、销售数量;未分别核算批发和零售环节销售额、销售数量的,按照全部销售额、销售数量计征批发环节消费税。

(5) 纳税义务发生时间:纳税人收讫销售款或者取得索取销售款凭据的当天。

(6) 纳税地点:卷烟批发企业的机构所在地,总机构与分支机构不在同一地区的,由总机构申报纳税。

(7) 卷烟消费税在生产和批发两个环节征收后,批发企业在计算纳税时不得扣除已含的生产环节的消费税税款。

(八) 零售环节应纳消费税的计算

1. 金银首饰、铂金首饰和钻石及钻石饰品零售环节应纳消费税的计算

经国务院批准,金银首饰、铂金首饰和钻石及钻石饰品的消费税由生产销售环节征收改为零售环节征收,其计税依据是不含增值税的销售额。应纳税额等于销售额乘以适用税率。计算公式为:

$$应纳税额 = 应税消费品的销售额 \times 比例税率$$

改为零售环节征收消费税的金银首饰仅限于金、银和金基、银基合金首饰及金、银和金基、银基合金的镶嵌首饰。纳税人进口金银首饰、铂金首饰和钻石及钻石饰品的消费税,由进口环节征收改为零售环节征收,零售环节适用税率为5%。

对既销售金银首饰,又销售非金银首饰的生产、经营单位,应将两类商品划分清楚,分别核算销售额。凡划分不清楚或不能分别核算的,在生产环节销售的,一律从高适用税率征收消费税;在零售环节销售的,一律按金银首饰征收消费税。金银首饰与其他产品组成成套消费品销售的,应按销售额全额征收消费税。

金银首饰连同包装物销售的,无论包装是否单独计价,也无论会计上如何核算,均应并入金银首饰的销售额,计征消费税。

带料加工的金银首饰,应按受托方销售同类金银首饰的销售价格确定计税依据征收消费税。没有同类金银首饰销售价格的,按照组成计税价格计算纳税。

纳税人采用以旧换新(含翻新改制)方式销售的金银首饰,应按实际收取的不含增值税的全部价款确定计税依据征收消费税。

需要说明的是,纳税人用委托加工收回的已税珠宝玉石生产的改在零售环节征收消费税的金银首饰,在计税时一律不得扣除委托加工收回的珠宝玉石的已纳消费税税款。

2. 超豪华小汽车零售环节应纳消费税的计算

为了引导合理消费,促进节能减排,自 2016 年 12 月 1 日起,在生产(进口)环节按现行税率征收消费税基础上,对超豪华小汽车在零售环节加征一道消费税。

(1)征税范围:每辆零售价格 130 万元(不含增值税)及以上的乘用车和中轻型商用客车,即乘用车和中轻型商用客车子税目中的超豪华小汽车。

(2)纳税人:将超豪华小汽车销售给消费者的单位和个人为超豪华小汽车零售环节纳税人。

(3)税率:税率为 10%。

(4)应纳税额的计算公式为:

$$应纳税额 = 零售环节销售额(不含增值税) \times 零售环节税率$$

国内汽车生产企业直接销售给消费者的超豪华小汽车,消费税税率按照生产环节税率和零售环节税率加总计算。消费税应纳税额计算公式为:

$$应纳税额 = 销售额(不含增值税) \times (生产环节税率 + 零售环节税率)$$

二、从量计征

在从量定额计算方法下,应纳税额等于应税消费品的销售数量乘以单位税额,应纳税额的多少取决于应税消费品的销售数量和单位税额两个因素。

(一)销售数量的确定

销售数量是指应税消费品的数量。具体为:

(1)销售应税消费品的,为应税消费品的销售数量。

(2)自产自用应税消费品的,为应税消费品的移送使用数量。

(3)委托加工应税消费品的,为纳税人收回的应税消费品数量。

(4)进口应税消费品的,为海关核定的应税消费品进口征税数量。

(二)计量单位的换算标准

《消费税暂行条例》规定,黄酒、啤酒以吨为税额单位;汽油、柴油以升为税额单位。但是，考虑到在实际销售过程中，一些纳税人会把吨或升这两个计量单位混用，故规范了不同产品的计量单位，以准确计算应纳税额，吨与升两个计量单位的换算标准为：

（1）黄酒　1 吨 = 962 升。
（2）啤酒　1 吨 = 988 升。
（3）汽油　1 吨 = 1 388 升。
（4）柴油　1 吨 = 1 176 升。
（5）航空煤油　1 吨 = 1 246 升。
（6）石脑油　1 吨 = 1 385 升。
（7）溶剂油　1 吨 = 1 282 升。
（8）润滑油　1 吨 = 1 126 升。
（9）燃料油　1 吨 = 1 015 升。

（三）应纳税额的计算

消费税实行从量定额办法计算应纳税额的公式为：

$$\text{实行从量定额办法计算的应纳税额} = \text{销售数量} \times \text{定额税率}$$

【例3-5】　某黄酒厂4月销售情况如下：

（1）销售瓶装黄酒100吨，每吨5 000元（含增值税），随黄酒发出不单独计价包装箱1 000个，一个月内退回，每个收取押金100元，共收取押金100 000元。

（2）销售散装黄酒38 480升，取得含增值税的价款180 000元。

（3）将10吨瓶装黄酒作为福利发给职工，含税价款为40 000元，参加展示会赞助4吨瓶装黄酒，价款16 000元。

（4）销售出去的瓶装黄酒被退回5吨，价款25 000元。

请计算该黄酒厂4月应缴纳的消费税。

【答案】

该黄酒厂4月应纳消费税 = 100 × 240 + 38480 ÷ 962 × 240 + 10 × 240 + 4 × 240 − 5 × 240 = 35 760（元）。

三、从价从量复合计征

在现行消费税的征税范围中，只有卷烟、白酒采用复合计征方法。应纳税额等于应税销售数量乘以定额税率再加上应税销售额乘以比例税率。

生产销售卷烟、白酒及批发卷烟从量定额计税依据为实际销售数量。进口、委托加工、自产自用卷烟、白酒从量定额计税依据分别为海关核定的进口征税数量、委托方收回数量、移送使用数量。

(一) 关于卷烟消费税最低计税价格的规定

卷烟消费税最低计税价格（以下简称"计税价格"）核定范围为卷烟生产企业在生产环节销售的所有牌号、规格的卷烟。计税价格由国家税务总局按照卷烟批发环节销售价格扣除卷烟批发环节批发毛利核定并发布。卷烟批发环节销售价格，按照税务机关采集的所有卷烟批发企业在价格采集期内销售的该牌号、规格卷烟的数量、销售额进行加权平均计算。

未经国家税务总局核定计税价格的新牌号、新规格卷烟，生产企业应按卷烟调拨价格申报纳税。已经国家税务总局核定计税价格的卷烟，生产企业实际销售价格高于计税价格的，按实际销售价格确定适用税率，计算应纳税款并申报纳税；实际销售价格低于计税价格的，按计税价格确定适用税率，计算应纳税款并申报纳税。

(二) 关于白酒消费税最低计税价格的规定

白酒生产企业销售给销售单位的白酒，生产企业消费税计税价格低于销售单位对外销售价格（不含增值税，下同）70%以下的，税务机关应核定消费税最低计税价格。纳税人将委托加工收回的白酒销售给销售单位，消费税计税价白酒生产企业销售给销售单位的白酒，生产企业消费税计税价格低于销售单位对外销售价格（不含增值税，下同）70%以下的，税务机关应核定消费税最低计税价格。

销售单位是指销售公司、购销公司及委托境内其他单位或个人包销本企业生产白酒的商业机构。销售公司、购销公司是指专门购进并销售白酒生产企业生产的白酒，并与该白酒生产企业存在关联性质。包销是指销售单位依据协定价格从白酒生产企业购进白酒，同时承担大部分包装材料等成本费用，并负责销售白酒。

白酒生产企业应将各种白酒的消费税计税价格和销售单位销售价格，按照规定的申报表式样及要求，在主管税务机关规定的时限内填报。白酒消费税最低计税价格由白酒生产企业自行申报，税务机关核定。

已核定最低计税价格的白酒，生产企业实际销售价格高于消费税最低计税价格的，按实际销售价格申报纳税；实际销售价格低于消费税最低计税价格的，按最低计税价格申报纳税。

(三) 应纳税额的计算

消费税实行从价从量复合计税办法计算应纳税额的公式为：

实行复合计税办法计算的应纳税额 = 销售额 × 比例税率 + 销售数量 × 定额税率

【例3-6】 某白酒生产企业为增值税一般纳税人，3月销售白酒60吨，取得不含增值税的销售额400万元。请计算该白酒生产企业3月应缴纳的消费税。

【答案】

该白酒生产企业3月应纳消费税 = 60 × 2 000 × 0.000 05 + 400 × 20% = 86（万元）。

【例3-7】 某白酒生产企业（以下简称"甲企业"）为增值税一般纳税人，7月发

生以下业务:

(1) 向某烟酒专卖店销售粮食白酒 20 吨,开具普通发票,取得含税收入 200 万元,另收取品牌使用费 50 万元、包装费押金 20 万元。

(2) 提供 10 万元的原材料,委托乙企业加工散装药酒 1 000 千克,收回时向乙企业支付不含增值税的加工费 1 万元,乙企业已代收代缴消费税。

(3) 委托加工收回后将其中 900 千克散装药酒继续加工成瓶装药酒 1 800 瓶,以每瓶不含税售价 100 元通过非独立核算门市部销售完毕。将剩余 100 千克散装药酒作为福利分给职工,同类药酒的不含税售价为每千克 150 元。

(说明:药酒的消费税税率为 10%,白酒的消费税税率为 20% 加 0.5 元/500 克。)

根据上述资料,请回答以下问题:

(1) 计算本月甲企业向专卖店销售白酒应缴纳的消费税。

(2) 计算乙企业已代收代缴的消费税。

(3) 计算本月甲企业销售瓶装药酒应缴纳的消费税。

(4) 计算本月甲企业分给职工的散装药酒应缴纳的消费税。

【答案】

(1) 本月甲企业向专卖店销售白酒应纳消费税 = (200 + 50 + 20) ÷ (1 + 13%) × 20% + 20 × 2 000 × 0.5 ÷ 10 000 ≈ 49.79(万元)。

(2) 乙企业已代收代缴的消费税 = (10 + 1) ÷ (1 - 10%) × 10% ≈ 1.22(万元)。

(3) 本月甲企业销售瓶装药酒应纳消费税 = 100 × 1 800 × 10% ÷ 10 000 = 1.8(万元)。

(4) 本月甲企业分给职工的散装药酒不缴纳消费税。

第四节 出口应税消费品退(免)税

对纳税人出口应税消费品,免征消费税;国务院另有规定的除外。

一、出口免税并退税

有出口经营权的外贸企业购进应税消费品直接出口,以及外贸企业受其他外贸企业委托代理出口应税消费品,实行出口免税并退税政策。外贸企业只有受其他外贸企业委托,代理出口应税消费品才可以办理退税,外贸企业受其他企业(主要是非生产性的商贸企业)委托,代理出口应税消费品是不予退(免)税的。

属于从价定率计征消费税的,应退税额为已征且未在内销应税消费品应纳税额中抵扣的购进出口货物金额;属于从量定额计征消费税的,应退税额为已征且未在内销应税消费品应纳税额中抵扣的购进出口货物数量；属于复合计征消费税的，应退税额按从价定率和从量定额的计税依据分别确定。消费税实行复合计税办法计算应是税额的公式为：

应退税额＝从价定率计征消费税的退税计税依据×比例税率＋从量定额计征消费税的退税计税依据×定额税率

出口货物的消费税应退税额的计税依据，按购进出口货物的消费税专用缴款书和海关进口消费税专用缴款书确定。

二、出口免税但不退税

有出口经营权的生产性企业自营出口或生产企业委托外贸企业代理出口自产的应税消费品，依据其实际出口数量免征生产环节的消费税，不予办理退还消费税。因为已免征生产环节的消费税，该应税消费品出口时已不含有消费税，所以无须再办理退还消费税。

三、出口不免税也不退税

除生产企业、外贸企业外的其他企业，具体是指一般商贸企业，这类企业委托外贸企业代理出口应税消费品一律不予退（免）税。

第五节　征收管理

一、征税环节

目前，消费税的征收分布于以下环节。

（一）生产应税消费品在生产销售环节征税

生产应税消费品销售是消费税征收的主要环节，因为一般情况下，消费税具有单一环节征税的特点，对于大多数消费税应税商品而言，在生产销售环节缴纳消费税后，在流通环节就不用再缴纳消费税了。纳税人除了直接对外销售生产的应税消费品应缴纳消费税外，将生产的应税消费品用于换取生产资料、消费资料、投资入股、偿还债务，以及用于继续生产应税消费品以外的其他方面都应缴纳消费税。

另外，工业企业以外的单位和个人的下列行为视为应税消费品的生产行为，按规定征收消费税：

（1）将外购的消费税非应税产品以消费税应税产品对外销售的。
（2）将外购的消费税低税率应税产品以高税率应税产品对外销售的。

（二）委托加工应税消费品在委托加工环节征税

委托加工应税消费品是指由委托方提供原料和主要材料，受托方只收取加工费和代垫部分辅助材料加工的应税消费品。由受托方提供原材料或者其他的情形，一律不能视同加工应税消费品。委托加工的应税消费品收回后，再继续用于生产应税消费品销售且符合现行政策规定的，其加工环节缴纳的消费税税款可以扣除。

（三）进口应税消费品在进口环节征税

单位和个人进口属于消费税征收范围的货物，在进口环节要缴纳消费税。为了降低征税成本，进口环节缴纳的消费税由海关代征。

（四）零售特定应税消费品在零售环节征税

经国务院批准，金银首饰、铂金首饰和钻石及钻石饰品的消费税由生产销售环节征收改为零售环节征收。自2016年12月1日起，在生产（进口）环节按现行税率征收消费税基础上，对超豪华小汽车在零售环节加征一道消费税。

（五）移送使用应税消费品在移送使用环节征税

如果企业在生产经营过程中，将应税消费品移送用于加工非应税消费品，则应对移送部分征收消费税。

（六）批发卷烟在卷烟批发环节征税

与其他消费税应税商品不同的是，卷烟除了在生产销售环节征收消费税外，还在批发环节征收一次。纳税人兼营卷烟批发和零售业务的，应当分别核算批发和零售环节的销售额、销售数量；未分别核算批发和零售环节销售额、销售数量的，按照全部销售额、销售数量计征批发环节消费税。纳税人销售给纳税人以外的单位和个人的卷烟于销售时纳税。纳税人之间销售的卷烟不缴纳消费税。在卷烟批发环节，由卷烟批发企业在机构所在地申报纳税，总机构与分支机构不在同一地区的，由总机构申报纳税。卷烟消费税在生产和批发两个环节征收后，批发企业在计算纳税时不得扣除已含的生产环节的消费税税款。

二、纳税义务发生时间

（一）销售应税消费品的纳税义务发生时间

纳税人销售应税消费品的，纳税义务的发生时间按不同的销售结算方式分为：

（1）采取赊销和分期收款结算方式的，为书面合同约定的收款日期的当天，书面合同没有约定收款日期或者无书面合同的，为发出应税消费品的当天。

（2）采取预收货款结算方式的，为发出应税消费品的当天。

（3）采取托收承付和委托银行收款方式的，为发出应税消费品并办妥托收手续的当天。

（4）采取其他结算方式的，为收讫销售款或者取得索取销售款凭据的当天。

（二）自产自用的应税消费品的纳税义务发生时间

纳税人自产自用的应税消费品，用于连续生产应税消费品的，不纳税；用于其他方面的，纳税义务的发生时间为移送使用的当天。

（三）委托加工应税消费品的纳税义务发生时间

纳税人委托加工应税消费品的，纳税义务的发生时间为纳税人提货的当天。

（四）进口应税消费品的纳税义务发生时间

纳税人进口应税消费品的，纳税义务的发生时间为报关进口的当天。

三、纳税期限

消费税的纳税期限分别为1日、3日、5日、10日、15日、1个月或者1个季度。纳税人的具体纳税期限，由主管税务机关根据纳税人应纳税额的大小分别核定；不能按照固定期限纳税的，可以按次纳税。

纳税人以1个月或者1个季度为1个纳税期的，自期满之日起15日内申报纳税；以1日、3日、5日、10日或者15日为1个纳税期的，自期满之日起5日内预缴税款，于次月1日起15日内申报纳税并结清上月应纳税款。

纳税人进口应税消费品，应当自海关填发海关进口消费税专用缴款书之日起15日内缴纳税款。

四、纳税地点

消费税由税务机关征收，进口的应税消费品的消费税由海关代征。

消费税具体纳税地点有：

（1）纳税人销售的应税消费品，以及自产自用的应税消费品，除国务院财政、税务主管部门另有规定外，应当向纳税人机构所在地或者居住地的主管税务机关申报纳税。

（2）委托加工的应税消费品，除受托方为个人外，由受托方向机构所在地或者居住地的主管税务机关解缴消费税税款。

（3）进口的应税消费品，由进口人或者其代理人向报关地海关申报纳税。

（4）纳税人到外县（市）销售或者委托外县（市）代销自产应税消费品的，于应税消费品销售后，向机构所在地或者居住地主管税务机关申报纳税。

纳税人的总机构与分支机构不在同一县（市），但在同一省（自治区、直辖市）范围内，经省（自治区、直辖市）财政厅（局）、国家税务局审批同意，可以由总机构汇总向总机构所在地的主管税务机关申报缴纳消费税。

省（自治区、直辖市）财政厅（局）、国家税务局应将审批同意的结果，上报财政部、国家税务总局备案。

(5) 纳税人销售的应税消费品，因质量等原因发生退货的，其已缴纳的消费税税款可予以退还。

纳税人办理退税手续时，应将开具的红字增值税发票、退税证明等资料报主管税务机关备案。主管税务机关核对无误后办理退税。

(6) 纳税人直接出口的应税消费品办理免税后，发生退关或者国外退货，复进口时已予以免税的，可暂不办理补税，待其转为国内销售的当月申报缴纳消费税。

本章小结

本章主要阐述消费税法的基本政策和制度。

消费税是指对消费品和特定的消费行为按流转额征收的一种商品税。目前消费税税目包括烟、酒、高档化妆品等十五种商品，部分税目还进一步划分了若干子目。

对消费税的征税分布于以下环节：第一，对生产应税消费品在生产销售环节征税；第二，对委托加工应税消费品在委托加工环节征税；第三，对进口应税消费品在进口环节征税；第四，对零售特定应税消费品在零售环节征税；第五，对移送使用应税消费品在移送使用环节征税；第六，对批发卷烟在卷烟的批发环节征税。

消费税采用比例税率和定额税率两种形式，以适应不同应税消费品的实际情况。按照现行消费税法规定，消费税应纳税额的计算分为从价计征、从量计征和从价从量复合计征三种方法。

为了鼓励出口货物公平竞争，我国的出口货物、劳务和跨境应税行为实行退（免）消费税制度。

增值税的纳税义务发生时间规定为：纳税人销售应税消费品的，于纳税人销售时纳税；纳税人自产自用的应税消费品，用于连续生产应税消费品的，不纳税；用于其他方面的，为移送使用的当天；纳税人委托加工应税消费品的，为纳税人提货的当天；纳税人进口应税消费品的，为报关进口的当天。

消费税由税务机关征收，进口的应税消费品的消费税由海关代征。

复习思考题

1. 消费税具有哪些特征？
2. 我国现行消费税主要对哪些项目征收？
3. 消费税的纳税环节如何确定？
4. 计算消费税应纳税额的方法有哪些？
5. 对自产自用应税消费品如何征税？
6. 对于用外购的已税消费品连续生产应税消费品的已纳税额如何处理？
7. 简述委托加工应税消费品缴纳消费税的规定。
8. 出口应税消费品的退（免）税有哪些规定？
9. 简述消费税的纳税义务发生时间。
10. 消费税的纳税地点如何确定？

第四章

关 税 法

关税法是指国家制定的用于调整关税征纳双方权利和义务关系的法律规范。我国现行关税法律规范包括2017年11月4日第十二届全国人民代表大会常务委员会第三十次会议修订通过的《中华人民共和国海关法》（以下简称《海关法》），2003年11月23日国务院令第392号的《中华人民共和国进出口关税条例》（以下简称《进出口关税条例》），由国务院关税税则委员会审定并报国务院批准，作为条例组成部分的《中华人民共和国进出口税则》（以下简称《进出口税则》）和《中华人民共和国海关关于入境旅客行李物品和个人邮递物品征收进口税办法》，以及由负责关税政策制定和征收管理的主管部门依据基本法规拟订的管理办法和实施细则。

第一节 征税对象和纳税义务人

一、征税对象

关税是依法对进出境货物、物品征收的一种税。所谓"境"是指关境，又称"海关境域"或"关税领域"，是国家《海关法》全面实施的领域。通常情况下，一国关境与国境是一致的，包括国家全部的领土、领海和领空。但当某国在国境内设立了自由港、自由贸易区等，就进出口关税而言，这些区域处在关境之外，这时，该国的关境小于国境。例如，根据《中华人民共和国香港特别行政区基本法》和《中华人民共和国澳门特别行政区基本法》，香港和澳门保持自由港地位，为我国单独的关税地区，即单独关境区。单独关境区是指不完全适用该国海关法律、法规或实施单独海关管理制度的区域。

关税的征税对象是准许进出境的货物和物品。货物是指贸易性商品；物品是指入境旅客随身携带的行李物品、个人邮递物品、各种运输工具上的服务人员携带进口的自用物品、馈赠物品及其他方式进境的个人物品。

二、纳税义务人

进口货物的收货人、出口货物的发货人、进出境物品的所有人，是关税的纳税义务人。进出口货物的收、发货人是依法取得对外贸易经营权，并进口或者出口货物的法人或者其他社会团体。进出境物品的所有人包括该物品的所有人和推定为所有人的人。一般情况下，对于携带进境的物品，推定其携带人为所有人；对于分离运输的行李，推定相应的进出境旅客为所有人；对于以邮递方式进境的物品，推定其收件人为所有人；对于以邮递或其他运输方式出境的物品，推定其寄件人或托运人为所有人。

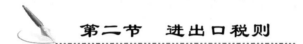

第二节　进出口税则

一、进出口税则概况

进出口税则是一国政府根据国家关税政策和经济政策，通过一定的立法程序制定并公布实施的进出口货物和物品应税的关税税率表。进出口税则以税率表为主体，通常还包括实施税则的法令、使用税则的有关说明和附录等。《海关进出口税则》是我国海关凭以征收关税的法律依据，也是我国关税政策的具体体现。我国现行税则包括《进出口关税条例》《税率适用说明》《进口税则》《出口税则》，以及《进口商品从量税、复合税、滑准税税目税率表》《进口商品关税配额税目税率表》《进口商品税则暂定税率表》《出口商品税则暂定税率表》《非全税目信息技术产品税率表》等附录。

税率表作为税则主体，包括税则商品分类目录栏和税率栏两大部分。税则商品分类目录是把种类繁多的商品加以综合，按照其不同特点分门别类地简化成数量有限的商品类目，分别编号后按序排列，称为税则号列，并逐号列出该号中应列入的商品名称。商品分类的原则即归类规则，包括归类总规则和各类、章、目的具体注释。税率栏是按商品分类目录逐项定出的税率栏目。我国现行进口税则为四栏税率，出口税则为一栏税率。从 1992 年 1 月起，我国开始实施以《商品名称及编码协调制度》为基础的进出口税则，适应了改革开放和对外经济贸易发展的需要。

二、税则归类

税则归类是根据税则的规定，按照每项具体进出口商品的特性在税则中找出最适合它的某一个税号，即"对号入座"，以便确定其适用的税率，计算关税税负。税则归类错误会导致关税的多征或少征，影响关税作用的发挥。因此，税则归类关系到关税政策的正确贯彻。税则归类一般按以下步骤进行：

（1）了解需要归类的具体进出口商品的构成、材料属性、成分组成、特性、用途和功能。

（2）查找有关商品在税则中拟归的类、章和税号。对于原材料性质的货品，应首先考虑按其属性归类；对于制成品，应首先考虑按其用途归类。

（3）将考虑采用的有关类、章及税号进行比较，筛选出最合适的税号。在比较、筛选时，首先看类、章的注释有无具体描述归类对象或其类似品，已具体描述的，按类、章的规定办理；其次是查阅《HS 注释》，确切地了解有关类、章和税号范围。

（4）对于通过以上方法也难以确定税则归类的商品，可运用归类总规则的有关条款来确定其税号。进口地海关无法解决的税则归类问题，应报海关总署明确。

三、关税税率

（一）进口关税税率

1. 税率设置与适用

在加入世界贸易组织（WTO）之前，我国进口税则设有两栏税率，即普通税率和优惠税率。对于原产于与我国未订有关税互惠协议的国家或者地区的进口货物，按照普通税率征税；对于原产于与我国订有关税互惠协议的国家或者地区的进口货物，按照优惠税率征税。加入 WTO 之后，为履行在关税减让谈判中承诺的有关义务，享有 WTO 成员应有的权利，自 2002 年 1 月 1 日起，我国进口税则设置了最惠国税率、协定税率、特惠税率、普通税率、关税配额税率等税率。对进口货物在一定期限内可以实行暂定税率。最惠国税率适用于原产于与我国共同适用最惠国待遇条款的 WTO 成员国家或地区的进口货物，或原产于与我国签订有相互给予最惠国待遇条款的双边贸易协定的国家或地区的进口货物，以及原产于我国境内的进口货物；协定税率适用于原产于我国参加的含有关税优惠条款的区域性贸易协定有关缔约方的进口货物；特惠税率适用于原产于与我国签订有特殊优惠关税协定的国家或地区的进口货物；普通税率适用于原产于上述国家或地区以外的其他国家或地区的进口货物。按照普通税率征税的进口货物，经国务院关税税则委员会特别批准，可以适用最惠国税率。适用最惠国税率、协定税率、特惠税率的国家或者地区名单，由国务院关税税则委员会决定，报国务院批准后执行。

2. 税率种类

按征收关税的标准，可以分成从价税、从量税、复合税、选择税和滑准税。

（1）从价税。从价税是一种最常用的关税计税标准。它是以货物的价格或者价值为征税标准，以应征税额占货物价格或者价值的百分比为税率，价格越高，税额越高。

货物进口时，以此税率和海关审定的实际进口货物完税价格相乘计算应征税额。目前，我国海关计征关税标准主要是从价税。

（2）从量税。从量税是以货物的数量、重量、体积、容量等计量单位为计税标准，以每计量单位货物的应征税额为税率。我国目前对原油、啤酒、胶卷等进口商品征收从量税。

（3）复合税。复合税又称混合税，即订立从价、从量两种税率，随着完税价格和进口数量而变化，征收时两种税率合并计征。它是对某种进口货物混合使用从价税和从量税的一种关税计征标准。我国目前仅对录像机、放像机、摄像机、数字照相机和摄录一体机等进口商品征收复合税。

（4）选择税。选择税是对一种进口商品同时定有从价税和从量税两种税率，但征税时选择其税额较高的一种征税。

（5）滑准税。滑准税是根据货物的不同价格适用不同税率的一类特殊的从价关税。它是一种关税税率随进口货物价格由高至低而由低至高设置计征关税的方法。简单地讲，就是进口货物的价格越高，其进口关税税率越低；进口商品的价格越低，其进口关税税率越高。滑准税的特点是可保持实行滑准税的商品的国内市场价格相对稳定，而不受国际市场价格波动的影响。

3. 暂定税率与关税配额税率

根据经济发展需要，国家对部分进口原材料、零部件、农药原药和中间体、乐器及生产设备实行暂定税率。《进出口关税条例》规定，适用最惠国税率的进口货物有暂定税率的，应当适用暂定税率；适用协定税率、特惠税率的进口货物有暂定税率的，应当从低适用税率；适用普通税率的进口货物，不适用暂定税率。同时，对部分进口农产品和化肥产品实行关税配额，即一定数量内的上述进口商品适用税率较低的配额内税率，超出该数量的上述进口商品适用税率较高的配额外税率。我国现行税则对800多个税目进口商品实行了暂定税率，对小麦、玉米等8种农产品和尿素等3种化肥产品实行关税配额管理。

（二）出口关税税率

我国出口税则设置了一栏税率，即出口税率。国家仅对少数资源性产品及易于竞相杀价、盲目进口、需要规范出口秩序的半制成品征收出口关税。我国现行税则对100余种商品计征出口关税，主要是鳗鱼苗、部分有色金属矿砂及其精矿、生锑、磷、氟钽酸钾、苯、山羊板皮、部分铁合金、钢铁废碎料、铜和铝原料及其制品、镍锭、锌锭、锑锭。但对上述范围内的部分商品实行0~25%的暂定税率，此外，根据需要对其他200多种商品征收暂定税率。与进口暂定税率一样，出口暂定税率优先适用于出口税则中规定的出口税率。

（三）特别关税

特别关税包括报复性关税、反倾销税与反补贴税、保障性关税。征收特别关税的货物、适用国别、税率、期限和征收办法,由国务院关税税则委员会决定,海关总署负责实施。

(四) 税率的运用

进出口货物应当依照税则规定的归类原则归入合适的税号,并按照适用的税率征税。我国《进出口关税条例》和《中华人民共和国海关进出口货物征税管理办法》(以下简称《进出口货物征税管理办法》)对税率的运用做出了明确规定,具体如下:

(1) 进出口货物,应当适用海关接受该货物申报进口或者出口之日实施的税率。

(2) 进口货物到达前,经海关核准先行申报的,应当适用装载该货物的运输工具申报进境之日实施的税率。

(3) 进口转关运输货物,应当适用指运地海关接受该货物申报进口之日实施的税率;货物运抵指运地前,经海关核准先行申报的,应当适用装载该货物的运输工具抵达指运地之日实施的税率。

(4) 出口转关运输货物,应当适用启运地海关接受该货物申报出口之日实施的税率。

(5) 经海关批准,实行集中申报的进出口货物,应当适用每次货物进出口时海关接受该货物申报之日实施的税率。

(6) 因超过规定期限未申报而由海关依法变卖的进口货物,其税款计征应当适用装载该货物的运输工具申报进境之日实施的税率。

(7) 因纳税义务人违反规定需要追征税款的进出口货物,应当适用违反规定的行为发生之日实施的税率;行为发生之日不能确定的,适用海关发现该行为之日实施的税率。

(8) 已申报进境并放行的保税货物、减免税货物、租赁货物或者已申报进出境并放行的暂时进出境货物,有下列情形之一需要缴纳税款的,应当适用海关接受纳税义务人再次填写报关单申报办理纳税及有关手续之日实施的税率:

① 保税货物经批准不复运出境的。
② 保税仓储货物转入国内市场销售的。
③ 减免税货物经批准转让或者移作他用的。
④ 可暂不缴纳税款的暂时进出境货物,经批准不复运出境或者进境的。
⑤ 租赁进口货物,分期缴纳税款的。

(9) 补征或者退还进出口货物税款,应当按照前述规定确定适用的税率。

第三节 完税价格和应纳税额的计算

一、原产地规定

确定进口货物原产地的主要原因之一，是便于正确运用进口税则的各栏税率，对产自不同国家或地区的进口货物适用不同的关税税率。我国原产地规定基本上采用了"全部产地生产标准"和"实质性改变标准"两种国际上通用的原产地标准。

（一）全部产地生产标准

全部产地生产标准是指进口货物"完全在一个国家（地区）获得"，生产国或制造国即为该货物的原产地。完全在一个国获得的进口货物包括：

（1）在该国领土或领海内开采的矿产品。
（2）在该国领土上收获或采集的植物产品。
（3）在该国领土上出生或由该国饲养的活动物及从其所得产品。
（4）在该国领土上狩猎或捕捞所得的产品。
（5）在该国的船只上卸下的海洋捕捞物，以及由该国船只在海上取得的其他产品。
（6）在该国加工船加工上述第5项所列物品所得的产品。
（7）在该国收集的只适用于做再加工制造的废碎料和废旧物品。
（8）在该国完全使用上述1—7项所列产品加工成的制成品。

（二）实质性改变标准

实质性改变标准是适用于确定有两个或两个以上国家（地区）参与生产的货物的原产地的标准，其基本含义是：两个以上国家（地区）参与生产的货物，以最后完成实质性改变的国家（地区）为有关货物的原产地。"实质性"是指产品加工后，在进出口税则中四位数税号一级的税则归类已经有了改变，或者加工增值部分所占新产品总值的比例已超过30%及以上的。

（三）其他

对机器、仪器、器材或车辆所用零件、部件、配件、备件及工具，如与主件同时进口且数量合理的，其原产地按主件的原产地确定，分别进口的则按各自的原产地确定。

二、关税完税价格

《海关法》规定，进出口货物的完税价格，由海关以该货物的成交价格为基础审查确定。成交价格不能确定时，完税价格由海关依法估定。自加入 WTO 以来，我国海关已全面实施《世界贸易组织估价协定》，遵循客观、公平、统一的估价原则，并依据 2014 年 2 月 1 日起实施的《中华人民共和国海关审定进出口货物完税价格办法》（以下简称《完税价格办法》），审定进出口货物的完税价格。

（一）一般进口货物的完税价格

《海关法》规定，进口货物的完税价格包括货物的货价、货物运抵我国境内输入地点起卸前的运输及其相关费用、保险费。进口货物完税价格的确定方法大致可以划分为两类：一类是以进口货物的成交价格为基础进行调整，从而确定进口货物完税价格的估价方法（以下简称"成交价格估价方法"）；另一类则是在进口货物的成交价格不符合规定条件或者成交价格不能确定的情况下，海关用于审查确定进口货物完税价格的估价方法（以下简称"海关估价方法"）。

1. 成交价格估价方法

进口货物的成交价格，是指卖方向我国境内销售该货物时买方为进口该货物向卖方实付、应付的，并且按照《完税价格办法》有关规定调整后的价款总额，包括直接支付的价款和间接支付的价款。

（1）进口货物的成交价格应当符合的条件。

① 对买方处置或者使用进口货物不予限制，但是法律、行政法规规定实施的限制、对货物销售地域的限制和对货物价格无实质性影响的限制除外。有下列情形之一的，应当视为对买方处置或者使用进口货物进行了限制：进口货物只能用于展示或者免费赠送的；进口货物只能销售给指定第三方的；进口货物加工为成品后只能销售给卖方或者指定第三方的；其他经海关审查，认定买方对进口货物的处置或者使用受到限制的。

② 进口货物的价格不得受到使该货物成交价格无法确定的条件或者因素的影响。有下列情形之一的，应当视为进口货物的价格受到了使该货物成交价格无法确定的条件或者因素的影响：进口货物的价格是以买方向卖方购买一定数量的其他货物为条件而确定的；进口货物的价格是以买方向卖方销售其他货物为条件而确定的；其他经海关审查，认定货物的价格受到使该货物成交价格无法确定的条件或者因素影响的。

③ 卖方不得直接或者间接获得因买方销售、处置或者使用进口货物而产生的任何收益，或者虽然有收益但是能够按照《完税价格办法》的规定做出调整。

④ 买卖双方之间没有特殊关系，或者虽然有特殊关系但是按照规定未对成交价格产生影响。有下列情形之一的，应当认为买卖双方存在特殊关系：买卖双方为同一家族成员的；买卖双方互为商业上的高级职员或者董事的；一方直接或者间接地受另一方控制的；买卖双方都直接或者间接地受第三方控制的；买卖双方共同直接或者间接地控制第三方的；一方直接或者间接地拥有、控制或者持有对方 5% 以上（含 5%）公开发行的有表决权的股票或者股份的；一方是另一方的雇员、高级职员或者董事的；买卖双方

是同一合伙的成员的。买卖双方在经营上相互有联系，一方是另一方的独家代理、独家经销或者独家受让人，如果符合前款的规定，也应当视为存在特殊关系。需要注意的是，买卖双方之间存在特殊关系，但是纳税义务人能证明其成交价格与同时或者大约同时发生的下列任何一款价格相近的，应当视为特殊关系未对进口货物的成交价格产生影响：向境内无特殊关系的买方出售的相同或者类似进口货物的成交价格；按照倒扣价格估价方法所确定的相同或者类似进口货物的完税价格；按照计算价格估价方法所确定的相同或者类似进口货物的完税价格。

（2）应计入完税价格的调整项目。

采用成交价格估价方法，以成交价格为基础审查确定进口货物的完税价格时，未包括在该货物实付、应付价格中的下列费用或者价值应当计入完税价格：

① 由买方负担的除购货佣金以外的佣金和经纪费。"购货佣金"是指买方为购买进口货物向自己的采购代理人支付的劳务费用。"经纪费"是指买方为购买进口货物向代表买卖双方利益的经纪人支付的劳务费用。

② 由买方负担的与该货物视为一体的容器费用。

③ 由买方负担的包装材料费用和包装劳务费用。

④ 与进口货物的生产和向我国境内销售有关的，由买方以免费或者以低于成本的方式提供，并且可以按适当比例分摊的料件、工具、模具、消耗材料及类似货物的价款，以及在境外开发、设计等相关服务的费用。

⑤ 与进口货物有关并作为卖方向我国境内销售该货物的一项条件，应当由买方向卖方或者有关方直接或者间接支付的特许权使用费。"特许权使用费"是指进口货物的买方为取得知识产权权利人及权利人有效授权人关于专利权、商标权、专有技术、著作权、分销权或者销售权的许可或者转让而支付的费用。

⑥ 卖方直接或者间接从买方对该货物进口后转售、处置或使用所得中获得的收益。

纳税义务人应当向海关提供上述所列费用或者价值的客观量化数据资料。如果纳税义务人不能提供，海关与纳税义务人进行价格磋商后，按照《完税价格办法》列明的海关估价方法审查确定完税价格。

（3）不计入完税价格的调整项目。

进口货物的价款中单独列明的下列税收、费用，不计入该货物的完税价格：

① 厂房、机械或者设备等货物进口后发生的建设、安装、装配、维修或者技术援助费用，但是保修费用除外。

② 进口货物运抵我国境内输入地点起卸后发生的运输及其相关费用、保险费。

③ 进口关税、进口环节海关代征税及其他国内税。

④ 为在境内复制进口货物而支付的费用。

⑤ 境内外技术培训及境外考察费用。

⑥ 同时符合下列条件的利息费用：利息费用是买方为购买进口货物而融资所产生

的;有书面的融资协议的;利息费用单独列明的;纳税义务人可以证明有关利率不高于在融资当时当地此类交易通常应当具有的利率水平,且没有融资安排的相同或者类似进口货物的价格与进口货物的实付、应付价格非常接近的。

2. 进口货物海关估价方法

进口货物的成交价格不符合规定条件或者成交价格不能确定的,海关经了解有关情况,并且与纳税义务人进行价格磋商后,依次以相同货物成交价格估价方法、类似货物成交价格估价方法、倒扣价格估价方法、计算价格估价方法及合理方法审查确定该货物的完税价格。纳税义务人向海关提供有关资料后,可以提出申请,颠倒倒扣价格估价方法和计算价格估价方法的适用次序。

(1) 相同货物成交价格估价方法。

相同货物成交价格估价方法是指海关以与进口货物同时或者大约同时向我国境内销售的相同货物的成交价格为基础,审查确定进口货物的完税价格的估价方法。

① 按照该方法审查确定进口货物的完税价格时,应当使用与该货物具有相同商业水平且进口数量基本一致的相同货物的成交价格。使用上述价格时,应当以客观量化的数据资料,对该货物与相同货物之间由于运输距离和运输方式不同而在成本和其他费用方面产生的差异进行调整。在没有前文所述的相同货物的成交价格的情况下,可以使用不同商业水平或者不同进口数量的相同货物的成交价格。使用上述价格时,应当以客观量化的数据资料,对因商业水平、进口数量、运输距离和运输方式不同而在价格、成本和其他费用方面产生的差异做出调整。

② 按照该方法审查确定进口货物的完税价格时,应当首先使用同一生产商生产的相同货物的成交价格;没有同一生产商生产的相同货物的成交价格的,可以使用同一生产国或者地区其他生产商生产的相同货物的成交价格;如果有多个相同货物的成交价格,应当以最低的成交价格为基础审查确定进口货物的完税价格。

"相同货物"是指与进口货物在同一国家或地区生产的,在物理性质、质量和信誉等所有方面都相同的货物,但是表面的微小差异允许存在。"大约同时"是指海关接受货物申报之日的大约同时,最长不应当超过前后45日。按照倒扣价格法审查确定进口货物的完税价格时,如果进口货物、相同或者类似货物没有在海关接受进口货物申报之日前后45日内在境内销售,可以将在境内销售的时间延长至接受货物申报之日前后90日内(下同)。

(2) 类似货物成交价格估价方法。

类似货物成交价格估价方法是指海关以与进口货物同时或者大约同时向我国境内销售的类似货物的成交价格为基础,审查确定进口货物的完税价格的估价方法。

① 按照该方法审查确定进口货物的完税价格时,应当使用与该货物具有相同商业水平且进口数量基本一致的类似货物的成交价格。使用上述价格时,应当以客观量化的数据资料,对该货物与类似货物之间由于运输距离和运输方式不同而在成本和其他费用

方面产生的差异进行调整。在没有前文所述的类似货物的成交价格的情况下，可以使用不同商业水平或者不同进口数量的类似货物的成交价格。使用上述价格时，应当以客观量化的数据资料，对因商业水平、进口数量、运输距离和运输方式不同而在价格、成本和其他费用方面产生的差异做出调整。

② 按照该方法审查确定进口货物的完税价格时，应当首先使用同一生产商生产的类似货物的成交价格；没有同一生产商生产的类似货物的成交价格的，可以使用同一生产国或者地区其他生产商生产的类似货物的成交价格；如果有多个类似货物的成交价格，应当以最低的成交价格为基础审查确定进口货物的完税价格。

"类似货物"是指与进口货物在同一国家或地区生产的，虽然不是在所有方面都相同，但是却具有相似的特征、相似的组成材料、同样的功能，并且在商业中可以互换的货物。

（3）倒扣价格估价方法。

倒扣价格估价方法是指海关以进口货物、相同或者类似进口货物在境内的销售价格为基础，扣除境内发生的有关费用后，审查确定进口货物完税价格的估价方法。该销售价格应当同时符合下列条件：

① 是在该货物进口的同时或者大约同时，将该货物、相同或者类似进口货物在境内销售的价格。

② 是按照货物进口时的状态销售的价格。

③ 是在境内第一销售环节销售的价格。

④ 是向境内无特殊关系方销售的价格。

⑤ 按照该价格销售的货物合计销售总量最大。

按照倒扣价格估价方法审查确定进口货物完税价格的，下列各项应当扣除：

① 同等级或者同种类货物在境内第一销售环节销售时，通常的利润和一般费用（包括直接费用和间接费用）及通常支付的佣金。

② 货物运抵境内输入地点起卸后的运输及其相关费用、保险费。

③ 进口关税、进口环节海关代征税及其他国内税。

（4）计算价格估价方法。

计算价格估价方法是指海关以下列各项的总和为基础，审查确定进口货物完税价格的估价方法。

① 生产该货物所使用的料件成本和加工费用。

② 向境内销售同等级或者同种类货物通常的利润和一般费用（包括直接费用和间接费用）。

③ 该货物运抵境内输入地点起卸前的运输及相关费用、保险费。

按照上述规定审查确定进口货物的完税价格时，海关在征得境外生产商同意并且提前通知有关国家或者地区政府后，可以在境外核实该企业提供的有关资料。

(5) 合理方法。

合理方法是指当海关不能根据成交价格估价方法、相同货物成交价格估价方法、类似货物成交价格估价方法、倒扣价格估价方法和计算价格估价方法确定完税价格时，海关遵循客观、公平、统一的原则，以客观量化的数据资料为基础审查确定进口货物完税价格的估价方法。海关在采用合理方法确定进口货物的完税价格时，不得使用以下价格：

① 境内生产的货物在境内的销售价格。

② 可供选择的价格中较高的价格。

③ 货物在出口地市场的销售价格。

④ 以计算价格估价方法规定之外的价值或者费用计算的相同或者类似货物的价格。

⑤ 出口到第三国或者地区的货物的销售价格。

⑥ 最低限价或者武断、虚构的价格。

（二）进口货物完税价格中的运输及相关费用、保险费的计算

(1) 进口货物的运输及其相关费用，应当按照由买方实际支付或者应当支付的费用计算。如果进口货物的运输及其相关费用无法确定的，海关应当按照该货物进口同期的正常运输成本审查确定。

(2) 运输工具作为进口货物，利用自身动力进境的，海关在审查确定完税价格时，不再另行计入运输及其相关费用。

(3) 进口货物的保险费，应当按照实际支付的费用计算。如果进口货物的保险费无法确定或者未实际发生，海关应当按照"货价加运费"两者总额的3‰计算保险费，其计算公式如下：

$$保险费 = (货价 + 运费) \times 3‰$$

(4) 邮运进口的货物，应当以邮费为运输及其相关费用、保险费。

（三）出口货物的完税价格

1. 以成交价格为基础的完税价格

出口货物的完税价格由海关以该货物的成交价格为基础审查确定，并且应当包括货物运至我国境内输出地点装载前的运输及其相关费用、保险费。

出口货物的成交价格是指该货物出口销售时，卖方为出口该货物应当向买方直接收取和间接收取的价款总额。下列税收、费用不计入出口货物的完税价格：

(1) 出口关税。

(2) 在货物价款中单独列明的货物运至我国境内输出地点装载后的运输及其相关费用、保险费。

2. 出口货物海关估价方法

出口货物的成交价格不能确定的，海关经了解有关情况，并且与纳税义务人进行价

格磋商后,依次以下列价格审查确定该货物的完税价格:

(1) 同时或者大约同时向同一国家或者地区出口的相同货物的成交价格。

(2) 同时或者大约同时向同一国家或者地区出口的类似货物的成交价格。

(3) 根据境内生产相同或者类似货物的成本、利润和一般费用(包括直接费用和间接费用)、境内发生的运输及其相关费用、保险费计算所得的价格。

(4) 按照合理方法估定的价格。

三、应纳税额的计算

(一) 从价税应纳税额的计算

应纳税额 = 应税进(出)口货物数量 × 单位完税价格 × 关税税率

(二) 从量税应纳税额的计算

应纳税额 = 应税进(出)口货物数量 × 单位税额

(三) 复合税应纳税额的计算

应纳税额 = 应税进(出)口货物数量 × 单位税额 + 应税进(出)口货物数量 × 单位完税价格 × 关税税率

(四) 滑准税应纳税额的计算

应纳税额 = 应税进(出)口货物数量 × 单位完税价格 × 滑准税税率

现行税则《进(出)口商品从量税、复合税、滑准税税目税率表》后注明了滑准税税率的计算公式,该公式是一个与应税进(出)口货物完税价格相关的取整函数。

【例4-1】 某进出口公司进口货物一批,成交价格折合人民币1 000万元(包括单独计价并经海关审查属实的货物进口后装配调试费用100万元,向境外采购代理人支付的佣金20万元和向卖方支付的佣金15万元),另支付运费50万元,保险费30万元。该公司在未经批准缓税的情况下,于海关填发税款缴款书之日起25日才缴纳税款,关税税率为30%,请计算该公司应缴纳的关税和关税滞纳金。

【答案】

(1) 应纳关税 = (1 000 - 100 - 20 + 50 + 30) × 30% = 288(万元)。

(2) 应交关税滞纳金 = 288 × 0.5‰ × (25 - 15) = 1.44(万元)。

四、跨境电子商务零售进口税收政策

自2016年4月8日起,跨境电子商务零售进口商品按照货物征收关税和进口环节增值税、消费税,购买跨境电子商务零售进口商品的个人作为纳税义务人,实际交易价格(包括货物零售价格、运费和保险费)作为完税价格,电子商务企业、电子商务交易平台企业或物流企业可作为代收代缴义务人。

（一）适用范围

跨境电子商务零售进口税收政策适用于从其他国家或地区进口的、《跨境电子商务零售进口商品清单》范围内的以下商品：

（1）所有通过与海关联网的电子商务交易平台交易，能够实现交易、支付、物流电子信息"三单"比对的跨境电子商务零售进口商品。

（2）未通过与海关联网的电子商务交易平台交易，但快递、邮政企业能够统一提供交易、支付、物流等电子信息，并承诺承担相应法律责任进境的跨境电子商务零售进口商品。

不属于跨境电子商务零售进口的个人物品及无法提供交易、支付、物流等电子信息的跨境电子商务零售进口商品，按现行规定执行。

（二）计征限额

跨境电子商务零售进口商品的单次交易限值为人民币 5 000 元，个人年度交易限值为人民币 26 000 元。在限值以内进口的跨境电子商务零售进口商品，关税税率暂设为 0%；进口环节增值税、消费税取消免征税额，暂按法定应纳税额的 70% 征收。超过单次限值、累加后超过个人年度限值的单次交易，以及完税价格超过 2 000 元限值的单个不可分割商品，均按照一般贸易方式全额征税。

（三）计征规定

跨境电子商务零售进口商品自海关放行之日起 30 日内退货的，可申请退税，并相应调整个人年度交易总额。

跨境电子商务零售进口商品购买人（订购人）的身份信息应进行认证；未进行认证的，购买人（订购人）身份信息应与付款人一致。

《跨境电子商务零售进口商品清单》由财政部商有关部门另行公布。

第四节　减免税规定

关税减免是对某些纳税人和征税对象给予鼓励和照顾的一种特殊调节手段。正是有了这一手段，使关税政策工作兼顾了普遍性和特殊性、原则性和灵活性。因此，关税减免是贯彻国家关税政策的一项重要措施。关税减免分为法定减免税、特定减免税和临时减免税。根据《海关法》的规定，除法定减免税外的其他减免税均由国务院决定。减征关税在我国加入世界贸易组织之前以税则规定税率为基准，在我国加入世界贸易组织之后以最惠国税率或者普通税率为基准。

一、法定减免税

法定减免税是税法中明确列出的减税或免税。符合税法规定可予减免税的进出口货物，纳税义务人无须提出申请，海关可按规定直接予以减免税。海关对法定减免税货物一般不进行后续管理。

我国《海关法》和《进出口关税条例》明确规定，下列货物、物品予以减免关税：

（1）关税税额在人民币 50 元以下的一票货物，可免征关税。
（2）无商业价值的广告品和货样，可免征关税。
（3）外国政府、国际组织无偿赠送的物资，可免征关税。
（4）进出境运输工具装载的途中必需的燃料、物料和饮食用品，可免征关税。
（5）在海关放行前损失的货物，可免征关税。
（6）在海关放行前遭受损坏的货物，可以根据海关认定的受损程度减征关税。
（7）我国缔结或者参加的国际条约规定减征、免征关税的货物、物品，按照规定予以减免关税。
（8）法律规定减征、免征关税的其他货物、物品。

二、特定减免税

特定减免税也称政策性减免税，是指在法定减免税之外，国家按照国际通行规则和我国实际情况，制定发布的有关进出口货物减免关税的政策。特定减免税货物一般有地区、企业和用途的限制，海关需要进行后续管理，也需要进行减免税统计。

（一）科教用品

为了促进我国科研、教育事业发展，推动科教兴国战略的实施，经国务院批准，财政部、海关总署和国家税务总局制定了《科学研究和教学用品免征进口税收规定》，对科学研究机构和学校，以科学研究和教学为目的，在合理数量范围内进口国内不能生产或者性能不能满足需要的科学研究和教学用品，免征进口关税和进口环节增值税、消费税。该规定对享受优惠的科学研究机构和学校的资格、类别及可以免税的物品做了明确规定。

（二）残疾人专用品

为了支持残疾人康复工作，经国务院批准，海关总署发布了《残疾人专用品免征进口税收暂行规定》，对规定的残疾人个人专用品，免征进口关税和进口环节增值税、消费税；对康复机构、福利机构、假肢厂和荣誉军人康复医院进口国内不能生产的、该规定明确的残疾人专用品，免征进口关税和进口环节增值税、消费税。该规定对可以免税的残疾人专用品种类和品名做了明确规定。

(三) 慈善捐赠物资

为了促进慈善事业的健康发展，支持慈善事业发挥扶贫济困积极作用，经国务院批准，财政部、海关总署和国家税务总局发布了《慈善捐赠物资免征进口税收暂行办法》，对境外自然人、法人或者其他组织等境外捐赠人，无偿向国务院有关部门和各省、自治区、直辖市人民政府、中国红十字会总会、中华全国妇女联合会、中国残疾人联合会、中华慈善总会、中国初级卫生保健基金会、中国宋庆龄基金会和中国癌症基金会，以及经民政部或省级民政部门登记注册且被评定为5A级的以人道救助和发展慈善事业为宗旨的社会团体或基金会等受赠人捐赠的直接用于慈善事业的物资，免征进口关税和进口环节增值税。该办法所称慈善事业是指非营利的慈善救助等社会慈善和福利事业，包括以捐赠财产方式自愿开展的扶贫济困、扶助老幼病残等困难群体，促进教育、科学、文化、卫生、体育等事业发展，防治污染和其他公害，保护和改善环境等慈善活动。该办法对可以免税的捐赠物资种类和品名做了明确规定。

其他还有加工贸易产品、边境贸易进口物资等的减免关税规定。

三、暂时免税

暂时进境或者暂时出境的下列货物，在进境或者出境时纳税义务人向海关缴纳相当于应纳税款的保证金或者提供其他担保的，可以暂不缴纳关税，并应当自进境或者出境之日起6个月内复运出境或者复运进境；需要延长复运出境或者复运进境期限的，纳税义务人应当根据海关总署的规定向海关办理延期手续：

(1) 在展览会、交易会、会议及类似活动中展示或者使用的货物。
(2) 文化、体育交流活动中使用的表演、比赛用品。
(3) 进行新闻报道或者摄制电影、电视节目使用的仪器、设备及用品。
(4) 开展科研、教学、医疗活动使用的仪器、设备及用品。
(5) 在上述第 (1) 项至第 (4) 项所列活动中使用的交通工具及特种车辆。
(6) 货样。
(7) 供安装、调试、检测设备时使用的仪器、工具。
(8) 盛装货物的容器。
(9) 其他用于非商业目的的货物。

第一款所列暂时进境货物在规定的期限内未复运出境的，或者暂时出境货物在规定的期限内未复运进境的，海关应当依法征收关税。

第一款所列可以暂时免征关税范围以外的其他暂时进境货物，应当按照该货物的完税价格和其在境内滞留时间与折旧时间的比例计算征收进口关税。具体办法由海关总署规定。

四、临时减免税

临时减免税是指以上法定和特定减免税以外的其他减免税，即由国务院根据《海关法》对某个单位、某类商品、某个项目或某批进出口货物的特殊情况，给予特别照顾，一案一批，专文下达的减免税。一般有单位、品种、期限、金额或数量等限制，不能比照执行。

我国已加入世界贸易组织，为遵循统一、规范、公平、公开的原则，有利于统一税法、公平税负、平等竞争，国家严格控制减免税，一般不办理个案临时性减免税，对特定减免税也在逐步规范、清理，对不符合国际惯例的税收优惠政策将逐步予以废止。

第五节　征收管理

一、关税缴纳

进口货物的纳税义务人应当自运输工具申报进境之日起 14 日内，出口货物的纳税义务人除海关特准的外，应当在货物运抵海关监管区后、装货的 24 小时以前，向货物的进出境地海关申报，海关根据税则归类和完税价格计算应缴纳的关税和进口环节代征税，并填发税款缴款书。纳税义务人应当自海关填发税款缴款书之日起 15 日内，向指定银行缴纳税款。如果关税缴纳期限届满日遇星期六、星期日等休息日或者法定节假日，则关税缴纳期限顺延至休息日或者法定节假日之后的第一个工作日。为方便纳税义务人，经申请且海关同意，进（出）口货物的纳税义务人可以在设有海关的指运地（启运地）办理海关申报、纳税手续。

关税纳税义务人因不可抗力或者在国家税收政策调整的情形下，不能按期缴纳税款的，经依法提供税款担保后，可以延期缴纳税款，但最长不得超过 6 个月。

二、关税强制执行

纳税义务人未在关税缴纳期限内缴纳税款，即构成关税滞纳。为保证海关征收关税决定的有效执行和国家财政收入的及时入库，《海关法》赋予海关对滞纳关税的纳税义务人强制执行的权利。强制措施主要有以下两类：

（1）征收关税滞纳金。滞纳金自关税缴纳期限届满滞纳之日起，至纳税义务人缴纳关税之日止，按滞纳税款万分之五的比例按日征收，周末或法定节假日不予扣除。具体计算公式为：

关税滞纳金金额＝滞纳关税税额×滞纳金征收比率×滞纳天数

（2）强制征收。如果纳税义务人自关税缴纳期限届满之日起 3 个月仍未缴纳税款，经直属海关关长或者其授权的隶属海关关长批准，海关可以采取强制扣缴、变价抵缴等强制措施。强制扣缴即海关书面通知纳税义务人开户银行或者其他金融机构从其存款中扣缴税款。变价抵缴即海关将纳税义务人的应税货物依法变卖，或者扣留并依法变卖其价值相当于应纳税款的货物或者其他财产，以变卖所得抵缴税款。

三、关税退还

关税退还是关税纳税义务人按海关核定的税额缴纳关税后，因某种原因的出现，海关将实际征收多于应当征收的税额（称为溢征关税）退还给原纳税义务人的一种行政行为。根据《海关法》和《进出口关税条例》的规定，海关发现多征税款的，应当立即通知纳税义务人办理退还手续。纳税义务人发现多缴税款的，自缴纳税款之日起 1 年内，可以以书面形式要求海关退还多缴的税款并加算银行同期活期存款利息；海关应当自受理退税申请之日起 30 日内查实并通知纳税义务人办理退还手续。此外，有下列情形之一的，纳税义务人自缴纳税款之日起 1 年内，可以申请退还关税，并应当以书面形式向海关说明理由，提供原缴款凭证及相关资料：

（1）已征进口关税的货物，因品质或者规格原因，原状退货复运出境的。

（2）已征出口关税的货物，因品质或者规格原因，原状退货复运进境，并已重新缴纳因出口而退还的国内环节有关税收的。

（3）已征出口关税的货物，因故未装运出口，申报退关的。

海关应当自受理退税申请之日起 30 日内查实并通知纳税义务人办理退还手续。纳税义务人应当自收到通知之日起 3 个月内办理有关退税手续。前述第（1）项和第（2）项规定强调的是，"因货物品质或者规格原因，原状复运进境或者出境"；如果属于其他原因且不能以原状复运进境或者出境，则不能退税。

四、关税补征和追征

补征和追征是海关在关税纳税义务人按海关核定的税额缴纳关税后，发现实际征收税额少于应当征收的税额（称为短征关税）时，责令纳税义务人补缴所差税款的一种行政行为。《海关法》根据短征关税的原因，将海关征收原短征关税的行为分为补征和追征两种。因纳税人违反海关规定造成短征关税的，称为追征；非因纳税人违反海关规定造成短征关税的，称为补征。区分关税追征和补征的目的是区别不同情况适用不同的征收时效，超过时效规定的期限，海关就丧失了追补关税的权力。

根据《海关法》和《进出口关税条例》的规定，进出口货物、进出境物品放行后，海关发现少征或者漏征税款，应当自缴纳税款或者货物、物品放行之日起 1 年内，向纳税义务人补征税款。但因纳税义务人违反规定造成少征或者漏征税款的，海关可以自纳税义务人缴纳税款或者货物、物品放行之日起3年内追征税款，并从缴纳税款或者货物、物品放行之日起按日加收少征或者漏征税款万分之五的滞纳金。海关发现其监管货物因纳税义务人违反规定造成少征或者漏征税款的，应当自纳税义务人应缴纳税款之日起3年内追征税款，并从应缴纳税款之日起按日加收少征或者漏征税款万分之五的滞纳金。

五、关税纳税争议的处理

为了保护纳税人的合法权益，我国《海关法》和《进出口关税条例》规定了纳税义务人对海关确定的进出口货物的征税、减税、补税或者退税等有异议时，有提出申诉的权利。纳税义务人同海关发生纳税争议时，可以依法申请行政复议，但同时应当在规定期限内按海关核定的税额缴纳关税，逾期则构成滞纳，海关有权按规定采取强制执行措施。

纳税争议的内容一般为进出口货物和进出境物品的纳税义务人对海关在原产地认定、税则归类、税率或汇率适用、完税价格确定、关税减征、免征、追征、补征和退还等征税行为是否合法或适当，是否侵害了纳税义务人的合法权益，而对海关征收关税的行为表示异议。

纳税争议的申诉程序：纳税义务人自海关填发税款缴款书之日起60日内，向原征税海关的上一级海关提出复议申请。逾期申请复议的，海关不予受理。海关行政复议机关应当自受理复议申请之日起60日内做出复议决定，并以复议决定书的形式正式答复纳税义务人；纳税义务人对海关复议决定仍然不服的，可以自收到复议决定书之日起15日内，向人民法院提起诉讼。

本 章 小 结

本章主要阐述关税法的基本政策和制度。

关税是依法对进出境货物、物品征收的一种税。关税的征税对象是准许进出境的货物和物品。货物是指贸易性商品；物品指入境旅客随身携带的行李物品、个人邮递物品、各种运输工具上的服务人员携带进口的自用物品、馈赠物品及其他方式进境的个人物品。

进口货物的收货人、出口货物的发货人、进出境物品的所有人，是关税的纳税义务人。

进出口税则是一国政府根据国家关税政策和经济政策，通过一定的立法程序制定公布实施的进出口货物和物品应税的关税税率表。

税率表作为税则主体，包括税则商品分类目录和税率栏两大部分。我国进口税则设有最惠国税率、协定税率、特惠税率、普通税率和关税配额税率等税率。按征收关税的标准，可以分成从价税、从量税、选择税、复合税和滑准税。我国出口税则为一栏税率，即出口税率。进出口货物的完税价格，由海关以该货物的成交价格为基础审查确定。

跨境电子商务零售进口商品按照货物征收关税和进口环节增值税、消费税，购买跨境电子商务零售进口商品的个人作为纳税义务人，实际交易价格（包括货物零售价格、运费和保险费）作为完税价格，电子商务企业、电子商务交易平台企业或物流企业可作为代收代缴义务人。

关税减免是对某些纳税人和征税对象给予鼓励和照顾的一种特殊调节手段。

复习思考题

1. 简述关税分类的内容。
2. 我国对进出口货物征收关税的政策是什么？
3. 我国进口关税有哪几种税率，分别适用哪些对象？
4. 什么是暂定税率，与正常税率有何区别？
5. 简述我国规定的进口货物的原产地标准。
6. 关税的法定减免、特定减免、暂时免税和临时减免分别适用哪些对象？
7. 一般贸易方式进口货物完税价格如何确定？
8. 出口货物完税价格如何确定？
9. 关税的补征和追征有何区别？
10. 简述关税纳税争议的处理方法。

第五章 企业所得税法

企业所得税法是指国家制定的用于调整企业所得税征纳双方权利和义务关系的法律规范。我国现行企业所得税的基本法律规范是2007年3月16日第十届全国人民代表大会第五次会议通过的《中华人民共和国企业所得税法》（以下简称《企业所得税法》）和2007年11月28日国务院第197次常务会议通过的《中华人民共和国企业所得税法实施条例》（以下简称《实施条例》）。

企业所得税是对我国境内的企业和其他取得收入的组织的生产经营所得和其他所得征收的一种税。企业所得税的作用：（1）促进企业改善经营管理活动，提升企业的盈利能力；（2）调节产业结构，促进经济发展；（3）为国家建设筹集财政资金。

第一节　纳税义务人、征税对象和税率

一、纳税义务人

企业所得税的纳税义务人是在中华人民共和国境内的企业和其他取得收入的组织。《企业所得税法》第一条规定："在中华人民共和国境内，企业和其他取得收入的组织（以下统称企业）为企业所得税的纳税人，依照本法的规定缴纳企业所得税。个人独资企业、合伙企业不适用本法。"

企业所得税的纳税人分为居民企业和非居民企业，这是根据企业纳税义务范围的宽窄进行的分类，不同的企业在向中国政府缴纳企业所得税时，纳税义务不同。把企业分为居民企业和非居民企业，是为了更好地保障我国税收管辖权的行使。税收管辖权是一国政府在征税方面的主权，是国家主权的重要组成部分。根据国际上的通行做法，我国选择了地域管辖权和居民管辖权的双重管辖权标准，最大限度地维护我国的税收利益。

（一）居民企业

居民企业是指依法在中国境内成立，或者依照外国（地区）法律成立但实际管理机构在中国境内的企业。这里的企业包括国有企业、集体企业、民营企业、联营企业、股份制企业、外商投资企业、外国企业及有生产、经营所得和其他所得的其他组织。其中，有生产、经营所得和其他所得的其他组织，是指经国家有关部门批准，依法注册、登记的事业单位、社会团体等组织。我国的一些社会团体组织、事业单位在完成国家事业计划的过程中，开展多种经营和有偿服务活动，取得除财政部门各项拨款、财政部和国家物价部门批准的各项规费收入以外的经营收入，具有了经营的特点，应当视同企业纳入征税范围。实际管理机构是指对企业的生产经营、人员、账务、财产等实施实质性全面管理和控制的机构。

（二）非居民企业

非居民企业是指依照外国（地区）法律成立且实际管理机构不在中国境内，但在中国境内设立机构、场所的，或者在中国境内未设立机构、场所，但有来源于中国境内所得的企业。

上述所称机构、场所，是指在中国境内从事生产经营活动的机构、场所，包括：

（1）管理机构、营业机构、办事机构。
（2）工厂、农场、开采自然资源的场所。
（3）提供劳务的场所。
（4）从事建筑、安装、装配、修理、勘探等工程作业的场所。
（5）其他从事生产经营活动的机构、场所。

非居民企业委托营业代理人在中国境内从事生产经营活动的，包括委托单位或者个人经常代其签订合同，或者储存、交付货物等，该营业代理人视为非居民企业在中国境内设立的机构、场所。

二、征税对象

企业所得税的征税对象是企业的生产经营所得、其他所得和清算所得。

（一）居民企业的征税对象

居民企业应当就其来源于中国境内、境外的所得缴纳企业所得税。这里的所得包括销售货物所得、提供劳务所得、转让财产所得、股息红利等权益性投资所得、利息所得、租金所得、特许权使用费所得、接受捐赠所得和其他所得。

（二）非居民企业的征税对象

非居民企业在中国境内设立机构、场所的，应当就其所设机构、场所取得的来源于中国境内的所得，以及发生在中国境外但与其所设机构、场所有实际联系的所得，缴纳企业所得税。非居民企业在中国境内未设立机构、场所的，或者虽设立机构、场所但取得的所得与其所设机构、场所没有实际联系的，应当就其来源于中国境内的所得缴纳企业所得税。

上述所称实际联系，是指非居民企业在中国境内设立的机构、场所拥有据以取得所得的股权、债权，以及拥有、管理、控制据以取得所得的财产。

（三）所得来源的确定

(1) 销售货物所得，按照交易活动发生地确定。

(2) 提供劳务所得，按照劳务发生地确定。

(3) 转让财产所得，不动产转让所得按照不动产所在地确定，动产转让所得按照转让动产的企业或者机构、场所所在地确定，权益性投资资产转让所得按照被投资企业所在地确定。

(4) 股息、红利等权益性投资所得，按照分配所得的企业所在地确定。

(5) 利息所得、租金所得、特许权使用费所得，按照负担、支付所得的企业或者机构、场所所在地确定，或者按照负担、支付所得的个人的住所地确定。

(6) 其他所得，由国务院财政、税务主管部门确定。

三、税率

企业所得税实行比例税率。现行规定如下：

(1) 基本税率为25%。适用于居民企业和在中国境内设立机构、场所且取得的所得与其所设机构、场所有实际联系的非居民企业。现行企业所得税基本税率设定为25%，既考虑了我国财政承受能力，又考虑了企业负担水平。

(2) 低税率为20%。适用于在中国境内未设立机构、场所的，或者虽设立机构、场所但取得的所得与其所设机构、场所没有实际联系的非居民企业。实际征税时适用10%的税率。

第二节　应纳税所得额

应纳税所得额是企业所得税的计税依据。按照《企业所得税法》的规定，应纳税所得额为企业每一个纳税年度的收入总额，减除不征税收入、免税收入、各项扣除及允许弥补的以前年度亏损后的余额。基本公式为：

应纳税所得额＝收入总额－不征税收入－免税收入－各项扣除－允许弥补的以前年度亏损

企业应纳税所得额的计算以权责发生制为原则。属于当期的收入和费用，不论款项是否收付，均作为当期的收入和费用；不属于当期的收入和费用，即使款项已经在当期收付，均不作为当期的收入和费用。

一、收入总额

企业的收入总额包括以货币形式和非货币形式从各种来源取得的收入，具体有销售货物收入，提供劳务收入，转让财产收入，股息、红利等权益性投资收益，利息收入，租金收入，特许权使用费收入，接受捐赠收入和其他收入。

企业取得收入的货币形式包括现金、存款、应收账款、应收票据、准备持有至到期的债券投资及债务的豁免等。企业取得收入的非货币形式包括固定资产、生物资产、无形资产、股权投资、存货、不准备持有至到期的债券投资、劳务及有关权益等，这些非货币资产应当按照公允价值确定收入额，公允价值是指按照市场价格确定的价值。

（一）一般收入的确认

（1）销售货物收入是指企业销售商品、产品、原材料、包装物、低值易耗品及其他存货取得的收入。

（2）提供劳务收入是指企业从事建筑安装、修理修配、交通运输、仓储租赁、金融保险、邮电通信、咨询经纪、文化体育、科学研究、技术服务、教育培训、餐饮住宿、中介代理、卫生保健、社区服务、旅游、娱乐、加工及其他劳务服务活动取得的收入。

（3）转让财产收入是指企业转让固定资产、生物资产、无形资产、股权、债权等财产取得的收入。

（4）股息、红利等权益性投资收益是指企业因权益性投资从被投资方取得的收入。

（5）利息收入是指企业将资金提供他人使用但不构成权益性投资，或者因他人占用本企业资金取得的收入，包括存款利息、贷款利息、债券利息、欠款利息等收入。

（6）租金收入是指企业提供固定资产、包装物或者其他有形资产的使用权取得的收入。

（7）特许权使用费收入是指企业提供专利权、非专利技术、商标权、著作权及其他特许权的使用权取得的收入。

（8）接受捐赠收入是指企业接受的来自其他企业、组织或者个人无偿给予的货币性资产、非货币性资产。

（9）其他收入是指企业取得的除以上收入外的其他收入，包括企业资产溢余收入、逾期未退包装物押金收入、确实无法偿付的应付款项、已做坏账损失处理后又收回的应收款项、债务重组收入、补贴收入、违约金收入、汇兑收益等。

（二）特殊收入的确认

企业收入总额的确认，一般以权责发生制为原则。凡是当期已经实现的收入，不论款项是否收到，都应当确认为当期的收入。但是，一些特殊的经营业务的收入可以分期确认。

（1）以分期收款方式销售货物的，按照合同约定的收款日期确认收入的实现。

（2）企业受托加工制造大型机械设备、船舶、飞机，以及从事建筑、安装、装配工程业务或者提供其他劳务等，持续时间超过12个月的，按照纳税年度内完工进度或者完成的工作量确认收入的实现。

（3）采取产品分成方式取得收入的，按照企业分得产品的日期确认收入的实现，其收入额按照产品的公允价值确定。

（4）企业发生非货币性资产交换，以及将货物、财产、劳务用于捐赠、偿债、赞助、集资、广告、样品、职工福利或者利润分配等用途的，应当视同销售货物、转让财产或者提供劳务，但国务院财政、税务主管部门另有规定的除外。

二、不征税收入和免税收入

国家为了扶持和鼓励某些特殊的纳税人和特定的项目，或者避免因征税影响企业的正常经营，对企业取得的某些收入给予不征税或免税的特殊政策，以减轻企业的负担，促进经济的协调发展。

（一）不征税收入

不征税收入是指永久不纳入征税范围的收入。具体有：

（1）财政拨款，是指各级人民政府对纳入预算管理的事业单位、社会团体等组织拨付的财政资金，但国务院和国务院财政、税务主管部门另有规定的除外。

（2）依法收取并纳入财政管理的行政事业性收费、政府性基金。行政事业性收费是指依照法律法规等有关规定，按照国务院规定程序批准，在实施社会公共管理，以及在向公民、法人或者其他组织提供特定公共服务过程中，向特定对象收取并纳入财政管理的费用。政府性基金是指企业依照法律、行政法规等有关规定，代政府收取的具有专项用途的财政资金。具体规定如下：

① 企业按照规定缴纳的、由国务院或财政部批准设立的政府性基金以及由国务院和省、自治区、直辖市人民政府及其财政、价格主管部门批准设立的行政事业性收费，准予在计算应纳税所得额时扣除。

② 企业收取的各种基金、收费，应计入企业当年收入总额。

③ 对企业依照法律、法规及国务院有关规定收取并上缴财政的政府性基金和行政事业性收费，准予作为不征税收入，于上缴财政的当年在计算应纳税所得额时从收入总额中减除；未上缴财政的部分，不得从收入总额中减除。

(3) 国务院规定的其他不征税收入，是指企业取得的，由国务院财政、税务主管部门规定专项用途并经国务院批准的财政性资金。

财政性资金是指企业取得的来源于政府及其有关部门的财政补助、补贴、贷款贴息，以及其他各类财政专项资金，包括直接减免的增值税和即征即退、先征后退、先征后返的各种税收，但不包括企业按规定取得的出口退税款。

(4) 专项用途财政性资金企业所得税处理的具体规定。

根据《关于专项用途财政性资金企业所得税处理问题的通知》（财税〔2011〕70号）的规定，自2011年1月1日起，企业取得的专项用途财政性资金企业所得税处理按以下规定执行：

① 企业从县级以上各级人民政府财政部门及其他部门取得的应计入收入总额的财政性资金，凡同时符合以下条件的，可以作为不征税收入，在计算应纳税所得额时从收入总额中减除：

a. 企业能够提供规定资金专项用途的资金拨付文件；

b. 财政部门或其他拨付资金的政府部门对该资金有专门的资金管理办法或具体管理要求；

c. 企业对该资金及以该资金发生的支出单独进行核算。

② 根据《实施条例》第二十八条的规定，上述不征税收入用于支出所形成的费用，不得在计算应纳税所得额时扣除；用于支出所形成的资产，其计算的折旧、摊销不得在计算应纳税所得额时扣除。

③ 企业将符合上述第①条规定条件的财政性资金做不征税收入处理后，在5年（60个月）内未发生支出且未缴回财政部门或其他拨付资金的政府部门的部分，应计入取得该资金第六年的应税收入总额；计入应税收入总额的财政性资金发生的支出，允许在计算应纳税所得额时扣除。

（二）免税收入

免税收入是指企业应纳税所得额中免予征收企业所得税的收入。具体有：

(1) 国债利息收入。

(2) 符合条件的居民企业之间的股息、红利等权益性投资收益，是指居民企业直接投资于其他居民企业取得的投资收益。

(3) 在中国境内设立机构、场所的非居民企业从居民企业取得与该机构、场所有实际联系的股息、红利等权益性投资收益。上一项和本项所称的股息、红利等权益性投资收益都不包括连续持有居民企业公开发行并上市流通的股票不足12个月取得的投资收益。

(4) 符合条件的非营利组织的收入：

① 接受其他单位或者个人捐赠的收入。

② 除《企业所得税法》第七条规定的财政拨款以外的其他政府补助收入，但不包括因政府购买服务取得的收入。

③ 按照省级以上民政、财政部门规定收取的会费。

④ 不征税收入和免税收入孳生的银行存款利息收入。

⑤ 财政部、国家税务总局规定的其他收入。

三、税前扣除原则和范围

（一）税前扣除的原则

企业申报的扣除项目和金额要真实、合法。所谓真实，是指能提供证明有关支出确属已经实际发生的适当凭据；所谓合法，是指符合国家税收法规，其他法规与税收法规不一致的，应以税收法规的规定为标准。除税收法规另有规定外，税前扣除一般应遵循以下原则：

（1）权责发生制原则。即企业应在费用发生的所属期确认扣除，而不是在实际支付时确认扣除。

（2）配比原则。即企业发生的费用应当与收入配比扣除。除特殊规定外，企业发生的费用不得提前或滞后申报扣除。

（3）相关性原则。即企业可扣除的费用从性质和根源上必须与取得应税收入直接相关。

（4）确定性原则。即企业可扣除的费用不论何时支付，其金额必须是确定的。

（5）合理性原则。即企业可扣除费用的计算和分配方法应符合生产经营活动常规和会计惯例。

（二）税前扣除的范围

《企业所得税法》规定，企业实际发生的与取得收入有关的、合理的支出，包括成本、费用、税金、损失和其他支出，准予在计算应纳税所得额时扣除。在实际计算应纳税所得额时，还应当注意以下三个方面的内容：第一，企业发生的支出应当区分收益性支出和资本性支出。收益性支出在发生当期直接扣除；资本性支出应当分期扣除或者计入有关资产成本，不得在发生当期直接扣除。第二，企业的不征税收入用于支出所形成的费用或者财产，不得扣除或者计算对应的折旧、摊销扣除。第三，除《企业所得税法》和《实施条例》另有规定外，企业实际发生的成本、费用、税金、损失和其他支出，不得重复扣除。

1. 成本

成本是指企业在生产经营活动中发生的销售成本、销货成本、业务支出及其他耗费，即企业销售商品（产品、材料、下脚料、废料、废旧物资等），提供劳务，转让固定资产、无形资产（包括技术转让）的成本。

企业必须将经营活动中发生的成本合理划分为直接成本和间接成本。直接成本是可直接计入有关成本计算对象或劳务的经营成本中的直接材料、直接人工等。间接成本是指多个部门为同一成本对象提供服务的共同成本，或者同一种投入可以制造、提供两种或两种以上的产品或劳务的联合成本。

2. 费用

费用是指企业每一个纳税年度为销售商品和提供劳务等所发生的销售（经营）费用、管理费用和财务费用。已经计入成本的有关费用除外。

销售费用是指应由企业负担的为销售商品而发生的费用，包括广告费、运输费、装卸费、包装费、展览费、保险费、销售佣金（能直接认定的进口佣金调整商品进价成本）、代销手续费、经营性租赁费及销售部门发生的差旅费、工资、福利费等费用。

管理费用是指企业行政管理部门为组织和管理经营活动提供各项支援性服务而发生的费用。

财务费用是指企业筹集经营性资金而发生的费用，包括利息净支出、汇兑净损失、金融机构手续费及其他非资本化支出。

3. 税金

税金是指企业发生的除企业所得税和允许抵扣的增值税以外的各项税金及其附加。即企业按规定缴纳的消费税、城市维护建设税、关税、资源税、土地增值税、房产税、车船税、城镇土地使用税、印花税、教育费附加等产品销售税金及附加。这些已纳税金准予在税前扣除。税金的扣除方式有以下两种方式：一是在发生当期扣除；二是在发生当期计入相关资产的成本，在以后各期分摊扣除。

4. 损失

损失是指企业在生产经营活动中发生的固定资产和存货的盘亏、毁损、报废损失，转让财产损失、呆账损失、坏账损失、自然灾害等不可抗力因素造成的损失及其他损失。

企业发生的损失，减除责任人赔偿和保险赔款后的余额，依照国务院财政、税务主管部门的规定扣除。

企业已经作为损失处理的资产，在以后纳税年度又全部收回或者部分收回时，应当计入当期收入。

5. 其他支出

其他支出是指除成本、费用、税金、损失外，企业在生产经营活动中发生的与生产经营活动有关的、合理的支出。

（三）扣除项目及其标准

在计算应纳税所得额时，下列项目可按照实际发生额或规定的标准扣除。

1. 工资薪金支出

企业发生的合理的工资薪金支出，准予据实扣除。工资薪金是指企业每一纳税年度支付给在本企业任职或者受雇的员工的所有现金或者非现金形式的劳动报酬，包括基本工资、奖金、津贴、补贴、年终加薪、加班工资，以及与员工任职或者受雇有关的其他支出。

合理的工资薪金是指企业按照股东大会、董事会、薪酬委员会或相关管理机构制定的工资薪金制度规定实际发放给员工的工资薪金。税务机关在对工资薪金进行合理性确认时，可按以下原则掌握：

（1）企业制定了较为规范的员工工资薪金制度。

（2）企业所制定的工资薪金制度符合行业及地区水平。

（3）企业在一定时期所发放的工资薪金是相对固定的，工资薪金的调整是有序进行的。

（4）企业对实际发放的工资薪金，已依法履行了代扣代缴个人所得税义务。

（5）有关工资薪金的安排，不以减少或逃避税款为目的。

2. 职工福利费、工会经费和职工教育经费

企业发生的职工福利费、工会经费和职工教育经费，未超过标准的，按实际数扣除；超过标准的，只能按标准扣除。

（1）企业发生的职工福利费支出，不超过工资薪金总额14%的部分，准予扣除。企业职工福利费，包括以下内容：

① 尚未实行分离办社会职能的企业，其内设福利部门所发生的设备、设施和人员费用，包括职工食堂、职工浴室、理发室、医务所、托儿所、疗养院等集体福利部门的设备、设施及维修保养费用和福利部门工作人员的工资薪金、社会保险费、住房公积金、劳务费等。

② 为职工卫生保健、生活、住房、交通等所发放的各项补贴和非货币性福利，包括企业向职工发放的因公外地就医费用、未实行医疗统筹企业职工医疗费用、职工供养直系亲属医疗补贴、供暖费补贴、职工防暑降温费、职工困难补贴、救济费、职工食堂经费补贴、职工交通补贴等。

③ 按照其他规定发生的其他职工福利费，包括丧葬补助费、抚恤费、安家费、探亲假路费等。

（2）企业拨缴的工会经费，不超过工资薪金总额2%的部分，准予扣除。

（3）除国务院财政、税务主管部门另有规定外，企业发生的职工教育经费支出，自2018年1月1日起，不超过工资薪金总额8%的部分，准予在计算企业所得税应纳税所得额时扣除；超过部分，准予在以后纳税年度结转扣除。

集成电路设计企业和符合条件软件企业发生的职工教育经费中的职工培训费用，根据《关于进一步鼓励软件产业和集成电路产业发展企业所得税政策的通知》（财税〔2012〕27号）的规定，可以全额在企业所得税前扣除。软件生产企业应准确划分职工教育经费中的职工培训费支出，对于不能准确划分的，以及准确划分后职工教育经费中扣除职工培训费用的余额，一律按照工资薪金总额8%的比例扣除。

3. 社会保险费

（1）企业依照国务院有关主管部门或者省级人民政府规定的范围和标准为职工缴纳的五险一金，即基本养老保险费、基本医疗保险费、失业保险费、工伤保险费、生育保险费等基本社会保险费和住房公积金，准予扣除。

（2）企业根据国家有关政策规定，为在本企业任职或者受雇的全体员工支付的补充养老保险费、补充医疗保险费，分别在不超过职工工资总额5%标准内的部分，在计算应纳税所得额时准予扣除；超过的部分，不予扣除。

（3）企业依照国家有关规定为特殊工种职工支付的人身安全保险费和符合国务院财政、税务主管部门规定可以扣除的商业保险费，准予扣除。

（4）企业参加财产保险，按照规定缴纳的保险费，准予扣除。

（5）企业参加雇主责任险、公众责任险等责任保险，按照规定缴纳的保险费，准予在企业所得税税前扣除。

（6）企业为投资者或者职工支付的商业保险费，不得扣除。

4. 利息费用

企业在生产经营活动中发生的利息费用，按下列规定扣除：

（1）非金融企业向金融企业借款的利息支出、金融企业的各项存款利息支出和同业拆借利息支出、企业经批准发行债券的利息支出可据实扣除。

（2）非金融企业向非金融企业借款的利息支出，不超过按照金融企业同期同类贷款利率计算的数额的部分可据实扣除，超过部分不得扣除。

（3）企业从其关联方接受的债权性投资与权益性投资的比例超过规定标准而发生的利息支出，不得在计算应纳税所得额时扣除。

① 在计算应纳税所得额时，企业实际支付给关联方的利息支出，不超过以下规定比例和税法及其实施条例有关规定计算的部分，准予扣除，超过的部分不得在发生当期和以后年度扣除。

企业实际支付给关联方的利息支出，除符合下面第②条规定外，其接受关联方债权性投资与其权益性投资比例为：金融企业5∶1；其他企业2∶1。

② 企业如果能够按照税法及其实施条例的有关规定提供相关资料，并证明相关交易活动符合独立交易原则的，或者该企业的实际税负不高于境内关联方的，其实际支付给境内关联方的利息支出，在计算应纳税所得额时准予扣除。

5. 借款费用

（1）企业在生产经营活动中发生的合理的不需要资本化的借款费用，准予扣除。

（2）企业为购置、建造固定资产、无形资产和经过12个月以上的建造才能达到预定可销售状态的存货发生借款的，在有关资产购置、建造期间发生的合理的借款费用，应予以资本化，作为资本性支出计入有关资产的成本；有关资产交付使用后发生的借款利息，可在发生当期扣除。

（3）企业通过发行债券、取得贷款、吸收保户储金等方式融资而发生的合理的费用支出，符合资本化条件的，应计入相关资产成本；不符合资本化条件的，应作为财务费用，准予在企业所得税前据实扣除。

6. 汇兑损失

企业在货币交易中，以及纳税年度终了时将人民币以外的货币性资产、负债按照期末即期人民币汇率中间价折算为人民币时产生的汇兑损失，除已经计入有关资产成本及与向所有者进行利润分配相关的部分外，准予扣除。

7. 业务招待费

（1）企业发生的与生产经营活动有关的业务招待费支出，按照发生额的60%扣除，但最高不得超过当年销售（营业）收入的5‰。

（2）对从事股权投资业务的企业（包括集团公司总部、创业投资企业等），其从被投资企业所分配的股息、红利及股权转让收入，可以按规定的比例计算业务招待费扣除限额。

（3）企业在筹建期间，发生的与筹办活动有关的业务招待费支出，可按实际发生额的60%计入企业筹办费，并按有关规定在税前扣除。

8. 广告费和业务宣传费

（1）企业发生的符合条件的广告费和业务宣传费支出，除国务院财政、税务主管部门另有规定外，不超过当年销售（营业）收入15%的部分，准予扣除；超过部分，准予在以后纳税年度结转扣除。

（2）自2021年1月1日起至2025年12月31日止，对化妆品制造或销售、医药制造和饮料制造（不含酒类制造）企业发生的广告费和业务宣传费支出，不超过当年销售（营业）收入30%的部分，准予扣除；超过部分，准予在以后纳税年度结转扣除。

（3）对签订广告费和业务宣传费分摊协议（以下简称"分摊协议"）的关联企业，其中一方发生的不超过当年销售（营业）收入税前扣除限额比例内的广告费和业务宣传费支出可以在本企业扣除，也可以将其中的部分或全部按照分摊协议归集至另一方扣除。另一方在计算本企业广告费和业务宣传费支出企业所得税税前扣除限额时，可将按照上述办法归集至本企业的广告费和业务宣传费不计算在内。

（4）企业在筹建期间，发生的广告费和业务宣传费，可按实际发生额计入企业筹办费，可按有关规定在税前扣除。

（5）烟草企业的烟草广告费和业务宣传费支出，一律不得在计算应纳税所得额时扣除。

企业申报扣除的广告费支出应与赞助支出严格区分。企业申报扣除的广告费支出，必须符合下列条件：广告是通过工商部门批准的专门机构制作的；已实际支付费用，并已取得相应发票；通过一定的媒体传播。

9. 环境保护专项资金

企业依照法律、行政法规有关规定提取的用于环境保护、生态恢复等方面的专项资金，准予扣除。上述专项资金提取后改变用途的，不得扣除。

10. 财产保险费

企业参加财产保险，按照规定缴纳的保险费，准予扣除。

11. 租赁费

企业根据生产经营活动的需要租入固定资产支付的租赁费，按照以下方法扣除：

（1）以经营租赁方式租入固定资产发生的租赁费支出，按照租赁期限均匀扣除。经营租赁是指所有权不转移的租赁。

（2）以融资租赁方式租入固定资产发生的租赁费支出，按照规定构成融资租入固定资产价值的部分应当提取折旧费用，分期扣除。融资租赁是指在实质上转移与一项资产所有权有关的全部风险和报酬的一种租赁。

12. 劳动保护费

企业发生的合理的劳动保护支出，准予扣除。自 2011 年 7 月 1 日起，企业根据其工作性质和特点，由企业统一制作并要求员工工作时统一着装所发生的工作服饰费用，根据《实施条例》第二十七条的规定，可以作为企业合理的支出给予税前扣除。

13. 公益性捐赠支出

公益性捐赠是指企业通过公益性社会组织或者县级（含县级）以上人民政府及其部门，用于《中华人民共和国公益事业捐赠法》规定的慈善活动、公益事业的捐赠。

企业发生的公益性捐赠支出，不超过年度利润总额 12% 的部分，准予扣除；超过年度利润总额 12% 的部分，准予结转以后三年内在计算应纳税所得额时扣除。年度利润总额是指企业依照国家统一会计制度的规定计算的大于零的数额。企业在对公益性捐赠支出计算扣除时，应先扣除以前年度结转的捐赠支出，再扣除当年发生的捐赠支出。

企业向公益性社会团体实施的股权捐赠，应按规定视同转让股权，股权转让收入额以企业所捐赠股权取得时的历史成本确定。所称的股权，是指企业持有的其他企业的股权、上市公司股票等。

自 2019 年 1 月 1 日至 2022 年 12 月 31 日，企业通过公益性社会组织或者县级（含县级）以上人民政府及其组成部门和直属机构，用于目标脱贫地区的扶贫捐赠支出，准予在计算企业所得税应纳税所得额时据实扣除。在政策执行期限内，目标脱贫地区实现脱贫的，可继续适用上述政策。"目标脱贫地区"包括 832 个国家扶贫开发工作重点县、集中连片特困地区县（新疆阿克苏地区 6 县 1 市享受片区政策）和建档立卡贫困村。企业同时发生扶贫捐赠支出和其他公益性捐赠支出，在计算公益性捐赠支出年度扣除限额时，符合上述条件的扶贫捐赠支出不计算在内。

14. 有关资产的费用

企业转让各类固定资产发生的费用，准予扣除。企业按规定计算的固定资产折旧费、无形资产和递延资产摊销费,准予扣除。

15. 总机构分摊的费用

非居民企业在中国境内设立的机构、场所,就其中国境外总机构发生的与该机构、场所生产经营有关的费用,能够提供总机构出具的费用汇集范围、定额、分配依据和方法等证明文件,并合理分摊的,准予扣除。

16. 资产损失

资产是指企业拥有或者控制的、用于经营管理活动相关的资产,包括现金、银行存款、应收及预付款项(包括应收票据、各类垫款、企业之间往来款项)等货币性资产,存货、固定资产、无形资产、在建工程、生产性生物资产等非货币性资产,以及债权性投资和股权(权益)性投资。

资产损失是指企业在生产经营活动中实际发生的、与取得应税收入有关的资产损失,包括现金损失,存款损失,坏账损失,贷款损失,股权投资损失,固定资产和存货的盘亏、毁损、报废、被盗损失,自然灾害等不可抗力因素造成的损失及其他损失。

准予在企业所得税税前扣除的资产损失,是指企业在实际处置、转让上述资产过程中发生的合理损失,以及企业虽未实际处置、转让上述资产,但符合相关规定条件计算确认的损失。

17. 手续费及佣金支出

(1)企业发生的与生产经营有关的手续费及佣金支出,不超过以下规定计算限额以内的部分,准予扣除;超过部分,不得扣除。

① 保险企业:发生与其经营活动有关的手续费及佣金支出,不超过当年全部保费收入扣除退保金等后余额的18%(含本数)的部分,在计算应纳税所得额时准予扣除;超过部分,允许结转以后年度扣除。

② 其他企业:按与具有合法经营资格中介服务机构或个人(不含交易双方及其雇员、代理人和代表人等)所签订服务协议或合同确认的收入金额的5%计算限额。

(2)企业应与具有合法经营资格的中介服务企业或个人签订代办协议或合同,并按国家有关规定支付手续费及佣金。除委托个人代理外,企业以现金等非转账方式支付的手续费及佣金不得在税前扣除。企业为发行权益性证券支付给有关证券承销机构的手续费及佣金不得在税前扣除。

(3)企业不得将手续费及佣金支出计入回扣、业务提成、返利、进场费等费用。

(4)企业已计入固定资产、无形资产等相关资产的手续费及佣金支出,应当通过折旧、摊销等方式分期扣除,不得在发生当期直接扣除。

(5)企业支付的手续费及佣金不得直接冲减服务协议或合同金额,并如实入账。

18. 维简费支出

企业实际发生的维简费支出,属于收益性支出的,可作为当期费用在税前扣除;属于资本性支出的,应计入有关资产成本,并按《企业所得税法》规定计提折旧或摊销费用在税前扣除。企业按照有关规定预提的维简费，不得在当期税前扣除。

19. 金融企业准备金支出

（1）政策性银行、商业银行、财务公司、城乡信用社和金融租赁公司等金融企业，当年准予税前扣除的贷款损失准备金是本年末准予提取贷款损失准备金的贷款资产余额的1%减除截至上年年末已在税前扣除的贷款损失准备金的余额。

（2）金融企业根据《贷款风险分类指引》（银监发〔2007〕54号），对其涉农贷款和中小企业贷款进行分类后，按照规定比例计提的贷款损失准备金，准予在计算应纳税所得额时扣除。

（3）中小企业信用担保机构按规定标准提取的中小企业信用担保机构有关准备金，准予在企业所得税税前扣除。

（4）按规定标准提取的证券交易所风险基金、证券结算风险基金和证券投资者保护基金，准予在企业所得税税前扣除。

（5）按规定标准提取的期货交易所风险准备金、期货公司风险准备金和期货投资者保障基金，准予在企业所得税税前扣除。

（6）除财政部和国家税务总局核准计提的准备金可以在税前扣除外，其他行业、企业计提的各项资产减值准备、风险准备等准备金均不得在税前扣除。

20. 其他项目

依照有关法律、行政法规和国家有关税法规定准予扣除的其他项目，如会员费、合理的会议费、差旅费、违约金、诉讼费用等。

根据《企业所得税法》第二十一条规定，对企业依据财务会计制度规定，并实际在财务会计处理上已确认的支出，凡没有超过《企业所得税法》和有关税收法规规定的税前扣除范围和标准的，可按企业实际会计处理确认的支出，在企业所得税前扣除，计算其应纳税所得额。

四、不得扣除的项目

在计算应纳税所得额时，下列支出不得扣除：

（1）向投资者支付的股息、红利等权益性投资收益款项。

（2）企业所得税税款。

（3）税收滞纳金，是指纳税人违反税收法规，被税务机关处以的滞纳金。

（4）罚金、罚款和被没收财物的损失，是指纳税人违反国家有关法律、法规规定，被有关部门处以的罚款，以及被司法机关处以的罚金和被没收财物。

（5）超过规定标准的捐赠支出。

（6）赞助支出，是指企业发生的与生产经营活动无关的各种非广告性质支出。

（7）未经核定的准备金支出，是指不符合国务院财政、税务主管部门规定的各项资产减值准备、风险准备等准备金支出。

（8）企业之间支付的管理费、企业内营业机构之间支付的租金和特许权使用费，以及非银行企业内营业机构之间支付的利息。

（9）与取得收入无关的其他支出。

五、亏损弥补

亏损是指企业依照《企业所得税法》和《实施条例》的规定，将每一纳税年度的收入总额减除不征税收入、免税收入和各项扣除后小于零的数额。

企业所得税亏损弥补的政策主要有：

（1）《企业所得税法》规定，企业某一纳税年度发生的亏损可以用下一年度的所得弥补，下一年度的所得不足以弥补的，可以逐年延续弥补，但最长不得超过 5 年。企业在汇总计算缴纳企业所得税时，其境外营业机构的亏损不得抵减境内营业机构的盈利。

（2）自 2018 年 1 月 1 日起，当年具备高新技术企业或科技型中小企业资格的企业，其具备资格年度之前 5 个年度发生的尚未弥补完的亏损，准予结转以后年度弥补，最长结转年限由 5 年延长至 10 年。

上述所称高新技术企业，是指按照《关于修订印发〈高新技术企业认定管理办法〉的通知》（国科发火〔2016〕32 号）规定认定的高新技术企业；所称科技型中小企业，是指按照《关于印发〈科技型中小企业评价办法〉的通知》（国科发政〔2017〕115 号）规定取得科技型中小企业登记编号的企业。

（3）企业自开始生产经营的年度，为开始计算企业损益的年度。企业从事生产经营之前进行筹办活动期间发生筹办费用支出，不得计算为当期的亏损，企业可以在开始经营之日的当年一次性扣除，也可以按照《企业所得税法》有关长期待摊费用的处理规定处理，但一经选定，不得改变。

第三节　资产的税务处理

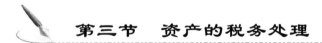

资产是由于资本投资而形成的财产，对于资本性支出以及无形资产受让、开办、开发费用，不允许作为成本、费用从纳税人的收入总额中做一次性扣除，只能采取分次计提折旧或分次摊销的方式予以扣除。即纳税人经营活动中使用的固定资产的折旧费用、无形资产和长期待摊费用的摊销费用可以扣除。税法规定，纳入税务处理范围的资产形式主要有固定资产、生物资产、无形资产、长期待摊费用、投资资产和存货等，均以历史成本为计税基础。历史成本是指企业取得该项资产时实际发生的支出。企业持有各项资产期间资产增值或者减值,除国务院财政、税务主管部门规定可以确认损益外,不得调整该资产的计税基础。

二、固定资产的税务处理

固定资产是指企业为生产产品、提供劳务、出租或者经营管理而持有的、使用时间超过12个月的非货币性资产,包括房屋、建筑物、机器、机械、运输工具及其他与生产经营活动有关的设备、器具、工具等。

(一) 固定资产的计税基础

(1) 外购的固定资产,以购买价款和支付的相关税费及直接归属于使该资产达到预定用途发生的其他支出为计税基础。

(2) 自行建造的固定资产,以竣工结算前发生的支出为计税基础。

(3) 融资租入的固定资产,以租赁合同约定的付款总额和承租人在签订租赁合同过程中发生的相关费用为计税基础,租赁合同未约定付款总额的,以该资产的公允价值和承租人在签订租赁合同过程中发生的相关费用为计税基础。

(4) 盘盈的固定资产,以同类固定资产的重置完全价值为计税基础。

(5) 通过捐赠、投资、非货币性资产交换、债务重组等方式取得的固定资产,以该资产的公允价值和支付的相关税费为计税基础。

(6) 改建的固定资产,除已足额提取折旧的固定资产和租入的固定资产以外的其他固定资产,以改建过程中发生的改建支出增加计税基础。

(二) 固定资产折旧的范围

在计算应纳税所得额时,企业按照规定计算的固定资产折旧,准予扣除。下列固定资产不得计算折旧扣除:

(1) 房屋、建筑物以外未投入使用的固定资产。

(2) 以经营租赁方式租入的固定资产。

(3) 以融资租赁方式租出的固定资产。

(4) 已足额提取折旧仍继续使用的固定资产。

(5) 与经营活动无关的固定资产。

(6) 单独估价作为固定资产入账的土地。

(7) 其他不得计算折旧扣除的固定资产。

(三) 固定资产折旧的计提方法

(1) 企业应当自固定资产投入使用月份的次月起计算折旧;停止使用的固定资产,应当自停止使用月份的次月起停止计算折旧。

(2) 企业应当根据固定资产的性质和使用情况,合理确定固定资产的预计净残值。

固定资产的预计净残值一经确定，不得变更。

（3）固定资产按照直线法计算的折旧，准予扣除。

（四）固定资产折旧的计提年限

除国务院财政、税务主管部门另有规定外，固定资产计算折旧的最低年限如下：

（1）房屋、建筑物，为20年。

（2）飞机、火车、轮船、机器、机械和其他生产设备，为10年。

（3）与生产经营活动有关的器具、工具、家具等，为5年。

（4）飞机、火车、轮船以外的运输工具，为4年。

（5）电子设备，为3年。

从事开采石油、天然气等矿产资源的企业，在开始商业性生产前发生的费用和有关固定资产的折耗、折旧方法，由国务院财政、税务主管部门另行规定。

（五）固定资产折旧的处理

（1）企业固定资产会计折旧年限如果短于税法规定的最低折旧年限，其按会计折旧年限计提的折旧高于按税法规定的最低折旧年限计提的折旧部分，应调增当期应纳税所得额；企业固定资产会计折旧年限已期满且会计折旧已提足，但税法规定的最低折旧年限尚未到期且税收折旧尚未足额扣除，其未足额扣除的部分准予在剩余的税收折旧年限继续按规定扣除。

（2）企业固定资产会计折旧年限如果长于税法规定的最低折旧年限，其折旧应按会计折旧年限计算扣除，税法另有规定除外。

（3）企业按会计规定提取的固定资产减值准备，不得在税前扣除，其折旧仍按税法确定的固定资产计税基础计算扣除。

（4）企业按税法规定实行加速折旧的，其按加速折旧办法计算的折旧额可全额在税前扣除。

（5）石油天然气开采企业在计提油气资产折耗（折旧）时，由于会计与税法规定计算方法不同导致的折耗（折旧）差异，应按税法规定进行纳税调整。

二、生物资产的税务处理

生物资产是指有生命的动物和植物。生物资产分为消耗性生物资产、生产性生物资产和公益性生物资产。消耗性生物资产是指为出售而持有的或在将来收获为农产品的生物资产，包括生长中的农田作物、蔬菜、用材林及存栏待售的牲畜等。生产性生物资产是指为生产农产品、提供劳务或者出租等而持有的生物资产，包括经济林、薪炭林、产畜和役畜等。公益性生物资产是指以防护、环境保护为主要目的的生物资产，包括防风固沙林、水土保持林和水源涵养林等。

（一）生物资产的计税基础

生产性生物资产按照以下方法确定计税基础：

（1）外购的生产性生物资产，以购买价款和支付的相关税费为计税基础。

（2）通过捐赠、投资、非货币性资产交换、债务重组等方式取得的生产性生物资产，以该资产的公允价值和支付的相关税费为计税基础。

（二）生物资产的折旧方法和折旧年限

生产性生物资产按照直线法计算的折旧，准予扣除。企业应当自生产性生物资产投入使用月份的次月起计算折旧；停止使用的生产性生物资产，应当自停止使用月份的次月起停止计算折旧。

企业应当根据生产性生物资产的性质和使用情况，合理确定生产性生物资产的预计净残值。生产性生物资产的预计净残值一经确定，不得变更。

生产性生物资产计算折旧的最低年限如下：

(1) 林木类生产性生物资产，为 10 年。

(2) 畜类生产性生物资产，为 3 年。

三、无形资产的税务处理

无形资产是指企业为生产产品、提供劳务、出租或者经营管理而持有的、没有实物形态的非货币性长期资产，包括专利权、商标权、著作权、土地使用权、非专利技术、商誉等。

（一）无形资产的计税基础

无形资产按照以下方法确定计税基础：

（1）外购的无形资产，以购买价款和支付的相关税费及直接归属于使该资产达到预定用途发生的其他支出为计税基础。

（2）自行开发的无形资产，以开发过程中该资产符合资本化条件后至达到预定用途前发生的支出为计税基础。

（3）通过捐赠、投资、非货币性资产交换、债务重组等方式取得的无形资产，以该资产的公允价值和支付的相关税费为计税基础。

（二）无形资产摊销的范围

在计算应纳税所得额时，企业按照规定计算的无形资产摊销费用，准予扣除。下列无形资产不得计算摊销费用扣除：

（1）自行开发的支出已在计算应纳税所得额时扣除的无形资产。

（2）自创商誉。

（3）与经营活动无关的无形资产。

(4）其他不得计算摊销费用扣除的无形资产。

（三）无形资产的摊销方法和摊销年限

无形资产的摊销，一般采用直线法。无形资产的摊销年限不得低于10年。作为投资或者受让的无形资产，有关法律规定或者合同约定了使用年限的，可以按照规定或者约定的使用年限分期摊销。外购商誉的支出，在企业整体转让或者清算时，准予扣除。

四、长期待摊费用的税务处理

长期待摊费用是指企业发生的应在1个年度以上或几个年度进行摊销的费用。在计算应纳税所得额时，企业发生的下列支出作为长期待摊费用，按照规定摊销的，准予扣除：

（1）已足额提取折旧的固定资产的改建支出。

（2）租入固定资产的改建支出。

（3）固定资产的大修理支出。

（4）其他应当作为长期待摊费用的支出。

企业的固定资产修理支出可在发生当期直接扣除。企业的固定资产改良支出，如果有关固定资产尚未提足折旧，可增加固定资产价值；如果有关固定资产已提足折旧，可作为长期待摊费用，在规定的期间内平均摊销。

固定资产的改建支出，是指改变房屋或者建筑物结构、延长使用年限等发生的支出。已足额提取折旧的固定资产的改建支出，按照固定资产预计尚可使用年限分期摊销；租入固定资产的改建支出，按照合同约定的剩余租赁期限分期摊销；改建的固定资产延长使用年限的，除已足额提取折旧的固定资产、租入固定资产外，应当适当延长折旧年限。

固定资产的大修理支出，按照固定资产尚可使用年限分期摊销。《企业所得税法》所称固定资产的大修理支出，是指同时符合下列条件的支出：

（1）修理支出达到取得固定资产时的计税基础50%以上。

（2）修理后固定资产的使用年限延长2年以上。

其他应当作为长期待摊费用的支出，自支出发生月份的次月起，分期摊销，摊销年限不得低于3年。

五、存货的税务处理

存货是指企业持有以备出售的产品或者商品、处在生产过程中的在产品、在生产或者提供劳务过程中耗用的材料和物料等。

（一）存货的计税基础

存货按照以下方法确定成本：

（1）通过支付现金方式取得的存货，以购买价款和支付的相关税费为成本。

（2）通过支付现金以外的方式取得的存货，以该存货的公允价值和支付的相关税费为成本。

（3）生产性生物资产收获的农产品，以产出或者采收过程中发生的材料费、人工费和分摊的间接费用等必要支出为成本。

（二）存货的成本计算方法

企业使用或者销售的存货的成本计算方法，可以在先进先出法、加权平均法、个别计价法中选用一种。计价方法一经选用，不得随意变更。

企业转让以上资产，在计算企业应纳税所得额时，资产的净值准予扣除。其中，资产的净值是指有关资产的计税基础减除已经按照规定扣除的折旧、折耗、摊销、准备金等后的余额。

除国务院财政、税务主管部门另有规定外，企业在重组过程中，应当在交易发生时确认有关资产的转让所得或者损失，相关资产应当按照交易价格重新确定计税基础。

六、投资资产的税务处理

投资资产是指企业对外进行权益性投资和债权性投资形成的资产。

（一）投资资产的成本

投资资产按以下方法确定投资成本：

（1）通过支付现金方式取得的投资资产，以购买价款为成本。

（2）通过支付现金以外的方式取得的投资资产，以该资产的公允价值和支付的相关税费为成本。

（二）投资资产成本的扣除方法

企业对外投资期间，投资资产的成本在计算应纳税所得额时不得扣除。企业在转让或者处置投资资产时，投资资产的成本准予扣除。

（三）投资企业撤回或减少投资的税务处理

自2011年7月1日起，投资企业从被投资企业撤回或减少投资，其取得的资产中，相当于初始出资的部分，应确认为投资收回；相当于被投资企业累计未分配利润和累计盈余公积按减少实收资本比例计算的部分，应确认为股息所得；其余部分确认为投资资产转让所得。

被投资企业发生的经营亏损，由被投资企业按规定结转弥补；投资企业不得调整减低其投资成本，也不得将其确认为投资损失。

七、税法规定与会计规定差异的处理

税法规定与会计规定差异的处理，是指企业在财务会计核算中与税法规定不一致的，应当依照税法规定予以调整。即企业在平时进行会计核算时，可以按会计制度的有关规定进行账务处理，但在申报纳税时，对税法规定与会计制度规定有差异的，要按税法规定进行纳税调整。

第四节 企业重组的所得税处理

一、企业重组的认定

企业重组是指企业在日常经营活动以外发生的法律结构或经济结构重大改变的交易，包括企业法律形式改变、债务重组、股权收购、资产收购、合并、分立等。

（1）企业法律形式改变是指企业注册名称、住所及企业组织形式等的简单改变，但符合相关通知规定其他重组的类型除外。

（2）债务重组是指在债务人发生财务困难的情况下，债权人按照其与债务人达成的书面协议或者法院裁定书，就其债务人的债务做出让步的事项。

（3）股权收购是指一家企业（以下称为"收购企业"）购买另一家企业（以下称为"被收购企业"）的股权，以实现对被收购企业控制的交易。收购企业支付对价的形式包括股权支付、非股权支付或两者的组合。

（4）资产收购是指一家企业（以下称为"受让企业"）购买另一家企业（以下称为"转让企业"）实质经营性资产的交易。受让企业支付对价的形式包括股权支付、非股权支付或两者的组合。

（5）合并是指一家或多家企业（以下称为"被合并企业"）将其全部资产和负债转让给另一家现存或新设企业（以下称为"合并企业"），被合并企业股东换取合并企业的股权或非股权支付，实现两个或两个以上企业的依法合并。

（6）分立是指一家企业（以下称为"被分立企业"）将部分或全部资产分离转让给现存或新设的企业（以下称为"分立企业"），被分立企业股东换取分立企业的股权或非股权支付，实现企业的依法分立。

① 股权支付是指企业重组中购买、换取资产的一方支付的对价中，以本企业或其控股企业的股权、股份作为支付的形式。

② 非股权支付是指以本企业的现金、银行存款、应收款项、本企业或其控股企业

股权和股份以外的有价证券、存货、固定资产、其他资产及承担债务等作为支付的形式。

二、企业重组的一般性税务处理方法

（一）企业法律形式改变的税务处理办法

企业由法人转变为个人独资企业、合伙企业等非法人组织，或将登记注册地转移至中华人民共和国境外（包括港澳台地区），应视同企业进行清算、分配，股东重新投资成立新企业。企业的全部资产及股东投资的计税基础均应以公允价值为基础确定。企业发生其他法律形式简单改变的，可直接变更税务登记，除另有规定外，有关企业所得税纳税事项（包括亏损结转、税收优惠等权益和义务）由变更后企业承继，但因住所发生变化而不符合税收优惠条件的除外。

（二）企业债务重组的税务处理办法

企业债务重组，相关交易应按以下规定处理：

（1）以非货币资产清偿债务，应当分解为转让相关非货币性资产、按非货币性资产公允价值清偿债务两项业务，确认相关资产的所得或损失。

（2）发生债权转股权的，应当分解为债务清偿和股权投资两项业务，确认有关债务清偿所得或损失。

（3）债务人应当按照支付的债务清偿额低于债务计税基础的差额，确认债务重组所得；债权人应当按照收到的债务清偿额低于债权计税基础的差额，确认债务重组损失。

（4）债务人的相关所得税纳税事项原则上保持不变。

（三）资产收购的税务处理办法

企业股权收购、资产收购重组交易，相关交易应按以下规定处理：

（1）被收购方应确认股权、资产转让所得或损失。

（2）收购方取得股权或资产的计税基础应以公允价值为基础确定。

（3）被收购企业的相关所得税事项原则上保持不变。

（四）企业合并的税务处理办法

企业合并，当事各方应按下列规定处理：

（1）合并企业应按公允价值确定接受被合并企业各项资产和负债的计税基础。

（2）被合并企业及其股东都应按清算进行所得税处理。

（3）被合并企业的亏损不得在合并企业结转弥补。

（五）企业分立的税务处理办法

企业分立，当事各方应按下列规定处理：

(1) 被分立企业对分立出去资产应按公允价值确认资产转让所得或损失。
(2) 分立企业应按公允价值确认接受资产的计税基础。
(3) 被分立企业继续存在时，其股东取得的对价应视同被分立企业分配进行处理。
(4) 被分立企业不再继续存在时，被分立企业及其股东都应按清算进行所得税处理。
(5) 企业分立相关企业的亏损不得相互结转弥补。

三、企业重组的特殊性税务处理方法

（一）适用特殊性税务处理的条件

企业重组同时符合下列条件的，适用特殊性税务处理规定：
(1) 具有合理的商业目的，且不以减少、免除或者推迟缴纳税款为主要目的。
(2) 被收购、合并或分立部分的资产或股权比例符合下述（二）中规定的比例。
(3) 企业重组后的连续12个月内不改变重组资产原来的实质性经营活动。
(4) 重组交易对价中涉及股权支付金额符合下述（二）中规定的比例。
(5) 企业重组中取得股权支付的原主要股东，在重组后连续12个月内，不得转让所取得的股权。

（二）企业重组符合特殊性税务处理条件的，交易各方对其交易中的股权支付部分的税务处理

(1) 企业债务重组确认的应纳税所得额占该企业当年应纳税所得额50%以上，可以在5个纳税年度的期间内，均匀计入各年度的应纳税所得额。

企业发生债权转股权业务，对债务清偿和股权投资两项业务暂不确认有关债务清偿所得或损失，股权投资的计税基础以原债权的计税基础确定。企业的其他相关所得税事项保持不变。

(2) 股权收购，收购企业购买的股权不低于被收购企业全部股权的50%，且收购企业在该股权收购发生时的股权支付金额不低于其交易支付总额的85%，可以选择按以下规定处理：

① 被收购企业的股东取得收购企业股权的计税基础，以被收购股权的原有计税基础确定。

② 收购企业取得被收购企业股权的计税基础，以被收购股权的原有计税基础确定。

③ 收购企业、被收购企业的原有各项资产和负债的计税基础和其他相关所得税事项保持不变。

(3) 资产收购，受让企业收购的资产不低于转让企业全部资产的50%，且受让企业在该资产收购发生时的股权支付金额不低于其交易支付总额的85%，可以选择按以下规定处理：

① 转让企业取得受让企业股权的计税基础,以被转让资产的原有计税基础确定。

② 受让企业取得转让企业资产的计税基础,以被转让资产的原有计税基础确定。

(4) 企业合并,企业股东在该企业合并发生时取得的股权支付金额不低于其交易支付总额的85%,以及同一控制下且不需要支付对价的企业合并,可以选择按以下规定处理:

① 合并企业接受被合并企业资产和负债的计税基础,以被合并企业的原有计税基础确定。

② 被合并企业合并前的相关所得税事项由合并企业承继。

③ 可由合并企业弥补的被合并企业亏损的限额 = 被合并企业净资产公允价值×截至合并业务发生当年年末国家发行的最长期限的国债利率。

④ 被合并企业股东取得合并企业股权的计税基础,以其原持有的被合并企业股权的计税基础确定。

(5) 企业分立,被分立企业所有股东按原持股比例取得分立企业的股权,分立企业和被分立企业均不改变原来的实质经营活动,且被分立企业股东在该企业分立发生时取得的股权支付金额不低于其交易支付总额的85%,可以选择按以下规定处理:

① 分立企业接受被分立企业资产和负债的计税基础,以被分立企业的原有计税基础确定。

② 被分立企业已分立出去资产相应的所得税事项由分立企业承继。

③ 被分立企业未超过法定弥补期限的亏损额可按分立资产占全部资产的比例进行分配,由分立企业继续弥补。

④ 被分立企业的股东取得分立企业的股权(以下简称"新股"),如需要部分或全部放弃原持有的被分立企业的股权(以下简称"旧股"),新股的计税基础应以放弃旧股的计税基础确定。如不需要放弃旧股,则其取得新股的计税基础可从以下两种方法中选择确定:直接将新股的计税基础确定为零;以被分立企业分立出去的净资产占被分立企业全部净资产的比例先调减原持有的旧股的计税基础,再将调减的计税基础平均分配到新股上。

(6) 重组交易各方按上述(1)至(5)项规定对交易中股权支付暂不确认有关资产的转让所得或损失的,其非股权支付仍应在交易当期确认相应的资产转让所得或损失,并调整相应资产的计税基础。

非股权支付对应的资产转让所得或损失 = (被转让资产的公允价值 − 被转让资产的计税基础)×(非股权支付金额÷被转让资产的公允价值)

(7) 对100%直接控制的居民企业之间,以及受同一或相同多家居民企业100%直接控制的居民企业之间按账面净值划转股权或资产,凡具有合理商业目的、不以减少、免除或者推迟缴纳税款为主要目的,股权或资产划转后连续12个月内不改变被划转股权或资产原来实质性经营活动,且划出方企业和划入方企业均未在会计上确认损益的,可以选择按以下规定进行特殊性税务处理：

① 划出方企业和划入方企业均不确认所得。

② 划入方企业取得被划转股权或资产的计税基础，以被划转股权或资产的原账面净值确定。

③ 划入方企业取得的被划转资产，应按其原账面净值计算折旧扣除。

上述第（7）项所称"100%直接控制的居民企业之间，以及受同一或相同多家居民企业100%直接控制的居民企业之间"是指：

a. 100%直接控制的母子公司之间，母公司向子公司按账面净值划转其持有的股权或资产，母公司获得子公司100%的股权支付。母公司按增加长期股权投资处理，子公司按接受投资（包括资本公积，下同）处理。母公司获得子公司股权的计税基础以划转股权或资产的原计税基础确定。

b. 100%直接控制的母子公司之间，母公司向子公司按账面净值划转其持有的股权或资产，母公司没有获得任何股权或非股权支付。母公司按冲减实收资本（包括资本公积，下同）处理，子公司按接受投资处理。

c. 100%直接控制的母子公司之间，子公司向母公司按账面净值划转其持有的股权或资产，子公司没有获得任何股权或非股权支付。母公司按收回投资处理，或按接受投资处理，子公司按冲减实收资本处理。母公司应按被划转股权或资产的原计税基础，相应调减持有子公司股权的计税基础。

d. 受同一或相同多家母公司100%直接控制的子公司之间，在母公司主导下，一家子公司向另一家子公司按账面净值划转其持有的股权或资产，划出方没有获得任何股权或非股权支付。划出方按冲减所有者权益处理，划入方按接受投资处理。

（三）特殊性税务处理附加条件

企业发生涉及中国境内与境外之间（包括港澳台地区）的股权和资产收购交易，除应符合上述（一）规定的条件外，还应同时符合下列条件，才可选择适用特殊性税务处理规定：

（1）非居民企业向其100%直接控股的另一非居民企业转让其拥有的居民企业股权，没有因此造成以后该项股权转让所得预提税负担变化，且转让方非居民企业向主管税务机关书面承诺在3年（含3年）内不转让其拥有受让方非居民企业的股权。

（2）非居民企业向与其具有100%直接控股关系的居民企业转让其拥有的另一居民企业股权。

（3）居民企业以其拥有的资产或股权向其100%直接控股的非居民企业进行投资。

（4）财政部、国家税务总局核准的其他情形。

上述第（3）项所指的居民企业以其拥有的资产或股权向其100%直接控股关系的非居民企业进行投资，其资产或股权转让收益如选择特殊性税务处理，可以在10个纳税年度内均匀计入各年度应纳税所得额。

（四）企业合并、分立的税收优惠政策适用

在企业吸收合并中，合并后的存续企业性质及适用税收优惠的条件未发生改变的，可以继续享受合并前该企业剩余期限的税收优惠，其优惠金额按存续企业合并前一年的应纳税所得额（亏损计为零）计算。

在企业存续分立中，分立后的存续企业性质及适用税收优惠的条件未发生改变的，可以继续享受分立前该企业剩余期限的税收优惠，其优惠金额按该企业分立前一年的应纳税所得额（亏损计为零）乘以分立后存续企业资产占分立前该企业全部资产的比例计算。

（五）企业重组前后12个月内资产、股权交易的税务处理

企业在重组发生前后连续12个月内分步对其资产、股权进行交易，应根据实质重于形式原则将上述交易作为一项企业重组交易进行处理。

（六）企业重组特殊性税务处理的备案

企业发生符合上述规定的特殊性重组条件并选择特殊性税务处理的，当事各方应在该重组业务完成当年企业所得税年度申报时，向主管税务机关提交书面备案资料，证明其符合各类特殊性重组规定的条件。企业未按规定书面备案的，一律不得按特殊重组业务进行税务处理。

第五节　应纳税额的计算

一、居民企业应纳税额的计算

居民企业应缴纳的所得税额等于应纳税所得额乘以适用税率，减除依照《企业所得税法》关于税收优惠的规定减免和抵减的税额。其计算公式为：

应纳税额 = 应纳税所得额 × 适用税率 - 减免税额 - 抵免税额

从计算公式可以看出，应纳税额的多少取决于应纳税所得额、适用税率、减免和抵减税额四个因素。在实际应用中，应纳税所得额的计算一般有两种方法。

（一）直接计算法

在直接计算法下，企业每一纳税年度的收入总额减除不征税收入、免税收入、各项扣除及允许弥补的以前年度亏损后的余额为应纳税所得额。其计算公式为：

应纳税所得额 = 收入总额 - 不征税收入 - 免税收入 - 各项扣除 - 允许弥补的以前年

度亏损

(二) 间接计算法

在间接计算法下,在会计利润总额的基础上加或减按照税法规定调整的项目金额后,即为应纳税所得额。其计算公式为:

$$应纳税所得额 = 会计利润总额 \pm 纳税调整项目金额$$

纳税调整项目金额包括以下两个方面的内容:一是税法规定范围与会计规定不一致的应予以调整的金额;二是税法规定扣除标准与会计规定不一致的应予以调整的金额。

【例5-1】 某企业为居民企业,2020年发生以下经营业务:全年取得产品销售收入4 000万元,发生产品销售成本2 400万元;计入成本、费用的实发工资总额200万元,拨付职工工会经费5万元,发生职工福利费31万元,发生职工教育经费18万元;发生管理费用800万元,其中业务招待费100万元;取得营业外收入80万元,发生营业外支出50万元(其中含公益性捐赠38万元)。请计算该企业2020年度应缴纳的企业所得税。

【答案】

(1) 会计利润总额 = 4 000 + 80 − 2 400 − 800 − 50 = 830(万元)。

(2) 工会经费税前扣除限额 = 200 × 2% = 4(万元);

工会经费应调增所得额 = 5 − 4 = 1(万元)。

(3) 职工福利费税前扣除限额 = 200 × 14% = 28(万元);

职工福利费应调增所得额 = 31 − 28 = 3(万元)。

(4) 职工教育经费税前扣除限额 = 200 × 8% = 16(万元);

职工教育经费应调增所得额 = 18 − 16 = 2(万元)。

(5) 业务招待费税前扣除限额:4 000 × 5‰ = 20(万元),100 × 60% = 60(万元)。

业务招待费应调增所得额 = 100 − 20 = 80(万元)。

(6) 公益性捐赠税前扣除限额 = 830 × 12% = 99.6(万元)。

(7) 应纳税所得额 = 830 + 1 + 3 + 2 + 80 = 916(万元)。

(8) 该企业2020年应纳企业所得税 = 916 × 25% = 229(万元)。

【例5-2】 某居民企业2020年度有关资料如下:实现利润总额为1 875 000元;2016年尚未弥补完的亏损25 000元;未按期缴纳税金,支付罚款和滞纳金10 000元;国债利息收入17 500元;收到其他利息收入5 000元;支付非公益性捐赠支出30 000元;罚款收入2 000元;支付违约金1 500元。请计算该企业2020年度应缴纳的企业所得税。

【答案】

(1) 该企业2020年度应纳税所得额 = 1 875 000 − 25 000 + 10 000 − 17 500 + 30 000 = 1 872 500(元)。

(2) 该企业2020年度应纳企业所得税 = 1 872 500 × 25% = 468 125(元)。

【例5-3】 某居民企业2020年度经营业务如下：取得销售收入2 500万元，发生销售成本1 100万元；发生销售费用670万元（其中广告费450万元），管理费用480万元（其中业务招待费15万元），财务费用60万元；发生销售税金160万元（含增值税120万元）；取得营业外收入70万元，发生营业外支出50万元（含通过公益性社会团体向贫困地区捐款30万元，支付税收滞纳金6万元）；计入成本、费用的实发工资总额150万元，拨付职工工会经费3万元，发生职工福利费25.25万元和职工教育经费10万元。请计算该企业2020年度实际应缴纳的企业所得税。

【答案】

(1) 会计利润总额 = 2 500 − 1 100 − 670 − 480 − 60 − (160 − 120) + 70 − 50 = 170(万元)。

(2) 广告费应调增所得额 = 450 − 2 500 × 15% = 75(万元)。

(3) 实际业务招待费的60% = 15 × 60% = 9(万元)；

销售收入的5‰ = 2 500 × 5‰ = 12.5(万元)；

业务招待费应调增所得额 = 15 − 9 = 6(万元)。

(4) 捐赠支出扣除限额 = 170 × 12% = 20.4(万元)；

捐赠支出应调增所得额 = 30 − 20.4 = 9.6(万元)。

(5) 职工工会经费扣除限额 = 150 × 2% = 3(万元)；

职工福利费扣除限额 = 150 × 14% = 21(万元)；

职工教育经费扣除限额 = 150 × 8% = 12(万元)；

职工福利费应调增所得额 = 25.25 − 21 = 4.25(万元)。

(6) 应纳税所得额 = 170 + 75 + 6 + 9.6 + 6 + 4.25 = 270.85(万元)。

(7) 该企业2020年度应纳企业所得税 = 270.85 × 25% ≈ 67.71(万元)。

二、境外所得抵免税额的计算

(1) 企业应按照《企业所得税法》、《实施条例》、税收协定及《关于企业境外所得税收抵免有关问题的通知》（以下简称《境外所得抵免通知》，财税〔2009〕125号）的规定，准确计算下列当期与抵免境外所得税有关的项目后，确定当期实际可抵免分国（地区）别的境外所得税税额和抵免限额：

① 境内所得的应纳税所得额（以下简称"境内应纳税所得额"）和分国（地区）别的境外所得的应纳税所得额（以下简称"境外应纳税所得额"）。

② 分国（地区）别的可抵免境外所得税税额。

③ 分国（地区）别的境外所得税的抵免限额。

企业不能准确计算上述项目实际可抵免分国（地区）别的境外所得税税额的，在相应国家（地区）缴纳的税收均不得在该企业当期应纳税额中抵免，也不得结转以后年度抵免。

（2）企业应按照《企业所得税法》《实施条例》及《境外所得抵免通知》的有关规定分国（地区）别计算境外税额的抵免限额。

某国（地区）所得税抵免限额＝中国境内、境外所得依照《企业所得税法》及《实施条例》的规定计算的应纳税总额×来源于某国（地区）的应纳税所得额÷中国境内、境外应纳税所得总额

据以计算上述公式中"中国境内、境外所得依照《企业所得税法》及《实施条例》的规定计算的应纳税总额"的税率，除国务院财政、税务主管部门另有规定外，应为《企业所得税法》第四条第一款规定的税率。

企业按照《企业所得税法》和《实施条例》及《境外所得抵免通知》的有关规定计算的当期境内、境外应纳税所得总额小于零的，应以零计算当期境内、境外应纳税所得总额，其当期境外所得税的抵免限额也为零。

自2017年1月1日起，企业可以选择按国（地区）别分别计算［"分国（地区）不分项"］，或者不按国（地区）别汇总计算［"不分国（地区）不分项"］其来源于境外的应纳税所得额，并按照《境外所得抵免通知》第八条规定的税率，分别计算其可抵免境外所得税税额和抵免限额。上述方式一经选择，5年内不得改变。

（3）属于下列情形的，经企业申请，主管税务机关核准，可以采取简易办法对境外所得已纳税额计算抵免：企业从境外取得营业利润所得及符合境外税额间接抵免条件的股息所得，虽有所得来源国（地区）政府机关核发的具有纳税性质的凭证或证明，但因客观原因无法真实、准确地确认应当缴纳并已经实际缴纳的境外所得税税额的，除就该所得直接缴纳及间接负担的税额在所得来源国（地区）的实际有效税率低于我国《企业所得税法》第四条第一款规定税率50%以上的外，可按境外应纳税所得额的12.5%作为抵免限额，企业按该国（地区）税务机关或政府机关核发具有纳税性质凭证或证明的金额，其不超过抵免限额的部分，准予抵免；超过的部分，不得抵免。

三、居民企业核定征收应纳税额的计算

为了加强企业所得税征收管理，规范核定征收企业所得税工作，保障国家税款及时足额入库，维护纳税人合法权益，根据《企业所得税法》及《实施条例》《税收征收管理法》及《实施细则》的有关规定，对核定征收企业所得税做出如下规定。

（一）核定征收的范围

核定征收办法适用于居民企业纳税人，纳税人具有下列情形之一的，核定征收企业所得税：

（1）依照法律、行政法规的规定可以不设置账簿的。

(2) 依照法律、行政法规的规定应当设置但未设置账簿的。

(3) 擅自销毁账簿或者拒不提供纳税资料的。

(4) 虽设置账簿，但账目混乱或者成本资料、收入凭证、费用凭证残缺不全，难以查账的。

(5) 发生纳税义务，未按照规定的期限办理纳税申报，经税务机关责令限期申报，逾期仍不申报的。

(6) 申报的计税依据明显偏低，又无正当理由的。

特殊行业、特殊类型的纳税人和一定规模以上的纳税人不适用核定征收办法。上述特定纳税人由国家税务总局另行明确。

根据《关于企业所得税核定征收有关问题的公告》（国家税务总局公告2012年第27号）的规定，自2012年1月1日起，专门从事股权（股票）投资业务的企业，不得核定征收企业所得税。依法按核定应税所得率方式核定征收企业所得税的企业，取得的转让股权（股票）收入等转让财产收入，应全额计入应税收入额，按照主营项目（业务）确定适用的应税所得率计算征税；若主营项目（业务）发生变化，应在当年汇算清缴时，按照变化后的主营项目（业务）重新确定适用的应税所得率计算征税。

（二）核定征收的办法

税务机关应根据纳税人具体情况，对核定征收企业所得税的纳税人，核定应税所得率或者核定应纳所得税额。

(1) 具有下列情形之一的，核定其应税所得率：

① 能正确核算（查实）收入总额，但不能正确核算（查实）成本费用总额的。

② 能正确核算（查实）成本费用总额，但不能正确核算（查实）收入总额的。

③ 通过合理方法，能计算和推定纳税人收入总额或成本费用总额的。

纳税人不属于以上情形的，核定其应纳所得税额。

(2) 税务机关采用下列方法核定征收企业所得税：

① 参照当地同类行业或者类似行业中经营规模和收入水平相近的纳税人的税负水平核定。

② 按照应税收入额或成本费用支出额定率核定。

③ 按照耗用的原材料、燃料、动力等推算或测算核定。

④ 按照其他合理方法核定。

采用前款所列一种方法不足以正确核定应纳税所得额或应纳税额的，可以同时采用两种以上的方法核定。采用两种以上方法测算的应纳税额不一致时，可按测算的应纳税额从高核定。

采用应税所得率方式核定征收企业所得税的，应纳所得税额计算公式如下：

应纳所得税额 = 应纳税所得额 × 适用税率

应纳税所得额 = 应税收入额 × 应税所得率

或：应纳税所得额 = 成本（费用）支出额 ÷（1 - 应税所得率）× 应税所得率

实行应税所得率方式核定征收企业所得税的纳税人，经营多业的，无论其经营项目是否单独核算，均由税务机关根据其主营项目确定适用的应税所得率。

主营项目应为纳税人所有经营项目中，收入总额或者成本（费用）支出额或者耗用原材料、燃料、动力数量所占比重最大的项目。

纳税人的生产经营范围、主营业务发生重大变化，或者应纳税所得额或应纳税额增减变化达到20%的，应及时向税务机关申报调整已确定的应纳税额或应税所得率。

四、非居民企业应纳税额的计算

对于在中国境内未设立机构、场所的，或者虽设立机构、场所但取得的所得与其所设机构、场所没有实际联系的非居民企业的所得，按照下列方法计算应纳税所得额：

（1）股息、红利等权益性投资收益和利息、租金、特许权使用费所得，以收入全额为应纳税所得额。

营业税改征增值税试点中的非居民企业，应以不含增值税的收入全额作为应纳税所得额。

（2）转让财产所得，以收入全额减除财产净值后的余额为应纳税所得额。

财产净值是指财产的计税基础减除已经按照规定扣除的折旧、折耗、摊销、准备金等后的余额。

（3）其他所得，参照前两项规定的方法计算应纳税所得额。

第六节　税收优惠

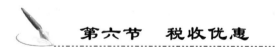

税收优惠是指国家对某一部分特定企业和课税对象给予减轻或免除税收负担的一种措施。税法规定的企业所得税的税收优惠方式包括免税、减税、加计扣除、加速折旧、减计收入和税额抵免等。

一、免征与减征优惠

企业的下列所得，可以免征、减征企业所得税。但企业如果从事国家限制和禁止发展的项目，不得享受企业所得税优惠。

（一）从事农、林、牧、渔业项目的所得

企业从事农、林、牧、渔业项目的所得，可以免征、减征企业所得税。

（1）企业从事下列项目的所得，免征企业所得税：

① 蔬菜、谷物、薯类、油料、豆类、棉花、麻类、糖料、水果、坚果的种植。

② 农作物新品种的选育。

③ 中药材的种植。

④ 林木的培育和种植。

⑤ 牲畜、家禽的饲养。

⑥ 林产品的采集。

⑦ 灌溉、农产品初加工、兽医、农技推广、农机作业和维修等农、林、牧、渔服务业项目。

⑧ 远洋捕捞。

（2）企业从事下列项目的所得，减半征收企业所得税：

① 花卉、茶及其他饮料作物和香料作物的种植。

② 海水养殖、内陆养殖。

（二）从事国家重点扶持的公共基础设施项目投资经营的所得

居民企业经有关部门批准，从事国家重点扶持的公共基础设施项目的投资经营的所得，自项目取得第一笔生产经营收入所属纳税年度起，第一年至第三年免征企业所得税，第四年至第六年减半征收企业所得税。

上述所称国家重点扶持的公共基础设施项目，是指《公共基础设施项目企业所得税优惠目录》规定的港口码头、机场、铁路、公路、城市公共交通、电力、水利等项目。

企业承包经营、承包建设和内部自建自用本条规定的项目，不得享受本条规定的企业所得税优惠。

（三）从事符合条件的环境保护、节能节水项目的所得

企业从事符合条件的环境保护、节能节水项目的所得，自项目取得第一笔生产经营收入所属纳税年度起，第一年至第三年免征企业所得税，第四年至第六年减半征收企业所得税。

上述所称符合条件的环境保护、节能节水项目，包括公共污水处理、公共垃圾处理、沼气综合开发利用、节能减排技术改造、海水淡化等。项目的具体条件和范围由国务院财政、税务主管部门商国务院有关部门制定，报国务院批准后公布施行。

按以上规定享受减免税优惠的项目，在减免税期限内转让的，受让方自受让之日起，可以在剩余期限内享受规定的减免税优惠；减免税期限届满后转让的，受让方不得就该项目重复享受减免税优惠。

（四）符合条件的技术转让所得

（1）《企业所得税法》所称符合条件的技术转让所得免征、减征企业所得税，是指一个纳税年度内，居民企业转让技术所有权所得不超过 500 万元的部分，免征企业所得税；超过 500 万元的部分，减半征收企业所得税。

（2）技术转让的范围包括居民企业转让专利技术、计算机软件著作权、集成电路布图设计权、植物新品种、生物医药新品种、5 年（含）以上非独占许可使用权，以及财政部和国家税务总局确定的其他技术。

（3）符合条件的技术转让所得的计算方法：

$$技术转让所得 = 技术转让收入 - 技术转让成本 - 相关税费$$

或：技术转让所得 = 技术转让收入 - 无形资产摊销费用 - 相关税费 - 应分摊期间费用

二、高新技术企业优惠

国家需要重点扶持的高新技术企业减按 15% 的税率征收企业所得税。国家需要重点扶持的高新技术企业，是指拥有核心自主知识产权，并同时符合下列条件的企业：

（1）企业申请认定时须注册成立一年以上。

（2）企业通过自主研发、受让、受赠、并购等方式，获得对其主要产品（服务）在技术上发挥核心支持作用的知识产权的所有权。

（3）对企业主要产品（服务）发挥核心支持作用的技术属于《国家重点支持的高新技术领域》规定的范围。

（4）企业从事研发和相关技术创新活动的科技人员占企业当年职工总数的比例不低于 10%。

（5）企业近三个会计年度（实际经营期不满三年的按实际经营时间计算，下同）的研究开发费用总额占同期销售收入总额的比例符合如下要求：

① 最近一年销售收入小于 5 000 万元（含）的企业，比例不低于 5%。

② 最近一年销售收入在 5 000 万元至 2 亿元（含）的企业，比例不低于 4%。

③ 最近一年销售收入在 2 亿元以上的企业，比例不低于 3%。

其中，企业在中国境内发生的研究开发费用总额占全部研究开发费用总额的比例不低于 60%。

（6）近一年高新技术产品（服务）收入占企业同期总收入的比例不低于 60%。

（7）企业创新能力评价应达到相应要求。

（8）企业申请认定前一年内未发生重大安全、重大质量事故或严重环境违法行为。

三、技术先进型服务企业优惠

对经认定的技术先进型服务企业，减按 15% 的税率征收企业所得税。

享受上述企业所得税优惠政策的技术先进型服务企业必须同时符合以下条件：

（1）在中国境内（不包括港澳台地区）注册的法人企业。

（2）从事《技术先进型服务业务认定范围（试行）》中的一种或多种技术先进型服务业务，采用先进技术或具备较强的研发能力。

（3）具有大专以上学历的员工占企业职工总数的50%以上。

（4）从事《技术先进型服务业务认定范围（试行）》中的技术先进型服务业务取得的收入占企业当年总收入的50%以上。

（5）从事离岸服务外包业务取得的收入不低于企业当年总收入的35%。

从事离岸服务外包业务取得的收入是指企业根据境外单位与其签订的委托合同，由本企业或其直接转包的企业为境外单位提供《技术先进型服务业务认定范围（试行）》中所规定的信息技术外包服务（ITO）、技术性业务流程外包服务（BPO）和技术性知识流程外包服务（KPO），而从上述境外单位取得的收入。

四、小型微利企业优惠

符合条件的小型微利企业，减按20%的税率征收企业所得税。

小型微利企业的条件如下：

（1）工业企业，年度应纳税所得额不超过50万元，从业人数不超过100人，资产总额不超过3 000万元。

（2）其他企业，年度应纳税所得额不超过50万元，从业人数不超过80人，资产总额不超过1 000万元。

从业人数包括与企业建立劳动关系的职工人数和企业接受的劳务派遣用工人数。

从业人数和资产总额指标，应按企业全年的季度平均值确定。具体计算公式如下：

$$季度平均值 = （季初值 + 季末值） \div 2$$

$$全年季度平均值 = 全年各季度平均值之和 \div 4$$

年度中间开业或者终止经营活动的，以其实际经营期为一个纳税年度确定上述相关指标。

小型微利企业是指企业的全部生产经营活动产生的所得均负有我国企业所得税纳税义务的企业。仅就来源于我国所得负有我国纳税义务的非居民企业，不适用上述规定。

自2021年1月1日至2022年12月31日，对小型微利企业年应纳税所得额不超过100万元的部分，减按25%计入应纳税所得额，按20%的税率缴纳企业所得税；对年应纳税所得额超过100万元但不超过300万元的部分，减按50%计入应纳税所得额，按20%的税率缴纳企业所得税。上述小型微利企业是指从事国家非限制和禁止行业，且同时符合年度应纳税所得额不超过300万元、从业人数不超过300人、资产总额不超过5 000万元等三个条件的企业。

五、加计扣除优惠

加计扣除是指对企业支出项目按规定的比例给予税前扣除的基础上再给予追加扣除。企业的下列支出，可以在计算应纳税所得额时加计扣除：

（1）企业为开发新技术、新产品、新工艺发生的研究开发费用，未形成无形资产计入当期损益的，在按照规定据实扣除的基础上，按照研究开发费用的50%加计扣除；形成无形资产的，按照无形资产成本的150%摊销。

企业技术开发费加计扣除部分已形成企业年度亏损，可以用以后年度所得弥补，但结转年限最长不得超过5年。

企业开展研发活动中实际发生的研发费用，未形成无形资产计入当期损益的，在按规定据实扣除的基础上，在2018年1月1日至2020年12月31日期间，再按照实际发生额的75%在税前加计扣除；形成无形资产的，在上述期间按照无形资产成本的175%在税前摊销。

从2021年1月1日起，制造业企业研发费用加计扣除比例由75%提高到100%。

（2）企业安置残疾人员的，在按照支付给残疾职工工资据实扣除的基础上，按照支付给残疾职工工资的100%加计扣除。残疾人员的范围适用《中华人民共和国残疾人保障法》的有关规定。

企业享受安置残疾职工工资100%加计扣除应同时具备如下条件：

① 依法与安置的每位残疾人签订了1年以上（含1年）的劳动合同或服务协议，并且安置的每位残疾人在企业实际上岗工作。

② 为安置的每位残疾人按月足额缴纳了企业所在区县人民政府根据国家政策规定的基本养老保险、基本医疗保险、失业保险和工伤保险等社会保险。

③ 定期通过银行等金融机构向安置的每位残疾人实际支付了不低于企业所在区县适用的经省级人民政府批准的最低工资标准的工资。

④ 具备安置残疾人上岗工作的基本设施。

六、创投企业优惠

创业投资企业从事国家需要重点扶持和鼓励的创业投资，可以按投资额的一定比例抵扣应纳税所得额。

创投企业优惠是指公司制创业投资企业采取股权投资方式直接投资于种子期、初创期科技型企业满2年的，可以按照投资额的70%在股权持有满2年的当年抵扣该公司制创业投资企业的应纳税所得额；当年不足抵扣的，可以在以后纳税年度结转抵扣。

七、加速折旧优惠

（一）可以加速折旧的固定资产

企业的固定资产由于技术进步等原因，确需加速折旧的，可以缩短折旧年限或者采取加速折旧的方法。可采用以上折旧方法的固定资产是指：

(1) 由于技术进步，产品更新换代较快的固定资产。

(2) 常年处于强震动、高腐蚀状态的固定资产。

采取缩短折旧年限方法的，最低折旧年限不得低于规定折旧年限的60%；采取加速折旧方法的，可以采取双倍余额递减法或者年数总和法。

（二）设备、器具等固定资产一次性扣除规定

(1) 对所有行业企业新购进的专门用于研发的仪器、设备，单位价值不超过100万元的，允许一次性计入当期成本费用在计算应纳税所得额时扣除，不再分年度计算折旧；单位价值超过100万元的，可缩短折旧年限或采取加速折旧的方法。

(2) 对所有行业企业持有的单位价值不超过5 000元的固定资产，允许一次性计入当期成本费用在计算应纳税所得额时扣除，不再分年度计算折旧。

(3) 企业在2018年1月1日至2020年12月31日期间新购进的设备、器具（除房屋、建筑物以外的固定资产），单位价值不超过500万元的，允许一次性计入当期成本费用在计算应纳税所得额时扣除，不再分年度计算折旧；单位价值超过500万元的，仍按《实施条例》《关于完善固定资产加速折旧企业所得税政策的通知》（财税〔2014〕75号）、《关于进一步完善固定资产加速折旧企业所得税政策的通知》（财税〔2015〕106号）等相关规定执行。

(4) 自2020年1月1日至2021年12月31日，对疫情防控重点保障物资生产企业为扩大产能新购置的相关设备，允许一次性计入当期成本费用在企业所得税税前扣除。

（三）支持制造业企业加快技术改造和设备更新

自2019年1月1日起，全部制造业领域的企业新购进的固定资产可缩短折旧年限或采取加速折旧的方法；新购进的研发和生产经营共用的仪器、设备，单位价值不超过100万元的，允许一次性计入当期成本费用在计算应纳税所得额时扣除，不再分年度计算折旧；单位价值超过100万元的，可缩短折旧年限或采取加速折旧的方法。

制造业按照国家统计局《国民经济行业分类和代码（GB/T 4754—2017）》确定。今后国家有关部门更新国民经济行业分类和代码，从其规定。

八、减计收入优惠

企业以《资源综合利用企业所得税优惠目录》规定的资源为主要原材料，生产国

家非限制和禁止并符合国家和行业相关标准的产品取得的收入，减按90%计入收入总额。

上述所称原材料占生产产品材料的比例不得低于《资源综合利用企业所得税优惠目录》规定的标准。

九、税额抵免优惠

企业购置并实际使用《环境保护专用设备企业所得税优惠目录》《节能节水专用设备企业所得税优惠目录》《安全生产专用设备企业所得税优惠目录》规定的环境保护、节能节水、安全生产等专用设备的，该专用设备的投资额的10%可以从企业当年的应纳税额中抵免；当年不足抵免的，可以在以后5个纳税年度结转抵免。

享受上述企业所得税优惠的企业，应当实际购置并自身实际投入使用上述专用设备；企业购置上述专用设备在5年内转让、出租的，应当停止享受企业所得税优惠，并补缴已经抵免的企业所得税税款。

如增值税进项税额允许抵扣，其专用设备投资额不再包括增值税进项税额；如增值税进项税额不允许抵扣，其专用设备投资额应为增值税专用发票上注明的价税合计金额。企业购买专用设备取得普通发票的，其专用设备投资额为普通发票上注明的金额。

十、民族自治地方优惠

民族自治地方的自治机关对本民族自治地方的企业应缴纳的企业所得税中属于地方分享的部分，可以决定减征或者免征。自治州、自治县决定减征或者免征的，须报省、自治区、直辖市人民政府批准。

民族自治地方是指依照《中华人民共和国民族区域自治法》的规定，实行民族区域自治的自治区、自治州、自治县。对民族自治地方内国家限制和禁止行业的企业，不得减征或者免征企业所得税。

十一、非居民企业优惠

非居民企业减按10%的税率征收企业所得税。这里的非居民企业，是指在中国境内未设立机构、场所的，或者虽设立机构、场所但取得的所得与其所设机构、场所没有实际联系的企业。

该类非居民企业取得下列所得可以免征企业所得税：
（1）外国政府向中国政府提供贷款取得的利息所得。
（2）国际金融组织向中国政府和居民企业提供优惠贷款取得的利息所得。
（3）经国务院批准的其他所得。

十二、特定行业和地区优惠

（一）鼓励软件产业和集成电路产业发展的优惠政策

（1）集成电路线宽小于 0.8 微米（含）的集成电路生产企业，经认定后，在 2017 年 12 月 31 日前自获利年度起计算优惠期，第一年至第二年免征企业所得税，第三年至第五年按照 25% 的法定税率减半征收企业所得税，并享受至期满为止。

（2）集成电路线宽小于 0.25 微米或投资额超过 80 亿元的集成电路生产企业，经认定后，减按 15% 的税率征收企业所得税，其中经营期在 15 年以上的，在 2017 年 12 月 31 日前自获利年度起计算优惠期，第一年至第五年免征企业所得税，第六年至第十年按照 25% 的法定税率减半征收企业所得税，并享受至期满为止。

（3）依法成立且符合条件的集成电路设计企业和软件企业，在 2019 年 12 月 31 日前自获利年度起计算优惠期，第一年至第二年免征企业所得税，第三年至第五年按照 25% 的法定税率减半征收企业所得税，并享受至期满为止。

软件企业所得税优惠政策适用于经认定并实行查账征收方式的软件企业。所称经认定，是指经国家规定的软件企业认定机构按照软件企业认定管理的有关规定进行认定并取得软件企业认定证书。

软件企业的获利年度是指软件企业开始生产经营后，第一个应纳税所得额大于零的纳税年度，包括对企业所得税实行核定征收方式的纳税年度。软件企业享受定期减免优惠的期限应当连续计算，不得因中间发生亏损或其他原因而间断。

（4）符合条件的软件企业按照《关于软件产品增值税政策的通知》（财税〔2011〕100 号）规定取得的即征即退增值税款，由企业专项用于软件产品研发和扩大再生产并单独进行核算，可以作为不征税收入，在计算应纳税所得额时从收入总额中减除。

（5）集成电路设计企业和符合条件软件企业的职工培训费，应单独进行核算并按实际发生额在计算应纳税所得额时扣除。

（6）企业外购的软件，凡符合固定资产或无形资产确认条件的，可以按照固定资产或无形资产进行核算，其折旧或摊销年限可以适当缩短，最短可为 2 年（含）。

（7）集成电路生产企业的生产设备，其折旧年限可以适当缩短，最短可为 3 年（含）。

（8）2018 年 1 月 1 日后新设立的集成电路线宽小于 130 纳米，且经营期限在 10 年以上的集成电路生产企业或项目，第一年至第二年免征企业所得税，第三年至第五年按照 25% 的法定税率减半征收企业所得税，并享受至期满为止。

（9）2018 年 1 月 1 日后新设的集成电路线宽小于 65 纳米或投资额超过 150 亿元，且经营期在 15 年以上的集成电路生产企业或项目，第一年至第五年免征企业所得税，第六年至第十年按照 25% 的法定税率减半征收企业所得税，并享受至期满为止。

对于按照集成电路生产企业享受上述第（8）项和第（9）项税收优惠政策的，优惠期自企业获利年度起计算；对于按照集成电路生产项目享受上述优惠的，优惠期自项目取得第一笔生产经营收入所属纳税年度起计算。

（10）2017年12月31日前设立但未获利的集成电路线宽小于0.25微米或投资额超过80亿元，且经营期在15年以上的集成电路生产企业，自获利年度起第一年至第五年免征企业所得税，第六年至第十年按照25%的法定税率减半征收企业所得税，并享受至期满为止。

（11）2017年12月31日前设立但未获利的集成电路线宽小于0.8微米（含）的集成电路生产企业，自获利年度起第一年至第二年免征企业所得税，第三年至第五年按照25%的法定税率减半征收企业所得税，并享受至期满为止。

（12）自2020年1月1日起，国家鼓励的集成电路线宽小于28纳米（含），且经营期在15年以上的集成电路生产企业或项目，第一年至第十年免征企业所得税；国家鼓励的集成电路线宽小于65纳米（含），且经营期在15年以上的集成电路生产企业或项目，第一年至第五年免征企业所得税，第六年至第十年按照25%的法定税率减半征收企业所得税；国家鼓励的集成电路线宽小于130纳米（含），且经营期在10年以上的集成电路生产企业或项目，第一年至第二年免征企业所得税，第三年至第五年按照25%的法定税率减半征收企业所得税。

对于按照集成电路生产企业享受税收优惠政策的，优惠期自获利年度起计算；对于按照集成电路生产项目享受税收优惠政策的，优惠期自项目取得第一笔生产经营收入所属纳税年度起计算。集成电路生产项目需要单独进行会计核算、计算所得，并合理分摊期间费用。

国家鼓励的集成电路生产企业或项目清单由国家发展改革委、工业和信息化部会同财政部、税务总局等相关部门制定。

（13）自2020年1月1日起，国家鼓励的线宽小于130纳米（含）的集成电路生产企业，属于国家鼓励的集成电路生产企业清单年度之前5个纳税年度发生的尚未弥补完的亏损，准予向以后年度结转，总结转年限最长不得超过10年。

（14）自2020年1月1日起，国家鼓励的集成电路设计、装备、材料、封装、测试企业和软件企业，自获利年度起，第一年至第二年免征企业所得税，第三年至第五年按照25%的法定税率减半征收企业所得税。

国家鼓励的集成电路设计、装备、材料、封装、测试企业和软件企业条件，由工业和信息化部会同国家发展改革委、财政部、税务总局等相关部门制定。

（15）自2020年1月1日起，国家鼓励的重点集成电路设计企业和软件企业，自获利年度起，第一年至第五年免征企业所得税，接续年度减按10%的税率征收企业所得税。

国家鼓励的重点集成电路设计和软件企业清单由国家发展改革委、工业和信息化部会同财政部、税务总局等相关部门制定。

集成电路企业或项目、软件企业按照上述规定同时符合多项定期减免税优惠政策条件的,由企业选择其中一项政策享受相关优惠。其中,已经进入优惠期的,可由企业在剩余期限内选择其中一项政策享受相关优惠。

(二) 鼓励证券投资基金发展的优惠政策

(1) 对证券投资基金从证券市场中取得的收入,包括买卖股票、债券的差价收入,股权的股息、红利收入,债券的利息收入及其他收入,暂不征收企业所得税。

(2) 对投资者从证券投资基金分配中取得的收入,暂不征收企业所得税。

(3) 对证券投资基金管理人运用基金买卖股票、债券的差价收入,暂不征收企业所得税。

(三) 节能服务公司的优惠政策

自 2011 年 1 月 1 日起,对符合条件的节能服务公司实施合同能源管理项目,符合《企业所得税法》有关规定的,自项目取得第一笔生产经营收入所属纳税年度起,第一年至第三年免征企业所得税,第四年至第六年按照 25% 的法定税率减半征收企业所得税。

(四) 经营性文化事业单位转制为企业的优惠政策

经营性文化事业单位转制为企业,自转制注册之日起五年内免征企业所得税。2018 年 12 月 31 日之前已完成转制的企业,自 2019 年 1 月 1 日起可继续免征五年企业所得税。

(五) 从事污染防治的第三方企业的优惠政策

自 2019 年 1 月 1 日起至 2021 年 12 月 31 日止,对符合条件的从事污染防治的第三方企业(以下简称"第三方防治企业")减按 15% 的税率征收企业所得税。

第三方防治企业是指受排污企业或政府委托,负责环境污染治理设施(包括自动连续监测设施,下同)运营维护的企业。第三方防治企业应当同时符合以下条件:

(1) 在中国境内(不包括港澳台地区)依法注册的居民企业。

(2) 具有 1 年以上连续从事环境污染治理设施运营实践,且能够保证设施正常运行。

(3) 具有至少 5 名从事本领域工作且具有环保相关专业中级及以上技术职称的技术人员,或者至少 2 名从事本领域工作且具有环保相关专业高级及以上技术职称的技术人员。

(4) 从事环境保护设施运营服务的年度营业收入占总收入的比例不低于 60%。

(5) 具备检验能力,拥有自有实验室,仪器配置可满足运行服务范围内常规污染物指标的检测需求。

(6) 保证其运营的环境保护设施正常运行，使污染物排放指标能够连续稳定达到国家或者地方规定的排放标准要求。

(7) 具有良好的纳税信用，近三年内纳税信用等级未被评定为 C 级或 D 级。

（六）企业非货币性资产投资的税收优惠政策

自 2014 年 1 月 1 日起，居民企业（以下简称"企业"）以非货币性资产对外投资确认的非货币性资产转让所得，可在不超过 5 年期限内，分期均匀计入相应年度的应纳税所得额，按规定计算缴纳企业所得税。

上述所称非货币性资产，是指现金、银行存款、应收账款、应收票据及准备持有至到期的债券投资等货币性资产以外的资产。

上述所称非货币性资产投资，限于以非货币性资产出资设立新的居民企业，或将非货币性资产注入现存的居民企业。

企业以非货币性资产对外投资，应对非货币性资产进行评估并按评估后的公允价值扣除计税基础后的余额，计算确认非货币性资产转让所得。

企业以非货币性资产对外投资，应于投资协议生效并办理股权登记手续时，确认非货币性资产转让收入的实现。

企业以非货币性资产对外投资而取得被投资企业的股权，应以非货币性资产的原计税成本为计税基础，加上每年确认的非货币性资产转让所得，逐年进行调整。被投资企业取得非货币性资产的计税基础，应按非货币性资产的公允价值确定。

（七）西部大开发的优惠政策

自 2021 年 1 月 1 日至 2030 年 12 月 31 日，对设在西部地区的鼓励类产业企业减按 15% 的税率征收企业所得税。

上述所称鼓励类产业企业，是指以《西部地区鼓励类产业目录》中规定的产业项目为主营业务，且其主营业务收入占企业收入总额 60% 以上的企业。

上述所称西部地区，包括内蒙古自治区、广西壮族自治区、重庆市、四川省、贵州省、云南省、西藏自治区、陕西省、甘肃省、青海省、宁夏回族自治区、新疆维吾尔自治区和新疆生产建设兵团。湖南省湘西土家族苗族自治州、湖北省恩施土家族苗族自治州、吉林省延边朝鲜族自治州和江西省赣州市，可以比照西部地区的企业所得税政策执行。

（八）海南自由贸易港的优惠政策

(1) 自 2020 年 1 月 1 日至 2024 年 12 月 31 日，对注册在海南自由贸易港并实质性运营的鼓励类产业企业，减按 15% 的税率征收企业所得税。

上述所称鼓励类产业企业，是指以海南自由贸易港鼓励类产业目录中规定的产业项目为主营业务，且其主营业务收入占企业收入总额 60% 以上的企业。所称实质性运营，是指企业的实际管理机构设在海南自由贸易港，并对企业生产经营、人员、账务、财产等实施实质性全面管理和控制。不符合实质性运营的企业,不得享受优惠。

(2) 对在海南自由贸易港设立的旅游业、现代服务业、高新技术产业企业新增境外直接投资取得的所得,免征企业所得税。

上述所称新增境外直接投资所得应当符合以下条件:

① 从境外新设分支机构取得的营业利润,或者从持股比例超过20%(含)的境外子公司分回的,与新增境外直接投资相对应的股息所得;

② 被投资国(地区)的企业所得税法定税率不低于5%。

上述所称旅游业、现代服务业、高新技术产业,按照海南自由贸易港鼓励类产业目录执行。

(3) 自2020年1月1日至2024年12月31日,对在海南自由贸易港设立的企业,新购置(含自建、自行开发)固定资产或无形资产,单位价值不超过500万元(含)的,允许一次性计入当期成本费用在计算应纳税所得额时扣除,不再分年度计算折旧和摊销;新购置(含自建、自行开发)固定资产或无形资产,单位价值超过500万元的,可以缩短折旧、摊销年限或采取加速折旧、摊销的方法。

第七节 征收管理
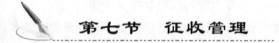

一、纳税地点

(1) 除税收法律、行政法规另有规定外,居民企业以企业登记注册地为纳税地点;但登记注册地在境外的,以实际管理机构所在地为纳税地点。企业注册登记地是指企业依照国家有关规定登记注册的住所地。

(2) 居民企业在中国境内设立不具有法人资格的营业机构的,应当汇总计算并缴纳企业所得税。企业汇总计算并缴纳企业所得税时,应当统一核算应纳税所得额,具体办法由国务院财政、税务主管部门另行制定。

(3) 非居民企业在中国境内设立机构、场所的,应当就其所设机构、场所取得的来源于中国境内的所得,以及发生在中国境外但与其所设机构、场所有实际联系的所得,以机构、场所所在地为纳税地点。非居民企业在中国境内设立两个或者两个以上机构、场所的,经税务机关审核批准,可以选择由其主要机构、场所汇总缴纳企业所得税。非居民企业经批准汇总缴纳企业所得税后,需要增设、合并、迁移、关闭机构、场所或者停止机构、场所业务的,应当事先由负责汇总申报缴纳企业所得税的主要机构、场所向其所在地税务机关报告;需要变更汇总缴纳企业所得税的主要机构、场所的,依照前款规定办理。

（4）非居民企业在中国境内未设立机构、场所的，或者虽设立机构、场所但取得的所得与其所设机构、场所没有实际联系的，应当就其来源于中国境内的所得，以扣缴义务人所在地为纳税地点。

（5）除国务院另有规定外，企业之间不得合并缴纳企业所得税。

二、纳税期限

企业所得税按年计征，分月或者分季预缴，年终汇算清缴，多退少补。

企业所得税的纳税年度自公历1月1日起至12月31日止。企业在一个纳税年度的中间开业，或者由于合并、关闭等原因终止经营活动，使纳税年度的实际经营期不足12个月的，应当以其实际经营期为一个纳税年度。企业依法清算时，应当以清算期间为一个纳税年度。

企业应当自年度终了之日起5个月内，向税务机关报送年度企业所得税纳税申报表，并汇算清缴，结清应缴应退税款。

企业在年度中间终止经营活动的，应当自实际经营终止之日起60日内，向税务机关办理当期企业所得税汇算清缴。

三、纳税申报

企业按月或按季预缴的，应当自月份或者季度终了之日起15日内，向税务机关报送预缴企业所得税纳税申报表，预缴税款。

企业在报送企业所得税纳税申报表时，应当按照规定附送财务会计报告和其他有关资料。

企业应当在办理注销登记前，就其清算所得向税务机关申报并依法缴纳企业所得税。依照《企业所得税法》缴纳的企业所得税，以人民币计算。所得以人民币以外的货币计算的，应当折合成人民币计算并缴纳税款。

企业在纳税年度内无论盈利或者亏损，都应当依照《企业所得税法》第五十四条规定的期限，向税务机关报送预缴企业所得税纳税申报表、年度企业所得税纳税申报表、财务会计报告和税务机关规定应当报送的其他有关资料。

四、源泉扣缴

（一）扣缴义务人

（1）对非居民企业在中国境内未设立机构、场所的，或者虽设立机构、场所但取得的所得与其所设机构、场所没有实际联系的，其来源于中国境内的所得应缴纳的所得税，实行源泉扣缴，以支付人为扣缴义务人。税款由扣缴义务人在每次支付或者到期应支付时，从支付或者到期应支付的款项中扣缴。

上述所称支付人，是指依照有关法律规定或者合同约定对非居民企业直接负有支付相关款项义务的单位或者个人。

上述所称支付，包括现金支付、汇拨支付、转账支付、权益兑价支付等货币支付和非货币支付。

上述所称到期应支付的款项，是指支付人按照权责发生制原则应当计入相关成本、费用的应付款项。

（2）对非居民企业在中国境内取得工程作业和劳务所得应缴纳的所得税，税务机关可以指定工程价款或者劳务费的支付人为扣缴义务人。

（二）扣缴方法

（1）扣缴义务人扣缴税款时，按前述非居民企业计算方法计算税款。

（2）应当扣缴的所得税，扣缴义务人未依法扣缴或者无法履行扣缴义务的，由企业在所得发生地缴纳。企业未依法缴纳的，税务机关可以从该企业在中国境内其他收入项目的支付人应付的款项中，追缴该企业的应纳税款。

上述所称所得发生地，是指依照《实施条例》第七条规定的原则确定的所得发生地。在中国境内存在多处所得发生地的，由企业选择其中之一申报缴纳企业所得税。

上述所称该企业在中国境内其他收入，是指该企业在中国境内取得的其他各种来源的收入。

（3）税务机关在追缴该企业应纳税款时，应当将追缴理由、追缴数额、缴纳期限和缴纳方式等告知该企业。

（4）扣缴义务人每次代扣的税款，应当自代扣之日起7日内缴入国库，并向所在地的税务机关报送扣缴企业所得税报告表。

五、跨地区经营汇总缴纳企业所得税征收管理

（一）基本原则

属于中央与地方共享收入范围的跨省市总分机构企业缴纳的企业所得税，按照统一规范、兼顾总机构和分支机构所在地利益的原则，实行"统一计算、分级管理、就地预缴、汇总清算、财政调库"的处理办法，总分机构统一计算的当期应纳税额的地方分享部分，25%由总机构所在地分享，50%由各分支机构所在地分享，25%按一定比例在各地间进行分配。

统一计算是指居民企业应统一计算包括各个不具有法人资格营业机构在内的企业全部应纳税所得额、应纳税额。总机构和分支机构适用税率不一致的，应分别计算应纳税所得额、应纳税额，分别按适用税率缴纳。

分级管理是指居民企业总机构、分支机构，分别由所在地主管税务机关属地进行监督和管理。

就地预缴是指居民企业总机构、分支机构，应按规定的比例分别就地按月或者按季向所在地主管税务机关申报、预缴企业所得税。

汇总清算是指在年度终了后，总机构负责进行企业所得税的年度汇算清缴。总分机构企业根据统一计算的年度应纳税额、应纳所得税额，抵减总机构、分支机构当年已就地分期预缴的企业所得税款后，多退少补。

财政调库是指财政部定期将缴入中央总金库的跨省市总分机构企业所得税待分配收入，按照核定的系数调整至地方国库。

（二）适用范围

跨省市总分机构企业是指跨省（自治区、直辖市和计划单列市）设立不具有法人资格分支机构的居民企业。

总机构和具有主体生产经营职能的二级分支机构就地预缴企业所得税。

本 章 小 结

本章主要阐述企业所得税法的基本政策和制度。

企业所得税是对我国境内的企业和其他取得收入的组织的生产经营所得和其他所得征收的一种税。

企业所得税的纳税义务人，是指在中华人民共和国境内的企业和其他取得收入的组织。

企业所得税的纳税人分为居民企业和非居民企业。

企业所得税的征税对象，是指企业的生产经营所得、其他所得和清算所得。

居民企业应就来源于中国境内、境外的所得作为征税对象。非居民企业在中国境内设立机构、场所的，应当就其所设机构、场所取得的来源于中国境内的所得，以及发生在中国境外但与其所设机构、场所有实际联系的所得，缴纳企业所得税。非居民企业在中国境内未设立机构、场所的，或者虽设立机构、场所但取得的所得与其所设机构、场所没有实际联系的，应当就其来源于中国境内的所得缴纳企业所得税。

企业所得税实行比例税率，计税依据为应纳税所得额。按照企业所得税法的规定，应纳税所得额为企业每一个纳税年度的收入总额，减除不征税收入、免税收入、各项扣除及允许弥补的以前年度亏损后的余额。居民企业应缴纳所得税额等于应纳税所得额乘以适用税率。

税法规定的企业所得税的税收优惠方式包括免税、减税、加计扣除、加速折旧、减计收入和税额抵免等。

除税收法律、行政法规另有规定外，居民企业以企业登记注册地为纳税地点；但登记注册地在境外的，以实际管理机构所在地为纳税地点。非居民企业在中国境内设立机构、场所的，应当就其所设机构、场所取得的来源于中国境内的所得，以及发生在中国境外但与其所设机构、场所有实际联系的所得，以机构、场所所在地为纳税地点。

企业所得税按年计征，分月或者分季预缴，年终汇算清缴，多退少补。

复习思考题

1. 简述居民企业和非居民企业的纳税范围的差异。
2. 不征税收入和免税收入的区别有哪些？
3. 企业所得税的税前扣除项目标准是如何规定的？
4. 企业所得税实际执行的税率有哪些？
5. 企业所得税的应纳税所得额如何确定？
6. 企业如何弥补亏损？
7. 简述企业所得税的优惠政策。
8. 境外所得已纳税款如何抵免？
9. 简述企业重组适用特殊性税务处理的条件。
10. 企业所得税纳税地点如何确定？

第六章 个人所得税法

个人所得税法是指国家制定的用于调整个人所得税征纳双方权利和义务关系的法律规范。我国现行个人所得税的基本法律规范是1980年9月10日第五届全国人民代表大会第三次会议通过的《中华人民共和国个人所得税法》（以下简称《个人所得税法》），截至目前，该法共经历了七次修订，最近一次修订是在2018年8月31日由第十三届全国人民代表大会常务委员会第五次会议通过的，自2019年1月1日起施行。

个人所得税是主要以自然人取得的各类应税所得为征税对象而征收的一种所得税，是政府利用税收对个人收入进行调节的一种手段。个人所得税的纳税人不仅包括个人还包括具有自然人性质的企业。从世界范围来看，个人所得税的税制模式有三种：分类征收制、综合征收制和混合征收制。分类征收制，是对纳税人不同来源、性质的所得项目规定不同的税率，并分别按照不同的税率征税；综合征收制，是对纳税人全年的各项所得加以汇总，就其总额进行征税；混合征收制，是对纳税人不同来源、性质的所得先分别按照不同的税率征税，然后将全年的各项所得进行汇总征税。三种不同的征收模式各有优缺点。目前，我国个人所得税已初步建立分类与综合相结合的征收模式，即混合征收制。其在组织财政收入、提高公民纳税意识，尤其在调节个人收入分配差距方面具有重要作用。

第一节 纳税义务人

个人所得税的纳税义务人，包括中国公民、个体工商业户、个人独资企业、合伙企业投资者、在中国有所得的外籍人员（包括无国籍人员，下同）和香港、澳门、台湾同胞。上述纳税义务人依据住所和居住时间两个标准，区分为居民个人和非居民个人，分别承担不同的纳税义务。

一、居民个人

居民个人负有无限纳税义务。其所取得的应纳税所得，无论是来源于中国境内还是中国境外，都要在中国缴纳个人所得税。根据《个人所得税法》的规定，居民个人是指在中国境内有住所，或者无住所而一个纳税年度内在中国境内居住累计满183天的个人。

在中国境内有住所的个人，是指因户籍、家庭、经济利益关系而在中国境内习惯性居住的个人。这里所说的习惯性居住，是判定纳税义务人属于居民个人还是非居民个人的一个重要依据。它是指个人在学习、工作、探亲、旅游等原因消除之后，没有理由在其他地方继续居留时所要回到的地方，而不是指实际居住或在某一个特定时期内的居住地。一个纳税义务人因学习、工作、探亲、旅游等原因，原来是在中国境外居住，但是在这些原因消除之后，如果必须回到中国境内居住的，则中国为该纳税义务人的习惯性居住地。尽管该纳税义务人在一个纳税年度内，甚至连续几个纳税年度，都未在中国境内居住过1天，他仍然是中国的居民个人，应就其来自全球的应纳税所得，向中国缴纳个人所得税。

一个纳税年度内在中国境内居住累计满183天，是指在一个纳税年度（公历1月1日起至12月31日止，下同）内，在中国境内居住累计满183天。在计算居住天数时，按一个纳税年度内在中国境内的实际居住时间确定，取消了原有的临时离境规定。即在中国境内无住所的某人在一个纳税年度内无论出境多少次，只要在我国境内累计住满183天，就可判定为我国的居民个人。综上可知，个人所得税的居民个人包括以下两类：

（1）在中国境内定居的中国公民和外国侨民。但不包括虽具有中国国籍，却没有在中国大陆定居，而是侨居海外的华侨和居住在香港、澳门、台湾的同胞。

（2）从公历1月1日起至12月31日止，在中国境内居住累计满183天的外国人、海外侨胞和香港、澳门、台湾同胞。例如，一个外籍人员从2019年10月起到中国境内的公司任职，在2020纳税年度内，虽然曾多次离境回国，但由于该外籍个人在我国境内的居住时间累计达206天，已经超过了一个纳税年度内在中国境内居住累计满183天的标准。因此，该纳税义务人应为居民个人。

现行税法所称"中国境内"，是指中国大陆，目前还不包括香港、澳门和台湾地区。

二、非居民个人

非居民个人是指不符合居民个人判定标准（条件）的纳税义务人。非居民个人承担有限纳税义务，即仅就其来源于中国境内的所得，向中国缴纳个人所得税。《个人所得税法》规定，非居民个人是指在中国境内无住所又不居住，或者无住所而一个纳税年度内在中国境内居住累计不满183天的个人。也就是说，非居民个人是指习惯性居住地不在中国境内且不在中国居住，或者在一个纳税年度内在中国境内居住累计不满183天的个人。

在现实生活中，习惯性居住地不在中国境内的个人，只有外籍人员、华侨或香港、澳门、台湾同胞。因此，非居民个人实际上只能是在一个纳税年度内没有在中国境内居住，或者在中国境内居住累计不满183天的外籍人员、华侨或香港、澳门、台湾同胞。

自2019年1月1日起，无住所个人一个纳税年度内在中国境内累计居住天数，按照个人在中国境内累计停留的天数计算。在中国境内停留的当天满24小时的，计入中国境内居住天数，在中国境内停留的当天不足24小时的，不计入中国境内居住天数。

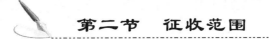

第二节　征收范围

一、征收范围

居民个人取得下列第（一）项至第（四）项所得（以下简称"综合所得"），按纳税年度合并计算个人所得税；非居民个人取得下列第（一）项至第（四）项所得，按月或者按次分项计算个人所得税。纳税人取得下列第（五）项至第（九）项所得，分别计算个人所得税。

（一）工资、薪金所得

工资、薪金所得是指个人因任职或者受雇取得的工资、薪金、奖金、年终加薪、劳动分红、津贴、补贴及与任职或者受雇有关的其他所得。

1. 工资、薪金所得涵盖范围

一般来说，工资、薪金所得属于非独立个人劳动所得。所谓非独立个人劳动，是指个人所从事的是由他人指定、安排并接受管理的劳动，工作或服务于公司、工厂、行政事业单位的人员（民营企业主除外）均为非独立劳动者。他们从上述单位取得的劳动报酬，是以工资、薪金的形式体现的。在这类报酬中，工资和薪金的收入主体略有差异。通常情况下，把直接从事生产、经营或服务的劳动者（工人）的收入称为工资，即所谓"蓝领阶层"所得；而将从事社会公职或管理活动的劳动者（公职人员）的收入称为薪金，即所谓"白领阶层"所得。但实际立法过程中，各国都从简便易行的角度考虑，将工资、薪金合并为一个项目征税。

除工资、薪金以外，奖金、年终加薪、劳动分红、津贴、补贴也被确定为工资、薪金范畴。其中,年终加薪、劳动分红不分种类和取得情况,一律按工资、薪金所得征税。奖金是指所有具有工资性质的奖金,免税奖金的范围在税法中另有规定。此外,还有一些所得的发放被视为取得工资、薪金所得的情形。例如,公司职工取得的用于购买企业国有股权的劳动分红,按"工资、薪金所得"项目征税;出租汽车经营单位对出租车驾驶员采取单车承包或承租方式运营,出租车驾驶员从事客货营运取得的收入,按"工资、薪金所得"项目征税。

2. **个人取得的津贴、补贴,不计入工资、薪金所得的项目**

根据我国目前个人收入的构成情况,现行税法规定对一些不属于工资、薪金性质的补贴、津贴或者不属于纳税人本人工资、薪金所得项目的收入,不予征税。这些项目包括:

(1) 独生子女补贴。

(2) 执行公务员工资制度未纳入基本工资总额的补贴、津贴差额和家属成员的副食品补贴。

(3) 托儿补助费。

(4) 差旅费津贴、误餐补助。其中,误餐补助是指按照财政部规定,个人因公在城区、郊区工作,不能在工作单位或返回就餐的,根据实际误餐顿数,按规定的标准领取的误餐费。单位以误餐补助名义发给职工的补助、津贴不能包括在内。

(5) 外国来华留学生,领取的生活津贴费、奖学金。

3. **关于个人取得公务交通、通信补贴收入的征税问题**

个人因公务用车和通信制度改革而取得的公务用车、通信补贴收入,扣除一定标准的公务费用后,按照"工资、薪金所得"项目计征个人所得税。按月发放的,并入当月"工资、薪金所得"计征个人所得税;不按月发放的,分解到所属月份并与该月份"工资、薪金所得"合并后计征个人所得税。

公务费用扣除标准,由省级税务局根据纳税人公务交通、通信费用实际发生情况调查测算,报经省级人民政府批准后确定,并报国家税务总局备案。

(二) 劳务报酬所得

劳务报酬所得是指个人独立从事各种非雇用的劳务取得的所得。具体内容如下:

(1) 设计,指按照客户的要求,代为制定工程、工艺等各类设计业务。

(2) 装潢,指接受委托,对物体进行装饰、修饰,使之美观或具有特定用途的业务。

(3) 安装,指按照客户要求,对各种机器、设备的装配、安置,以及与机器、设备相连的附属设施的装设和被安装机器设备的绝缘、防腐、保温、油漆等工程作业。

(4) 制图,指受托按实物或设想物体的形象,依体积、面积、距离等,用一定比例绘制成平面图、立体图、透视图等的业务。

(5) 化验,指受托用物理或化学的方法,检验物质的成分和性质等业务。

(6) 测试,指利用仪器仪表或其他手段代客对物品的性能和质量进行检测试验的业务。

(7) 医疗,指从事各种病情诊断、治疗等医护业务。

(8) 法律,指受托担任辩护律师、法律顾问,撰写辩护词、起诉书等法律文书的业务。

(9) 会计,指受托从事会计核算的业务。

(10) 咨询,指对客户提出的政治、经济、科技、法律、会计、文化等方面的问题进行解答、说明的业务。

(11) 讲学,指应邀(聘)进行讲课、做报告、介绍情况等业务。

(12) 翻译,指受托从事中、外语言或文字的翻译(包括笔译和口译)的业务。

(13) 审稿,指对文字作品或图形作品进行审查、核对的业务。

(14) 书画,指按客户要求,或自行从事书法、绘画、题词等业务。

(15) 雕刻,指代客镌刻图章、牌匾、碑、玉器、雕塑等业务。

(16) 影视,指应邀(聘)在电影、电视节目中出任演员,或担任导演、音响、化妆、道具、制作、摄影等与拍摄影视节目有关的业务。

(17) 录音,指用录音器械代客录制各种音响带的业务,或者应邀演讲、演唱、采访而被录音的服务。

(18) 录像,指用录像器械代客录制各种图像、节目的业务,或者应邀表演、采访被录像的业务。

(19) 演出,指参加戏剧、音乐、舞蹈、曲艺等文艺演出活动的业务。

(20) 表演,指从事杂技、体育、武术、健美、时装、气功及其他技巧性表演活动的业务。

(21) 广告,指利用图书、报纸、杂志、广播、电视、电影、招贴、路牌、橱窗、霓虹灯、灯箱、墙面及其他载体,为介绍商品、经营服务项目、文体节目或通告、声明等事项所做的宣传和提供相关服务的业务。

(22) 展览,指举办或参加书画展、影展、盆景展、邮展、个人收藏品展、花鸟虫鱼展等各种展示活动的业务。

(23) 技术服务,指利用一技之长进行技术指导、提供技术帮助的业务。

(24) 介绍服务,指介绍供求双方商谈,或者介绍产品、经营服务项目等服务的业务。

(25) 经纪服务,指经纪人通过居间介绍促成各种交易和提供劳务等服务的业务。

(26) 代办服务,指代委托人办理受托范围内的各项事宜的业务。

(27) 其他劳务,指上述列举的26项劳务项目之外的各种劳务。

自2004年1月20日起,对商品营销活动中,企业和单位对营销业绩突出的非雇员以培训班、研讨会、工作考察等名义组织旅游活动，通过免收差旅费、旅游费对个人实行的营销业绩奖励（包括实物、有价证券等），应将所发生费用的全额作为该营销人员当期的劳务收入，按照"劳务报酬所得"项目征收个人所得税，并由提供上述费用的企业和单位代扣代缴。

在实际操作过程中，可能会出现难以判定一项所得是属于工资、薪金所得，还是属于劳务报酬所得的情况。这两者的区别在于：工资、薪金所得是属于非独立个人劳动所得，即在机关、团体、学校、部队、企业、事业单位及其他组织中任职、受雇而取得的报酬；劳务报酬所得，则是个人独立从事各种技艺、提供各项劳务取得的报酬。

个人由于担任董事职务所取得的董事费收入，属于劳务报酬所得性质，按照劳务报酬所得项目征收个人所得税，但仅适用于个人担任公司董事、监事，且不在公司任职、受雇的情形。个人在公司（包括关联公司）任职、受雇，同时兼任董事、监事的，应将董事费、监事费与个人工资收入合并，统一按工资、薪金所得项目缴纳个人所得税。

（三）稿酬所得

稿酬所得是指个人因其作品以图书、报刊等形式出版、发表而取得的所得。将稿酬所得独立划归一个征税项目，而对不以图书、报刊等形式出版、发表的翻译、审稿、书画所得归为劳务报酬所得，主要是考虑了出版、发表作品的特殊性。第一，它是一种依靠较高智力创作的精神产品；第二，它具有普遍性；第三，它与社会主义精神文明和物质文明密切相关；第四，它的报酬相对偏低。因此，稿酬所得应当与一般劳务报酬相区别，并给予适当优惠照顾。

（四）特许权使用费所得

特许权使用费所得是指个人提供专利权、商标权、著作权、非专利技术及其他特许权的使用权取得的所得。提供著作权的使用权取得的所得，不包括稿酬所得。

专利权是由国家专利主管机关依法授予专利申请人或其权利继承人在一定期间内实施其发明创造的专有权。对于专利权，许多国家只将提供他人使用取得的所得，列入特许权使用费所得征收个人所得税，而将转让专利权所得列为资本利得税的征税对象。我国没有开征资本利得税，故将个人提供和转让专利权取得的所得，都列入特许权使用费所得征收个人所得税。

商标权即商标注册人享有的商标专用权。著作权即版权，是作者依法对文学、艺术和科学作品享有的专有权。个人提供或转让商标权、著作权、专有技术或技术秘密、技术诀窍取得的所得，应当依法缴纳个人所得税。

（五）经营所得

经营所得是指：

(1) 个体工商户从事生产、经营活动取得的所得，个人独资企业投资人、合伙企业的个人合伙人来源于境内注册的个人独资企业、合伙企业生产、经营的所得。

个体工商户以业主为个人所得税纳税义务人。

（2）个人依法从事办学、医疗、咨询及其他有偿服务活动取得的所得。

（3）个人对企业、事业单位承包经营、承租经营及转包、转租取得的所得。承包项目可分多种，如生产经营、采购、销售、建筑安装等各种承包。转包包括全部转包或部分转包。

（4）个人从事其他生产、经营活动取得的所得。

例如，个人因从事彩票代销业务而取得的所得，或者从事个体出租车运营的出租车驾驶员取得的收入，都应按照"经营所得"项目计征个人所得税。这里所说的从事个体出租车运营，包括出租车属个人所有，但挂靠出租汽车经营单位或企事业单位，驾驶员向挂靠单位缴纳管理费的，或出租汽车经营单位将出租车所有权转移给驾驶员的。

注意：个体工商户和从事生产、经营的个人，取得与生产、经营活动无关的其他各项应税所得，应分别按照其他应税项目的有关规定，计算征收个人所得税。如取得银行存款的利息所得、对外投资取得的股息所得，应按"利息、股息、红利"税目的规定单独计征个人所得税。个人独资企业、合伙企业的个人投资者以企业资金为本人、家庭成员及其相关人员支付与企业生产经营无关的消费性支出及购买汽车、住房等财产性支出，视为企业对个人投资者的利润分配，并入投资者个人的生产经营所得，依照"经营所得"项目计征个人所得税。

（六）利息、股息、红利所得

利息、股息、红利所得是指个人拥有债权、股权等而取得的利息、股息、红利所得。利息是指个人拥有债权而取得的利息，包括存款利息、贷款利息和各种债券的利息。现行税法规定，个人取得的利息所得，除国债和国家发行的金融债券利息外，应当依法缴纳个人所得税。股息、红利是指个人拥有股权取得的股息、红利。按照一定的比率对每股发给的息金叫股息；公司、企业应分配的利润，按股份分配的叫红利。股息、红利所得，除另有规定外，都应当缴纳个人所得税。

除个人独资企业、合伙企业以外的其他企业的个人投资者，以企业资金为本人、家庭成员及其相关人员支付与企业生产经营无关的消费性支出及购买汽车、住房等财产性支出，视为企业对个人投资者的红利分配，依照"利息、股息、红利所得"项目计征个人所得税。企业的上述支出不允许在所得税前扣除。

纳税年度内个人投资者从其投资企业（个人独资企业、合伙企业除外）借款，在该纳税年度终了后既不归还又未用于企业生产经营的，其未归还的借款可视为企业对个人投资者的红利分配，依照"利息、股息、红利所得"项目计征个人所得税。

（七）财产租赁所得

财产租赁所得是指个人出租不动产、机器设备、车船及其他财产取得的所得。个人取得的财产转租收入，属于"财产租赁所得"的征税范围，由财产转租人缴纳个人所得税。

（八）财产转让所得

财产转让所得是指个人转让有价证券、股权、合伙企业中的财产份额、不动产、机器设备、车船及其他财产取得的所得。

在现实生活中，个人进行的财产转让主要是个人财产所有权的转让。财产转让实际上是一种买卖行为，当事人双方通过签订、履行财产转让合同，形成财产买卖的法律关系，使出让财产的个人从受让方取得价款（收入）或其他经济利益。财产转让所得因其性质的特殊性，需要单独列举项目征税。对个人取得的各项财产转让所得，除股票转让所得外，都要征收个人所得税。

1. 股票转让所得

根据《中华人民共和国个人所得税法实施条例》（以下简称《个人所得税法实施条例》）的规定，对股票转让所得征收个人所得税的办法，由国务院另行规定，并报全国人民代表大会常务委员会备案。鉴于我国证券市场发育还不成熟，股份制改革仍需完善，但对股票转让所得的计算、征税办法和纳税期限的确定等又需要在深入调查研究的基础上，结合国际通行的做法，才能做出符合我国实际的规定，因此，国务院决定，对股票转让所得暂不征收个人所得税。

2. 量化资产股份转让

集体所有制企业在改制为股份合作制企业时，对职工个人以股份形式取得的拥有所有权的企业量化资产，暂缓征收个人所得税；待个人将股份转让时，就其转让收入额，减除个人取得该股份时实际支付的费用支出和合理转让费用后的余额，按"财产转让所得"项目计征个人所得税。

（九）偶然所得

（1）偶然所得是指个人得奖、中奖、中彩及其他偶然性质的所得。得奖是指参加各种有奖竞赛活动，取得名次得到的奖金；中奖、中彩是指参加各种有奖活动，如有奖销售、有奖储蓄或者购买彩票，经过规定程序，抽中、摇中号码而取得的奖金。偶然所得应缴纳的个人所得税款，一律由发奖单位或机构代扣代缴。

个人取得的所得，难以界定应纳税所得项目的，由国务院税务主管部门确定。

（2）个人为单位或他人提供担保获得收入，按照"偶然所得"项目计算缴纳个人所得税。

（3）房屋产权所有人将房屋产权无偿赠与他人的，受赠人因无偿受赠房屋取得的受赠收入，按照"偶然所得"项目计算缴纳个人所得税。

（4）企业在业务宣传、广告等活动中，随机向本单位以外的个人赠送礼品（包括网络红包，下同），以及企业在年会、座谈会、庆典及其他活动中向本单位以外的个人赠送礼品，个人取得的礼品收入，按照"偶然所得"项目计算缴纳个人所得税，但企业赠送的具有价格折扣或折让性质的消费券、代金券、抵用券、优惠券等礼品除外。

个人取得的所得，难以界定应纳税所得项目的，由国务院税务主管部门确定。

二、所得来源地的确定

下列所得为来源于中国境外的所得：

（1）因任职、受雇、履约等在中国境外提供劳务取得的所得。

（2）中国境外企业及其他组织支付且负担的稿酬所得。

（3）许可各种特许权在中国境外使用而取得的所得。

（4）在中国境外从事生产、经营活动而取得的与生产、经营活动相关的所得。

（5）从中国境外企业、其他组织及非居民个人取得的利息、股息、红利所得。

（6）将财产出租给承租人在中国境外使用而取得的所得。

（7）转让中国境外的不动产、转让对中国境外企业及其他组织投资形成的股票、股权和其他权益性资产（以下简称"权益性资产"）或者在中国境外转让其他财产取得的所得。但转让对中国境外企业及其他组织投资形成的权益性资产，该权益性资产被转让前3年（连续36个公历月份）内的任一时间，被投资企业或其他组织的资产公允价值50%以上直接或间接来自位于中国境内的不动产的，取得的所得为来源于中国境内的所得。

（8）中国境外企业、其他组织及非居民个人支付且负担的偶然所得。

（9）财政部、税务总局另有规定的，按照相关规定执行。

第三节 税 率

一、综合所得适用税率

综合所得适用七级超额累进税率，税率为3%~45%（表6-1）。

居民个人每一纳税年度内取得的综合所得包括：工资、薪金所得，劳务报酬所得，稿酬所得和特许权使用费所得。

表6-1 综合所得个人所得税税率表

级数	全年应纳税所得额	税率/%
1	不超过36 000元的	3
2	超过36 000元至144 000元的部分	10
3	超过144 000元至300 000元的部分	20
4	超过300 000元至420 000元的部分	25

续表

级数	全年应纳税所得额	税率/%
5	超过 420 000 元至 660 000 元的部分	30
6	超过 660 000 元至 960 000 元的部分	35
7	超过 960 000 元的部分	45

注：本表所称全年应纳税所得额是指依照《个人所得税法》第六条的规定，居民个人取得综合所得以每一纳税年度收入额减除费用 6 万元及专项扣除、专项附加扣除和依法确定的其他扣除后的余额。

二、经营所得适用税率

经营所得适用五级超额累进税率，税率为 5%~45%（表 6-2）。

表 6-2　经营所得个人所得税税率表

级数	全年应纳税所得额	税率/%
1	不超过 30 000 元的	5
2	超过 30 000 元至 90 000 元的部分	10
3	超过 90 000 元至 300 000 元的部分	20
4	超过 300 000 元至 500 000 元的部分	30
5	超过 500 000 元的部分	35

注：本表所称全年应纳税所得额是指依照《个人所得税法》第六条的规定，以每一纳税年度的收入总额减除成本、费用及损失后的余额。

值得注意的是，目前实行承包、承租经营的形式较多，分配方式也不相同，因此，承包、承租人按照承包、承租经营合同（协议）规定取得所得的适用税率也不一致。

（1）承包、承租人对企业经营成果不拥有所有权，仅是按合同（协议）规定取得一定所得的，其所得按"工资、薪金所得"项目征税，纳入年度综合所得，适用 3%~45% 的七级超额累进税率（表 6-1）。

（2）承包、承租人按合同（协议）的规定只向发包、出租方缴纳一定费用后，企业经营成果归其所有的，承包、承租人取得的所得，按"经营所得"项目，适用 5%~35% 的五级超额累进税率征税（表 6-2）。

三、其他所得适用税率

利息、股息、红利所得，财产租赁所得，财产转让所得和偶然所得，适用比例税率，税率为 20%。

第四节 应纳税所得额

由于个人所得税的应税项目不同，并且取得某项所得所需费用也不相同，因此，计算个人应纳税所得额，应按不同应税项目分项计算。以某项应税项目的收入额减除税法规定的该项目费用减除标准后的余额，为该应税项目的应纳税所得额。两个以上的个人共同取得同一项目收入的，应当对每个人取得的收入分别按照《个人所得税法》的规定计算纳税。

一、每次收入的确定

《个人所得税法》规定的征税方法有以下三种：一是按年计征，如经营所得、居民个人取得的综合所得；二是按月计征，如非居民个人取得的工资、薪金所得；三是按次计征，如利息、股息、红利所得，财产租赁所得，偶然所得及非居民个人取得的劳务报酬所得、稿酬所得和特许权使用费所得6项所得。在按次征收的情况下，扣除费用依据每次应纳税所得额的大小，分别规定了定额和定率两种标准。因此，无论是从正确贯彻税法的立法精神、维护纳税人的合法权益方面来看，还是从避免税收漏洞、防止税款流失、保证国家税收收入方面来看，如何准确划分"次"，都是十分重要的。《个人所得税法实施条例》对前述6个项目的"次"做出了明确规定。

（1）非居民个人取得劳务报酬所得、稿酬所得和特许权使用费所得，根据不同所得项目的特点，分别规定为：

① 属于一次性收入的，以取得该项收入为一次。

从劳务报酬所得来看，从事设计、装潢、安装、制图、化验、测试等劳务，往往是接受客户的委托，按照客户的要求，完成一次劳务后取得收入。因此，是属于只有一次的收入，应以每次提供劳务取得的收入为一次。但需要注意的是，如果一次性劳务报酬收入是以分月支付方式取得的，就适用同一项目连续取得收入，以1个月内取得的收入为一次的规定。

从稿酬来看，以每次出版、发表取得的收入为一次，不论出版单位是预付还是分笔支付稿酬，或者加印该作品后再付稿酬，均应合并其稿酬所得按一次计征个人所得税。具体又可细分为：同一作品再版取得的所得，应视作另一次稿酬所得计征个人所得税。同一作品先在报刊上连载，然后再出版，或先出版，再在报刊上连载的，应视为两次稿酬所得征税。即连载作为一次，出版作为另一次。同一作品在报刊上连载取得收入的，以连载完成后取得的所有收入合并为一次，计征个人所得税。同一作品在出版、发表时，以预付稿酬或分次支付稿酬等形式取得的稿酬收入，应合并计算为一次，计征个人所得税。同一作品出版、发表后，因添加印数而追加稿酬的，应与以前出版、发表时取得的稿酬合并计算为一次，计征个人所得税。在两处或两处以上出版、发表或再版同一作品而取得稿酬所得，则可分别各处取得的所得或再版所得按分次所得计征个人所得税。作者去世后，对取得其遗作稿酬的个人，按稿酬所得征收个人所得税。

从特许权使用费来看，以某项使用权的一次转让所取得的收入为一次。一个非居民个人，可能拥有不止一项特许权，每一项特许权的使用权也可能不止一次地向我国境内提供。因此，对特许权使用费所得的"次"的界定，明确为以每一项使用权的每次转让所取得的收入为一次。如果该次转让取得的收入是分笔支付的，则应将各笔收入相加，按一次计征个人所得税。

② 属于同一项目连续性收入的，以1个月内取得的收入为一次。例如，某外籍歌手（非居民个人）与一卡拉OK厅签约，在一定时期内每天到卡拉OK厅演唱一次，每次演出后付酬500元。在计算其劳务报酬所得时，应视为同一项目的连续性收入，以其1个月内取得的收入为一次计征个人所得税，而不能以每天取得的收入为一次。

（2）财产租赁所得，以1个月内取得的收入为一次。

（3）利息、股息、红利所得，以支付利息、股息、红利时取得的收入为一次。

（4）偶然所得，以每次取得该项收入为一次。

二、应纳税所得额和费用减除标准

个人所得的形式，包括现金、实物、有价证券和其他形式的经济利益；所得为实物的，应当按照取得的凭证上所注明的价格计算应纳税所得额，无凭证的实物或者凭证上所注明的价格明显偏低的，参照市场价格核定应纳税所得额；所得为有价证券的，根据票面价格和市场价格核定应纳税所得额；所得为其他形式的经济利益的，参照市场价格核定应纳税所得额。

各项所得的计算，以人民币为单位。所得为人民币以外货币的，按照办理纳税申报或者扣缴申报的上一月最后一日人民币汇率中间价，折合成人民币计算应纳税所得额。年度终了后办理汇算清缴的，对已经按月、按季或者按次预缴税款的人民币以外货币所得，不再重新折算；对应当补缴税款的所得部分，按照上一纳税年度最后一日人民币汇率中间价，折合成人民币计算应纳税所得额。

（一）居民个人取得综合所得的应纳税所得额

（1）居民个人的综合所得，以每一纳税年度的收入额减除费用60 000元及专项扣除、专项附加扣除和依法确定的其他扣除后的余额，为应纳税所得额。

① 专项扣除包括居民个人按照国家规定的范围和标准缴纳的基本养老保险、基本医疗保险、失业保险等社会保险费和住房公积金等。

② 专项附加扣除包括子女教育、继续教育、大病医疗、住房贷款利息或者住房租金、赡养老人等支出，具体范围、标准和实施步骤由国务院确定，并报全国人民代表大会常务委员会备案。

③ 依法确定的其他扣除包括个人缴付符合国家规定的企业年金、职业年金，个人购买符合国家规定的商业健康保险、税收递延型商业养老保险的支出，以及国务院规定可以扣除的其他项目。

④ 专项扣除、专项附加扣除和依法确定的其他扣除，以居民个人一个纳税年度的应纳税所得额为限额；一个纳税年度扣除不完的，不结转以后年度扣除。

（2）劳务报酬所得、稿酬所得、特许权使用费所得以收入减除20%的费用后的余额为收入额。稿酬所得的收入额减按70%计算。个人兼有不同的劳务报酬所得，应当分别减除费用，计算缴纳个人所得税。

（3）专项附加扣除标准。

专项附加扣除是本次税法修订引入的新的费用扣除标准，遵循公平合理、利于民生、简便易行的原则，目前包含子女教育、继续教育、大病医疗、住房贷款利息、住房租金、赡养老人六项支出，并将根据教育、医疗、住房、养老等民生支出变化情况，适时调整专项附加扣除的范围和标准。取得综合所得和经营所得的居民个人可以享受专项附加扣除。

① 子女教育。

纳税人年满3岁的子女接受学前教育和全日制学历教育的相关支出，按照每个子女每月1 000元（每年12 000元）的标准定额扣除。

学前教育包括年满3岁至小学入学前教育；学历教育包括义务教育（小学、初中教育）、高中阶段教育（普通高中、中等职业、技工教育）、高等教育（大学专科、大学本科、硕士研究生、博士研究生教育）。

父母可以选择由其中一方按扣除标准的100%扣除，也可以选择由双方分别按扣除标准的50%扣除，具体扣除方式在一个纳税年度内不能变更。

纳税人子女在中国境外接受教育的，纳税人应当留存境外学校录取通知书、留学签证等相关教育的证明资料备查。

② 继续教育。

纳税人在中国境内接受学历（学位）继续教育的支出，在学历（学位）教育期间按照每月400元（每年4 800元）定额扣除。同一学历（学位）继续教育的扣除期限不能超过48个月（4年）。纳税人接受技能人员职业资格继续教育、专业技术人员职业资格继续教育的支出，在取得相关证书的当年，按照3 600元定额扣除。

个人接受本科及以下学历（学位）继续教育，符合《个人所得税专项附加扣除暂行办法》规定扣除条件的，可以选择由其父母扣除，也可以选择由本人扣除。

纳税人接受技能人员职业资格继续教育、专业技术人员职业资格继续教育的，应当留存相关证书等资料备查。

③ 大病医疗。

在一个纳税年度内,纳税人发生的与基本医保相关的医药费用支出,扣除医保报销后个人负担(指医保目录范围内的自付部分)累计超过15 000元的部分,由纳税人在办理年度汇算清缴时,在80 000元限额内据实扣除。

纳税人发生的医药费用支出可以选择由本人或者其配偶扣除;未成年子女发生的医药费用支出可以选择由其父母一方扣除。纳税人及其配偶、未成年子女发生的医药费用支出,按上述规定分别计算扣除额。

纳税人应当留存医药服务收费及医保报销相关票据原件(或复印件)等资料备查。医疗保障部门应当向患者提供在医疗保障信息系统记录的本人年度医药费用信息查询服务。

④ 住房贷款利息。

纳税人本人或者配偶单独或者共同使用商业银行或者住房公积金个人住房贷款为本人或者其配偶购买中国境内住房,发生的首套住房贷款利息支出,在实际发生贷款利息的年度,按照每月1 000元(每年12 000元)的标准定额扣除,扣除期限最长不超过240个月(20年)。纳税人只能享受一次首套住房贷款利息扣除。

上述所称首套住房贷款是指购买住房享受首套住房贷款利率的住房贷款。

经夫妻双方约定,可以选择由其中一方扣除,具体扣除方式在一个纳税年度内不能变更。

夫妻双方婚前分别购买住房发生的首套住房贷款,其贷款利息支出,婚后可以选择其中一套购买的住房,由购买方按扣除标准的100%扣除,也可以由夫妻双方对各自购买的住房分别按扣除标准的50%扣除,具体扣除方式在一个纳税年度内不能变更。

纳税人应当留存住房贷款合同、贷款还款支出凭证备查。

⑤ 住房租金。

纳税人在主要工作城市没有自有住房而发生的住房租金支出,可以按照以下标准定额扣除:

直辖市、省会(首府)城市、计划单列市及国务院确定的其他城市,扣除标准为每月1 500元(每年18 000元)。除上述所列城市外,市辖区户籍人口超过100万的城市,扣除标准为每月1 100元(每年13 200元);市辖区户籍人口不超过100万的城市,扣除标准为每月800元(每年9 600元)。

市辖区户籍人口,以国家统计局公布的数据为准。

上述所称主要工作城市是指纳税人任职受雇的直辖市、计划单列市、副省级城市、地级市(地区、州、盟)全部行政区域范围;纳税人无任职受雇单位的,为受理其综合所得汇算清缴的税务机关所在城市。

夫妻双方主要工作城市相同的,只能由一方扣除住房租金支出。住房租金支出由签订租赁住房合同的承租人扣除。

纳税人及其配偶在一个纳税年度内不能同时分别享受住房贷款利息和住房租金专项附加扣除。

纳税人应当留存住房租赁合同、协议等有关资料备查。

⑥ 赡养老人。

纳税人赡养一位及以上被赡养人的赡养支出，统一按照以下标准定额扣除：纳税人为独生子女的，按照每月2 000元（每年24 000元）的标准定额扣除；纳税人为非独生子女的，由其与兄弟姐妹分摊每月2 000元（每年24 000元）的扣除额度，每人分摊的额度最高不能超过每月1 000元（每年12 000元）。可以由赡养人均摊或者约定分摊，也可以由被赡养人指定分摊。约定或者指定分摊的须签订书面分摊协议，指定分摊优先于约定分摊。具体分摊方式和额度在一个纳税年度内不能变更。

上述所称被赡养人是指年满60岁的父母，以及子女均已去世的年满60岁的祖父母、外祖父母。

（4）关于外籍个人有关津贴的政策。

① 2019年1月1日至2021年12月31日期间，外籍个人符合居民个人条件的，可以选择享受个人所得税专项附加扣除，也可以选择享受住房补贴、语言训练费、子女教育费等津补贴免税优惠政策，但不得同时享受。外籍个人一经选择，在一个纳税年度内不得变更。

② 自2022年1月1日起，外籍个人不再享受住房补贴、语言训练费、子女教育费津补贴免税优惠政策，应按规定享受专项附加扣除。

③ 上述可以享受免税优惠的外籍个人津贴包括：

a. 外籍个人以非现金形式或实报实销形式取得的住房补贴、伙食补贴、搬迁费、洗衣费。外籍个人按合理标准取得的境内、外出差补贴。外籍个人取得的探亲费、语言训练费、子女教育费等，经当地税务机关审核批准为合理的部分。可以享受免征个人所得税优惠的探亲费，仅限于外籍个人在我国的受雇地与其家庭所在地（包括配偶或父母居住地）之间搭乘交通工具，且每年不超过两次的费用。

b. 受雇于我国境内企业的外籍个人（不包括香港澳门居民个人），因家庭、教育等原因居住在香港、澳门，每个工作日往返于内地与香港、澳门等地区，由此境内企业（包括其关联企业）给予在香港或澳门住房、伙食、洗衣、搬迁等非现金形式或实报实销形式的补贴，凡能提供有效凭证且经主管税务机关审核确认的。

c. 受雇于我国境内企业的外籍个人（不包括香港澳门居民个人）就其在香港或澳门进行语言培训、子女教育而取得的费用补贴，凡能提供有效支出凭证等材料的，经主管税务机关审核确认为合理的部分。

(二) 非居民个人的工资、薪金所得，劳务报酬所得，稿酬所得和特许权使用费所得的应纳税所得额

非居民个人的工资、薪金所得，以每月收入额减除费用 5 000 元后的余额为应纳税所得额；劳务报酬所得、稿酬所得和特许权使用费所得，以每次收入额为应纳税所得额。

劳务报酬所得、稿酬所得和特许权使用费所得以收入减除 20% 的费用后的余额为收入额。稿酬所得的收入额减按 70% 计算。个人兼有不同的劳务报酬所得，应当分别减除费用，计算缴纳个人所得税。

(三) 经营所得的应纳税所得额

1. 基本规定

经营所得，以每一纳税年度的收入总额减除成本、费用及损失后的余额，为应纳税所得额。

上述所称成本、费用，是指生产、经营活动中发生的各项直接支出和分配计入成本的间接费用及销售费用、管理费用、财务费用；所称损失，是指生产、经营活动中发生的固定资产和存货的盘亏、毁损、报废损失，转让财产损失，坏账损失，自然灾害等不可抗力因素造成的损失及其他损失。

取得经营所得的个人，没有综合所得的，计算其每一纳税年度的应纳税所得额时，应当减除费用 60 000 元、专项扣除、专项附加扣除及依法确定的其他扣除。专项附加扣除在办理汇算清缴时减除。

在个人税收递延型商业养老保险试点区域内，取得个体工商户生产经营所得、对企事业单位的承包承租经营所得的个体工商户业主、个人独资企业投资者、合伙企业自然人合伙人和承包承租经营者，其缴纳的税收递延型商业养老保险保费准予在申报扣除当年计算应纳税所得额时予以限额据实扣除，扣除限额按照不超过当年应税收入的 6% 和 12 000 元孰低办法确定。

从事生产、经营活动，未提供完整、准确的纳税资料，不能正确计算应纳税所得额的，由主管税务机关核定应纳税所得额或者应纳税额。

个人独资企业的投资者以全部生产经营所得为应纳税所得额；合伙企业的投资者按照合伙企业的全部生产经营所得和合伙协议约定的分配比例确定应纳税所得额，合伙协议没有约定分配比例的，以全部生产经营所得和合伙人数量平均计算每个投资者的应纳税所得额。

上述所称生产经营所得，包括企业分配给投资者个人的所得和企业当年留存的所得（利润）。

对个体工商户业主、个人独资企业和合伙企业自然人投资者的生产经营所得依法计征个人所得税时，个体工商户业主、个人独资企业和合伙企业自然人投资者本人的费用

扣除标准统一确定为60 000元/年（5 000元/月）。

对企事业单位的承包经营、承租经营所得，以每一纳税年度的收入总额，减除必要费用后的余额，为应纳税所得额。每一纳税年度的收入总额，是指纳税义务人按照承包经营、承租经营合同规定分得的经营利润和工资、薪金性质的所得；所称减除必要费用，是指按年减除60 000元。

2. 个体工商户应纳税所得额的计算

个体工商户应纳税所得额的计算，以权责发生制为原则，属于当期的收入和费用，不论款项是否收付，均作为当期的收入和费用；不属于当期的收入和费用，即使款项已经在当期收付，均不作为当期收入和费用。财政部、国家税务总局另有规定的除外。基本规定如下：

（1）计税基本规定。

① 个体工商户的生产、经营所得，以每一纳税年度的收入总额，减除成本、费用、税金、损失、其他支出及允许弥补的以前年度亏损后的余额，为应纳税所得额。

② 个体工商户从事生产经营及与生产经营有关的活动（以下简称"生产经营"）取得的货币形式和非货币形式的各项收入，为收入总额。包括：销售货物收入、提供劳务收入、转让财产收入、利息收入、租金收入、接受捐赠收入、其他收入。

上述所称其他收入包括个体工商户资产溢余收入、逾期一年以上的未退包装物押金收入、确实无法偿付的应付款项、已做坏账损失处理后又收回的应收款项、债务重组收入、补贴收入、违约金收入、汇兑收益等。

③ 成本是指个体工商户在生产经营活动中发生的销售成本、销货成本、业务支出以及其他耗费。

④ 费用是指个体工商户在生产经营活动中发生的销售费用、管理费用和财务费用，已经计入成本的有关费用除外。

⑤ 税金是指个体工商户在生产经营活动中发生的除个人所得税和允许抵扣的增值税以外的各项税金及其附加。

⑥ 损失是指个体工商户在生产经营活动中发生的固定资产和存货的盘亏、毁损、报废损失，转让财产损失，坏账损失，自然灾害等不可抗力因素造成的损失及其他损失。

个体工商户发生的损失，减除责任人赔偿和保险赔款后的余额，参照财政部、国家税务总局有关企业资产损失税前扣除的规定扣除。

个体工商户已经作为损失处理的资产，在以后纳税年度又全部收回或者部分收回时，应当计入收回当期的收入。

⑦ 其他支出是指除成本、费用、税金、损失外，个体工商户在生产经营活动中发生的与生产经营活动有关的、合理的支出。

⑧ 个体工商户发生的支出应当区分收益性支出和资本性支出。收益性支出在发生

当期直接扣除；资本性支出应当分期扣除或者计入有关资产成本，不得在发生当期直接扣除。

上述所称支出，是指与取得收入直接相关的支出。

除税收法律法规另有规定外，个体工商户实际发生的成本、费用、税金、损失和其他支出，不得重复扣除。

⑨ 个体工商户下列支出不得扣除：个人所得税税款；税收滞纳金；罚金、罚款和被没收财物的损失；不符合扣除规定的捐赠支出；赞助支出；用于个人和家庭的支出；与取得生产经营收入无关的其他支出；国家税务总局规定不准扣除的支出。

⑩ 个体工商户生产经营活动中，应当分别核算生产经营费用和个人、家庭费用。对于生产经营与个人、家庭生活混用难以分清的费用，其40%视为与生产经营有关费用，准予扣除。

⑪ 个体工商户纳税年度发生的亏损，准予向以后年度结转，用以后年度的生产经营所得弥补，但结转年限最长不得超过五年。

⑫ 个体工商户使用或者销售存货，按照规定计算的存货成本，准予在计算应纳税所得额时扣除。

⑬ 个体工商户转让资产，该项资产的净值，准予在计算应纳税所得额时扣除。

⑭ 所称亏损，是指个体工商户依照《个体工商户个人所得税计税办法》规定计算的应纳税所得额小于0的数额。

⑮ 个体工商户与企业联营而分得的利润，按利息、股息、红利所得项目征收个人所得税。

⑯ 个体工商户和从事生产经营的个人，取得与生产经营活动无关的各项应税所得，应按规定分别计算征收个人所得税。

（2）扣除项目及标准。

① 个体工商户实际支付给从业人员的、合理的工资薪金支出，准予扣除。个体工商户业主的费用扣除标准，确定为60 000元/年。个体工商户业主的工资薪金支出不得税前扣除。

② 个体工商户按照国务院有关主管部门或者省级人民政府规定的范围和标准为其业主和从业人员缴纳的基本养老保险费、基本医疗保险费、失业保险费、生育保险费、工伤保险费和住房公积金，准予扣除。

个体工商户为从业人员缴纳的补充养老保险费、补充医疗保险费，分别在不超过从业人员工资总额5%标准内的部分据实扣除；超过部分，不得扣除。

个体工商户业主本人缴纳的补充养老保险费、补充医疗保险费，以当地（地级市）上年度社会平均工资的3倍为计算基数，分别在不超过该计算基数5%标准内的部分据实扣除；超过部分，不得扣除。

③ 除个体工商户依照国家有关规定为特殊工种从业人员支付的人身安全保险费和

财政部、国家税务总局规定可以扣除的其他商业保险费外,个体工商户业主本人或者为从业人员支付的商业保险费,不得扣除。

④ 个体工商户在生产经营活动中发生的合理的不需要资本化的借款费用,准予扣除。

个体工商户为购置、建造固定资产、无形资产和经过12个月以上的建造才能达到预定可销售状态的存货发生借款的,在有关资产购置、建造期间发生的合理的借款费用,应当作为资本性支出计入有关资产的成本,并依照《个体工商户个人所得税计税办法》的规定扣除。

⑤ 个体工商户在生产经营活动中发生的下列利息支出,准予扣除:向金融企业借款的利息支出;向非金融企业和个人借款的利息支出,不超过按照金融企业同期同类贷款利率计算的数额的部分。

⑥ 个体工商户在货币交易中,以及纳税年度终了时将人民币以外的货币性资产、负债按照期末即期人民币汇率中间价折算为人民币时产生的汇兑损失,除已经计入有关资产成本部分外,准予扣除。

⑦ 个体工商户向当地工会组织拨缴的工会经费、实际发生的职工福利费支出、职工教育经费支出分别在工资薪金总额的2%、14%、2.5%的标准内据实扣除。

工资薪金总额是指允许在当期税前扣除的工资薪金支出数额。

职工教育经费的实际发生数额超出规定比例当期不能扣除的数额,准予在以后纳税年度结转扣除。

个体工商户业主本人向当地工会组织缴纳的工会经费、实际发生的职工福利费支出、职工教育经费支出,以当地(地级市)上年度社会平均工资的3倍为计算基数,在规定比例内据实扣除。

⑧ 个体工商户发生的与生产经营活动有关的业务招待费,按照实际发生额的60%扣除,但最高不得超过当年销售(营业)收入的5‰。

业主自申请营业执照之日起至开始生产经营之日止所发生的业务招待费,按照实际发生额的60%计入个体工商户的开办费。

⑨ 个体工商户每一纳税年度发生的与其生产经营活动直接相关的广告费和业务宣传费不超过当年销售(营业)收入15%的部分,可以据实扣除;超过部分,准予在以后纳税年度结转扣除。

⑩ 个体工商户代其从业人员或者他人负担的税款,不得税前扣除。

⑪ 个体工商户按照规定缴纳的摊位费、行政性收费、协会会费等,按实际发生数额扣除。

⑫ 个体工商户根据生产经营活动的需要租入固定资产支付的租赁费,按照以下方法扣除:以经营租赁方式租入固定资产发生的租赁费支出,按照租赁期限均匀扣除;以融资租赁方式租入固定资产发生的租赁费支出,按照规定构成融资租入固定资产价值的

部分应当提取折旧费用，分期扣除。

⑬ 个体工商户参加财产保险，按照规定缴纳的保险费，准予扣除。

⑭ 个体工商户发生的合理的劳动保护支出，准予扣除。

⑮ 个体工商户自申请营业执照之日起至开始生产经营之日止所发生符合《个体工商户个人所得税计税办法》规定的费用，除为取得固定资产、无形资产的支出，以及应计入资产价值的汇兑损益、利息支出外，作为开办费，个体工商户可以选择在开始生产经营的当年一次性扣除，也可自生产经营月份起在不短于3年期限内摊销扣除，但一经选定，不得改变。开始生产经营之日为个体工商户取得第一笔销售（营业）收入的日期。

⑯ 个体工商户通过公益性社会团体或者县级以上人民政府及其部门，用于《中华人民共和国公益事业捐赠法》规定的公益事业的捐赠，捐赠额不超过其应纳税所得额30%的部分可以据实扣除。

财政部、国家税务总局规定可以全额在税前扣除的捐赠支出项目，按有关规定执行。个体工商户直接对受益人的捐赠不得扣除。

公益性社会团体的认定，按照财政部、国家税务总局、民政部有关规定执行。

⑰ 所称赞助支出，是指个体工商户发生的与生产经营活动无关的各种非广告性质支出。

⑱ 个体工商户研究开发新产品、新技术、新工艺所发生的开发费用，以及研究开发新产品、新技术而购置单台价值在10万元以下的测试仪器和试验性装置的购置费准予直接扣除；单台价值在10万元以上（含10万元）的测试仪器和试验性装置，按固定资产管理，不得在当期直接扣除。

（四）利息、股息、红利所得的应纳税所得额

利息、股息、红利所得，以每次收入额为应纳税所得额。

（五）财产租赁所得的应纳税所得额

（1）财产租赁所得，一般以个人每次取得的收入定额或定率减除规定费用后的余额为应纳税所得额。每次收入不超过4 000元的，定额减除费用800元；每次收入在4 000元以上的,定率减除20%的费用，其余额为应纳税所得额。财产租赁所得以1个月内取得的收入为一次。

在确定财产租赁的应纳税所得额时，纳税人在出租财产过程中缴纳的税金和教育费附加，可持完税（缴款）凭证，从其财产租赁收入中扣除。准予扣除的项目除了规定费用和有关税费外，还有能够提供有效、准确凭证，证明由纳税人负担的该出租财产实际开支的修缮费用。允许扣除的修缮费用，以每次800元为限，一次扣除不完的，准予在下一次继续扣除，直到扣完为止。

个人出租财产取得的财产租赁收入，在计算缴纳个人所得税时，应依次扣除以下

费用：

① 财产租赁过程中缴纳的税金和国家能源交通重点建设基金、国家预算调节基金、教育费附加。

② 由纳税人负担的该出租财产实际开支的修缮费用。

③ 税法规定的费用扣除标准。

财产租赁所得应纳税所得额的计算公式为：

① 每次（月）收入不超过4 000元的：

应纳税所得额＝每次（月）收入额－准予扣除项目－修缮费用(800元为限)－800元

② 每次（月）收入在4 000元以上的：

应纳税所得额＝[每次（月）收入额－准予扣除项目－修缮费用(800元为限)]×(1－20%)

（2）个人将承租房屋转租取得的租金收入，属于个人所得税应税所得，应按"财产租赁所得"项目计算缴纳个人所得税。具体规定如下：

① 取得转租收入的个人向房屋出租方支付的租金，凭房屋租赁合同和合法支付凭据允许在计算个人所得税时，从该项转租收入中扣除。

② 有关财产租赁所得个人所得税前扣除税费的扣除次序调整为：

a. 财产租赁过程中缴纳的税费。

b. 向出租方支付的租金。

c. 由纳税人负担的租赁财产实际开支的修缮费用。

d. 税法规定的费用扣除标准。

（六）财产转让所得的应纳税所得额

财产转让所得，以转让财产的收入额减除财产原值和合理费用后的余额，为应纳税所得额。财产原值是指：

（1）有价证券，为买入价及买入时按照规定交纳的有关费用。

（2）建筑物，为建造费或者购进价格及其他有关费用。

（3）土地使用权，为取得土地使用权所支付的金额、开发土地的费用及其他有关费用。

（4）机器设备、车船，为购进价格、运输费、安装费及其他有关费用。

（5）其他财产，参照以上方法确定。

纳税人未提供完整、准确的财产原值凭证，不能按照以上方法确定财产原值的，由主管税务机关核定财产原值。

上述所称合理费用，是指卖出财产时按照规定支付的有关税费。

（七）偶然所得的应纳税所得额

（1）偶然所得，以每次收入额为应纳税所得额。

（2）关于个人无偿受赠房屋的规定。

① 以下情形的房屋产权无偿赠与，对当事双方不征收个人所得税：

a. 房屋产权所有人将房屋产权无偿赠与配偶、父母、子女、祖父母、外祖父母、孙子女、外孙子女、兄弟姐妹。

b. 房屋产权所有人将房屋产权无偿赠与对其承担直接抚养或者赡养义务的抚养人或者赡养人。

c. 房屋产权所有人死亡，依法取得房屋产权的法定继承人、遗嘱继承人或者受遗赠人。

② 除上述情形以外，房屋产权所有人将房屋产权无偿赠与他人的，受赠人因无偿受赠房屋取得的受赠所得，按照"偶然所得"项目缴纳个人所得税，税率为20%。

③ 对受赠人无偿受赠房屋计征个人所得税时，其应纳税所得额为房地产赠与合同上标明的赠与房屋价值减除赠与过程中受赠人支付的相关税费后的余额。赠与合同标明的房屋价值明显低于市场价格或房地产赠与合同未标明赠与房屋价值的，税务机关可依据受赠房屋的市场评估价格或采取其他合理方式确定受赠人的应纳税所得额。

④ 受赠人转让受赠房屋的，以其转让受赠房屋的收入减除原捐赠人取得该房屋的实际购置成本及赠与和转让过程中受赠人支付的相关税费后的余额，为受赠人的应纳税所得额，依法计征个人所得税。受赠人转让受赠房屋价格明显偏低且无正当理由的，税务机关可以依据该房屋的市场评估价格或其他合理方式确定的价格核定其转让收入。

第五节　应纳税额的计算

依照税法规定的适用税率和费用扣除标准，各项所得的应纳税额，应分别计算如下。

一、居民个人综合所得应纳税额的计算

（一）基本规定

首先，工资、薪金所得全额计入收入额；而劳务报酬所得、特许权使用费所得的收入额为实际取得劳务报酬、特许权使用费收入的80%；此外，稿酬所得的收入额在减除20%费用的基础上，再减按70%计算，即稿酬所得的收入额为实际取得稿酬收入的56%。

其次，居民个人的综合所得，以每一纳税年度的收入额减除费用60 000元及专项扣除、专项附加扣除和依法确定的其他扣除后的余额，为应纳税所得额。

居民个人综合所得应纳税额的计算公式为：

应纳税额 = Σ（每一级数的全年应纳税所得额 × 对应级数的适用税率）

= Σ[每一级数（全年收入额 − 60 000 元 − 专项扣除 − 享受的专项附加扣除 − 享受的其他扣除）× 对应级数的适用税率]

这里需要说明的是，居民个人的全年综合所得在计算应纳个人所得税额时，适用的是超额累进税率，因此计算比较烦琐。运用速算扣除数计算法，可以简化计算过程。在采用超额累进税率征税的情况下，根据超额累进税率表中划分的应纳税所得额级距和税率，先用全额累进方法计算出税额，再减去用超额累进方法计算出的税额，所得到的差额即为速算扣除数。超额累进税率表中的级距和税率确定以后，各级速算扣除数也就确定了，成为计算应纳税额时的常数。虽然税法中没有提供包含速算扣除数的税率表，但我们可以利用上述原理整理出包含速算扣除数的居民个人综合所得个人所得税税率表（表6-3）。

表6-3 综合所得个人所得税税率表（含速算扣除数）

级数	全年应纳税所得额	税率/%	速算扣除数/元
1	不超过36 000元的	3	0
2	超过36 000元至144 000元的部分	10	2 520
3	超过144 000元至300 000元的部分	20	16 920
4	超过300 000元至420 000元的部分	25	31 920
5	超过420 000元至660 000元的部分	30	52 920
6	超过660 000元至960 000元的部分	35	85 920
7	超过960 000元的部分	45	181 920

这样，居民个人综合所得应纳税额的计算公式应为：

应纳税额 = 全年应纳税所得额 × 适用税率 − 速算扣除数

= （全年收入额 − 60 000 元 − 社保、住房公积金费用 − 享受的专项附加扣除 − 享受的其他扣除）× 适用税率 − 速算扣除数

【例6-1】 假定某居民个人纳税人2020年扣除"三险一金"后共取得含税工资收入18万元，除住房贷款专项附加扣除外，该纳税人不享受其余专项附加扣除和税法规定的其他扣除。请计算该纳税人当年应纳个人所得税税额。

【答案】

（1）全年应纳税所得额 = 180 000 − 60 000 − 12 000 = 108 000（元）。

（2）应纳税额 = 108 000 × 10% − 2 520 = 8 280（元）。

【例6-2】 假定某居民个人纳税人为独生子女，2020年交完社保和住房公积金后共取得税前工资收入25万元，劳务报酬2万元，稿酬3万元。该纳税人有两个小孩且均由其扣除子女教育专项附加，该纳税人的父母健在且均已年满60岁。请计算该纳税

人当年应纳个人所得税税额。

【答案】

（1）全年应纳税所得额 = 250 000 + 20 000 × (1 - 20%) + 30 000 × 70% × (1 - 20%) - 60 000 - 12 000 × 2 - 24 000 = 174 800（元）。

（2）应纳税额 = 174 800 × 20% - 16 920 = 18 040（元）。

（二）关于全年一次性奖金、中央企业负责人年度绩效薪金延期兑现收入和任期奖励的规定

（1）全年一次性奖金是指行政机关、企事业单位等扣缴义务人根据其全年经济效益和对雇员全年工作业绩的综合考核情况，向雇员发放的一次性奖金。一次性奖金也包括年终加薪、实行年薪制和绩效工资办法的单位根据考核情况兑现的年薪和绩效工资。居民个人取得全年一次性奖金，在2021年12月31日前，可选择不并入当年综合所得，按以下计税办法，由扣缴义务人发放时代扣代缴：

将居民个人取得的全年一次性奖金，除以12个月，按其商数依照按月换算后的综合所得税率表（表6-4）确定适用税率和速算扣除数。

表6-4 按月换算后的综合所得税率表

级数	全年应纳税所得额	税率/%	速算扣除数/元
1	不超过3 000元的	3	0
2	超过3 000元至12 000元的部分	10	210
3	超过12 000元至25 000元的部分	20	1 410
4	超过25 000元至35 000元的部分	25	2 660
5	超过35 000元至55 000元的部分	30	4 410
6	超过55 000元至80 000元的部分	35	7 160
7	超过80 000元的部分	45	15 160

在一个纳税年度内，对每一个纳税人，该计税办法只允许采用一次。

实行年薪制和绩效工资的单位，居民个人取得年终兑现的年薪和绩效工资按上述方法执行。居民个人取得全年一次性奖金，也可以选择并入当年综合所得计算纳税。

居民个人取得除全年一次性奖金以外的其他各种名目奖金，如半年奖、季度奖、加班奖、先进奖、考勤奖等，一律与当月工资、薪金收入合并，按税法规定缴纳个人所得税。

自2022年1月1日起，居民个人取得全年一次性奖金，应并入当年综合所得计算缴纳个人所得税。

【例6-3】 假定中国居民个人李某2020年在我国境内1—12月每月的税后工资为5 600元，12月31日又一次性领取年终含税奖金120 000元。请计算李某取得年终奖金应缴纳的个人所得税。

【答案】

(1) 年终奖金适用的税率和速算扣除数为：

按 12 个月分摊后，每月的奖金 = 120 000 ÷ 12 = 10 000（元），根据工资、薪金七级超额累进税率的规定，适用的税率和速算扣除数分别为 10% 和 210 元。

(2) 年终奖金应缴纳的个人所得税为：

应纳税额 = 年终奖金收入 × 适用的税率 − 速算扣除数 = 120 000 × 10% − 210 = 11 790（元）

(2) 关于中央企业负责人取得年度绩效薪金延期兑现收入和任期奖励的规定。

在 2021 年 12 月 31 日前，中央企业负责人任期结束后取得的绩效薪金 40% 部分和任期奖励，参照上述居民个人取得全年一次性奖金的计税规定执行；2022 年 1 月 1 日之后的政策另行明确。《国资委管理的中央企业名单》中的下列人员，适用以上规定：

① 国有独资企业和未设董事会的国有独资公司的总经理（总裁）、副总经理（副总裁）、总会计师。

② 设董事会的国有独资公司（国资委确定的董事会试点企业除外）的董事长、副董事长、董事、总经理（总裁）、副总经理（副总裁）、总会计师。

③ 国有控股公司国有股权代表出任的董事长、副董事长、董事、总经理（总裁），列入国资委党委管理的副总经理（副总裁）、总会计师。

④ 国有独资企业、国有独资公司和国有控股公司党委（党组）书记、副书记、常委（党组成员）、纪委书记（纪检组长）。

（三）关于个人因解除劳动关系取得一次性补偿收入的规定

个人与用人单位解除劳动关系取得一次性补偿收入（包括用人单位发放的经济补偿金、生活补助费和其他补助费），在当地上年职工平均工资 3 倍数额以内的部分，免征个人所得税；超过 3 倍数额的部分，不并入当年综合所得，单独适用综合所得税率表（表6-1），计算纳税。

（四）关于保险营销员、证券经纪人佣金收入的规定

保险营销员、证券经纪人取得的佣金收入，属于劳务报酬所得，自 2019 年 1 月 1 日起，以不含增值税的收入减除 20% 的费用后的余额为收入额，收入额减去展业成本及附加税费后，并入当年综合所得，计算缴纳个人所得税。保险营销员、证券经纪人展业成本按照收入额的 25% 计算。

扣缴义务人向保险营销员、证券经纪人支付佣金收入时，应按照《个人所得税扣缴申报管理办法（试行）》（国家税务总局公告 2018 年第 61 号）规定的累计预扣法计算预扣税款。

二、非居民个人取得工资、薪金所得,劳务报酬所得,稿酬所得和特许权使用费所得应纳税额的计算

首先,需要明确的是,与居民个人取得的劳务报酬所得、稿酬所得和特许权使用费所得一样,非居民个人取得这些所得同样适用劳务报酬所得、稿酬所得和特许权使用费所得以收入减除20%的费用后的余额为收入额;稿酬所得的收入额减按70%计算的规定。

非居民个人的工资、薪金所得,以每月收入额减除费用5 000元后的余额为应纳税所得额;劳务报酬所得、稿酬所得和特许权使用费所得,以每次收入额为应纳税所得额。

前面提到:非居民个人取得工资、薪金所得,劳务报酬所得,稿酬所得和特许权使用费所得,依照表6-1按月换算后计算应纳税额。因此,非居民个人从我国境内取得这些所得时,适用的税率见表6-5。

表6-5 非居民个人取得工资、薪金所得,劳务报酬所得,稿酬所得和特许权使用费所得适用税率表

级数	全年应纳税所得额	税率/%	速算扣除数/元
1	不超过3 000元的	3	0
2	超过3 000元至12 000元的部分	10	210
3	超过12 000元至25 000元的部分	20	1 410
4	超过25 000元至35 000元的部分	25	2 660
5	超过35 000元至55 000元的部分	30	4 410
6	超过55 000元至80 000元的部分	35	7 160
7	超过80 000元的部分	45	15 160

【例6-4】 假定在某外商投资企业工作的美国专家(假设为非居民个人纳税人),2021年3月取得由该企业发放的含税工资收入35 000元人民币,此外还从别处取得劳务报酬9 000元人民币。请计算当月该非居民个人应缴纳的个人所得税税额。

【答案】

(1)该非居民个人当月工资、薪金所得应纳税额=(35 000-5 000)×25%-2 660=4 840(元)。

(2)该非居民个人当月劳务报酬所得应纳税额=9 000×(1-20%)×10%-210=510(元)。

三、经营所得应纳税额的计算

(一)基本规定

经营所得应纳税额的计算公式为:

$$应纳税额 = 全年应纳税所得额 \times 适用税率 - 速算扣除数$$
$$或 = (全年收入总额 - 成本、费用及损失) \times 适用税率 - 速算扣除数$$

与居民个人综合所得应纳税额的计算一样，利用税法中给出的经营所得税率表，换算得到包含速算扣除数的经营所得适用税率表（表6-6）。

表6-6 经营所得个人所得税税率表（含速算扣除数）

级数	全年应纳税所得额	税率/%	速算扣除数/元
1	不超过30 000元的	5	0
2	超过30 000元至90 000元的部分	10	1 500
3	超过90 000元至300 000元的部分	20	10 500
4	超过300 000元至500 000元的部分	30	40 500
5	超过500 000元的部分	35	65 500

【例6-5】 某小型运输公司系个体工商户，账证健全，2020年12月取得经营收入为450 000元，准予扣除的当月成本、费用（不含业主工资）及相关税金共计302 000元。1—11月累计应纳税所得额为123 000元（未扣除业主费用减除标准），1—11月累计已预缴个人所得税30 000元。除经营所得外，业主本人没有其他收入，且2020年全年均享受赡养老人一项专项附加扣除。不考虑专项扣除和符合税法规定的其他扣除，请计算该个体工商户在2020年度汇算清缴时应申请的个人所得税退税额。

【答案】

纳税人取得经营所得，按年计算个人所得税，由纳税人在月度或者季度终了后15日内，向经营管理所在地主管税务机关报关纳税申报表，并预缴税款；在取得所得的次年3月31日前，向经营管理所在地主管税务机关办理汇算清缴。因此，按照税收法律法规和相关文件的规定，首先计算全年应纳税所得额，然后计算全年应纳税额，最后根据全年应纳税额和当年已预缴税额计算出当年度应补（退）税额。

（1）全年应纳税所得额 = 450 000 − 302 000 + 123 000 − 60 000 − 24 000 = 187 000（元）。

（2）全年应纳个人所得税 = 187 000 × 20% − 10 500 = 26 900（元）。

（3）该个体工商户2020年度应申请的个人所得税退税额 = 30 000 − 26 900 = 3 100（元）。

（二）个人独资企业和合伙企业应纳税额的计算

对于个人独资企业和合伙企业生产经营所得，其个人所得税应纳税额的计算有以下两种方法。

1. 第一种：查账征税

（1）自2019年1月1日起，对个人独资企业和合伙企业投资者的生产经营所得依法计征个人所得税时，个人独资企业和合伙企业投资者本人的费用扣除标准统一确定为

60 000元/年，即5 000元/月。投资者的工资不得在税前扣除。

（2）投资者及其家庭发生的生活费用不允许在税前扣除。投资者及其家庭发生的生活费用与企业生产经营费用混合在一起，并且难以划分的，全部视为投资者个人及其家庭发生的生活费用，不允许在税前扣除。

（3）企业生产经营和投资者及其家庭生活共用的固定资产，难以划分的，由主管税务机关根据企业的生产经营类型、规模等具体情况，核定准予在税前扣除的折旧费用的数额或比例。

（4）企业向其从业人员实际支付的合理的工资、薪金支出，允许在税前据实扣除。

（5）企业拨缴的工会经费、发生的职工福利费、职工教育经费支出分别在工资薪金总额2%、14%、2.5%的标准内据实扣除。

（6）企业每一纳税年度发生的广告费和业务宣传用不超过当年销售（营业）收入15%的部分，可据实扣除；超过部分，准予在以后纳税年度结转扣除。

（7）企业每一纳税年度发生的与其生产经营业务直接相关的业务招待费支出，按照发生额的60%扣除，但最高不得超过当年销售（营业）收入的5‰。

（8）企业计提的各种准备金不得扣除。

（9）投资者兴办两个或两个以上企业，并且企业性质全部是独资的，年度终了后汇算清缴时，应纳税款的计算按以下方法进行：汇总其投资兴办的所有企业的经营所得作为应纳税所得额，以此确定适用税率，计算出全年经营所得的应纳税额，再根据每个企业的经营所得占所有企业经营所得的比例，分别计算出每个企业的应纳税额和应补缴税额。计算公式如下：

$$应纳税所得额 = \Sigma\ 各个企业的经营所得$$
$$应纳税额 = 应纳税所得额 \times 税率 - 速算扣除数$$
$$本企业应纳税额 = 应纳税额 \times 本企业的经营所得 \div \Sigma\ 各个企业的经营所得$$
$$本企业应补缴的税额 = 本企业应纳税额 - 本企业预缴的税额$$

（10）投资者兴办两个或两个以上企业的，根据前述规定准予扣除的个人费用，由投资者选择在其中一个企业的生产经营所得中扣除。

（11）企业的年度亏损，允许用本企业下一年度的生产经营所得弥补，下一年度所得不足弥补的，允许逐年延续弥补，但最长不得超过5年。

投资者兴办两个或两个以上企业的，企业的年度经营亏损不能跨企业弥补。

（12）投资者来源于中国境外的生产经营所得，已在境外缴纳所得税的，可以按照《个人所得税法》的有关规定计算扣除已在境外缴纳的所得税。

2. 第二种：核定征税

核定征收方式，包括定额征收、核定应税所得率征收及其他合理方式征收。

（1）有下列情形之一的，主管税务机关应采取核定征收方式征收个人所得税：

① 企业依照国家有关规定应当设置账簿但未设置的。

② 企业虽设置账簿，但账目混乱或者成本资料、收入凭证、费用凭证残缺不全，难以查账的。

③ 纳税人发生纳税义务，未按照规定的期限办理纳税申报，经税务机关责令限期申报，逾期仍不申报的。

（2）实行核定应税所得率征收方式的，应纳所得税额的计算公式如下：

$$应纳所得税额 = 应纳税所得额 \times 适用税率$$

$$应纳税所得额 = 收入总额 \times 应税所得率$$

$$或 = 成本费用支出额 \div (1 - 应税所得率) \times 应税所得率$$

应税所得率应按规定的标准执行。企业经营多业的，无论其经营项目是否单独核算，均应根据其主营项目确定其适用的应税所得率。

（3）实行核定征税的投资者，不能享受个人所得税的优惠政策。

（4）实行查账征税方式的个人独资企业和合伙企业改为核定征税方式后，在查账征税方式下认定的年度经营亏损未弥补完的部分，不得继续弥补。

（5）个体工商户、个人独资企业和合伙企业因在纳税年度中间开业、合并、注销及其他原因，导致该纳税年度的实际经营期不足1年的，对个体工商户业主、个人独资企业投资者和合伙企业自然人合伙人的生产经营所得计算个人所得税时，以其实际经营期为1个纳税年度。投资者本人的费用扣除标准，应按照其实际经营月份数，以每月5 000元的减除标准确定。计算公式如下：

$$应纳税所得额 = 该年度收入总额 - 成本、费用及损失 - 当年投资者本人的费用扣除额$$

$$当年投资者本人的费用扣除额 = 月减除费用(5\,000元/月) \times 当年实际经营月份数$$

$$应纳税额 = 应纳税所得额 \times 税率 - 速算扣除数$$

此外，无论是查账征税还是核定征税的个人独资企业和合伙企业，税法规定：

（1）个人独资企业和合伙企业对外投资分回的利息或者股息、红利，不并入企业的收入，而应单独作为投资者个人取得的利息、股息、红利所得，按"利息、股息、红利所得"应税项目计算缴纳个人所得税。以合伙企业名义对外投资分回利息或者股息、红利的，应按"合伙企业的投资者按照合伙企业的全部生产经营所得和合伙协议约定的分配比例确定应纳税所得额，合伙协议没有约定分配比例的，以全部生产经营所得和合伙人数量平均计算每个投资者的应纳税所得额"的精神，确定各个投资者的利息、股息、红利所得，分别按"利息、股息、红利所得"应税项目计算缴纳个人所得税。

（2）残疾人员投资兴办或参与投资兴办个人独资企业和合伙企业的，残疾人员取得的经营所得，符合各省、自治区、直辖市人民政府规定的减征个人所得税条件的，经本人申请、主管税务机关审核批准，可按各省、自治区、直辖市人民政府规定减征的范围和幅度，减征个人所得税。

（3）企业进行清算时，投资者应当在注销工商登记之前，向主管税务机关结清有关税务事宜。企业的清算所得应当视为年度生产经营所得，由投资者依法缴纳个人所得税。

上述所称清算所得,是指企业清算时的全部资产或者财产的公允价值扣除各项清算费用、损失、负债、以前年度留存的利润后,超过实缴资本的部分。

(4)企业在纳税年度的中间开业,或者由于合并、关闭等原因,使该纳税年度的实际经营期不足 12 个月的,应当以其实际经营期为一个纳税年度。

四、利息、股息、红利所得应纳税额的计算

利息、股息、红利所得应纳税额的计算公式为:

$$应纳税额 = 应纳税所得额 \times 适用税率$$
$$= 每次收入额 \times 20\%$$

五、财产租赁所得应纳税额的计算

财产租赁所得适用 20% 的比例税率。但对个人按市场价格出租的居民住房取得的所得,自 2001 年 1 月 1 日起暂减按 10% 的税率征收个人所得税。其应纳税额的计算公式为:

$$应纳税额 = 应纳税所得额 \times 适用税率$$

【例 6-6】 李某于 2020 年 1 月将其自有的面积为 150 平方米的公寓按市场价出租给张某居住。刘某每月取得租金收入 6 500 元,全年租金收入 78 000 元。请计算李某全年租金收入应缴纳的个人所得税(不考虑其他税费)。

【答案】

财产租赁收入以每月内取得的收入为一次,按市场价出租给个人居住适用 10% 的税率,因此,李某每月及全年应纳税额为:

(1)每月应纳税额 = 6 500 × (1 − 20%) × 10% = 520(元)。

(2)全年应纳税额 = 520 × 12 = 6 240(元)。

本例在计算个人所得税时未考虑其他税费。如果对租金收入计征增值税、城市维护建设税、房产税和教育费附加等,还应将其从税前的收入中扣除后再计算应缴纳的个人所得税。

假定【例 6-6】中,当年 2 月因下水道堵塞找人修理,发生修理费用 1 200 元,有维修部门的正式收据,则 2 月和 3 月的应纳税额为:

(1)2 月应纳税额 = (6 500 − 800) × (1 − 20%) × 10% = 456(元)。

(2)3 月应纳税额 = (6 500 − 400) × (1 − 20%) × 10% = 488(元)。

在实际征税过程中,有时会出现财产租赁所得的纳税人不明确的情况。对此,在确定财产租赁所得纳税人时,应以产权凭证为依据。无产权凭证的,由主管税务机关根据实际情况确定纳税人。如果产权所有人死亡,在未办理产权继承手续期间,该财产出租

且有租金收入的,以领取租金收入的个人为纳税人。

六、财产转让所得应纳税额的计算

财产转让所得应纳税额的计算公式为:

$$应纳税额 = 应纳税所得额 \times 适用税率$$
$$= (收入总额 - 财产原值 - 合理税费) \times 20\%$$

【例6-7】 某个人建房一幢,造价360 000元,支付其他费用50 000元。该个人建成后将房屋出售,售价600 000元,在售房过程中按规定支付交易费等相关税费35 000元,请计算该个人应缴纳的个人所得税。

【答案】
(1)应纳税所得额 = 600 000 - (360 000 + 50 000) - 35 000 = 155 000(元)。
(2)应纳税额 = 155 000 × 20% = 31 000(元)。

七、偶然所得应纳税额的计算

偶然所得应纳税额的计算公式为:

$$应纳税额 = 应纳税所得额 \times 适用税率$$
$$= 每次收入额 \times 20\%$$

八、境外所得的税额扣除

在对纳税人的境外所得征税时,会存在其境外所得已在来源国家(地区)缴税的实际情况。基于国家之间对同一所得应避免双重征税的原则,我国在对纳税人的境外所得行使税收管辖权时,对该所得在境外已纳税额采取了分不同情况从应纳税额中予以扣除的做法。

税法规定,居民个人从中国境外取得的所得,可以从其应纳税额中抵免已在境外缴纳的个人所得税税额,但抵免额不得超过该纳税人境外所得依照《个人所得税法》规定计算的应纳税额。

对这条规定需要做以下解释:

(1)税法所说的已在境外缴纳的个人所得税税额,是指居民个人来源于中国境外的所得,依照该所得来源国家(地区)的法律应当缴纳并且实际已经缴纳的所得税税额。

(2)税法所说的纳税人境外所得依照《个人所得税法》规定计算的应纳税额,是居民个人抵免已在境外缴纳的综合所得、经营所得及其他所得的所得税税额的限额(以下简称"抵免限额")。除国务院财政、税务主管部门另有规定外,来源于中国境外一个国家(地区)的综合所得抵免限额、经营所得抵免限额及其他所得抵免限额之和,为来源于该国家（地区）所得的抵免限额。

居民个人在中国境外一个国家（地区）实际已经缴纳的个人所得税税额，低于依照上述规定计算出的来源于该国家（地区）所得的抵免限额的，应当在中国缴纳差额部分的税款；超过来源于该国家（地区）所得的抵免限额的，其超过部分不得在本纳税年度的应纳税额中抵免，但是可以在以后纳税年度来源于该国家（地区）所得的抵免限额的余额中补扣。补扣期限最长不得超过五年。

（3）居民个人申请抵免已在境外缴纳的个人所得税税额，应当提供境外税务机关出具的税款所属年度的有关纳税凭证。

第六节 税收优惠

《个人所得税法》及其实施条例、财政部和国家税务总局的若干规定等，都对个人所得项目给予了减税免税的优惠，主要有以下几个方面。

一、免征个人所得税的优惠

（1）省级人民政府、国务院部委和中国人民解放军军以上单位，以及外国组织、国际组织颁发的科学、教育、技术、文化、卫生、体育、环境保护等方面的奖金。

（2）国债和国家发行的金融债券利息。国债利息是指个人持有中华人民共和国财政部发行的债券而取得的利息所得和 2012 年及以后年度发行的地方政府债券（以省、自治区、直辖市和计划单列市政府为发行和偿还主体）利息所得；国家发行的金融债券利息是指个人持有经国务院批准发行的金融债券而取得的利息所得。

（3）按照国家统一规定发给的补贴、津贴。按照国家统一规定发给的补贴、津贴是指按照国务院规定发给的政府特殊津贴、院士津贴，以及国务院规定免予缴纳个人所得税的其他补贴、津贴。

（4）福利费、抚恤金、救济金。福利费是指根据国家有关规定，从企业、事业单位、国家机关、社会团体提留的福利费或者工会经费中支付给个人的生活补助费；救济金是指各级人民政府民政部门支付给个人的生活困难补助费。

（5）保险赔款。

（6）军人的转业费、复员费、退役金。对退役士兵按照《退役士兵安置条例》规定，取得的一次性退役金及地方政府发放的一次性经济补助，免征个人所得税。

（7）按照国家统一规定发给干部、职工的安家费、退职费、基本养老金或者退休费、离休费、离休生活补助费。

（8）依照有关法律规定应予免税的各国驻华使馆、领事馆的外交代表、领事官员和其他人员的所得。

上述"所得"，是指依照《中华人民共和国外交特权与豁免条例》和《中华人民共和国领事特权与豁免条例》规定免税的所得。

（9）中国政府参加的国际公约、签订的协议中规定免税的所得。

（10）对乡、镇（含乡、镇）以上人民政府或经县（含县）以上人民政府主管部门批准成立的有机构、有章程的见义勇为基金或者类似性质组织，奖励见义勇为者的奖金或奖品，经主管税务机关核准，免予征收个人所得税。

（11）企事业单位和个人按照国家或省（自治区、直辖市）人民政府规定的比例和标准缴付的住房公积金、基本医疗保险费、基本养老保险费、失业保险费，允许在个人应纳税所得额中扣除，免予征收个人所得税。超过规定的比例和标准缴付的部分并入个人当期的工资、薪金收入，计征个人所得税。

个人实际领（支）取原提存的住房公积金、基本医疗保险费、基本养老保险金和失业保险金时，免征个人所得税。

对按照国家或省（自治区、直辖市）人民政府规定的比例和标准缴付的住房公积金、基本医疗保险费、基本养老保险费和失业保险费存入银行个人账户所取得的利息收入，免征个人所得税。

（12）对个人取得的教育储蓄存款利息所得及国务院财政部门确定的其他专项储蓄存款或者储蓄性专项基金存款的利息所得，免征个人所得税。自2008年10月9日起，对居民储蓄存款利息，暂免征收个人所得税。

（13）储蓄机构内从事代扣代缴工作的办税人员取得的扣缴利息税手续费所得，免征个人所得税。

（14）生育妇女按照县级以上人民政府根据国家有关规定制定的生育保险办法，取得的生育津贴、生育医疗费或其他属于生育保险性质的津贴、补贴，免征个人所得税。

（15）对工伤职工及其近亲属按照《工伤保险条例》规定取得的工伤保险待遇，免征个人所得税。工伤保险待遇包括工伤职工按照《工伤保险条例》规定取得的一次性伤残补助金、伤残津贴、一次性工伤医疗补助金、一次性伤残就业补助金、工伤医疗待遇、住院伙食补助费、外地就医交通食宿费用、工伤康复费用、辅助器具费用、生活护理费等，以及职工因工死亡，其近亲属按照《工伤保险条例》规定取得的丧葬补助金、供养亲属抚恤金和一次性工亡补助金等。

（16）对个体工商户或个人，以及个人独资企业和合伙企业从事种植业、养殖业、饲养业和捕捞业（以下简称"四业"），取得的"四业"所得暂不征收个人所得税。

（17）个人举报、协查各种违法、犯罪行为而获得的奖金。

（18）个人办理代扣代缴税款手续，按规定取得的扣缴手续费。

（19）个人转让自用达5年以上，并且是唯一的家庭生活用房取得的所得。

（20）对按《国务院关于高级专家离休退休若干问题的暂行规定》和《国务院办公厅关于杰出高级专家暂缓离休审批问题的通知》精神，达到离休退休年龄，但确因工作需要，适当延长离休退休年龄的高级专家，其在延长离休退休期间的工资、薪金所得，视同退休工资、离休工资免征个人所得税。延长离休退休年龄的高级专家是指：

① 享受国家发放的政府特殊津贴的专家、学者。

② 中国科学院、中国工程院院士。

高级专家延长离休退休期间取得的工资、薪金所得，其免征个人所得税政策口径按下列标准执行：

① 对高级专家从其劳动人事关系所在单位取得的，单位按国家有关规定向职工统一发放的工资、薪金、奖金、津贴、补贴等收入，视同离休、退休工资，免征个人所得税。

② 除上述第①项所述收入以外各种名目的津补贴收入等，以及高级专家从其劳动人事关系所在单位之外的其他地方取得的培训费、讲课费、顾问费、稿酬等各种收入，依法计征个人所得税。

高级专家从两处以上取得应税工资、薪金所得及具有税法规定应当自行纳税申报的其他情形的，应在税法规定的期限内自行向主管税务机关办理纳税申报。

（21）外籍个人从外商投资企业取得的股息、红利所得。

（22）凡符合下列条件之一的外籍专家取得的工资、薪金所得可免征个人所得税：

① 根据世界银行专项贷款协议由世界银行直接派往我国工作的外国专家。

② 联合国组织直接派往我国工作的专家。

③ 为联合国援助项目来华工作的专家。

④ 援助国派往我国专为该国无偿援助项目工作的专家，除工资、薪金外，其取得的生活津贴也免税。

⑤ 根据两国政府签订文化交流项目来华工作2年以内的文教专家，其工资、薪金所得由该国负担的。此外，外国来华文教专家，在我国服务期间，由我方发工资、薪金，并对其住房、使用汽车、医疗实行免费"三包"，可只就工资、薪金所得按照税法规定征收个人所得税；对我方免费提供的住房、使用汽车、医疗，可免予计算纳税。

⑥ 根据我国大专院校国际交流项目来华工作2年以内的文教专家，其工资、薪金所得由该国负担的。

⑦ 通过民间科研协定来华工作的专家，其工资、薪金所得由该国政府机构负担的。

（23）股权分置改革中非流通股股东通过对价方式向流通股股东支付的股份、现金等收入，暂免征收流通股股东应缴纳的个人所得税。

（24）对被拆迁人按照国家有关城镇房屋拆迁管理办法规定的标准取得的拆迁补偿款（含因棚户区改造而取得的拆迁补偿款），免征个人所得税。

（25）对个人投资者从投保基金公司取得的行政和解金，暂免征收个人所得税。

(26) 对个人转让上市公司股票取得的所得，暂免征收个人所得税。自 2008 年 10 月 9 日起，对证券市场个人投资者取得的证券交易结算资金利息所得，暂免征收个人所得税，即证券市场个人投资者的证券交易结算资金在 2008 年 10 月 9 日后（含 10 月 9 日）孳生的利息所得，暂免征收个人所得税。

(27) 自 2015 年 9 月 8 日起，个人从公开发行和转让市场取得的上市公司股票，持股期限超过 1 年的，股息红利所得暂免征收个人所得税。个人从公开发行和转让市场取得的上市公司股票，持股期限在 1 个月以内（含 1 个月）的，其股息红利所得全额计入应纳税所得额；持股期限在 1 个月以上至 1 年（含 1 年）的，暂减按 50% 计入应纳税所得额；上述所得统一适用 20% 的税率计征个人所得税。

自 2019 年 7 月 1 日起至 2024 年 6 月 30 日止，全国中小企业股份转让系统挂牌公司股息红利差别化个人所得税政策也按上述政策执行。

(28) 个人取得的下列中奖所得，暂免征收个人所得税：

① 单张有奖发票奖金所得不超过 800 元（含 800 元）的，暂免征收个人所得税；个人取得单张有奖发票奖金所得超过 800 元的，应全额按照《个人所得税法》规定的"偶然所得"税目征收个人所得税。

② 对个人购买社会福利有奖募捐奖券、体育彩票一次中奖收入不超过 10 000 元的，暂免征收个人所得税；一次中奖收入超过 10 000 元的，应按税法规定全额征收个人所得税。

(29) 乡镇企业的职工和农民取得的青苗补偿费，属种植业的收益范围，同时，也属经济损失的补偿性收入，暂不征收个人所得税。

(30) 对由亚洲开发银行支付给我国公民或国民（包括为亚洲开发银行执行任务的专家）的薪金和津贴，凡经亚洲开发银行确认这些人员为亚洲开发银行雇员或执行项目专家的，其取得的符合我国税法规定的有关薪金和津贴等报酬，免征个人所得税。

(31) 自原油期货对外开放之日起，对境外个人投资者投资中国境内原油期货取得的所得，3 年内暂免征收个人所得税。

(32) 自 2018 年 1 月 1 日起至 2020 年 12 月 31 日止，对易地扶贫搬迁贫困人口按规定取得的住房建设补助资金、拆旧复垦奖励资金等与易地扶贫搬迁相关的货币化补偿和易地扶贫搬迁安置住房，免征个人所得税。

(33) 经国务院财政部门批准免税的所得。

二、减征个人所得税的优惠

(1) 对个人投资者持有 2019—2023 年发行的铁路债券取得的利息收入，减按 50% 计入应纳税所得额计算征收个人所得税。税款由兑付机构在向个人投资者兑付利息时代扣代缴。铁路债券是指以中国铁路总公司为发行和偿还主体的债券，包括中国铁路建设债券、中期票据、短期融资券等债务融资工具。

(2) 自 2019 年 1 月 1 日起至 2023 年 12 月 31 日止，一个纳税年度内在船航行时间累计满 183 天的远洋船员，其取得的工资薪金收入减按 50% 计入应纳税所得额，依法缴纳个人所得税。

上述所称的远洋船员是指在海事管理部门依法登记注册的国际航行船舶船员和在渔业管理部门依法登记注册的远洋渔业船员。在船航行时间是指远洋船员在国际航行或作业船舶和远洋渔业船舶上的工作天数。一个纳税年度内的在船航行时间为一个纳税年度内在船航行时间的累计天数。远洋船员可选择在当年预扣预缴税款或者次年个人所得税汇算清缴时享受上述减征优惠政策。

(3) 自 2021 年 1 月 1 日至 2022 年 12 月 31 日，对个体工商户年应纳税所得额不超过 100 万元的部分，在现行优惠政策基础上，再减半征收个人所得税。个体工商户不区分征收方式，均可享受。

(4) 有下列情形之一的，可以减征个人所得税，具体幅度和期限，由省、自治区、直辖市人民政府规定，并报同级人民代表大会常务委员会备案：

① 残疾、孤老人员和烈属的所得。
② 因自然灾害遭受重大损失的。
③ 国务院可以规定其他减税情形，报全国人民代表大会常务委员会备案。

三、关于公益慈善事业捐赠的税收优惠

(1) 个人通过中华人民共和国境内公益性社会组织、县级以上人民政府及其部门等国家机关，向教育、扶贫、济困等公益慈善事业的捐赠（以下简称"公益捐赠"），发生的公益捐赠支出，可以按照《个人所得税法》有关规定在计算应纳税所得额时扣除。

上述所称境内公益性社会组织，包括依法设立或登记并按规定条件和程序取得公益性捐赠税前扣除资格的慈善组织、其他社会组织和群众团体。

(2) 个人发生的公益捐赠支出金额，按照以下规定确定：
① 捐赠货币性资产的，按照实际捐赠金额确定。
② 捐赠股权、房产的，按照个人持有股权、房产的财产原值确定。
③ 捐赠除股权、房产以外的其他非货币性资产的，按照非货币性资产的市场价格确定。

(3) 居民个人按照以下规定扣除公益捐赠支出：
① 居民个人发生的公益捐赠支出可以在财产租赁所得，财产转让所得，利息、股息、红利所得，偶然所得（以下统称"分类所得"），综合所得或者经营所得中扣除。在当期一个所得项目扣除不完的公益捐赠支出，可以按规定在其他所得项目中继续

扣除。

② 居民个人发生的公益捐赠支出，在综合所得、经营所得中扣除的，扣除限额分别为当年综合所得、当年经营所得应纳税所得额的30%；在分类所得中扣除的，扣除限额为当月分类所得应纳税所得额的30%。

③ 居民个人根据各项所得的收入、公益捐赠支出、适用税率等情况，自行决定在综合所得、分类所得、经营所得中扣除的公益捐赠支出的顺序。

（4）居民个人在综合所得中扣除公益捐赠支出的，应按照以下规定处理：

① 居民个人取得工资、薪金所得的，可以选择在预扣预缴时扣除，也可以选择在年度汇算清缴时扣除。

居民个人选择在预扣预缴时扣除的，应按照累计预扣法计算扣除限额，其捐赠当月的扣除限额为截至当月累计应纳税所得额的30%（全额扣除的从其规定，下同）。个人从两处以上取得工资薪金所得，选择其中一处扣除，选择后当年不得变更。

② 居民个人取得劳务报酬所得、稿酬所得、特许权使用费所得的，预扣预缴时不扣除公益捐赠支出，统一在汇算清缴时扣除。

③ 居民个人取得全年一次性奖金、股权激励等所得，且按规定采取不并入综合所得而单独计税方式处理的，公益捐赠支出扣除比照分类所得的扣除规定处理。

（5）居民个人发生的公益捐赠支出，可在捐赠当月取得的分类所得中扣除。当月分类所得应扣除未扣除的公益捐赠支出，可以按照以下规定追补扣除：

① 扣缴义务人已经代扣但尚未解缴税款的，居民个人可以向扣缴义务人提出追补扣除申请，退还已扣税款。

② 扣缴义务人已经代扣且解缴税款的，居民个人可以在公益捐赠之日起90日内提请扣缴义务人向征收税款的税务机关办理更正申报追补扣除，税务机关和扣缴义务人应当予以办理。

③ 居民个人自行申报纳税的，可以在公益捐赠之日起90日内向主管税务机关办理更正申报追补扣除。

居民个人捐赠当月有多项多次分类所得的，应先在其中一项一次分类所得中扣除。已经在分类所得中扣除的公益捐赠支出，不再调整到其他所得中扣除。

（6）在经营所得中扣除公益捐赠支出，应按以下规定处理：

① 个体工商户发生的公益捐赠支出，在其经营所得中扣除。

② 个人独资企业、合伙企业发生的公益捐赠支出，其个人投资者应当按照捐赠年度合伙企业的分配比例（个人独资企业分配比例为100%），计算归属于每一个人投资者的公益捐赠支出，个人投资者应将其归属的个人独资企业、合伙企业公益捐赠支出和本人需要在经营所得扣除的其他公益捐赠支出合并，在其经营所得中扣除。

③ 在经营所得中扣除公益捐赠支出的，可以选择在预缴税款时扣除，也可以选择在汇算清缴时扣除。

④ 经营所得采取核定征收方式的，不扣除公益捐赠支出。

（7）非居民个人发生的公益捐赠支出，未超过其在公益捐赠支出发生的当月应纳税所得额30%的部分，可以从其应纳税所得额中扣除。扣除不完的公益捐赠支出，可以在经营所得中继续扣除。

非居民个人按规定可以在应纳税所得额中扣除公益捐赠支出而未实际扣除的，可按照上述第（5）条规定追补扣除。

（8）国务院规定对公益捐赠全额税前扣除的，按照规定执行。个人同时发生按30%扣除和全额扣除的公益捐赠支出，自行选择扣除次序。

（9）公益性社会组织、国家机关在接受个人捐赠时，应当按照规定开具捐赠票据；个人索取捐赠票据的，应予以开具。

个人发生公益捐赠时不能及时取得捐赠票据的，可以暂时凭公益捐赠银行支付凭证扣除，并向扣缴义务人提供公益捐赠银行支付凭证复印件。个人应在捐赠之日起90日内向扣缴义务人补充提供捐赠票据，如果个人未按规定提供捐赠票据的，扣缴义务人应在30日内向主管税务机关报告。

机关、企事业单位统一组织员工开展公益捐赠的，纳税人可以凭汇总开具的捐赠票据和员工明细单扣除。

（10）个人通过扣缴义务人享受公益捐赠扣除政策，应当告知扣缴义务人符合条件可扣除的公益捐赠支出金额，并提供捐赠票据的复印件，其中捐赠股权、房产的还应出示财产原值证明。扣缴义务人应当按照规定在预扣预缴、代扣代缴税款时予以扣除，并将公益捐赠扣除金额告知纳税人。

个人自行办理或扣缴义务人为个人办理公益捐赠扣除的，应当在申报时一并报送《个人所得税公益慈善事业捐赠扣除明细表》。个人应留存捐赠票据，留存期限为5年。

四、非居民个人的税收优惠

（1）在中国境内无住所的个人，在一个纳税年度内在中国境内居住累计不超过90天的，其来源于中国境内的所得，由境外雇主支付并且不由该雇主在中国境内的机构、场所负担的部分，免予缴纳个人所得税。

（2）在中国境内无住所的个人，在中国境内居住累计满183天的年度连续不满六年的，经向主管税务机关备案，其来源于中国境外且由境外单位或者个人支付的所得，免予缴纳个人所得税；在中国境内居住累计满183天的任一年度中有一次离境超过30天的，其在中国境内居住累计满183天的年度的连续年限重新起算。

自2019年1月1日起，在中国境内无住所的个人，一个纳税年度在中国境内累计居住满183天的，如果此前六年在中国境内每年累计居住天数都满183天而且没有任何一年单次离境超过30天，该纳税年度来源于中国境内、境外所得应当缴纳个人所得税；

如果此前六年的任一年在中国境内累计居住天数不满 183 天或者单次离境超过 30 天，该纳税年度来源于中国境外且由境外单位或者个人支付的所得，免予缴纳个人所得税。

上述所称此前六年，是指该纳税年度的前一年至前六年的连续六个年度，此前六年的起始年度自 2019 年（含）以后年度开始计算。

在中国境内无住所的个人一个纳税年度内在中国境内累计居住天数，按照个人在中国境内累计停留的天数计算。在中国境内停留的当天满 24 小时的，计入中国境内居住天数，在中国境内停留的当天不足 24 小时的，不计入中国境内居住天数。

（3）自原油期货对外开放之日起，对境外个人投资者投资中国境内原油期货取得的所得，3 年内暂免征收个人所得税。

五、其他税收优惠

（一）证券投资基金个人所得税的规定

（1）对个人投资者买卖基金单位获得的差价收入，在对个人买卖股票的差价收入未恢复征收个人所得税以前，暂不征收个人所得税。

（2）对投资者从基金分配中获得的股票的股息、红利收入及企业债券的利息收入，由上市公司和发行债券的企业在向基金派发股息、红利、利息时代扣代缴 20% 的个人所得税，基金向个人投资者分配股息、红利、利息时，不再代扣代缴个人所得税。

（3）对投资者从基金分配中获得的国债利息、储蓄存款利息及买卖股票价差收入，在国债利息收入、个人储蓄存款利息收入及个人买卖股票差价收入未恢复征收所得税以前，暂不征收所得税。

（4）对个人投资者从基金分配中获得的企业债券差价收入，应按税法规定对个人投资者征收个人所得税，税款由基金在分配时依法代扣代缴。

（二）创业投资企业个人合伙人所得税的规定

（1）自 2019 年 1 月 1 日起至 2023 年 12 月 31 日止，创投企业可以选择按单一投资基金核算或者按创投企业年度所得整体核算两种方式之一，对其个人合伙人来源于创投企业的所得计算个人所得税应纳税额。

上述所称创投企业，是指符合《创业投资企业管理暂行办法》（发展改革委等 10 部门令第 39 号）或者《私募投资基金监督管理暂行办法》（证监会令第 105 号）关于创业投资企业（基金）的有关规定，并按照上述规定完成备案且规范运作的合伙制创业投资企业（基金）。

（2）创投企业选择按单一投资基金核算的，其个人合伙人从该基金应分得的股权转让所得和股息红利所得，按照 20% 税率计算缴纳个人所得税。创投企业选择按年度所得整体核算的，其个人合伙人应从创投企业取得的所得，按照"经营所得"项目、5%~35% 的超额累进税率计算缴纳个人所得税。

（3）投企业选择按单一投资基金核算或按创投企业年度所得整体核算后，3年内不能变更。

（三）有限合伙制创业投资个人合伙人和天使投资个人所得税的规定

（1）有限合伙制创业投资企业（以下简称"合伙创投企业"）采取股权投资方式直接投资于初创科技型企业满2年的，该合伙创投企业的个人合伙人可以按照对初创科技型企业投资额的70%抵扣个人合伙人从合伙创投企业分得的经营所得；当年不足抵扣的，可以在以后纳税年度结转抵扣。

（2）天使投资个人采取股权投资方式直接投资于初创科技型企业满2年的，可以按照投资额的70%抵扣转让该初创科技型企业股权取得的应纳税所得额；当期不足抵扣的，可以在以后取得转让该初创科技型企业股权的应纳税所得额时结转抵扣。

天使投资个人投资多个初创科技型企业的，对其中办理注销清算的初创科技型企业，天使投资个人对其投资额的70%尚未抵扣完的，可自注销清算之日起36个月内抵扣天使投资个人转让其他初创科技型企业股权取得的应纳税所得额。

享受以上税收政策的天使投资个人，应同时符合以下条件：

① 不属于被投资初创科技型企业的发起人、雇员或其亲属（包括配偶、父母、子女、祖父母、外祖父母、孙子女、外孙子女、兄弟姐妹，下同），且与被投资初创科技型企业不存在劳务派遣等关系；

② 投资后2年内，本人及其亲属持有被投资初创科技型企业股权比例合计应低于50%。

（3）享受以上税收政策的投资，仅限于通过向被投资初创科技型企业直接支付现金方式取得的股权投资，不包括受让其他股东的存量股权。

（四）个人非货币性资产投资所得税的规定

（1）个人以非货币性资产投资，属于个人转让非货币性资产和投资同时发生。对个人转让非货币性资产的所得，应按照"财产转让所得"项目，依法计算缴纳个人所得税。

上述所称非货币性资产，是指现金、银行存款等货币性资产以外的资产，包括股权、不动产、技术发明成果及其他形式的非货币性资产。

上述所称非货币性资产投资，包括以非货币性资产出资设立新的企业，以及以非货币性资产出资参与企业增资扩股、定向增发股票、股权置换、重组改制等投资行为。

（2）个人以非货币性资产投资，应按评估后的公允价值确认非货币性资产转让收入。非货币性资产转让收入减除该资产原值及合理税费后的余额为应纳税所得额。

个人以非货币性资产投资，应于非货币性资产转让、取得被投资企业股权时，确认非货币性资产转让收入的实现。

（3）个人应在发生上述应税行为的次月15日内向主管税务机关申报纳税。纳税人一次性缴税有困难的，可合理确定分期缴纳计划并报主管税务机关备案后，自发生上述应税行为之日起不超过 5 个公历年度内（含）分期缴纳个人所得税。

（4）个人以非货币性资产投资交易过程中取得现金补价的，现金部分应优先用于缴税；现金不足以缴纳的部分，可分期缴纳。

个人在分期缴税期间转让其持有的上述全部或部分股权，并取得现金收入的，该现金收入应优先用于缴纳尚未缴清的税款。

（五）科技人员取得职务科技成果转化现金奖励所得税的规定

（1）自 2018 年 7 月 1 日起，依法批准设立的非营利性研究开发机构和高等学校（以下简称"非营利性科研机构和高校"）根据《中华人民共和国促进科技成果转化法》规定，从职务科技成果转化收入中给予科技人员的现金奖励，可减按 50% 计入科技人员当月"工资、薪金所得"，依法缴纳个人所得税。

（2）非营利性科研机构和高校包括国家设立的科研机构和高校、民办非营利性科研机构和高校。

（3）国家设立的科研机构和高校是指利用财政性资金设立的、取得《事业单位法人证书》的科研机构和公办高校，包括中央和地方所属科研机构和高校。

（4）民办非营利性科研机构和高校，是指同时满足以下条件的科研机构和高校：

① 根据《民办非企业单位登记管理暂行条例》在民政部门登记，并取得《民办非企业单位登记证书》。

② 对于民办非营利性科研机构，其《民办非企业单位登记证书》记载的业务范围应属于"科学研究与技术开发、成果转让、科技咨询与服务、科技成果评估"范围。对业务范围存在争议的，由税务机关转请县级（含）以上科技行政主管部门确认。

对于民办非营利性高校，应取得教育主管部门颁发的《民办学校办学许可证》，《民办学校办学许可证》记载学校类型为"高等学校"。

③ 经认定取得企业所得税非营利组织免税资格。

（5）科技人员享受以上税收优惠政策，须同时符合以下条件：

① 科技人员是指非营利性科研机构和高校中对完成或转化职务科技成果做出重要贡献的人员。非营利性科研机构和高校应按规定公示有关科技人员名单及相关信息（国防专利转化除外），具体公示办法由科技部会同财政部、税务总局制定。

② 科技成果是指专利技术（含国防专利）、计算机软件著作权、集成电路布图设计专有权、植物新品种权、生物医药新品种，以及科技部、财政部、税务总局确定的其他技术成果。

③ 科技成果转化是指非营利性科研机构和高校向他人转让科技成果或者许可他人使用科技成果。现金奖励是指非营利性科研机构和高校在取得科技成果转化收入 3 年（36 个月）内奖励给科技人员的现金。

④ 非营利性科研机构和高校转化科技成果，应当签订技术合同，并根据《技术合同认定登记管理办法》，在技术合同登记机构进行审核登记，并取得技术合同认定登记证明。

非营利性科研机构和高校应健全科技成果转化的资金核算，不得将正常工资、奖金等收入列入科技人员职务科技成果转化现金奖励享受税收优惠。

（6）非营利性科研机构和高校向科技人员发放现金奖励时，应按《个人所得税法》规定代扣代缴个人所得税，并按规定向税务机关履行备案手续。

（六）个人领取的税收递延型商业养老保险的养老金收入所得税的规定

自2019年1月1日起，个人按照《关于开展个人税收递延型商业养老保险试点的通知》（财税〔2018〕22号）的规定，领取的税收递延型商业养老保险的养老金收入，其中25%部分予以免税，其余75%部分按照10%的比例税率计算缴纳个人所得税，税款计入"工资、薪金所得"项目，由保险机构代扣代缴后，在个人购买税收递延型商业养老保险的机构所在地办理全员全额扣缴申报。

（七）海南自由贸易港个人所得税的规定

自2020年1月1日起至2024年12月31日止，对在海南自由贸易港工作的高端人才和紧缺人才，其个人所得税实际税负超过15%的部分，予以免征。

享受上述优惠政策的所得包括来源于海南自由贸易港的综合所得（包括工资、薪金，劳务报酬，稿酬，特许权使用费四项所得）、经营所得及经海南省认定的人才补贴性所得。

纳税人在海南省办理个人所得税年度汇算清缴时享受上述优惠政策。

对享受上述优惠政策的高端人才和紧缺人才实行清单管理，由海南省商财政部、税务总局制定具体管理办法。

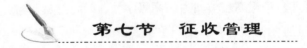

第七节 征收管理

个人所得税的纳税办法，全国通用实行的有自行申报纳税和全员全额扣缴申报纳税两种。此外，《税收征收管理法》还对无法查账征收的纳税人规定了核定征收的方式。

一、自行申报纳税

自行申报纳税是由纳税人自行在税法规定的纳税期限内，向税务机关申报取得的应税所得项目和数额，如实填写个人所得税纳税申报表，并按照税法规定计算应纳税额，据此缴纳个人所得税的一种方法。

(一) 纳税人应当依法办理纳税申报的情形

(1) 取得综合所得需要办理汇算清缴。

(2) 取得应税所得没有扣缴义务人。

(3) 取得应税所得，扣缴义务人未扣缴税款。

(4) 取得境外所得。

(5) 因移居境外注销中国户籍。

(6) 非居民个人在中国境内从两处以上取得工资、薪金所得。

(7) 国务院规定的其他情形。

(二) 取得综合所得需要办理汇算清缴的纳税申报

取得综合所得且符合下列情形之一的纳税人，应当依法办理汇算清缴：

(1) 从两处以上取得综合所得，且综合所得年收入额减除专项扣除的余额超过6万元。

(2) 取得劳务报酬所得、稿酬所得、特许权使用费所得中一项或者多项所得，且综合所得年收入额减除专项扣除的余额超过6万元。

(3) 纳税年度内预缴税额低于应纳税额。

(4) 纳税人申请退税。

需要办理汇算清缴的纳税人，应当在取得所得的次年3月1日至6月30日内，向任职、受雇单位所在地主管税务机关办理纳税申报，并报送《个人所得税年度自行纳税申报表》。纳税人有两处以上任职、受雇单位的，选择向其中一处任职、受雇单位所在地主管税务机关办理纳税申报；纳税人没有任职、受雇单位的，向户籍所在地或经常居住地主管税务机关办理纳税申报。

纳税人办理综合所得汇算清缴，应当准备与收入、专项扣除、专项附加扣除、依法确定的其他扣除、捐赠、享受税收优惠等相关的资料，并按规定留存备查或报送。

纳税人办理汇算清缴退税或者扣缴义务人为纳税人办理汇算清缴退税的，税务机关审核后，按照国库管理的有关规定办理退税。纳税人申请退税时提供的汇算清缴信息有错误的，税务机关应当告知其更正；纳税人更正的，税务机关应当及时办理退税。纳税人申请退税，应当提供其在中国境内开设的银行账户，并在汇算清缴地就地办理税款退库。

(三) 取得经营所得的纳税申报

个体工商户业主、个人独资企业投资者、合伙企业个人合伙人、承包承租经营者个人及其他从事生产、经营活动的个人取得经营所得，包括以下情形：

(1) 个体工商户从事生产、经营活动取得的所得，个人独资企业投资人、合伙企业个人合伙人来源于境内注册的个人独资企业、合伙企业生产、经营的所得。

(2) 个人依法从事办学、医疗、咨询及其他有偿服务活动取得的所得。

(3) 个人对企业、事业单位承包经营、承租经营及转包、转租取得的所得。

(4) 个人从事其他生产、经营活动取得的所得。

纳税人取得经营所得，按年计算个人所得税，由纳税人在月度或季度终了后15日内，向经营管理所在地主管税务机关办理预缴纳税申报，并报送《个人所得税经营所得纳税申报表（A表）》。在取得所得的次年3月31日前，向经营管理所在地主管税务机关办理汇算清缴，并报送《个人所得税经营所得纳税申报表（B表）》；从两处以上取得经营所得的，选择向其中一处经营管理所在地主管税务机关办理年度汇总申报，并报送《个人所得税经营所得纳税申报表（C表）》。

(四) 取得应税所得，扣缴义务人未扣缴税款的纳税申报

纳税人取得应税所得，扣缴义务人未扣缴税款的，应当区别以下情形办理纳税申报：

(1) 居民个人取得综合所得的，且符合前述第（二）项所述情形的，应当依法办理汇算清缴。

(2) 非居民个人取得工资、薪金所得，劳务报酬所得，稿酬所得和特许权使用费所得的，应当在取得所得的次年6月30日前，向扣缴义务人所在地主管税务机关办理纳税申报，并报送《个人所得税自行纳税申报表（A表）》。有两个以上扣缴义务人均未扣缴税款的，选择向其中一处扣缴义务人所在地主管税务机关办理纳税申报。

非居民个人在次年6月30日前离境（临时离境除外）的，应当在离境前办理纳税申报。

(3) 纳税人取得利息、股息、红利所得，财产租赁所得，财产转让所得和偶然所得的，应当在取得所得的次年6月30日前，按相关规定向主管税务机关办理纳税申报，并报送《个人所得税自行纳税申报表（A表）》。

税务机关通知限期缴纳的，纳税人应当按照期限缴纳税款。

纳税人取得应税所得没有扣缴义务人的，应当在取得所得的次月15日内向税务机关报送纳税申报表，并缴纳税款。

(五) 取得境外所得的纳税申报

居民个人从中国境外取得所得的，应当在取得所得的次年3月1日至6月30日内，向中国境内任职、受雇单位所在地主管税务机关办理纳税申报；在中国境内没有任职、受雇单位的，向户籍所在地或中国境内经常居住地主管税务机关办理纳税申报；户籍所在地与中国境内经常居住地不一致的，选择其中一地主管税务机关办理纳税申报；在中国境内没有户籍的，向中国境内经常居住地主管税务机关办理纳税申报。

(六) 因移居境外注销中国户籍的纳税申报

纳税人因移居境外注销中国户籍的，应当在申请注销中国户籍前，向户籍所在地主管税务机关办理纳税申报，进行税款清算。

（1）纳税人在注销户籍年度取得综合所得的，应当在注销户籍前，办理当年综合所得的汇算清缴，并报送《个人所得税年度自行纳税申报表》。尚未办理上一年度综合所得汇算清缴的，应当在办理注销户籍纳税申报时一并办理。

（2）纳税人在注销户籍年度取得经营所得的，应当在注销户籍前，办理当年经营所得的汇算清缴，并报送《个人所得税经营所得纳税申报表（B 表）》。从两处以上取得经营所得的，还应当一并报送《个人所得税经营所得纳税申报表（C 表）》。尚未办理上一年度经营所得汇算清缴的，应当在办理注销户籍纳税申报时一并办理。

（3）纳税人在注销户籍当年取得利息、股息、红利所得，财产租赁所得，财产转让所得和偶然所得的，应当在注销户籍前，申报当年上述所得的完税情况，并报送《个人所得税自行纳税申报表（A 表）》。

（4）纳税人有未缴或者少缴税款的，应当在注销户籍前，结清欠缴或未缴的税款。纳税人存在分期缴税且未缴纳完毕的，应当在注销户籍前，结清尚未缴纳的税款。

（5）纳税人办理注销户籍纳税申报时，需要办理专项附加扣除、依法确定的其他扣除的，应当向税务机关报送《个人所得税专项附加扣除信息表》《商业健康保险税前扣除情况明细表》《个人税收递延型商业养老保险税前扣除情况明细表》等。

（七）非居民个人在中国境内从两处以上取得工资、薪金所得的纳税申报

非居民个人在中国境内从两处以上取得工资、薪金所得的，应当在取得所得的次月 15 日内，向其中一处任职、受雇单位所在地主管税务机关办理纳税申报，并报送《个人所得税自行纳税申报表（A 表）》。

二、全员全额扣缴申报纳税

税法规定，扣缴义务人向个人支付应税款项时，应当依照《个人所得税法》规定预扣或者代扣税款，按时缴库，并专项记载备查。

全员全额扣缴申报是指扣缴义务人应当在代扣税款的次月 15 日内，向主管税务机关报送其支付所得的所有个人的有关信息、支付所得数额、扣除事项和数额、扣缴税款的具体数额和总额及其他相关涉税信息资料。这种方法有利于控制税源、防止漏税和逃税。

根据《个人所得税法》及其实施条例、《税收征收管理法》及其实施细则的有关规定，国家税务总局制定了《个人所得税扣缴申报管理办法（试行）》（以下简称《管理办法》）。自 2019 年 1 月 1 日起执行的《管理办法》，对扣缴义务人和代扣预扣税款的范围、不同项目所得扣缴方法、扣缴义务人的义务及应承担的责任等内容做了明确规定。

（一）扣缴义务人和代扣预扣税款的范围

（1）扣缴义务人是指向个人支付所得的单位或者个人。

上述所称支付,包括现金支付、汇拨支付、转账支付和以有价证券、实物及其他形式的支付。

(2) 实行个人所得税全员全额扣缴申报的应税所得包括:

① 工资、薪金所得。

② 劳务报酬所得。

③ 稿酬所得。

④ 特许权使用费所得。

⑤ 利息、股息、红利所得。

⑥ 财产租赁所得。

⑦ 财产转让所得。

⑧ 偶然所得。

扣缴义务人应当依法办理全员全额扣缴申报。

(二) 不同项目所得扣缴方法

(1) 扣缴义务人向居民个人支付工资、薪金所得时,应当按照累计预扣法计算预扣税款,并按月办理扣缴申报。

累计预扣法是指扣缴义务人在一个纳税年度内预扣预缴税款时,以纳税人在本单位截至当前月份工资、薪金所得累计收入减除累计免税收入、累计减除费用、累计专项扣除、累计专项附加扣除和累计依法确定的其他扣除后的余额为累计预扣预缴应纳税所得额,适用居民个人工资、薪金所得预扣预缴率表(表6-7),计算累计应预扣预缴税额,再减除累计减免税额和累计已预扣预缴税额,其余额为本期应预扣预缴税额。余额为负值时,暂不退税。纳税年度终了后余额仍为负值时,由纳税人办理综合所得年度汇算清缴,税款多退少补。

具体计算公式如下:

本期应预扣预缴税额 = (累计预扣预缴应纳税所得额 × 预扣率 − 速算扣除数)
− 累计减免税额 − 累计已预扣预缴税额

累计预扣预缴应纳税所得额 = 累计收入 − 累计免税收入 − 累计减除费用
− 累计专项扣除 − 累计专项附加扣除 − 累计依法确定的其他扣除

其中,累计减除费用,按照5 000元/月乘以纳税人当年截至本月在本单位的任职受雇月份数计算。

自2020年7月1日起,对一个纳税年度内首次取得工资、薪金所得的居民个人,扣缴义务人在预扣预缴个人所得税时,可按照5 000元/月乘以纳税人当年截至本月月份数计算累计减除费用。

自2021年1月1日起,对上一完整纳税年度内每月均在同一单位预扣预缴工资、薪金所得个人所得税且全年工资、薪金收入不超过6万元的居民个人,扣缴义务人在预扣预缴本年度工资、薪金所得个人所得税时，累计减除费用自1月份起直接按照全年6万元计算扣除。即在纳税人累计收入不超过6万元的月份，暂不预扣预缴个人所得税；在其累计收入超过6万元的当月及年内后续月份，再预扣预缴个人所得税。

表6-7 居民个人工资、薪金所得预扣预缴率表

级数	全年应纳税所得额	税率/%	速算扣除数/元
1	不超过36 000元的	3	0
2	超过36 000元至144 000元的部分	10	2 520
3	超过144 000元至300 000元的部分	20	16 920
4	超过300 000元至420 000元的部分	25	31 920
5	超过420 000元至660 000元的部分	30	52 920
6	超过660 000元至960 000元的部分	35	85 920
7	超过960 000元的部分	45	181 920

居民个人向扣缴义务人提供有关信息并依法要求办理专项附加扣除的，扣缴义务人应当按照规定在工资、薪金所得按月预扣预缴税款时予以扣除，不得拒绝。

年度预扣预缴税额与年度应纳税额不一致的，由居民个人于次年3月1日至6月30日向主管税务机关办理综合所得年度汇算清缴，税款多退少补。

（2）扣缴义务人向居民个人支付劳务报酬所得、稿酬所得、特许权使用费所得时，应当按照以下方法按次或者按月预扣预缴税款：

① 劳务报酬所得、稿酬所得、特许权使用费所得以收入减除费用后的余额为收入额；其中，稿酬所得的收入额减按70%计算。

② 减除费用：预扣预缴税款时，劳务报酬所得、稿酬所得、特许权使用费所得每次收入不超过4 000元的，减除费用按800元计算；每次收入4 000元以上的，减除费用按收入的20%计算。

③ 应纳税所得额：劳务报酬所得、稿酬所得、特许权使用费所得，以每次收入额为预扣预缴应纳税所得额，计算应预扣预缴税额。劳务报酬所得适用居民个人劳务报酬所得预扣预缴率表（表6-8），稿酬所得、特许权使用费所得适用20%的比例预扣率。

④ 预扣预缴税额计算公式如下：

劳务报酬所得应预扣预缴税额 = 预扣预缴应纳税所得额 × 预扣率 − 速算扣除数

稿酬所得、特许权使用费所得应预扣预缴税额 = 预扣预缴应纳税所得额 × 20%

表6-8 居民个人劳务报酬所得预扣预缴率表

级数	全年应纳税所得额	税率/%	速算扣除数/元
1	不超过20 000元的	20	0
2	超过20 000元至50 000元的部分	30	2 000
3	超过50 000元的部分	40	7 000

自 2020 年 7 月 1 日起，正在接受全日制学历教育的学生因实习取得劳务报酬所得的，扣缴义务人预扣预缴个人所得税时，可按照《管理办法》规定的累计预扣法计算并预扣预缴税款。

自 2021 年 1 月 1 日起，对按照累计预扣法预扣预缴劳务报酬所得个人所得税的居民个人，扣缴义务人在预扣预缴本年度劳务报酬所得个人所得税时，累计减除费用自 1 月份起直接按照全年 6 万元计算扣除。即在纳税人累计收入不超过 6 万元的月份，暂不预扣预缴个人所得税；在其累计收入超过 6 万元的当月及年内后续月份，再预扣预缴个人所得税。

居民个人办理年度综合所得汇算清缴时，应当依法计算劳务报酬所得、稿酬所得和特许权使用费所得的收入额，并入年度综合所得计算应纳税款，税款多退少补。

（3）非居民个人取得工资、薪金所得，劳务报酬所得，稿酬所得和特许权使用费所得，有扣缴义务人的，由扣缴义务人按月或者按次代扣代缴税款，不办理汇算清缴。

扣缴义务人向非居民个人支付工资、薪金所得，劳务报酬所得，稿酬所得和特许权使用费所得时，应当按照以下方法按月或者按次代扣代缴税款：

① 非居民个人的工资、薪金所得，以每月收入额减除费用 5 000 元后的余额为应纳税所得额。

② 劳务报酬所得、稿酬所得、特许权使用费所得，以每次收入额为应纳税所得额，适用非居民个人取得工资、薪金所得，劳务报酬所得，稿酬所得和特许权使用费所得适用税率表（表6-5）计算应纳税额。劳务报酬所得、稿酬所得、特许权使用费所得以收入减除 20% 的费用后的余额为收入额；其中，稿酬所得的收入额减按 70% 计算。

③ 税款扣缴计算公式如下：
非居民个人工资、薪金所得，劳务报酬所得，稿酬所得和特许权使用费所得应纳税额 =
应纳税所得额 × 税率 − 速算扣除数

非居民个人在一个纳税年度内税款扣缴方法保持不变，达到居民个人条件时，应当告知扣缴义务人基础信息变化情况，年度终了后按照居民个人有关规定办理汇算清缴。

（4）扣缴义务人支付利息、股息、红利所得，财产租赁所得，财产转让所得或者偶然所得时，应当依法按次或者按月代扣代缴税款。

（5）劳务报酬所得、稿酬所得、特许权使用费所得，属于一次性收入的，以取得该项收入为一次；属于同一项目连续性收入的，以一个月内取得的收入为一次。

财产租赁所得，以一个月内取得的收入为一次。

利息、股息、红利所得，以支付利息、股息、红利时取得的收入为一次。

偶然所得，以每次取得该项收入为一次。

（6）纳税人需要享受税收协定待遇的，应当在取得应税所得时主动向扣缴义务人提出，并提交相关信息、资料，扣缴义务人代扣代缴税款时按照享受税收协定待遇有关办法办理。

（7）扣缴义务人未将扣缴的税款解缴入库的，不影响纳税人按照规定申请退税，税务机关应当凭纳税人提供的有关资料办理退税。

（三）扣缴义务人责任与义务

（1）支付工资、薪金所得的扣缴义务人应当于年度终了后2个月内，向纳税人提供其个人所得和已扣缴税款等信息。纳税人年度中间需要提供上述信息的，扣缴义务人应当提供。

纳税人取得除工资、薪金所得以外的其他所得，扣缴义务人应当在扣缴税款后，及时向纳税人提供其个人所得和已扣缴税款等信息。

（2）扣缴义务人应当按照纳税人提供的信息计算税款、办理扣缴申报，不得擅自更改纳税人提供的信息。

扣缴义务人发现纳税人提供的信息与实际情况不符的，可以要求纳税人修改。纳税人拒绝修改的，扣缴义务人应当报告税务机关，税务机关应当及时处理。

纳税人发现扣缴义务人提供或者扣缴申报的个人信息、支付所得、扣缴税款等信息与实际情况不符的，有权要求扣缴义务人修改。扣缴义务人拒绝修改的，纳税人应当报告税务机关，税务机关应当及时处理。

（3）扣缴义务人对纳税人提供的《个人所得税专项附加扣除信息表》，应当按照规定妥善保存备查。

（4）扣缴义务人应当依法对纳税人报送的专项附加扣除等相关涉税信息和资料保密。

（5）对扣缴义务人按照规定扣缴的税款，按年付给2%的手续费。前述所称按照规定扣缴的税款，不包括税务机关、司法机关等查补或者责令补扣的税款。扣缴义务人领取的扣缴手续费可用于提升办税能力、奖励办税人员。

（6）扣缴义务人依法履行代扣代缴义务，纳税人不得拒绝。纳税人拒绝的，扣缴义务人应当及时报告税务机关。

（7）扣缴义务人有未按照规定向税务机关报送资料和信息、未按照纳税人提供信息虚报虚扣专项附加扣除、应扣未扣税款、不缴或少缴已扣税款、借用或冒用他人身份等行为的，依照《税收征收管理法》等相关法律、行政法规处理。

（四）代扣代缴期限

扣缴义务人每月或者每次预扣、代扣的税款，应当在次月15日内缴入国库，并向税务机关报送《个人所得税扣缴申报表》。

扣缴义务人首次向纳税人支付所得时，应当按照纳税人提供的纳税人识别号等基础信息，填写《个人所得税基础信息表（A表）》，并于次月扣缴申报时向税务机关报送。

扣缴义务人对纳税人向其报告的相关基础信息变化情况，应当于次月扣缴申报时向税务机关报送。

三、办理 2020 年度个人所得税综合所得汇算清缴事项的规定

(1) 纳税人在 2020 年度已依法预缴个人所得税且符合下列情形之一的,无须办理年度汇算:

① 年度汇算需补税但综合所得收入全年不超过 12 万元的。
② 年度汇算需补税金额不超过 400 元的。
③ 已预缴税额与年度应纳税额一致或者不申请退税的。

(2) 符合下列情形之一的,纳税人需要办理年度汇算:

① 已预缴税额大于年度应纳税额且申请退税的。
② 综合所得收入全年超过 12 万元且需要补税金额超过 400 元的。

(3) 年度汇算时间为 2021 年 3 月 1 日至 6 月 30 日。在中国境内无住所的纳税人在 2021 年 3 月 1 日前离境的,可以在离境前办理年度汇算。

四、纳税调整

(1) 有下列情形之一的,税务机关有权按照合理方法进行纳税调整:

① 个人与其关联方之间的业务往来不符合独立交易原则而减少本人或者其关联方应纳税额,且无正当理由。
② 居民个人控制的,或者居民个人和居民企业共同控制的设立在实际税负明显偏低的国家(地区)的企业,无合理经营需要,对应当归属于居民个人的利润不做分配或者减少分配。
③ 个人实施其他不具有合理商业目的的安排而获取不当税收利益。

(2) 税务机关依照上述规定做出纳税调整,需要补征税款的,应当补征税款,并依法加收利息。

利息应当按照税款所属纳税申报期最后一日中国人民银行公布的与补税期间同期的人民币贷款基准利率计算,自税款纳税申报期满次日起至补缴税款期限届满之日止按日加收。纳税人在补缴税款期限届满前补缴税款的,利息加收至补缴税款之日。

本章小结

本章主要阐述个人所得税法的基本政策和制度。

个人所得税是主要以自然人取得的各类应税所得为征税对象而征收的一种所得税。

个人所得税的纳税义务人,包括中国公民、个体工商户、个人独资企业、合伙企

业投资者、在中国有所得的外籍人员（包括无国籍人员）和香港、澳门、台湾同胞。上述纳税义务人依据住所和居住时间两个标准，区分为居民个人和非居民个人，分别承担不同的纳税义务。

个人所得税的征收范围包括：（一）工资、薪金所得；（二）劳务报酬所得；（三）稿酬所得；（四）特许权使用费所得；（五）经营所得；（六）利息、股息、红利所得；（七）财产租赁所得；（八）财产转让所得；（九）偶然所得。居民个人取得上列第（一）项至第（四）项所得（称综合所得），按纳税年度合并计算个人所得税；非居民个人取得上列第（一）项至第（四）项所得，按月或者按次分项计算个人所得税。纳税人取得上列第（五）项至第（九）项所得，分别计算个人所得税。

由于个人所得税的应税项目不同，并且取得某项所得所需费用也不相同，因此，计算个人应纳税所得额，需按不同应税项目分项计算。以某项应税项目的收入额减去税法规定的该项目费用减除标准后的余额，为该应税项应纳税所得额。其中，综合所得适用七级超额累进税率；经营所得适用五级超额累进税率；利息、股息、红利所得，财产租赁所得，财产转让所得和偶然所得，适用比例税率。

个人所得税的纳税办法，全国通用实行的有自行申报纳税和全员全额扣缴申报纳税两种。

扣缴义务人向个人支付应税款项时，应当依照个人所得税法规定预扣或者代扣税款，按时缴库，并专项记载备查。

复习思考题

1. 个人所得税的税制模式有哪些？我国采用哪种模式？
2. 个人所得税的征收范围包括哪些内容？
3. 简述居民纳税人和非居民纳税人的划分标准。
4. 个人所得税在税率方面是如何规定的？
5. 各应税项目的应纳税所得额如何确定？
6. 境外所得的已缴纳税款如何抵免？
7. 简述个人所得税的优惠政策。
8. 什么情况下个人取得综合所得需要办理汇算清缴的纳税申报？
9. 个人所得税的纳税时间如何确定？
10. 简述个人所得税全员全额扣缴申报纳税制度。

第七章 资源和环境税法

资源和环境税法包括资源税法、土地增值税法、城镇土地使用税法和环境保护税法,主要是对因开发和利用自然资源差异而形成的级差收入发挥调节作用。

第一节 资源税法

资源税法是指国家制定的用于调整资源税征纳双方权利和义务关系的法律规范。

一、资源税概述

资源税是对在我国境内开采应税矿产品和生产盐的单位和个人课征的一种税,属于对自然资源占用课税的范畴。1984年我国开征资源税时,普遍认为征收资源税主要依据的是受益原则、公平原则和效率原则三方面。从受益方面考虑,资源属国家所有,开采者因开采国有资源而得益,有责任向所有者支付地租;从公平角度来看,条件公平是有效竞争的前提,资源级差收入的存在影响到资源开采者利润的真实性,故级差收入以归政府支配为宜;从效率角度分析,稀缺资源应由社会净效率高的企业来开采,对资源开采中出现的掠夺和浪费行为,国家有权采取经济手段促其转变。

1986年10月1日,《中华人民共和国矿产资源法》开始施行,该法第五条进一步明确:国家对矿产资源实行有偿开采。开采矿产资源,必须按照国家有关规定缴纳资源税和资源补偿费。1993年,全国财税体制改革,对1984年第一次资源税法律制度做了重大修改,形成了第二代资源税法律制度。1993年12月国务院发布的《中华人民共和国资源税暂行条例》及财政部发布的《中华人民共和国资源税暂行条例实施细则》,将盐税并到资源税中,并将资源税征收范围扩大为原油、天然气、煤炭、其他非金属矿原矿、黑色金属矿原矿、有色金属矿原矿和盐7种,于1994年1月1日起不再按超额利润征税，而是按矿产品销售量征税，按照"普遍征收、级差调节"的原则，就资源赋税情况、开采条件、资源等级、地理位置等客观条件的差异规定了幅度税额，为每一个课税矿区规定了适用税率。这一规定考虑了资源条件优劣的差别，对级差收益进行了有效调节。

自2010年6月1日起，对在新疆开采原油、天然气的纳税人进行了资源税从价计征改革试点工作。2011年，国务院令第605号公布了修订后的《中华人民共和国资源税暂行条例》，财政部令第66号《中华人民共和国资源税暂行条例实施细则》，它们自2011年11月1日起施行。2014年12月，对煤炭的资源税由从量计征改为从价计征，取得一定效果。根据党中央、国务院决策部署，2016年全面推进资源税改革，财政部和国家税务总局于2016年5月公布了《关于全面推进资源税改革的通知》（财税〔2016〕53号）、《关于资源税改革具体政策问题的通知》等，对绝大部分应税产品实行从价计征方式，对经营分散、多为现金交易且难以控管的黏土、砂石，按照便利征管原则，仍实行从量定额计征；同时在河北省开（财税〔2016〕54号）水资源税改革试点工作，采取水资源费改税方式，将地表水和地下水纳入征税范围，实行从量定额计征。自2017年12月1日起，水资源税改革试点进一步扩大到北京、天津、山西、内蒙古、山东、河南、四川、陕西、宁夏等9个省（自治区、直辖市）。

为了贯彻习近平生态文明思想、落实税收法定原则，2019年8月26日第十三届全国人民代表大会常务委员会第十二次会议通过了《中华人民共和国资源税法》（以下简称《资源税法》），该法自2020年9月1日起施行。

征收资源税的主要作用如下：（1）促进企业之间开展平等竞争。我国的资源税属于比较典型的级差资源税，它根据应税产品的品种、质量、存在形式、开采方式及企业所处地理位置和交通运输条件等客观因素的差异确定差别税率，从而使条件优越者税负较高，反之则税负较低。这种税率设计使资源税能够比较有效地调节因自然资源条件差异等客观因素给企业带来的级差收入，减少或排除资源条件差异对企业盈利水平的影响，为企业之间开展平等竞争创造有利的外部条件。（2）促进对自然资源的合理开发、利用。对开发、利用应税资源的行为课征资源税，体现了国有自然资源有偿占用的原则，从而可以促使纳税人节约、合理地开发和利用自然资源，有利于我国经济可持续发展。（3）为国家筹集财政资金。随着课征范围的逐渐扩展，资源税的收入规模及其在税收收入总额中所占的比重都相应增加，其财政意义也日渐明显，在为国家筹集财政资金方面发挥着不可忽视的作用。

二、纳税义务人

资源税的纳税义务人是指在中华人民共和国领域和中华人民共和国管辖的其他海域开发应税资源的单位和个人。应税资源的具体范围，由《资源税法》所附《资源税税目税率表》确定。

上述所称单位,是指企业、行政单位、事业单位、军事单位、社会团体及其他单位;所称个人,是指个体工商户和其他个人;其他单位和其他个人包括外商投资企业、外国企业及外籍人员。

资源税仅对在中国境内开采或者生产应税产品的单位和个人征收,因此进口的矿产品和盐不征收资源税。由于对进口应税产品不征收资源税,相应地,对出口应税产品也不免征或者退还已纳资源税。

单位和个人以应税产品投资、分配、抵债、赠与、以物易物等,视同销售,应按规定计算缴纳资源税。

开采海洋或陆上油气资源的中外合作油气田,在2011年11月1日前已签订的合同继续缴纳矿区使用费,不缴纳资源税;合同期满后,依法缴纳资源税。

三、征收范围

资源税的征收范围包括五大类税目,在五类税目下又设有若干个子目。《资源税法》所列的税目涵盖了所有已经发现的矿种和盐。

(一) 能源矿产

(1) 原油,是指开采的天然原油,不包括人造石油。

(2) 天然气、页岩气、天然气水合物。

(3) 煤,包括原煤和以未税原煤加工的洗选煤。

(4) 煤成(层)气。

(5) 铀、钍。

(6) 油页岩、油砂、天然沥青、石煤。

(7) 地热。

(二) 金属矿产

(1) 黑色金属。包括铁、锰、铬、钒、钛。

(2) 有色金属。包括铜、铅、锌、锡、镍、锑、镁、钴、铋、汞;铝土矿;钨;钼;金、银;铂、钯、钌、锇、铱、铑;轻稀土;中重稀土;铍、锂、锆、锶、铷、铯、铌、钽、锗、镓、铟、铊、铪、铼、镉、硒、碲。

(三) 非金属矿产

(1) 矿物类。包括高岭土;石灰岩;磷;石墨;萤石、硫铁矿、自然硫;天然石英砂、脉石英、粉石英、水晶、工业用金刚石、冰洲石、蓝晶石、硅线石(矽线石)、长石、滑石、刚玉、菱镁矿、颜料矿物、天然碱、芒硝、钠硝石、明矾石、砷、硼、碘、溴、膨润土、硅藻土、陶瓷土、耐火黏土、铁矾土、凹凸棒石黏土、海泡石黏土、伊利石黏土、累托石黏土;叶蜡石、硅灰石、透辉石、珍珠岩、云母、沸石、重晶石、毒重石、方解石、蛭石、透闪石、工业用电气石、白垩、石棉、蓝石棉、红柱石、石榴子石、石膏；其他黏土（铸型用黏土、砖瓦用黏土、陶粒用黏土、水泥配料用黏土、水泥配料用红土、水泥配料用黄土、水泥配料用泥岩、保温材料用黏土）。

（2）岩石类。包括大理岩、花岗岩、白云岩、石英岩、砂岩、辉绿岩、安山岩、闪长岩、板岩、玄武岩、片麻岩、角闪岩、页岩、浮石、凝灰岩、黑曜岩、霞石正长岩、蛇纹岩、麦饭石、泥灰岩、含钾岩石、含钾砂页岩、天然油石、橄榄岩、松脂岩、粗面岩、辉长岩、辉石岩、正长岩、火山灰、火山渣、泥炭；砂石（天然砂、卵石、机制砂石）。

（3）宝玉石类。包括宝石、玉石、宝石级金刚石、玛瑙、黄玉、碧玺。

（四）水气矿产

（1）二氧化碳气、硫化氢气、氦气、氡气。

（2）矿泉水。

（五）盐

（1）钠盐、钾盐、镁盐、锂盐。

（2）天然卤水。

（3）海盐。

四、税率

资源税具体适用的征税对象按照《资源税税目税率表》的规定执行，主要包括以下三种情况：（1）按原矿征税；（2）按选矿征税；（3）按原矿或者选矿征税。

资源税按照《资源税税目税率表》（表7-1）实行从价计征或者从量计征，分别以应税产品的销售额乘以纳税人具体适用的比例税率或者以应税产品的销售数量乘以纳税人具体适用的定额税率计算，实施"级差调节"的原则。级差调节是指运用资源税对因资源贮存状况、开采条件、资源优劣、地理位置等客观存在的差别而产生的资源级差收入，通过实施差别税率或差别税额进行调节。

表7-1 资源税税目税率表

序号	税目		征税对象	税率
1	能源矿产	原油	原矿	6%
2		天然气、页岩气、天然气水合物	原矿	6%
3		煤	原矿或者选矿	2%~10%
4		煤成（层）气	原矿	1%~2%
5		铀、钍	原矿	4%
6		油页岩、油砂、天然沥青、石煤	原矿或者选矿	1%~4%

续表

序号	税目		征税对象	税率
7		地热	原矿	1%~20%或者每立方米1~30元
8	金属矿产	黑色金属 铁、锰、铬、钒、钛	原矿或者选矿	1%~9%
9		有色金属 铜、铅、锌、锡、镍、锑、镁、钴、铋、汞	原矿或者选矿	2%~10%
10		铝土矿	原矿或者选矿	2%~9%
11		钨	选矿	6.5%
12		钼	选矿	8%
13		金、银	原矿或者选矿	2%~6%
14		铂、钯、钌、锇、铱、铑	原矿或者选矿	5%~10%
15		轻稀土	选矿	7%~12%
16		中重稀土	选矿	20%
17		铍、锂、锆、锶、铷、铯、铌、钽、锗、镓、铟、铊、铪、铼、镉、硒、碲	原矿或者选矿	2%~10%
18	非金属矿产	高岭土	原矿或者选矿	1%~6%
19		石灰岩	原矿或者选矿	1%~6%或者每吨（或者每立方米）1~10元
20		磷	原矿或者选矿	3%~8%
21		石墨	原矿或者选矿	3%~12%
22		萤石、硫铁矿、自然硫	原矿或者选矿	1%~8%
23		矿物类 天然石英砂、脉石英、粉石英、水晶、工业用金刚石、冰洲石、蓝晶石、硅线石（矽线石）、长石、滑石、刚玉、菱镁矿、颜料矿物、天然碱、芒硝、钠硝石、明矾石、砷、硼、碘、溴、膨润土、硅藻土、陶瓷土、耐火黏土、铁矾土、凹凸棒石黏土、海泡石黏土、伊利石黏土、累托石黏土	原矿或者选矿	1%~12%
24		叶蜡石、硅灰石、透辉石、珍珠岩、云母、沸石、重晶石、毒重石、方解石、蛭石、透闪石、工业用电气石、白垩、石棉、蓝石棉、红柱石、石榴子石、石膏	原矿或者选矿	2%~12%

续表

序号	税目		征税对象	税率
25	非金属矿产	矿物类	其他黏土（铸型用黏土、砖瓦用黏土、陶粒用黏土、水泥配料用黏土、水泥配料用红土、水泥配料用黄土、水泥配料用泥岩、保温材料用黏土）	原矿或者选矿	1%~5%或者每吨（或者每立方米）0.1~5元
26		岩石类	大理岩、花岗岩、白云岩、石英岩、砂岩、辉绿岩、安山岩、闪长岩、板岩、玄武岩、片麻岩、角闪岩、页岩、浮石、凝灰岩、黑曜岩、霞石正长岩、蛇纹岩、麦饭石、泥灰岩、含钾岩石、含钾砂页岩、天然油石、橄榄岩、松脂岩、粗面岩、辉长岩、辉石岩、正长岩、火山灰、火山渣、泥炭	原矿或者选矿	1%~10%
27			砂石（天然砂、卵石、机制砂石）	原矿或者选矿	1%~5%或者每吨（或者每立方米）0.1~5元
28		宝玉石类	宝石、玉石、宝石级金刚石、玛瑙、黄玉、碧玺	原矿或者选矿	4%~20%
29	水气矿产		二氧化碳气、硫化氢气、氦气、氡气	原矿	2%~5%
30			矿泉水	原矿	1%~20%或者每立方米1~30元
31	盐		钠盐、钾盐、镁盐、锂盐	选矿	3%~15%
32			天然卤水	原矿	3%~15%或者每吨（或者每立方米）1~10元
33			海盐		2%~5%

对表7-1中规定实行幅度比例税率的，其具体适用税率由省、自治区、直辖市人民政府统筹考虑该应税资源的品位、开采条件及对生态环境的影响等情况，在规定的税率幅度内提出，报同级人民代表大会常务委员会决定，并报全国人民代表大会常务委员会和国务院备案。《资源税税目税率表》中规定征税对象为原矿或者选矿的，应当分别确定具体适用税率。

纳税人开采或者生产同一税目下适用不同税率的应税产品的，应当分别核算不同税率应税产品的销售额或者销售数量；未分别核算或者不能准确提供不同税率应税产品的销售额或者销售数量的，从高适用税率。

五、计税依据

资源税的计税依据为应税产品的销售额或者销售数量,各税目的征税对象包括原矿、精矿等,根据《资源税税目税率表》的规定,地热、石灰岩、其他黏土、砂石、矿泉水和天然卤水可采用从价计征或从量计征的方式,其他应税产品统一适用从价定率征收的方式。

原矿和精矿的销售额或者销售数量应当分别核算,未分别核算的,从高确定计税销售额或者销售数量。

(一)从价定率征收的计税依据

1. 销售额的基本规定

从价定率征收的计税依据为计税销售额。计税销售额是指纳税人销售应税产品向购买方收取的全部价款和价外费用,但不包括收取的增值税销项税额。

其中,价外费用包括价外向购买方收取的手续费、补贴、基金、集资费、返还利润、奖励费、违约金、滞纳金、延期付款利息、赔偿金、代收款项、代垫款项、包装费、包装物租金、储备费、优质费、运输装卸费及其他各种性质的价外收费。但下列项目不包括在内:

(1)同时符合以下条件的代垫运输费用:

① 承运部门的运输费用发票开具给购买方的。

② 纳税人将该项发票转交给购买方的。

(2)同时符合以下条件代为收取的政府性基金或者行政事业性收费:

① 由国务院或者财政部批准设立的政府性基金,由国务院或者省级人民政府及其财政、价格主管部门批准设立的行政事业性收费。

② 收取时开具省级以上财政部门印制的财政票据。

③ 所收款项全额上缴财政。

纳税人以人民币以外的货币结算销售额的,应当折合成人民币计算。其销售额的人民币折合率可以选择销售额发生的当天或者当月1日的人民币汇率中间价。纳税人应在事先确定采用何种折合率计算方法,确定后1年内不得变更。

2. 运杂费用的扣减

对同时符合以下条件的运杂费用,纳税人在计算应税产品计税销售额时,可予以扣减:

(1)包含在应税产品销售收入中。

(2)属于纳税人销售应税产品环节发生的运杂费用,具体是指运送应税产品从坑口或者洗选(加工)地到车站、码头或者购买方指定地点的运杂费用。

(3)取得相关运杂费用发票或者其他合法有效凭据。

（4）将运杂费用与计税销售额分别进行核算。

纳税人扣减的运杂费用明显偏高导致应税产品价格偏低且无正当理由的，主管税务机关可以合理调整计税价格。

3. 原矿销售额与精矿销售额的换算或折算

为公平原矿与精矿之间的税负，对同一种应税产品，征税对象为精矿的，纳税人销售原矿时，应将原矿销售额换算为精矿销售额缴纳资源税；征税对象为原矿的，纳税人销售自采原矿加工的精矿，应将精矿销售额折算为原矿销售额缴纳资源税。换算比或折算率原则上应通过原矿售价、精矿售价和选矿比计算，也可通过原矿销售额、加工环节平均成本和利润计算。

金矿以标准金锭为征税对象，纳税人销售金原矿、金精矿的，应比照上述规定将其销售额换算为金锭销售额缴纳资源税。

换算比或折算率应按简便可行、公平合理的原则，由省级财税部门确定，并报财政部、国家税务总局备案。

4. 特殊情形下销售额的确定

（1）纳税人开采应税矿产品由其关联单位对外销售的，按其关联单位的销售额征收资源税。

（2）纳税人既有对外销售应税产品，又有将应税产品自用于除连续生产应税产品以外的其他方面的（包括用于非生产项目和生产非应税产品），则自用的这部分应税产品按纳税人对外销售应税产品的平均价格计算销售额征收资源税。

（3）纳税人将其开采的应税产品直接出口的，按其离岸价格（不含增值税）计算销售额征收资源税。

（4）纳税人申报的应税产品销售额明显偏低且无正当理由的，或者有自用应税产品行为而无销售额的，主管税务机关可以按下列方法和顺序确定其应税产品销售额：

① 按纳税人最近时期同类产品的平均销售价格确定。
② 按其他纳税人最近时期同类产品的平均销售价格确定。
③ 按后续加工非应税产品销售价格，减去后续加工环节的成本利润后确定。
④ 按应税产品组成计税价格确定。

$$组成计税价格 = 成本 \times (1 + 成本利润率) \div (1 - 资源税税率)$$

上述公式中的成本是指应税产品的实际生产成本；成本利润率由省、自治区、直辖市税务机关确定。

⑤ 按其他合理方法确定。

（5）纳税人外购应税产品与自采应税产品混合销售或者混合加工为应税产品销售的，在计算应税产品销售额或者销售数量时，准予扣减外购应税产品的购进金额或者购进数量；当期不足扣减的，可结转下期扣减。纳税人应当准确核算外购应税产品的购进金额或者购进数量，未准确核算的，一并计算缴纳资源税。

纳税人核算并扣减当期外购应税产品购进金额、购进数量，应当依据外购应税产品的增值税发票、海关进口增值税专用缴款书或者其他合法有效凭据。

纳税人以外购原矿与自采原矿混合为原矿销售，或者以外购选矿产品与自产选矿产品混合为选矿产品销售的，在计算应税产品销售额或者销售数量时，直接扣减外购原矿或者外购选矿产品的购进金额或者购进数量。

纳税人以外购原矿与自采原矿混合洗选加工为选矿产品销售的，在计算应税产品销售额或者销售数量时，按照下列方法进行扣减：

准予扣减的外购应税产品购进金额(数量) = 外购原矿购进金额(数量)
×(本地区原矿适用税率÷本地区选矿产品适用税率)

不能按照上述方法计算扣减的，按照主管税务机关确定的其他合理方法进行扣减。

(6)纳税人与其关联企业之间的业务往来，应当按照独立企业之间的业务往来收取或者支付价款、费用。不按照独立企业之间的业务往来收取或者支付价款、费用，而减少其计税销售额的，税务机关可以按照《税收征收管理法》及其实施细则的有关规定进行合理调整。

(二)从量定额征收的计税依据

实行从量定额征收的，以销售数量为计税依据。销售数量的具体规定如下：

(1)销售数量包括纳税人开采或者生产应税产品的实际销售数量和视同销售的自用数量。

(2)纳税人不能准确提供应税产品销售数量的，以应税产品的产量或者主管税务机关确定的折算比换算成的数量为计征资源税的销售数量。

(3)纳税人以自产的液体盐加工固体盐，按固体盐税额征税，以加工的固体盐数量为课税数量。纳税人以外购的液体盐加工固体盐，其加工固体盐所耗用液体盐的已纳税额准予抵扣。

(三)自产自用应税产品应当缴纳资源税的情形

纳税人自产自用应税产品应当缴纳资源税的情形，包括纳税人以应税产品用于非货币性资产交换、捐赠、偿债、赞助、集资、投资、广告、样品、职工福利、利润分配或者连续生产非应税产品等。

计税销售额或者销售数量，包括应税产品实际销售和视同销售两部分。应当征收资源税的视同销售的自产自用产品，包括用于非生产项目和生产非应税产品两类。视同销售具体包括以下情形：

(1)纳税人以自采原矿(经过采矿过程采出后未进行选矿或者加工的矿石)直接销售，或者自用于应当缴纳资源税情形的，按照原矿计征资源税。

(2)纳税人以自采原矿洗选加工为选矿产品(通过破碎、切割、洗选、筛分、磨矿、分级、提纯、脱水、干燥等过程形成的产品，包括富集的精矿和研磨成粉、粒级成型、切割成型的原矿加工品）销售，或者将选矿产品自用于应当缴纳资源税情形的，按照选矿产品计征资源税，在原矿移送环节不缴纳资源税。对于无法区分原生岩石矿种的粒级成型砂石颗粒，按照砂石税目征收资源税。

（3）以应税产品投资、分配、抵债、赠与、以物易物等，视同应税产品销售。

六、应纳税额的计算

资源税的应纳税额，按照从价定率或者从量定额的办法，分别以应税产品的销售额乘以纳税人具体适用的比例税率或者以应税产品的销售数量乘以纳税人具体适用的定额税率计算。

（一）从价定率方式应纳税额的计算

实行从价定率征收资源税的，根据应税产品的销售额和规定的适用税率计算应纳税额，具体计算公式为：

$$应纳税额 = 销售额 \times 适用税率$$

【例7-1】 某油田2021年3月销售原油3 000吨，开具的增值税专用发票上注明销售额为15 000万元、增值税额为1 950万元，按《资源税税目税率表》的规定，其适用的税率为6%。请计算该油田3月应缴纳的资源税。

【答案】

该油田3月应缴纳的资源税 = 15 000 × 6% = 900（万元）。

（二）从量定额方式应纳税额的计算

实行从量定额征收资源税的，根据应税产品的课税数量和规定的单位税额计算应纳税额，具体计算公式为：

$$应纳税额 = 课税数量 \times 单位税额$$
$$代扣代缴应纳税额 = 收购未税矿产品的数量 \times 适用的单位税额$$

【例7-2】 某砂石开采企业2021年3月销售砂石5 000立方米，资源税税率为3元/立方米。请计算该企业3月应缴纳的资源税。

【答案】

该企业3月应缴纳的资源税 = 5 000 × 3 = 15 000（元）。

七、税收优惠

（一）免征资源税

有下列情形之一的，免征资源税：

（1）开采原油及在油田范围内运输原油过程中用于加热的原油、天然气。

（2）煤炭开采企业因安全生产需要抽采的煤成（层）气。

(二) 减征资源税

有下列情形之一的,减征资源税:

(1) 从低丰度油气田开采的原油、天然气,减征20%资源税。

陆上低丰度油田是指每平方千米原油可采储量丰度低于25万立方米的油田;陆上低丰度气田是指每平方千米天然气可采储量丰度低于2.5亿立方米的气田。

海上低丰度油田是指每平方千米原油可采储量丰度低于60万立方米的油田;海上低丰度气田是指每平方千米天然气可采储量丰度低于6亿立方米的气田。

(2) 高含硫天然气、三次采油和从深水油气田开采的原油、天然气,减征30%资源税。

高含硫天然气是指硫化氢含量在每立方米30克以上的天然气。

三次采油是指二次采油后继续以聚合物驱、复合驱、泡沫驱、二氧化碳驱、气水交替驱、微生物驱等方式进行采油。

深水油气田是指水深超过300米的油气田。

(3) 稠油、高凝油减征40%资源税。

稠油是指地层原油黏度大于或等于50毫帕/秒或原油密度大于或等于0.92克/立方厘米的原油。

高凝油是指凝固点高于40℃的原油。

(4) 从衰竭期矿山开采的矿产品,减征30%资源税。

衰竭期矿山是指设计开采年限超过15年,且剩余可采储量下降到原设计可采储量的20%以下或者剩余开采年限不超过5年的矿山,衰竭期矿山以开采企业下属的单个矿山为单位确定。

根据国民经济和社会发展需要,国务院对有利于促进资源节约集约利用、保护环境等情形可以规定免征或者减征资源税,报全国人民代表大会常务委员会备案。

为便于征管,对开采稠油、高凝油、高含硫天然气、低丰度油气资源及三次采油的陆上油气田企业,根据以前年度符合上述减税规定的原油、天然气销售额占其原油、天然气总销售额的比例,确定资源税综合减征率和实际征收率,计算资源税应纳税额。计算公式为:

$$综合减征率 = \Sigma(减税项目销售额 \times 减征幅度 \times 6\%) \div 总销售额$$

$$实际征收率 = 6\% - 综合减征率$$

$$应纳税额 = 总销售额 \times 实际征收率$$

(三) 可由省、自治区、直辖市人民政府决定的免税或者减税

有下列情形之一的,省、自治区、直辖市人民政府可以决定免税或者减税资源税:

(1) 纳税人开采或者生产应税产品过程中,因意外事故或者自然灾害等原因遭受重大损失。

（2）纳税人开采共伴生矿、低品位矿、尾矿。

上述两项的免征或者减征资源税的具体办法，由省、自治区、直辖市人民政府提出，报同级人民代表大会常务委员会决定，并报全国人民代表大会常务委员会和国务院备案。

（四）其他减税、免税

（1）对青藏铁路公司及其所属单位自采自用的砂、石等材料免征资源税。

（2）为促进页岩气开发利用，有效增加天然气供给，经国务院同意，自2018年4月1日起至2021年3月31日止，对页岩气资源税（按6%的规定税率）减征30%。

（3）自2019年1月1日起至2021年12月31日止，对增值税小规模纳税人可以在50%的税额幅度内减征资源税。

纳税人开采或者生产同一应税产品，其中既有享受减免税政策的，又不享受减免税政策的，按照免税、减税项目的产量占比等方法分别核算确定免税、减税项目的销售额或者销售数量。

纳税人的免税、减税项目，应当单独核算销售额或者销售数量；未单独核算或者不能准确提供销售额或者销售数量的，不予免税或者减税。

纳税人享受资源税优惠政策，实行"自行判别、申报享受、有关资料留存备查"的办理方式，另有规定的除外。纳税人对资源税优惠事项留存材料的真实性和合法性承担法律责任。

八、征收管理

（一）纳税义务发生时间

（1）纳税人销售应税产品，其纳税义务发生时间为：

① 纳税人采取分期收款结算方式的，其纳税义务发生时间，为销售合同规定的收款日期的当天。

② 纳税人采取预收货款结算方式的，其纳税义务发生时间，为发出应税产品的当天。

③ 纳税人采取除分期收款和预收货款以外其他结算方式的，其纳税义务发生时间，为收讫销售款或者取得索取销售款凭据的当天。

（2）纳税人自产自用应税产品的纳税义务发生时间，为移送使用应税产品的当天。

（3）扣缴义务人代扣代缴税款的纳税义务发生时间，为支付首笔货款或首次开具支付货款凭据的当天。

（二）纳税期限

资源税按月或者按季申报缴纳；不能按固定期限计算缴纳的，可以按次申报缴纳。

纳税人按月或者按季申报缴纳的,应当自月度或者季度终了之日起15日内,向税务机关办理纳税申报并缴纳税款。

(三) 纳税环节

(1) 资源税在应税产品的销售或者自用环节计算缴纳。纳税人以自采原矿加工精矿产品的,在原矿移送使用时不缴纳资源税,在精矿销售或者自用时缴纳资源税。

(2) 纳税人以自采原矿直接加工为非应税产品或者以自采原矿加工的精矿连续生产非应税产品的,在原矿或者精矿移送环节计算缴纳资源税。

(3) 以应税产品投资、分配、抵债、赠与、以物易物等,在应税产品所有权转移时计算缴纳资源税。

(4) 纳税人以自采原矿加工金锭的,在金锭销售或者自用时缴纳资源税。纳税人销售自采原矿或者自采原矿加工的金精矿、粗金,在原矿或者金精矿、粗金销售时缴纳资源税,在移送使用时不缴纳资源税。

(四) 纳税地点

纳税人应当在矿产品的开采地或者海盐的生产地缴纳资源税。

(五) 征收机关

资源税由税务机关按照《资源税法》和《税收征收管理法》的规定征收管理。税务机关与自然资源等相关部门应当建立工作配合机制,加强资源税征收管理。海上开采的原油和天然气资源税由海洋石油税务管理机构负责征收管理。

九、水资源税改革试点实施办法

为全面贯彻落实党的十九大精神,推进资源全面节约和循环利用,推动形成绿色发展方式和生活方式,根据财政部、税务总局和水利部于2017年11月24日发布的《扩大水资源税改革试点实施办法》(以下简称《试点实施办法》),自2017年12月1日起,在北京、天津、山西、内蒙古、山东、河南、四川、陕西、宁夏9个省(自治区、直辖市)扩大水资源税改革试点,由征收水资源费改为征收水资源税。

(一) 纳税义务人

除规定情形外,水资源税的纳税人为直接取用地表水、地下水的单位和个人,包括直接从江、河、湖泊(含水库)和地下取用水资源的单位和个人。

下列情形,不缴纳水资源税:

(1) 农村集体经济组织及其成员从本集体经济组织的水塘、水库中取用水的。

(2) 家庭生活和零星散养、圈养畜禽饮用等少量取用水的。

(3) 水利工程管理单位为配置或者调度水资源取水的。

(4) 为保障矿井等地下工程施工安全和生产安全必须进行临时应急取用(排)

水的。

(5) 为消除对公共安全或者公共利益的危害临时应急取水的。

(6) 为农业抗旱和维护生态与环境必须临时应急取水的。

(二) 税率

除中央直属和跨省（区、市）水力发电取用水外，由试点省份省级人民政府统筹考虑本地区水资源状况、经济社会发展水平和水资源节约保护要求，在《试点实施办法》所附《试点省份水资源税最低平均税额表》（表7-2）规定的最低平均税额基础上，分类确定具体适用税额。

表7-2 试点省份水资源税最低平均税额表　　　　　　单位：元/立方米

省（区、市）	地表水最低平均税额	地下水最低平均税额
北京	1.6	4.0
天津	0.8	4.0
山西	0.5	2.0
内蒙古	0.5	2.0
山东	0.4	1.5
河南	0.4	1.5
四川	0.1	0.2
陕西	0.3	0.7
宁夏	0.3	0.7

为发挥水资源税调控作用，按不同取用水性质实行差别税额，地下水税额要高于地表水，超采地区的地下水税额要高于非超采地区，严重超采地区的地下水税额要大幅高于非超采地区。对超计划或超定额取用水加征1～3倍，对特种行业从高征税，对超过规定限额的农业生产取用水、农村生活集中式饮水工程取用水从低征税。具体适用税额，授权省级人民政府统筹考虑本地区水资源状况、经济社会发展水平和水资源节约保护的要求确定。

(三) 应纳税额的计算

水资源税实行从量计征。对一般取用水按照实际取用水量征税，对采矿和工程建设疏干排水按照排水量征税，对水力发电和火力发电贯流式（不含循环式）冷却取用水按照实际发电量征税。计算公式如下：

一般取用水应纳税额 = 实际取用水量 × 适用税额

疏干排水应纳税额 = 实际取用水量 × 适用税额

疏干排水的实际取用水量按照排水量确定。疏干排水是指在采矿和工程建设过程中破坏地下水层、发生地下涌水的活动。

水力发电和火力发电贯流式（不含循环式）冷却取用水应纳税额 = 实际发电量 ×

适用税额

火力发电贯流式冷却取用水是指火力发电企业从江、河、湖泊（含水库）等水源取水，并对机组冷却后将水直接排入水源的取用水方式。火力发电循环式冷却取用水是指火力发电企业从江、河、湖泊（含水库）、地下等水源取水并引入自建冷却水塔，对机组冷却后返回冷却水塔循环利用的取用水方式。

（四）税收优惠

（1）下列情形，予以免征或者减征水资源税：

① 规定限额内的农业生产取用水，免征水资源税。

② 取用污水处理再生水，免征水资源税。

③ 除接入城镇公共供水管网以外，军队、武警部队通过其他方式取用水的，免征水资源税。

④ 抽水蓄能发电取用水，免征水资源税。

⑤ 采油排水经分离净化后在封闭管道回注的，免征水资源税。

⑥ 财政部、税务总局规定的其他免征或者减征水资源税情形。

（2）自2019年1月1日起至2021年12月31日止，由省、自治区、直辖市人民政府根据本地区实际情况，以及宏观调控需要确定，对增值税小规模纳税人可以在50%的税额幅度内减征资源税。增值税小规模纳税人已依法享受资源税其他优惠政策的，可叠加享受上述规定的优惠政策。

（五）征收管理

为加强税收征管、提高征管效率，《试点实施办法》确定了"税务征管、水利核量、自主申报、信息共享"的征管模式，即税务机关依法征收管理；水行政主管部门负责核定取用水量；纳税人依法办理纳税申报；税务机关与水行政主管部门建立涉税信息共享平台和工作配合机制，定期交换征税和取用水信息资料。

水资源税的纳税义务发生时间为纳税人取用水资源的当日。除农业生产取用水外，水资源税按季或者按月征收，由主管税务机关根据实际情况确定。对超过规定限额的农业生产取用水水资源税可按年征收。不能按固定期限计算纳税的，可以按次申报纳税。纳税人应当自纳税期满或者纳税义务发生之日起15日内申报纳税。

水资源税由生产经营所在地的主管税务机关负责征收管理，跨省（区、市）调度的水资源，由调入区域所在地的税务机关征收水资源税。在试点省份内取用水，其纳税地点需要调整的，由省级财政、税务部门决定。

《资源税法》第十四条授权国务院试点征收水资源税，具体规定如下：国务院根据国民经济和社会发展需要，依照《资源税法》的原则，对取用地表水或者地下水的单位和个人试点征收水资源税。征收水资源税的，停止征收水资源费。水资源税试点实施办法由国务院规定，报全国人民代表大会常务委员会备案。国务院自《资源税法》施行之日起5年内，就征收水资源税试点情况向全国人民代表大会常务委员会报告，并及时提出修改法律的建议。

第二节 土地增值税法

土地增值税法是指国家制定的用于调整土地增值税征纳双方权利和义务关系的法律规范。

一、土地增值税概述

土地增值税是对有偿转让国有土地使用权、地上的建筑物及其附着物产权，取得增值收入的单位和个人征收的一种税。

我国现行土地增值税的基本法律规范是1993年12月13日国务院颁布的《中华人民共和国土地增值税暂行条例》（以下简称《土地增值税暂行条例》）。

征收土地增值税增强了政府对房地产开发和交易市场的调控，有利于抑制炒买炒卖土地获取暴利的行为，也增加了国家财政收入。

二、征收范围

土地增值税的征税对象是转让国有土地使用权、地上的建筑物及其附着物所取得的增值额。

（一）基本征收范围

土地增值税是对转让国有土地使用权、地上的建筑物及其附着物的行为征税，不包括国有土地使用权出让所取得的收入。

国有土地使用权出让是指国家以土地所有者的身份将土地使用权在一定年限内让与土地使用者，并由土地使用者向国家支付土地使用权出让金的行为，属于土地买卖的一级市场。土地使用权出让的出让方是国家，国家凭借土地的所有权向土地使用者收取土地的租金。出让的目的是实行国有土地的有偿使用制度，合理开发、利用、经营土地，因此，土地使用权的出让不属于土地增值税的征收范围。

国有土地使用权转让是指土地使用者通过出让等形式取得土地使用权后，将土地使用权再转让的行为，包括出售、交换和赠与，它属于土地买卖的二级市场。土地使用权转让，其地上的建筑物、其他附着物的所有权随之转让。土地使用权的转让，属于土地增值税的征收范围。

土地增值税的征收范围不包括未转让土地使用权、房产产权的行为，是否发生转让行为主要以房地产权属（指土地使用权和房产产权）的变更为标准。凡土地使用权、房产产权未转让的（如房地产的出租），不征收土地增值税。

土地增值税的基本征收范围包括：

（1）转让国有土地使用权。国有土地是指按国家法律规定属于国家所有的土地。出售国有土地使用权是指土地使用者通过出让方式，向政府缴纳了土地出让金，有偿受让土地使用权后，仅对土地进行通水、通电、通路和平整地面等土地开发，不进行房产开发，即所谓"将生地变熟地"，然后直接将空地出售出去。

（2）地上的建筑物及其附着物连同国有土地使用权一并转让。地上的建筑物是指建于土地上的一切建筑物，包括地上地下的各种附属设施。附着物是指附着于土地上的不能移动或一经移动即遭损坏的物品。纳税人取得国有土地使用权后进行房屋开发建造然后出售的，这种情况即是一般所说的房地产开发。虽然这种行为通常被称作卖房，但按照国家有关房地产法律和法规的规定，卖房的同时，土地使用权也随之发生转让。因为这种情况既发生了产权转让又取得了收入，所以应纳入土地增值税的征收范围。

（3）存量房地产的买卖。存量房地产是指已经建成并已投入使用的房地产，其房屋所有人将房屋产权和土地使用权一并转让给其他单位和个人。这种行为按照国家有关的房地产法律和法规，应当到有关部门办理房产产权和土地使用权的转移变更手续；原土地使用权属于无偿划拨的，还应到土地管理部门补交土地出让金。

（二）特殊征收范围

（1）房地产的继承。房地产的继承是指房产的原产权所有人、依照法律规定取得土地使用权的土地使用人死亡以后，由其继承人依法承受死者房产产权和土地使用权的民事法律行为。这种行为虽然发生了房地产的权属变更，但作为房产产权、土地使用权的原所有人（被继承人）并没有因为权属变更而取得任何收入。因此，这种房地产的继承不属于土地增值税的征收范围。

（2）房地产的赠与。房地产的赠与是指房产所有人、土地使用权所有人将自己所拥有的房地产无偿地交给其他人的民事法律行为。但这里的"赠与"仅指以下情况：

① 房产所有人、土地使用权所有人将房屋产权、土地使用权赠与直系亲属或承担直接赡养义务人的。

② 房产所有人、土地使用权所有人通过中国境内非营利的社会团体、国家机关将房屋产权、土地使用权赠与教育、民政和其他社会福利、公益事业的。社会团体是指中国青少年发展基金会、希望工程基金会、宋庆龄基金会、减灾委员会、中国红十字会、中国残疾人联合会、全国老年基金会、老区促进会及经民政部门批准成立的其他非营利性的公益性组织。

房地产的赠与虽发生了房地产的权属变更，但作为房产所有人、土地使用权所有人并没有因为权属的转让而取得任何收入。因此，房地产的赠与不属于土地增值税的征收范围。

(3) 房地产的出租。房地产的出租是指房产的产权所有人、依照法律规定取得土地使用权的土地使用人，将房产、土地使用权租赁给承租人使用，由承租人向出租人支付租金的行为。房地产的出租，出租人虽取得了收入，但没有发生房产产权、土地使用权的转让。因此，不属于土地增值税的征收范围。

(4) 房地产的抵押。房地产的抵押是指房产的产权所有人、依法取得土地使用权的土地使用人作为债务人或第三人向债权人提供不动产作为清偿债务的担保而不转移权属的法律行为。这种情况由于房产的产权、土地使用权在抵押期间产权并没有发生权属的变更，房产的产权所有人、土地使用权人仍能对房地产行使占有、使用、收益等权利，房产的产权所有人、土地使用权人虽然在抵押期间取得了一定的抵押贷款，但实际上这些贷款在抵押期满后是要连本带利偿还给债权人的。因此，对房地产的抵押，在抵押期间不征收土地增值税。待抵押期满后，视该房地产是否转移占有而确定是否征收土地增值税。对于以房地产抵债而发生房地产权属转让的，应列入土地增值税的征收范围。

(5) 房地产的交换。这种情况是指一方以房地产与另一方的房地产进行交换的行为。由于这种行为既发生了房产产权、土地使用权的转移，交换双方又取得了实物形态的收入，按《土地增值税暂行条例》的规定，它属于土地增值税的征收范围。但对个人之间互换自有居住用房地产的，经当地税务机关核实，可以免征土地增值税。

(6) 合作建房。对于一方出地，一方出资金，双方合作建房，建成后按比例分房自用的，暂免征收土地增值税；建成后转让的，应征收土地增值税。

(7) 房地产的代建房行为。这种情况是指房地产开发公司代客户进行房地产的开发，开发完成后向客户收取代建收入的行为。对于房地产开发公司而言，虽然取得了收入，但没有发生房地产权属的转移，其收入属于劳务收入性质，故不属于土地增值税的征收范围。

(8) 房地产的重新评估。这主要是指国有企业在清产核资时对房地产进行重新评估而使其升值的情况。这种情况下，房地产虽然有增值，但其既没有发生房地产权属的转移，房产产权、土地使用权人也未取得收入，所以不属于土地增值税的征收范围。

(三) 企业改制重组土地增值税政策

(1) 按照《中华人民共和国公司法》的规定，非公司制企业整体改制为有限责任公司或者股份有限公司，有限责任公司（股份有限公司）整体改制为股份有限公司（有限责任公司）。对改制前的企业将国有土地使用权、地上的建筑物及其附着物（以下简称"房地产"）转移、变更到改制后的企业，暂不征土地增值税。

整体改制是指不改变原企业的投资主体，并承继原企业权利、义务的行为。

(2) 按照法律规定或者合同约定，两个或两个以上企业合并为一个企业，且原企业投资主体存续的，对原企业将房地产转移、变更到合并后的企业，暂不征土地增值税。

（3）按照法律规定或者合同约定，企业分设为两个或两个以上与原企业投资主体相同的企业，对原企业将房地产转移、变更到分立后的企业，暂不征土地增值税。

（4）单位、个人在改制重组时以房地产作价入股进行投资，对其将房地产转移、变更到被投资的企业，暂不征土地增值税。

上述第（1）至（4）项有关改制重组土地增值税政策不适用于房地产转移任意一方为房地产开发企业的情形。

（5）企业改制重组后再转让国有土地使用权并申报缴纳土地增值税时，应以改制前取得该宗国有土地使用权所支付的地价款和按国家统一规定缴纳的有关费用，作为该企业"取得土地使用权所支付的金额"扣除。企业在改制重组过程中经省级以上（含省级）国土管理部门批准，国家以国有土地使用权作价出资入股的，再转让该宗国有土地使用权并申报缴纳土地增值税时，应以该宗土地作价入股时省级以上（含省级）国土管理部门批准的评估价格，作为该企业"取得土地使用权所支付的金额"扣除。办理纳税申报时，企业应提供该宗土地作价入股时省级以上（含省级）国土管理部门的批准文件和批准的评估价格，不能提供批准文件和批准的评估价格的，不得扣除。

企业按有关规定享受相关土地增值税优惠政策的，应及时向主管税务机关提交相关房产、国有土地权证、价值证明等书面材料。

三、纳税义务人

土地增值税的纳税义务人为转让国有土地使用权、地上的建筑物及其附着物（以下简称"转让房地产"）并取得收入的单位和个人。单位包括各类企业、事业单位、国家机关和社会团体及其他组织。个人包括个体经营者。

概括起来，《土地增值税暂行条例》对纳税人的规定主要有以下四个特点：

（1）不论法人与自然人。即不论是企业、事业单位、国家机关、社会团体及其他组织，还是个人，只要有偿转让房地产，都是土地增值税的纳税人。

（2）不论经济性质。即不论是全民所有制企业、集体企业、私营企业、个体经营者，还是联营企业、合资企业、合作企业、外商独资企业等，只要有偿转让房地产，都是土地增值税的纳税人。

（3）不论内资与外资企业、中国公民与外籍个人。根据1993年12月29日第八届全国人民代表大会常务委员会第五次会议通过的《全国人民代表大会常务委员会关于外商投资企业和外国企业适用增值税、消费税、营业税等税收暂行条例的决定》和《国务院关于外商投资企业和外国企业适用增值税、消费税、营业税等税收暂行条例有关问题的通知》（国发〔1994〕10号），以及《国家税务总局关于外商投资企业、外国企及外籍个人适用税种问题的通知》（国税发〔1994〕123号）等的规定，土地增值税适用于涉外企业和个人。因此，不论是内资企业还是外商投资企业、外国驻华机构，也不论是中国公民、港澳台同胞、海外华侨，还是外国公民，只要有偿转让房地产，都是土地增值税的纳税人。

（4）不论行业与部门。即不论是工业、农业、商业、学校、医院、机关等，只要有偿转让房地产，都是土地增值税的纳税人。

四、税率

土地增值税实行四级超率累进税率：
（1）增值额未超过扣除项目金额50%的部分，税率为30%。
（2）增值额超过扣除项目金额50%、未超过扣除项目金额100%的部分，税率为40%。
（3）增值额超过扣除项目金额100%、未超过扣除项目金额200%的部分，税率为50%。
（4）增值额超过扣除项目金额200%的部分，税率为60%。

上述所列四级超率累进税率，每级"增值额未超过扣除项目金额"的比例，均包括本比例数。土地增值税四级超率累进税率如表7-3所示。

表7-3　土地增值税四级超率累进税率表　　　　　　　单位：%

级数	增值额与扣除项目金额的比率	税率	速算扣除系数
1	不超过50%的部分	30	0
2	超过50%~100%的部分	40	5
3	超过100%~200%的部分	50	15
4	超过200%的部分	60	35

五、计税依据

土地增值税的计税依据是增值额，即纳税人转让房地产所取得的收入减除规定的扣除项目金额后的余额。也就是说，计算土地增值税应纳税额，并不是直接对转让房地产所取得的收入征税，而是要对收入额减除国家规定的各项扣除项目金额后的余额计算征税，这个余额就是纳税人在转让房地产中获取的增值额。

（一）应税收入

根据《土地增值税暂行条例》及《中华人民共和国土地增值税暂行条例实施细则》（以下简称《实施细则》）的规定，纳税人转让房地产取得的应税收入，应包括转让房地产的全部价款及有关的经济收益。从收入的形式来看，包括货币收入、实物收入和其他收入。

1. 货币收入

货币收入是指纳税人转让房地产而取得的现金、银行存款、支票、银行本票、汇票等各种信用票据和国库券、金融债券、企业债券、股票等有价证券。这些类型的收入其实质都是转让方因转让土地使用权、房屋产权而向取得方收取的价款。货币收入一般比较容易确定。

2. 实物收入

实物收入是指纳税人转让房地产而取得的各种实物形态的收入，如钢材、水泥等建材，房屋、土地等不动产等。实物收入的价值不太容易确定，一般要对这些实物形态的财产进行估价。

3. 其他收入

其他收入是指纳税人转让房地产而取得的无形资产收入或具有财产价值的权利，如专利权、商标权、著作权、专有技术使用权、土地使用权、商誉权等。这种类型的收入比较少见，其价值需要进行专门的评估。

(二) 扣除项目

税法准予纳税人从转让收入额中减除的扣除项目包括以下几项。

1. 取得土地使用权所支付的金额

取得土地使用权所支付的金额包括两方面的内容：

（1）纳税人为取得土地使用权所支付的地价款。如果是以协议、招标、拍卖等出让方式取得土地使用权的，地价款为纳税人所支付的土地出让金；如果是以行政划拨方式取得土地使用权的，地价款为按照国家有关规定补交的土地出让金；如果是以转让方式取得土地使用权的，地价款为向原土地使用权人实际支付的地价款。

（2）纳税人在取得土地使用权时按国家统一规定交纳的有关费用。它是指纳税人在取得土地使用权过程中为办理有关手续，按国家统一规定交纳的有关登记、过户手续费。

2. 房地产开发成本

房地产开发成本是指纳税人房地产开发项目实际发生的成本，包括土地征用及拆迁补偿费、前期工程费、建筑安装工程费、基础设施费、公共配套设施费、开发间接费用等。

（1）土地征用及拆迁补偿费。包括土地征用费、耕地占用税、劳动力安置费及有关地上、地下附着物拆迁补偿的净支出、安置动迁用房支出等。

（2）前期工程费。包括规划、设计、项目可行性研究和水文、地质、勘察、测绘、"三通一平"等支出。

（3）建筑安装工程费。指以出包方式支付给承包单位的建筑安装工程费，以自营方式发生的建筑安装工程费。

（4）基础设施费。包括开发小区内道路、供水、供电、供气、排污、排洪、通信、照明、环卫、绿化等工程发生的支出。

（5）公共配套设施费。包括不能有偿转让的开发小区内公共配套设施发生的支出。

（6）开发间接费用。指直接组织、管理开发项目发生的费用，包括工资、职工福利费、折旧费、修理费、办公费、水电费、劳动保护费、周转房摊销等。

3. 房地产开发费用

房地产开发费用是指与房地产开发项目有关的销售费用、管理费用和财务费用。根据现行财务会计制度的规定，这三项费用作为期间费用，直接计入当期损益，不按成本核算对象进行分摊。故作为土地增值税扣除项目的房地产开发费用，不按纳税人房地产开发项目实际发生的费用进行扣除，而按《实施细则》的标准进行扣除。

《实施细则》规定，财务费用中的利息支出，凡能够按转让房地产项目计算分摊并提供金融机构证明的，允许据实扣除，但最高不能超过按商业银行同类同期贷款利率计算的金额。其他房地产开发费用，按《实施细则》第七条（一）（二）项规定（取得土地使用权所支付的金额和房地产开发成本，下同）计算的金额之和的5%以内计算扣除。凡不能按转让房地产项目计算分摊利息支出或不能提供金融机构证明的，房地产开发费用按《实施细则》第七条（一）（二）项规定计算的金额之和的10%以内计算扣除。上述计算扣除的具体比例，由各省、自治区、直辖市人民政府规定。

上述规定的具体含义是：

（1）纳税人能够按转让房地产项目计算分摊利息支出，并能提供金融机构的贷款证明的，其允许扣除的房地产开发费用为：利息+（取得土地使用权所支付的金额+房地产开发成本）×5%以内（注：利息最高不能超过按商业银行同类同期贷款利率计算的金额）。

（2）纳税人不能按转让房地产项目计算分摊利息支出或不能提供金融机构贷款证明的，其允许扣除的房地产开发费用为：（取得土地使用权所支付的金额+房地产开发成本）×10%以内。

全部使用自有资金，没有利息支出的，按照以上方法扣除。上述具体适用的比例按省级人民政府此前规定的比例执行。

（3）房地产开发企业既向金融机构借款，又有其他借款的，其房地产开发费用计算扣除时不能同时适用上述（1）（2）项所述两种办法。

（4）土地增值税清算时，已经计入房地产开发成本的利息支出，应调整至财务费用中计算扣除。

此外，财政部、国家税务总局还对扣除项目金额中利息支出的计算问题做了两点专门规定：一是利息的上浮幅度按国家的有关规定执行，超过上浮幅度的部分不允许扣除；二是对于超过贷款期限的利息部分和加罚的利息不允许扣除。

4. 与转让房地产有关的税金

与转让房地产有关的税金是指在转让房地产时缴纳的城市维护建设税、印花税。因转让房地产缴纳的教育费附加,也可视同税金予以扣除。

需要明确的是,房地产开发企业按照《施工、房地产开发企业财务制度》的有关规定,已将转让房地产时缴纳的印花税列入管理费用中,故在此不允许再单独扣除。其他纳税人缴纳的印花税(按产权转移书据所载金额的0.5‰贴花)允许在此扣除。

5. 其他扣除项目

对从事房地产开发的纳税人可按《实施细则》第七条(一)(二)项规定计算的金额之和,加计20%的扣除。在此,应特别指出的是:此条优惠只适用于从事房地产开发的纳税人,除此之外的其他纳税人不适用。这样的规定,目的是抑制炒买炒卖房地产的投机行为,保护正常开发投资者的积极性。

6. 旧房及建筑物的评估价格

纳税人转让旧房的,应按房屋及建筑物的评估价格、取得土地使用权所支付的地价款或出让金、按国家统一规定交纳的有关费用和转让环节缴纳的税金作为扣除项目金额计征土地增值税。对取得土地使用权时未支付地价款或不能提供已支付的地价款凭据的,在计征土地增值税时不允许扣除。

旧房及建筑物的评估价格是指在转让已使用的房屋及建筑物时,由政府批准设立的房地产评估机构评定的重置成本价乘以成新度折扣率后的价格。评估价格须经当地税务机关确认。重置成本价的含义是:对旧房及建筑物,按转让时的建材价格及人工费用计算,建造同样面积、同样层次、同样结构、同样建设标准的新房及建筑物所需花费的成本费用。成新度折扣率的含义是:按旧房的新旧程度做一定比例的折扣。例如,一栋房屋已使用近10年,建造时的造价为500万元,按转让时的建材价格及人工费用计算,建同样的新房需要花费3 000万元,假定该房有六成新,则该房的评估价格为:3 000×60%=1 800(万元)。

纳税人转让旧房及建筑物,凡不能取得评估价格,但能提供购房发票的,经当地税务部门确认,根据《土地增值税暂行条例》第六条第(一)(三)项规定的扣除项目的金额(取得土地使用权所支付的金额,新建房及配套设施的成本、费用,或者旧房及建筑物的评估价格),可按发票所载金额并从购买年度起至转让年度止每年加计5%计算扣除。计算扣除项目时,"每年"按购房发票所载日期起至售房发票开具之日止,每满12个月计1年;超过1年,未满12个月但超过6个月的,可以视同为1年。

对纳税人购房时缴纳的契税,凡能提供契税完税凭证的,准予作为"与转让房地产有关的税金"予以扣除,但不作为加计5%的基数。

对于转让旧房及建筑物,既没有评估价格,又不能提供购房发票的,地方税务机关可以根据《税收征收管理法》第三十五条的规定,实行核定征收。

(三) 特殊情况的规定

准确核算增值额,需要有准确的房地产转让收入额和扣除项目的金额。在房地产实际交易活动中，有些纳税人不能准确提供房地产转让价格或扣除项目金额，致使增值额不准确，进而直接影响应纳税额的计算和缴纳。因此，《土地增值税暂行条例》第九条规定，纳税人有下列情形之一的，按照房地产评估价格计算征收。

1. **隐瞒、虚报房地产成交价格**

隐瞒、虚报房地产成交价格，是指纳税人不报或有意低报转让土地使用权、地上建筑物及其附着物价款的行为。隐瞒、虚报房地产成交价格的，应由评估机构参照同类房地产的市场交易价格进行评估。税务机关根据评估价格确定转让房地产的收入。

2. **提供扣除项目金额不实**

提供扣除项目金额不实，是指纳税人在纳税申报时不据实提供扣除项目金额的行为。提供扣除项目金额不实的，应由评估机构按照房屋重置成本价乘以成新度折扣率计算的房屋成本价和取得土地使用权时的基准地价进行评估。税务机关根据评估价格确定扣除项目金额。

3. **转让房地产的成交价格低于房地产评估价格，又无正当理由**

转让房地产的成交价格低于房地产评估价格，又无正当理由，是指纳税人申报的转让房地产的实际成交价低于房地产评估机构评定的交易价，纳税人又不能提供凭据或无正当理由的行为。转让房地产的成交价格低于房地产评估价格，又无正当理由的，由税务机关参照房地产评估价格确定转让房地产的收入。

上述所说的"房地产评估价格"是指由政府批准设立的房地产评估机构根据相同地段、同类房地产进行综合评定的价格。

六、应纳税额的计算

土地增值税按照纳税人转让房地产所取得的增值额和规定的税率计算征收。土地增值税的计算公式是：

$$应纳税额 = \Sigma（每级距的土地增值额 \times 适用税率）$$

但在实际工作中，分步计算比较烦琐，一般可以采用速算扣除法计算。即计算土地增值税税额，可按增值额乘以适用的税率减去扣除项目金额乘以速算扣除系数的简便方法计算，具体计算公式如下：

$$应纳税额 = 增值额 \times 适用税率 - 扣除项目金额 \times 速算扣除系数$$
$$= 扣除项目金额 \times （增值率 \times 适用税率 - 速算扣除系数）$$

【例7-3】 假定某房地产开发公司转让商品房一栋，取得收入总额为1 000万元，应扣除的购买土地的金额、开发成本的金额、开发费用的金额、相关税金的金额、其他扣除金额合计为400万元。请计算该房地产开发公司应缴纳的土地增值税。

【答案】

（1）首先计算增值额：

增值额 = 1 000 - 400 = 600（万元）。

（2）然后计算增值额与扣除项目金额的比率：

增值额与扣除项目金额的比率 = 600÷400×100% = 150%。

根据上述计算方法，增值额超过扣除项目金额 100%、未超过 200% 时，其适用的税率为 50%、速算扣除系数为 15%。

（3）最后计算该房地产开发公司应缴纳的土地增值税：

应缴纳的土地增值税 = 600×50% - 400×15% = 240（万元）。

七、房地产开发企业土地增值税清算

自 2007 年 2 月 1 日起，各省税务机关可按以下规定对房地产开发企业土地增值税进行清算。各省税务机关可依据以下规定并结合当地实际情况制定具体清算管理办法。

（一）清算单位

土地增值税以国家有关部门审批的房地产开发项目为单位进行清算，对于分期开发的项目，以分期项目为单位清算。

开发项目中同时包含普通住宅和非普通住宅的，应分别计算增值额。

（二）清算条件

（1）符合下列情形之一的，纳税人应进行土地增值税的清算：

① 房地产开发项目全部竣工、完成销售的。

② 整体转让未竣工决算房地产开发项目的。

③ 直接转让土地使用权的。

（2）符合下列情形之一的，主管税务机关可要求纳税人进行土地增值税清算：

① 已竣工验收的房地产开发项目，已转让的房地产建筑面积占整个项目可售建筑面积的比例在 85% 以上，或该比例虽未超过 85%，但剩余的可售建筑面积已经出租或自用的。

② 取得销售（预售）许可证满 3 年仍未销售完毕的。

③ 纳税人申请注销税务登记但未办理土地增值税清算手续的。

④ 省税务机关规定的其他情况。

（三）非直接销售和自用房地产的收入确定

（1）房地产开发企业将开发产品用于职工福利、奖励、对外投资、分配给股东或投资人、抵偿债务、换取其他单位和个人的非货币性资产等，发生所有权转移时应视同销售房地产，其收入按下列方法和顺序确认：

① 按本企业在同一地区、同一年度销售的同类房地产的平均价格确定。

② 由主管税务机关参照当地当年、同类房地产的市场价格或评估价值确定。

(2) 房地产开发企业将开发的部分房地产转为企业自用或用于出租等商业用途时，如果产权未发生转移，不征收土地增值税，在税款清算时不列收入，不扣除相应的成本和费用。

(3) 土地增值税清算时，已全额开具商品房销售发票的，按照发票所载金额确认收入；未开具发票或未全额开具发票的，以交易双方签订的销售合同所载的售房金额及其他收益确认收入。销售合同所载商品房面积与有关部门实际测量面积不一致，在清算前已发生补、退房款的，应在计算土地增值税时予以调整。

（四）扣除项目

(1) 房地产开发企业办理土地增值税清算时计算与清算项目有关的扣除项目金额，应根据《土地增值税暂行条例》第六条及《实施细则》第七条的规定执行。除另有规定外，扣除取得土地使用权所支付的金额、房地产开发成本、费用及与转让房地产有关税金，须提供合法有效凭证；不能提供合法有效凭证的，不予扣除。

(2) 房地产开发企业办理土地增值税清算所附送的前期工程费、建筑安装工程费、基础设施费、开发间接费用的凭证或资料不符合清算要求或不实的，地方税务机关可参照当地建设工程造价管理部门公布的建安造价定额资料，结合房屋结构、用途、区位等因素，核定上述四项开发成本的单位面积金额标准，并据以计算扣除。具体核定方法由省税务机关确定。

(3) 房地产开发企业开发建造的与清算项目配套的居委会和派出所用房、会所、停车场（库）、物业管理场所、变电站、热力站、水厂、文体场馆、学校、幼儿园、托儿所、医院、邮电通信等公共设施，按以下原则处理：

① 建成后产权属于全体业主所有的，其成本、费用可以扣除。

② 建成后无偿移交给政府、公用事业单位用于非营利性社会公共事业的，其成本、费用可以扣除。

③ 建成后有偿转让的，应计算收入，并准予扣除成本、费用。

(4) 房地产开发企业销售已装修的房屋，其装修费用可以计入房地产开发成本。房地产开发企业的预提费用，除另有规定外，不得扣除。

(5) 属于多个房地产项目共同的成本费用，应按清算项目可售建筑面积占多个项目可售总建筑面积的比例或其他合理的方法，计算确定清算项目的扣除金额。

(6) 房地产开发企业在工程竣工验收后，根据合同约定，扣留建筑安装施工企业一定比例的工程款，作为开发项目的质量保证金，在计算土地增值税时，建筑安装施工企业就质量保证金对房地产开发企业开具发票的，按发票所载金额予以扣除；未开具发票的，扣留的质保金不得计算扣除。

(7) 房地产开发企业逾期开发缴纳的土地闲置费不得扣除。

(8) 房地产开发企业为取得土地使用权所支付的契税，应视同"按国家统一规定交纳的有关费用",计入"取得土地使用权所支付的金额"中扣除。

(9) 拆迁安置费的扣除,按以下规定处理:

① 房地产企业用建造的本项目房地产安置回迁户的,安置用房视同销售处理,按《国家税务总局关于房地产开发企业土地增值税清算管理有关问题的通知》(以下简称《通知》,国税发〔2006〕187号)第三条第(一)款规定确认收入(按本企业在同一地区、同一年度销售的同类房地产的平均价格确定,或由主管税务机关参照当地当年、同类房地产的市场价格或评估价值确定),同时将此确认为房地产开发项目的拆迁补偿费。房地产开发企业支付给回迁户的补差价款,计入拆迁补偿费;回迁户支付给房地产开发企业的补差价款,应抵减本项目拆迁补偿费。

② 开发企业采取异地安置,异地安置的房屋属于自行开发建造的,房屋价值按国税发〔2006〕187号文件第三条第(一)款的规定计算,计入本项目的拆迁补偿费;异地安置的房屋属于购入的,以实际支付的购房支出计入拆迁补偿费。

③ 货币安置拆迁的,房地产开发企业凭合法有效凭据计入拆迁补偿费。

(五) 清算应报送的资料

符合《通知》第二条第(一)项规定的纳税人,须在满足清算条件之日起90日内到主管税务机关办理清算手续;符合《通知》第二条第(二)项规定的纳税人,须在主管税务机关限定的期限内办理清算手续。

纳税人办理土地增值税清算应报送以下资料:

(1) 房地产开发企业清算土地增值税书面申请、土地增值税纳税申报表。

(2) 项目竣工决算报表、取得土地使用权所支付的地价款凭证、国有土地使用权出让合同、银行贷款利息结算通知单、项目工程合同结算单、商品房购销合同统计表等与转让房地产的收入、成本和费用有关的证明资料。

(3) 主管税务机关要求报送的其他与土地增值税清算有关的证明资料等。

纳税人委托税务中介机构审核鉴证的清算项目,还应报送中介机构出具的《土地增值税清算税款鉴证报告》。

(六) 清算项目的审核鉴证

税务中介机构受托对清算项目审核鉴证时,应按税务机关规定的格式对审核鉴证情况出具鉴证报告。对符合要求的鉴证报告,税务机关可以采信。

税务机关要对从事土地增值税清算鉴证工作的税务中介机构在准入条件、工作程序、鉴证内容、法律责任等方面提出明确要求,并做好必要的指导和管理工作。

(七) 核定征收

房地产开发企业有下列情形之一的,税务机关可以参照与其开发规模和收入水平相近的当地企业的土地增值税税负情况,按不低于预征率的征收率核定征收土地增值税:

(1) 依照法律、行政法规的规定应当设置但未设置账簿的。

(2) 擅自销毁账簿或者拒不提供纳税资料的。

(3) 虽设置账簿,但账目混乱或者成本资料、收入凭证、费用凭证残缺不全,难以确定转让收入或扣除项目金额的。

(4) 符合土地增值税清算条件,未按照规定的期限办理清算手续,经税务机关责令限期清算,逾期仍不清算的。

(5) 申报的计税依据明显偏低,又无正当理由的。

核定征收必须严格依照税收法律法规规定的条件进行,任何单位和个人不得擅自扩大核定征收范围,严禁在清算中出现"以核定为主、一核了之""求快图省"的做法。凡擅自将核定征收作为本地区土地增值税清算主要方式的,必须立即纠正。对确需核定征收的,要严格按照税收法律法规的要求,从严、从高确定核定征收率。为了规范核定工作,核定征收率原则上不得低于5%,各省级税务机关要结合本地实际,区分不同房地产类型制定核定征收率。

(八) 清算后再转让房地产的处理

在土地增值税清算时未转让的房地产,清算后销售或有偿转让的,纳税人应按规定进行土地增值税的纳税申报,扣除项目金额按清算时的单位建筑面积成本费用乘以销售或转让面积计算。

单位建筑面积成本费用=清算时的扣除项目总金额÷清算的总建筑面积

(九) 清算后应补缴的土地增值税加收滞纳金

纳税人按规定预缴土地增值税后,清算补缴的土地增值税,在主管税务机关规定的期限内补缴的,不加收滞纳金。

八、税收优惠

(一) 建造普通标准住宅的税收优惠

纳税人建造普通标准住宅出售,增值额未超过扣除项目金额20%的,免征土地增值税。

这里所说的"普通标准住宅",是指按所在地一般民用住宅标准建造的居住用住宅。高级公寓、别墅、度假村等不属于普通标准住宅。2005年6月1日起,普通标准住宅应同时满足:住宅小区建筑容积率在1.0以上;单套建筑面积在120平方米以下;实际成交价格低于同级别土地上住房平均交易价格1.2倍以下。各省、自治区、直辖市要根据实际情况,制定本地区享受优惠政策普通住房的具体标准。允许单套建筑面积和价格标准适当浮动,但向上浮动的比例不得超过上述标准的20%。纳税人建造普通标准住宅出售,增值额未超过扣除项目金额20%的,免征土地增值税;增值额超过扣除项目金额20%的,应就其全部增值额按规定计税。

对于纳税人既建造普通标准住宅，又进行其他房地产开发的，应分别核算增值额。不分别核算增值额或不能准确核算增值额的，其建造的普通标准住宅不能适用这一免税规定。

（二）国家征用收回的房地产的税收优惠

因国家建设需要依法征用、收回的房地产，免征土地增值税。

这里所说的"因国家建设需要依法征用、收回的房地产"，是指因城市实施规划、国家建设的需要而被政府批准征用的房产或收回的土地使用权。

（三）因城市规划、国家建设需要而搬迁由纳税人自行转让原房地产的税收优惠

因城市实施规划、国家建设的需要而搬迁，由纳税人自行转让原房地产的，免征土地增值税。

因"城市实施规划"而搬迁，是指因旧城改造或因企业污染、扰民（指产生过量废气、废水、废渣和噪声，使城市居民生活受到一定危害），而由政府或政府有关主管部门根据已审批通过的城市规划确定进行搬迁的情况。因"国家建设的需要"而搬迁，是指因实施国务院、省级人民政府、国务院有关部委批准的建设项目而进行搬迁的情况。

（四）对企事业单位、社会团体及其他组织转让旧房作为公共租赁住房房源的税收优惠

对企事业单位、社会团体及其他组织转让旧房作为公共租赁住房房源，且增值额未超过扣除项目金额20%的，免征土地增值税。享受上述税收优惠政策的公共租赁住房是指纳入省、自治区、直辖市、计划单列市人民政府及新疆生产建设兵团批准的公共租赁住房发展规划和年度计划，并按照《关于加快发展公共租赁住房的指导意见》（建保〔2010〕87号）和市、县人民政府制定的具体管理办法进行管理的公共租赁住房。

（五）对个人销售住房的税收优惠

为适当减轻个人住房交易的税收负担，支持居民首次购买普通住房，经国务院批准，自2008年11月1日起，对个人销售住房暂免征收土地增值税。

九、征收管理

房地产开发与转让周期较长，造成土地增值税征管难度大，因此要加强土地增值税的预征管理，预征率的确定要科学、合理。对已经实行预征办法的地区，可根据不同类型房地产的实际情况，确定适当的预征率。除保障性住房外，东部地区省份预征率不得低于2%，中部和东北地区省份不得低于1.5%，西部地区省份不得低于1%。

（一）纳税地点

土地增值税的纳税人应向房地产所在地主管税务机关办理纳税申报，并在税务机关核定的期限内缴纳土地增值税。房地产所在地是指房地产的坐落地。纳税人转让房地产

坐落在两个或两个以上地区的,应按房地产所在地分别申报纳税。

在实际工作中,纳税地点的确定又可分为以下两种情况:

(1)纳税人是法人的。当转让的房地产坐落地与其机构所在地或经营所在地一致时,则在办理税务登记的原管辖税务机关申报纳税即可;如果转让的房地产坐落地与其机构所在地或经营所在地不一致时,则应在房地产坐落地所管辖的税务机关申报纳税。

(2)纳税人是自然人的。当转让的房地产坐落地与其居住所在地一致时,则在住所所在地税务机关申报纳税;当转让的房地产坐落地与其居住所在地不一致时,则在房地产坐落地的税务机关申报纳税。

(二)纳税申报

土地增值税的纳税人应当自转让房地产合同签之日起的7日内,向房地产所在地主管税务机关办理纳税申报,并向税务机关提交房屋及建筑物产权、土地使用权证书,土地转让、房产买卖合同,房地产评估报告及其他与转让房地产有关的资料。

纳税人因经常发生房地产转让而难以在每次转让后申报的,经税务机关审核同意后,可以定期进行纳税申报,具体期限由税务机关根据情况确定。

纳税人因经常发生房地产转让而难以在每次转让后申报,是指房地产开发企业开发建造的房地产因分次转让而频繁发生纳税义务,难以在每次转让后申报纳税的情况,土地增值税可按月或按各省、自治区、直辖市和计划单列市税务局规定的期限申报缴纳。纳税人选择定期申报方式的,应向纳税所在地的税务机关备案。定期申报方式确定后,一年之内不得变更。

此外,根据《实施细则》关于"纳税人在项目全部竣工结算前转让房地产取得的收入……可以预征土地增值税……具体办法由各省、自治区、直辖市地方税务局根据当地情况制定"的规定,对于纳税人预售房地产所取得的收入,凡当地税务机关规定预征土地增值税的,纳税人应当到主管税务机关办理纳税申报,并按规定比例预交,待办理决算后,多退少补;凡当地税务机关规定不预征土地增值税的,也应在取得收入时先到税务机关登记或备案。

第三节 城镇土地使用税法

城镇土地使用税法是指国家制定的用于调整城镇土地使用税征纳双方权利和义务关系的法律规范。

一、城镇土地使用税概述

城镇土地使用税是以国有土地或集体土地为征税对象,对拥有土地使用权的单位和个人征收的一种税。

我国现行城镇土地使用税的基本法律规范是 1988 年 9 月 27 日国务院令第 17 号发布的《中华人民共和国城镇土地使用税暂行条例》（以下简称《城镇土地使用税暂行条例》），随后其经历了四次修订，最近一次修订于 2019 年 3 月 2 日国务院令第 709 号公布施行。

征收城镇土地使用税有利于促进城镇土地的合理利用，调节土地级差收入，也有利于筹集地方财政资金。

二、征收范围

城镇土地使用税的征收范围，包括在城市、县城、建制镇和工矿区内的国家所有和集体所有的土地。

上述城市、县城、建制镇和工矿区分别按以下标准确认：

（1）城市是指经国务院批准设立的市。

（2）县城是指县人民政府所在地。

（3）建制镇是指经省、自治区、直辖市人民政府批准设立的建制镇。

（4）工矿区是指工商业比较发达，人口比较集中，符合国务院规定的建制镇标准，但尚未设立建制镇的大中型工矿企业所在地。工矿区须经省、自治区、直辖市人民政府批准。

上述城镇土地使用税的征收范围中，城市的土地包括市区和郊区的土地，县城的土地是指县人民政府所在地的城镇的土地，建制镇的土地是指镇人民政府所在地的土地。

建立在城市、县城、建制镇和工矿区以外的工矿企业不需要缴纳城镇土地使用税。

三、纳税义务人

在城市、县城、建制镇、工矿区范围内使用土地的单位和个人，为城镇土地使用税的纳税人。

上述所称单位，包括国有企业、集体企业、私营企业、股份制企业、外商投资企业、外国企业和其他企业及事业单位、社会团体、国家机关、军队和其他单位；所称个人，包括个体工商户和其他个人。

城镇土地使用税的纳税人通常包括以下几类：

（1）拥有土地使用权的单位和个人。

（2）拥有土地使用权的单位和个人不在土地所在地的，其实际使用人或代管人为纳税人。

（3）土地使用权未确定或权属纠纷未解决的，其实际使用人为纳税人。

（4）土地使用权共有的，共有各方都是纳税人，由共有各方分别纳税。

（5）在城镇土地使用税征税范围内，承租集体所有建设用地的，由直接从集体经济组织承租土地的单位和个人,缴纳城镇土地使用税。

几个人或几个单位共同拥有一块土地的使用权,这块土地的城镇土地使用税的纳税人应是对这块土地拥有使用权的每一个人或每一个单位。他们应以其实际使用的土地面积占总面积的比例,分别计算缴纳城镇土地使用税。例如,某城市的甲与乙共同拥有一块土地的使用权,这块土地面积为900平方米,甲实际使用1/3,乙实际使用2/3,则甲应是其所占的300(900×1/3)平方米土地的城镇土地使用税的纳税人,乙是其所占的600(900×2/3)平方米土地的城镇土地使用税的纳税人。

四、税率

城镇土地使用税采用定额税率,即采用有幅度的差别税额,按大、中、小城市和县城、建制镇、工矿区分别规定每平方米城镇土地使用税年税额。具体标准如下:

(1) 大城市 1.5~30 元。
(2) 中等城市 1.2~24 元。
(3) 小城市 0.9~18 元。
(4) 县城、建制镇、工矿区 0.6~12 元。

大、中、小城市以公安部门登记在册的非农业正式户口人数为依据,按照国务院颁布的《城市规划条例》中规定的标准划分。人口在50万人以上者为大城市;人口在20万~50万人之间者为中等城市;人口在20万以下者为小城市。城镇土地使用税税率如表7-4所示。

表7-4 城镇土地使用税税率表

级别	人口/人	每平方米年税额/元
大城市	50万以上	1.5~30
中等城市	20万~50万	1.2~24
小城市	20万以下	0.9~18
县城、建制镇、工矿区		0.6~12

各省、自治区、直辖市人民政府可根据市政建设状况和经济繁荣程度在规定税额幅度内,确定所辖地区的适用税额幅度。经济落后地区,城镇土地使用税的适用税额标准可以适当降低,但降低额不得超过上述规定最低税额的30%。经济发达地区,城镇土地使用税的适用税额标准可以适当提高,但须报财政部批准。

城镇土地使用税规定幅度税额主要是考虑到我国各地区存在着悬殊的土地级差收益,同一地区内不同地段的市政建设状况和经济繁荣程度也有较大的差别。把城镇土地使用税税额定为幅度税额,拉开档次,而且每个幅度税额的差距规定为20倍。这样,各地政府在划分本辖区不同地段的等级,确定适用税额时,有选择余地,便于具体操作。幅度税额还可以调节不同地区、不同地段之间的土地级差收益,尽可能地平衡税负。

五、计税依据

城镇土地使用税以纳税人实际占用的土地面积为计税依据，土地面积计量标准为每平方米。即税务机关根据纳税人实际占用的土地面积，按照规定的税额计算应纳税额，向纳税人征收城镇土地使用税。

纳税人实际占用的土地面积按下列办法确定：

（1）由省、自治区、直辖市人民政府确定的单位组织测定土地面积的，以测定的面积为准。

（2）尚未组织测量，但纳税人持有政府部门核发的土地使用证书的，以证书确认的土地面积为准。

（3）尚未核发土地使用证书的，应由纳税人申报土地面积，据以纳税，待核发土地使用证后再做调整。

（4）对在城镇土地使用税征税范围内单独建造的地下建筑用地，按规定征收城镇土地使用税。其中，已取得地下土地使用权证的，按土地使用权证确认的土地面积计算应征税款；未取得地下土地使用权证或地下土地使用权证上未标明土地面积的，按地下建筑垂直投影面积计算应征税款。

对上述地下建筑用地暂按应征税款的50%征收城镇土地使用税。

六、应纳税额的计算方法

城镇土地使用税的应纳税额可以通过纳税人实际占用的土地面积乘以该土地所在地段的适用税额求得。其计算公式为：

$$全年应纳税额 = 实际占用应税土地面积（平方米）\times 适用税额$$

【例7-4】 设在某城市的一家企业使用土地面积为5 000平方米，经税务机关核定，该土地为应税土地，每平方米年税额为5元。请计算该企业全年应缴纳的城镇土地使用税。

【答案】
全年应纳税额 = 5 000 × 5 = 25 000（元）。

七、税收优惠

（一）法定免缴城镇土地使用税的优惠

（1）国家机关、人民团体、军队自用的土地。

这部分土地是指这些单位本身的办公用地和公务用地，如国家机关、人民团体的办公楼用地，军队的训练场用地，等等。

(2) 由国家财政部门拨付事业经费的单位自用的土地。

这部分土地是指这些单位本身的业务用地，如学校的教学楼、操场、食堂等占用的土地。

(3) 宗教寺庙、公园、名胜古迹自用的土地。

宗教寺庙自用的土地是指举行宗教仪式等的用地和寺庙内的宗教人员生活用地。公园、名胜古迹自用的土地是指供公共参观游览的用地及其管理单位的办公用地。以上单位的生产、经营用地和其他用地，不属于免税范围，应按规定缴纳城镇土地使用税，如公园、名胜古迹中附设的营业单位（如影剧院、饮食部、茶社、照相馆等）使用的土地。

(4) 市政街道、广场、绿化地带等公共用地。

(5) 直接用于农、林、牧、渔业的生产用地。

这部分土地是指直接从事于种植、养殖、饲养的专业用地，不包括农副产品加工场地和生活、办公用地。

(6) 经批准开山填海整治的土地和改造的废弃土地，从使用的月份起免缴城镇土地使用税5~10年。

具体免税期限由各省、自治区、直辖市税务局在《城镇土地使用税暂行条例》规定的期限内自行确定。

(7) 对非营利性医疗机构、疾病控制机构和妇幼保健机构等卫生机构自用的土地，免征城镇土地使用税。

(8) 对国家拨付事业经费和企业办的各类学校、托儿所、幼儿园自用的土地，免征城镇土地使用税。

(9) 对免税单位无偿使用纳税单位的土地（如公安、海关等单位使用铁路、民航等单位的土地），免征城镇土地使用税。对纳税单位无偿使用免税单位的土地，纳税单位应照章缴纳城镇土地使用税。纳税单位与免税单位共同使用共有使用权土地上的多层建筑，对纳税单位可按其占用的建筑面积占建筑总面积的比例计征城镇土地使用税。

(10) 对行使国家行政管理职能的中国人民银行总行（含国家外汇管理局）所属分支机构自用的土地，免征城镇土地使用税。

(11) 为了体现国家的产业政策，支持重点产业的发展，对石油、电力、煤炭等能源用地，民用港口、铁路等交通用地和水利设施用地，三线调整企业、盐业、采石场、邮电等一些特殊用地划分了征免税界限和给予政策性减免税照顾。具体规定如下：

① 对石油天然气生产建设中用于地质勘探、钻井、井下作业、油气田地面工程等施工临时用地，暂免征收城镇土地使用税。

② 对企业的铁路专用线、公路等用地，在厂区以外、与社会公用地段未加隔离的，暂免征收城镇土地使用税。

③ 对企业厂区以外的公共绿化用地和向社会开放的公园用地,暂免征收城镇土地使用税。

④ 对盐场的盐滩、盐矿的矿井用地,暂免征收城镇土地使用税。

(12) 自 2019 年 1 月 1 日起至 2021 年 12 月 31 日止,对农产品批发市场、农贸市场(包括自有和承租,下同)专门用于经营农产品的土地,暂免征收城镇土地使用税。对同时经营其他产品的农产品批发市场和农贸市场使用的土地,按其他产品与农产品交易场地面积的比例确定征免城镇土地使用税。

农产品批发市场和农贸市场是指经工商登记注册,供买卖双方进行农产品及其初加工品现货批发或零售交易的场所。农产品包括粮油、肉禽蛋、蔬菜、干鲜果品、水产品、调味品、棉麻、活畜、可食用的林产品及由省、自治区、直辖市财税部门确定的其他可食用的农产品。享受上述税收优惠的土地,是指农产品批发市场、农贸市场直接为农产品交易提供服务的土地。农产品批发市场、农贸市场的行政办公区、生活区,以及商业餐饮娱乐等非直接为农产品交易提供服务的土地,不属于优惠范围,应按规定征收城镇土地使用税。

(13) 自 2019 年 1 月 1 日起至 2021 年 12 月 31 日止,对国家级、省级科技企业孵化器、大学科技园和国家备案众创空间自用及无偿或通过出租等方式提供给在孵对象使用的土地,免征城镇土地使用税。国家级、省级科技企业孵化器、大学科技园和国家备案众创空间应按规定申报享受免税政策,并将房产土地权属资料等留存备查,税务部门依法加强后续管理。2018 年 12 月 31 日以前认定的国家级科技企业孵化器、大学科技园,自 2019 年 1 月 1 日起享受上述税收优惠政策。2019 年 1 月 1 日以后认定的国家级、省级科技企业孵化器、大学科技园和国家备案众创空间,自认定之日次月起享受上述税收优惠政策。2019 年 1 月 1 日以后被取消资格的,自取消资格之日次月起停止享受上述税收优惠政策。

(14) 自 2019 年 1 月 1 日起至 2021 年 12 月 31 日止,对城市公交站场、道路客运站场、城市轨道交通系统运营用地,免征城镇土地使用税。

① 城市公交站场运营用地包括城市公交首末车站、停车场、保养场、站场办公用地、生产辅助用地。

道路客运站场运营用地包括站前广场、停车场、发车位、站务用地、站场办公用地、生产辅助用地。

城市轨道交通系统运营用地包括车站(含出入口、通道、公共配套及附属设施)、运营控制中心、车辆基地(含单独的综合维修中心、车辆段)及线路用地,不包括购物中心、商铺等商业设施用地。

② 城市公交站场、道路客运站场是指经县级以上(含县级)人民政府交通运输主管部门等批准建设的,为公众及旅客、运输经营者提供站务服务的场所。

城市轨道交通系统是指依规定批准建设的,采用专用轨道导向运行的城市公共客运交通系统,包括地铁系统、轻轨系统、单轨系统、有轨电车、磁浮系统、自动导向轨道系统、市域快速轨道系统,不包括旅游景区等单位内部为特定人群服务的轨道系统。

③ 纳税人享受规定的免税政策,应按规定进行免税申报,并将不动产权属证明、土地用途证明等资料留存备查。

(15) 自 2018 年 1 月 1 日至 2025 年 12 月 31 日,对易地扶贫搬迁安置住房用地,免征城镇土地使用税。在商品住房等开发项目中配套建设安置住房的,按安置住房建筑面积占总建筑面积的比例,计算应予免征的安置住房用地相关的城镇土地使用税。

(16) 自 2019 年 1 月 1 日起至 2020 年 12 月 31 日止,对向居民供热收取采暖费的供热企业,为居民供热所使用的土地,免征城镇土地使用税;对供热企业其他土地,应当按照规定征收城镇土地使用税。

(17) 自 2019 年 1 月 1 日至 2023 年 12 月 31 日,对公租房建设期间用地及公租房建成后占地,免征城镇土地使用税。在其他住房项目中配套建设公租房,按公租房建筑面积占总建筑面积的比例免征建设、管理公租房涉及的城镇土地使用税。

(18) 自 2019 年 1 月 1 日至 2021 年 12 月 31 日止,由省、自治区、直辖市人民政府根据本地区实际情况,以及宏观调控需要确定,对增值税小规模纳税人可以在 50% 的税额幅度内减征城镇土地使用税。增值税小规模纳税人已依法享受城镇土地使用税其他优惠政策的,可叠加享受上述优惠政策。

(19) 自 2020 年 1 月 1 日起至 2022 年 12 月 31 日止,对物流企业自有(包括自用和出租)或承租的大宗商品仓储设施用地,减按所属土地等级适用税额标准的 50% 计征城镇土地使用税。物流企业的办公、生活区用地及其他非直接用于大宗商品仓储的土地,不属于减税范围,应按规定征收城镇土地使用税。

(二)省、自治区、直辖市税务局确定的城镇土地使用税减免优惠

(1)个人所有的居住房屋及院落用地。
(2)房产管理部门在房租调整改革前经租的居民住房用地。
(3)免税单位职工家属的宿舍用地。
(4)民政部门举办的安置残疾人占一定比例的福利工厂用地。
(5)集体和个人办的各类学校、医院、托儿所、幼儿园用地。

八、征收管理

(一)纳税期限

城镇土地使用税实行按年计算、分期缴纳的征收方法,具体纳税期限由省、自治区、直辖市人民政府确定。

(二)纳税义务发生时间

(1)纳税人购置新建商品房,自房屋交付使用之次月起缴纳城镇土地使用税。

（2）纳税人购置存量房，自办理房屋权属转移、变更登记手续，房地产权属登记机关签发房屋权属证书之次月起缴纳城镇土地使用税。

（3）纳税人出租、出借房产，自交付出租、出借房产之次月起缴纳城镇土地使用税。

（4）以出让或转让方式有偿取得土地使用权的，应由受让方从合同约定交付土地时间的次月起缴纳城镇土地使用税；合同未约定交付土地时间的，由受让方从合同签订的次月起缴纳城镇土地使用税。

（5）纳税人新征收的耕地，自批准征收之日起满1年时开始缴纳城镇土地使用税。

（6）纳税人新征收的非耕地，自批准征收次月起缴纳城镇土地使用税。

（7）自2009年1月1日起，纳税人因土地的权利状态发生变化而依法终止城镇土地使用税纳税义务的，其应纳税款的计算应截止到土地权利状态发生变化的当月月末。

（三）纳税地点和征收机构

城镇土地使用税在土地所在地缴纳。

纳税人使用的土地不属于同一省（自治区、直辖市）管辖范围的，应由纳税人分别向土地所在地的税务机关缴纳城镇土地使用税；在同一省（自治区、直辖市）管辖范围内，纳税人跨地区使用的土地，其纳税地点由各省、自治区、直辖市税务局确定。

城镇土地使用税由土地所在地的税务机关负责征收，其收入纳入地方财政预算管理。城镇土地使用税征收工作涉及面广，政策性较强，税务机关在负责征收的同时，还必须注意加强同国土管理、测绘等有关部门的联系，及时取得土地的权属资料，沟通情况，共同协作把征收管理工作做好。

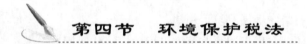

第四节　环境保护税法

环境保护税法是指国家制定的用于调整环境保护税征纳双方权利和义务关系的法律规范。

一、环境保护税概述

环境保护税是对在我国领域和我国管辖的其他海域直接向环境排放应税污染物的企业事业单位和其他生产经营者征收的一种税，其立法目的是保护和改善环境，减少污染物排放，推进生态文明建设。环境保护税是我国首个明确以环境保护为目标的独立型环境税税种，有利于解决排污费制度存在的执法刚性不足等问题，有利于提高纳税人环保意识和强化企业治污减排责任。

我国现行环境保护税的基本法律规范包括2016年12月25日第十二届全国人民代表大会常务委员会第二十五次会议通过的《中华人民共和国环境保护税法》(以下简称《环境保护税法》)、2017年12月25日国务院令第693号公布的《中华人民共和国环境保护税法实施条例》等。《环境保护税法》自2018年1月1日起正式施行。

直接向环境排放应税污染物的企业事业单位和其他生产经营者,除依照《环境保护税法》规定缴纳环境保护税外,应当对所造成的损害依法承担责任。

作为落实生态文明建设的重要税制改革举措而推出的环境保护税,具有以下基本特点:

(1) 属于调节型税种。《环境保护税法》第一条规定了环境保护税的立法目的是保护和改善环境,减少污染物排放,推进生态文明建设。环境保护税的首要功能是减少污染的排放,而非增加财政收入。

(2) 其渊源是排污收费制度。十八届三中全会明确提出"推动环境保护费改税",环境保护税基本平移了原排污费的制度框架,环境保护税自2018年1月1日起正式征收,排污费同时停征。

(3) 属于综合型环境税。环境保护税的征税范围包括大气污染物、水污染物、固体废物和噪声四大类,与对单一污染物征收的税种不同,属于综合型环境税。

(4) 属于直接排放税。环境保护税的纳税义务人是在我国领域和我国管辖的其他海域直接向环境排放应税污染物的企业事业单位和其他生产经营者。如果企业事业单位和其他生产经营者向依法设立的污水集中处理、生活垃圾集中处理场所排放应税污染物,不属于直接排放,不征收环境保护税。

(5) 对大气污染物、水污染物规定了幅度定额税率。环境保护税对大气污染物、水污染物规定了幅度定额税率,具体适用税额的确定和调整由省、自治区、直辖市人民政府在规定的税额幅度内提出。对应税污染物规定税率区间可使经济水平、环境目标要求不同的地区在税负设置方面具有一定的灵活性。

(6) 采用税务、环保部门紧密配合的征管方式。环境保护税采用"纳税人申报、税务征收、环保监测、信息共享"的征管方式,税务机关负责税收征收管理,生态环境主管部门负责污染物监测管理,高度依赖税务、环保部门的配合与协作。

(7) 收入纳入一般预算收入,全部划归地方。为促进各地保护和改善环境、增加环境保护投入,国务院决定,环境保护税收入全部作为地方收入。

二、纳税义务人

环境保护税的纳税义务人是在中华人民共和国领域和中华人民共和国管辖的其他海域直接向环境排放应税污染物的企业事业单位和其他生产经营者。

应税污染物是指《环境保护税法》所附《环境保护税税目税额表》和《应税污染

物和当量值表》所规定的大气污染物、水污染物、固体废物和噪声。

有下列情形之一的，不属于直接向环境排放污染物，不缴纳相应污染物的环境保护税：

（1）企业事业单位和其他生产经营者向依法设立的污水集中处理、生活垃圾集中处理场所排放应税污染物的。

（2）企业事业单位和其他生产经营者在符合国家和地方环境保护标准的设施、场所贮存或者处置固体废物的。

（3）达到省级人民政府确定的规模标准并且有污染物排放口的畜禽养殖场，应当依法缴纳环境保护税，但依法对畜禽养殖废弃物进行综合利用和无害化处理的。

三、征收范围

环境保护税的征收范围包括大气污染物、水污染物、固体废物和噪声四大类。

（一）大气污染物

大气污染物包括二氧化硫、氮氧化物、一氧化碳、氯气、氯化氢、氟化物、氰化氢、硫酸雾、铬酸雾、汞及其化合物、一般性粉尘、石棉尘、玻璃棉尘、炭黑尘、铅及其化合物、镉及其化合物、铍及其化合物、镍及其化合物、锡及其化合物、烟尘、苯、甲苯、二甲苯、苯并（a）芘、甲醛、乙醛、丙烯醛、甲醇、酚类、沥青烟、苯胺类、氯苯类、硝基苯、丙烯腈、氯乙烯、光气、硫化氢、氨、三甲胺、甲硫醇、甲硫醚、二甲二硫、苯乙烯、二硫化碳，共计44项。环境保护税的征税范围不包括温室气体二氧化碳。

（二）水污染物

水污染物分为两类水污染物：第一类水污染物包括总汞、总镉、总铬、六价铬、总砷、总铅、总镍、苯并（a）芘、总铍、总银；第二类水污染物包括悬浮物（SS）、生化需氧量（BOD_5）、化学需氧量（COD_{cr}）、总有机碳（TOC）、石油类、动植物油、挥发酚、总氰化物、硫化物、氨氮、氟化物、甲醛、苯胺类、硝基苯类、阴离子表面活性剂（LAS）、总铜、总锌、总锰、彩色显影剂（CD-2）、总磷、单质磷（以P计）、有机磷农药（以P计）、乐果、甲基对硫磷、马拉硫磷、对硫磷、五氯酚及五氯酚钠（以五氯酚计）、三氯甲烷、可吸附有机卤化物（AOX）（以Cl计）、四氯化碳、三氯乙烯、四氯乙烯、苯、甲苯、乙苯、邻-二甲苯、对-二甲苯、间-二甲苯、氯苯、邻二氯苯、对二氯苯、对硝基氯苯、2,4-二硝基氯苯、苯酚、间-甲酚、2,4-二氯酚、2,4,6-三氯酚、邻苯二甲酸二丁酯、邻苯二甲酸二辛酯、丙烯腈、总硒。应税水污染物共计61项。

（三）固体废物

固体废物包括煤矸石、尾矿、危险废物、冶炼渣、粉煤灰、炉渣、其他固体废物

(含半固态、液态废物)。

（四）噪声

应税噪声污染目前只包括工业噪声。

四、税率

环境保护税采用定额税率，其中，对应税大气污染物和水污染物规定了幅度定额税率，具体适用税额的确定和调整由省、自治区、直辖市人民政府统筹考虑本地区环境承载能力、污染物排放现状和经济社会生态发展目标要求，在规定的税额幅度内提出，报同级人民代表大会常务委员会决定，并报全国人民代表大会常务委员会和国务院备案。环境保护税税目税额如表7-5所示。

表7-5 环境保护税税目税额表

税目		计税单位	税额	备注
大气污染物		每污染当量	1.2元至12元	
水污染物		每污染当量	1.4元至14元	
固体废物	煤矸石	每吨	5元	
	尾矿	每吨	15元	
	危险废物	每吨	1 000元	
	冶炼渣、粉煤灰、炉渣、其他固体废物（含半固态、液态废物）	每吨	25元	
噪声	工业噪声	超标1~3分贝	每月350元	1. 一个单位边界上有多处噪声超标，根据最高一处超标声级计算应纳税额；当沿边界长度超过100米有两处以上噪声超标，按照两个单位计算应纳税额 2. 一个单位有不同地点作业场所的，应当分别计算应纳税额，合并计征 3. 昼、夜均超标的环境噪声，昼、夜分别计算应纳税额，累计计征 4. 声源一个月内超标不足15天的，减半计算应纳税额 5. 夜间频繁突发和夜间偶然突发厂界超标噪声，按等效声级和峰值噪声两种指标中超标分贝值高的一项计算应纳税额
		超标4~6分贝	每月700元	
		超标7~9分贝	每月1 400元	
		超标10~12分贝	每月2 800元	
		超标13~15分贝	每月5 600元	
		超标16分贝以上	每月11 200元	

五、计税依据

(一) 计税依据确定的基本方法

应税污染物的计税依据,按照下列方法确定:(1) 应税大气污染物按照污染物排放量折合的污染当量数确定;(2) 应税水污染物按照污染物排放量折合的污染当量数确定;(3) 应税固体废物按照固体废物的排放量确定;(4) 应税噪声按照超过国家规定标准的分贝数确定。

1. 应税大气污染物、水污染物按照污染物排放量折合的污染当量数确定计税依据

污染当量数以该污染物的排放量除以该污染物的污染当量值计算。计算公式为:

$$污染当量数 = 该污染物的排放量 \div 该污染物的污染当量值$$

污染当量是指根据污染物或者污染排放活动对环境的有害程度及处理的技术经济性,衡量不同污染物对环境污染的综合性指标或者计量单位。同一介质相同污染当量的不同污染物,其污染程度基本相当。每种应税大气污染物、水污染物的具体污染当量值,依照《环境保护税法》所附《应税污染物和当量值表》(表7-6至表7-10)执行。

每一排放口或者没有排放口的应税大气污染物,按照污染当量数从大到小排序,对前三项污染物征收环境保护税。每一排放口的应税水污染物,按照《环境保护税法》所附《应税污染物和当量值表》,区分第一类水污染物和其他类水污染物,按照污染当量数从大到小排序,对第一类水污染物按照前五项征收环境保护税,对其他类水污染物按照前三项征收环境保护税。

省、自治区、直辖市人民政府根据本地区污染物减排的特殊需要,可以增加同一排放口征收环境保护税的应税污染物项目数,报同级人民代表大会常务委员会决定,并报全国人民代表大会常务委员会和国务院备案。

纳税人有下列情形之一的,以其当期应税大气污染物、水污染物的产生量为污染物的排放量:

(1) 未依法安装使用污染物自动监测设备或者未将污染物自动监测设备与环境保护主管部门的监控设备联网。

(2) 损毁或者擅自移动、改变污染物自动监测设备。

(3) 篡改、伪造污染物监测数据。

(4) 通过暗管、渗井、渗坑、灌注或者稀释排放及不正常运行防治污染设施等方式违法排放应税污染物。

(5) 进行虚假纳税申报。

表 7-6　大气污染物污染当量值表　　　　　　　　　　　　　　　　　单位：千克

污染物	污染当量值	污染物	污染当量值
1. 二氧化硫	0.95	23. 二甲苯	0.27
2. 氮氧化物	0.95	24. 苯并（a）芘	0.000 002
3. 一氧化碳	16.7	25. 甲醛	0.09
4. 氯气	0.34	26. 乙醛	0.45
5. 氯化氢	10.75	27. 丙烯醛	0.06
6. 氟化物	0.87	28. 甲醇	0.67
7. 氰化氢	0.005	29. 酚类	0.35
8. 硫酸雾	0.6	30. 沥青烟	0.19
9. 铬酸雾	0.000 7	31. 苯胺类	0.21
10. 汞及其化合物	0.000 1	32. 氯苯类	0.72
11. 一般性粉尘	4	33. 硝基苯	0.17
12. 石棉尘	0.53	34. 丙烯腈	0.22
13. 玻璃棉尘	2.13	35. 氯乙烯	0.55
14. 炭黑尘	0.59	36. 光气	0.04
15. 铅及其化合物	0.02	37. 硫化氢	0.29
16. 镉及其化合物	0.03	38. 氨	9.09
17. 铍及其化合物	0.000 4	39. 三甲胺	0.32
18. 镍及其化合物	0.13	40. 甲硫醇	0.04
19. 锡及其化合物	0.27	41. 甲硫醚	0.28
20. 烟尘	2.18	42. 二甲二硫	0.28
21. 苯	0.05	43. 苯乙烯	25
22. 甲苯	0.18	44. 二硫化碳	20

表 7-7　第一类水污染物污染当量值表　　　　　　　　　　　　　　　单位：千克

污染物	污染当量值
1. 总汞	0.000 5
2. 总镉	0.005
3. 总铬	0.04
4. 六价铬	0.02
5. 总砷	0.02
6. 总铅	0.025
7. 总镍	0.025
8. 苯并（a）芘	0.000 000 3
9. 总铍	0.01
10. 总银	0.02

表 7-8 第二类水污染物污染当量值表   单位：千克

污染物	污染当量值
1. 悬浮物（SS）	4
2. 生化需氧量（BOD_5）	0.5
3. 化学需氧量（CODcr）	1
4. 总有机碳（TOC）	0.49
5. 石油类	0.1
6. 动植物油	0.16
7. 挥发酚	0.08
8. 总氰化物	0.05
9. 硫化物	0.125
10. 氨氮	0.8
11. 氟化物	0.5
12. 甲醛	0.125
13. 苯胺类	0.2
14. 硝基苯类	0.2
15. 阴离子表面活性剂（LAS）	0.2
16. 总铜	0.1
17. 总锌	0.2
18. 总锰	0.2
19. 彩色显影剂（CD-2）	0.2
20. 总磷	0.25
21. 单质磷（以 P 计）	0.05
22. 有机磷农药（以 P 计）	0.05
23. 乐果	0.05
24. 甲基对硫磷	0.05
25. 马拉硫磷	0.05
26. 对硫磷	0.05
27. 五氯酚及五氯酚钠（以五氯酚计）	0.25
28. 三氯甲烷	0.04
29. 可吸附有机卤化物（AOX）（以 Cl 计）	0.25
30. 四氯化碳	0.04
31. 三氯乙烯	0.04
32. 四氯乙烯	0.04
33. 苯	0.02

续表

污染物	污染当量值
34. 甲苯	0.02
35. 乙苯	0.02
36. 邻-二甲苯	0.02
37. 对-二甲苯	0.02
38. 间-二甲苯	0.02
39. 氯苯	0.02
40. 邻二氯苯	0.02
41. 对二氯苯	0.02
42. 对硝基氯苯	0.02
43. 2,4-二硝基氯苯	0.02
44. 苯酚	0.02
45. 间-甲酚	0.02
46. 2,4-二氯酚	0.02
47. 2,4,6-三氯酚	0.02
48. 邻苯二甲酸二丁酯	0.02
49. 邻苯二甲酸二辛酯	0.02
50. 丙烯腈	0.125
51. 总硒	0.02

说明：(1) 第一、二类污染物的分类依据为《污水综合排放标准》(GB 8978—1996)。

(2) 同一排放口中的化学需氧量（COD_{cr}）、生化需氧量（BOD_5）和总有机碳（TOC），只征收一项。

表7-9 PH值、色度、大肠菌群数、余氯量水污染物污染当量值表

污染物		污染当量值	备注
1. PH值	1. 0—1, 13—14 2. 1—2, 12—13 3. 2—3, 11—12 4. 3—4, 10—11 5. 4—5, 9—10 6. 5—6	0.06 吨污水 0.125 吨污水 0.25 吨污水 0.5 吨污水 1 吨污水 5 吨污水	PH值5—6指大于等于5，小于6；PH值9—10指大于9，小于等于10，其余类推
2. 色度		5 吨水·倍	
3. 大肠菌群数（超标）		3.3 吨污水	大肠菌群数和余氯量只征收一项
4. 余氯量（用氯消毒的医院废水）		3.3 吨污水	

表 7-10 禽畜养殖业、小型企业和第三产业水污染物污染当量值表

类型		污染当量值
禽畜养殖场	1. 牛	0.1 头
	2. 猪	1 头
	3. 鸡、鸭等家禽	30 羽
4. 小型企业		1.8 吨污水
5. 饮食娱乐服务业		0.5 吨污水
6. 医院	消毒	0.14 床
		2.8 吨污水
	不消毒	0.07 床
		1.4 吨污水

说明：（1）本表仅适用于计算无法进行实际监测或者物料衡算的禽畜养殖业、小型企业和第三产业等小型排污者的水污染物污染当量数。

（2）仅对存栏规模大于 50 头牛、500 头猪、5 000 羽鸡、鸭等的禽畜养殖场征收。

（3）医院病床数大于 20 张的按本表计算污染当量。

【例 7-5】 某企业 2021 年 3 月向水体直接排放第一类水污染物总汞 10 千克，根据第一类水污染物污染当量值表，总汞的污染当量值为 0.000 5 千克，其污染当量数为：10÷0.000 5 = 20 000。

2. 应税固体废物按照固体废物的排放量确定计税依据

固体废物的排放量为当期应税固体废物的产生量减去当期应税固体废物的贮存量、处置量、综合利用量的余额。其中，固体废物的贮存量、处置量是指在符合国家和地方环境保护标准的设施、场所贮存或者处置的固体废物数量；固体废物的综合利用量是指按照国务院发展改革、工业和信息化主管部门关于资源综合利用要求及国家和地方环境保护标准进行综合利用的固体废物数量。计算公式为：

固体废物的排放量 = 当期固体废物的产生量 − 当期固体废物的综合利用量
　　　　　　　　　− 当期固体废物的贮存量 − 当期固体废物的处置量

纳税人有下列情形之一的，以其当期应税固体废物的产生量为固体废物的排放量：

（1）非法倾倒应税固体废物。

（2）进行虚假纳税申报。

3. 应税噪声按照超过国家规定标准的分贝数确定计税依据

工业噪声按超过国家规定标准的分贝数确定每月税额，超过国家规定标准的分贝数是指实际产生的工业噪声与国家规定的工业噪声排放标准限值之间的差值。

（二）应税大气污染物、水污染物、固体废物的排放量和噪声分贝数的确定方法

应税大气污染物、水污染物、固体废物的排放量和噪声的分贝数，按照下列方法和

顺序计算：

（1）纳税人安装使用符合国家规定和监测规范的污染物自动监测设备的，按照污染物自动监测数据计算。

（2）纳税人未安装使用污染物自动监测设备的，按照监测机构出具的符合国家有关规定和监测规范的监测数据计算。

（3）因排放污染物种类多等原因不具备监测条件的，按照国务院生态环境主管部门规定的排污系数、物料衡算方法计算。

（4）不能按照上述第一项至第三项规定的方法计算的，按照省、自治区、直辖市人民政府生态环境主管部门规定的抽样测算的方法核定计算。

六、应纳税额的计算

（一）大气污染物应纳税额的计算

应税大气污染物应纳税额为污染当量数乘以具体适用税额。计算公式为：

$$大气污染物的应纳税额 = 污染当量数 \times 适用税额$$

【例7-6】 某企业2021年3月向大气直接排放二氧化硫、氟化物各100千克，一氧化碳200千克，氯化氢80千克，假设当地大气污染物每污染当量税额为1.2元，该企业只有一个排放口。其应纳税额计算如下：

（1）第一步：计算各污染物的污染当量数。

$$污染当量数 = 该污染物的排放量 \div 该污染物的污染当量值$$

据此计算各污染物的污染当量数为：

二氧化硫污染当量数 = $100 \div 0.95 \approx 105.26$

氟化物污染当量数 = $100 \div 0.87 \approx 114.94$

一氧化碳污染当量数 = $200 \div 16.7 \approx 11.98$

氯化氢污染当量数 = $80 \div 10.75 \approx 7.44$

（2）第二步：按污染当量数排序。

氟化物污染当量数（114.94）>二氧化硫污染当量数（105.26）>一氧化碳污染当量数（11.98）>氯化氢污染当量数（7.44）

该企业只有一个排放口，排序后选取前三项污染物为：氟化物、二氧化硫和一氧化碳。

（3）第三步：计算应纳税额。

应纳税额 = $(114.94 + 105.26 + 11.98) \times 1.2 \approx 278.62$（元）

（二）水污染物应纳税额的计算

应税水污染物的应纳税额为污染当量数乘以具体适用税额。

1. 适用监测数据法的水污染物应纳税额的计算

适用监测数据法的水污染物（包括第一类水污染物和第二类水污染物）的应纳税额为污染当量数乘以具体适用税额。计算公式为：

$$水污染物的应纳税额 = 污染当量数 \times 适用税额$$

【例7-7】 甲化工厂是环境保护税纳税人，该厂仅有1个污水排放口且直接向河流排放污水，已安装使用符合国家规定和监测规范的污染物自动监测设备。检测数据显示，该排放口2021年3月共排放污水6万吨（折合6万立方米），应税污染物为六价铬，浓度为0.5mg/L。请计算甲化工厂3月份应缴纳的环境保护税（该厂所在省的水污染物税额为2.8元/污染当量，六价铬的污染当量值为0.02千克）。

【答案】

（1）计算污染当量数：

六价铬污染当量数 = 排放总量 × 浓度值 ÷ 污染当量值 = 60 000 000 × 0.5 ÷ 1 000 000 ÷ 0.02 = 1 500

（2）应纳税额 = 1 500 × 2.8 = 4 200（元）

2. 适用抽样测算法的水污染物应纳税额的计算

适用抽样测算法的情形，纳税人按照《环境保护税法》所附《禽畜养殖业、小型企业和第三产业水污染物污染当量值表》所规定的污染当量值计算污染当量数。

（1）规模化禽畜养殖业排放的水污染物应纳税额的计算。

禽畜养殖业的水污染物应纳税额为污染当量数乘以具体适用税额。其污染当量数以禽畜养殖数量除以污染当量值计算。

【例7-8】 某养殖场2021年3月养牛存栏量为500头，污染当量值为0.1头，假设当地水污染物适用税额为每污染当量2.8元，当月该养殖场应缴纳的环境保护税计算如下：

水污染物污染当量数 = 500 ÷ 0.1 = 5 000

应纳税额 = 5 000 × 2.8 = 14 000（元）

（2）小型企业和第三产业排放的水污染物应纳税额的计算。

小型企业和第三产业的水污染物应纳税额为污染当量数乘以具体适用税额。其污染当量数以污水排放量（吨）除以污染当量值（吨）计算。计算公式为：

$$应纳税额 = 污水排放量（吨）\div 污染当量值（吨）\times 适用税额$$

【例7-9】 某餐饮公司通过安装水流量计测得2021年3月排放污水量为60吨，污染当量值为0.5吨。假设当地水污染物适用税额为每污染当量2.8元，当月该餐饮公司应缴纳的环境保护税计算如下：

水污染物污染当量数 = 60 ÷ 0.5 = 120

应纳税额 = 120 × 2.8 = 336（元）

（3）医院排放的水污染物应纳税额的计算。

医院排放的水污染物应纳税额为污染当量数乘以具体适用税额。其污染当量数以病床数或者污水排放量除以相应的污染当量值计算。计算公式为：

$$应纳税额 = 医院床位数 \div 污染当量值 \times 适用税额$$
$$应纳税额 = 污水排放量 \div 污染当量值 \times 适用税额$$

【例 7-10】 某县医院有床位 56 张，每月按时消毒，无法计量月污水排放量，污染当量值为 0.14 床。假设当地水污染物适用税额为每污染当量 2.8 元，请计算当月该医院应缴纳的环境保护税。

水污染物污染当量数 = 56 ÷ 0.14 = 400

应纳税额 = 400 × 2.8 = 1 120（元）

（三）固体废物应纳税额的计算

固体废物的应纳税额为固体废物排放量乘以具体适用税额，其排放量为当期应税固体废物的产生量减去当期应税固体废物的贮存量、处置量、综合利用量的余额。计算公式为：

$$固体废物的应纳税额 = （当期固体废物的产生量 - 当期固体废物的综合利用量 \\ - 当期固体废物的贮存量 - 当期固体废物的处置量） \times 适用税额$$

【例 7-11】 假设某企业 2021 年 3 月产生尾矿 1 000 吨，其中综合利用的尾矿 300 吨（符合国家相关规定），在符合国家和地方环境保护标准的设施贮存 300 吨。请计算该企业当月尾矿应缴纳的环境保护税。

【答案】

应纳税额 = （1 000 - 300 - 300） × 15 = 6 000（元）

（四）噪声应纳税额的计算

应税噪声的应纳税额为超过国家规定标准的分贝数对应的具体适用税额。

【例 7-12】 假设某工业企业只有一个生产场所，只在昼间生产，厂界外声环境功能区类别为 1 类，生产时产生噪声为 60 分贝，《工业企业厂界环境噪声排放标准》规定 1 类功能区昼间的噪声排放限值为 55 分贝，当月超标天数为 18 天。请计算该企业当月噪声污染应缴纳的环境保护税。

【答案】

超标分贝数 = 60 - 55 = 5（分贝）

根据《环境保护税税目税额表》，可得出该企业当月噪声污染应缴纳环境保护税 700 元。

七、税收优惠

（一）暂免征税项目

下列情形，暂予免征环境保护税：

(1) 农业生产（不包括规模化养殖）排放应税污染物的。

(2) 机动车、铁路机车、非道路移动机械、船舶和航空器等流动污染源排放应税污染物的。

(3) 依法设立的城乡污水集中处理、生活垃圾集中处理场所排放相应应税污染物，不超过国家和地方规定的排放标准的。

(4) 纳税人综合利用的固体废物，符合国家和地方环境保护标准的。

(5) 国务院批准免税的其他情形。

（二）减征税额项目

(1) 纳税人排放应税大气污染物或者水污染物的浓度值低于国家和地方规定的污染物排放标准30%的，减按75%征收环境保护税。

(2) 纳税人排放应税大气污染物或者水污染物的浓度值低于国家和地方规定的污染物排放标准50%的，减按50%征收环境保护税。

八、征收管理

（一）征管方式

环境保护税采用"纳税人申报、税务征收、环保监测、信息共享"的征管方式。纳税人应当依法如实办理纳税申报，对申报的真实性和完整性承担责任；税务机关依照《税收征收管理法》和《环境保护税法》的有关规定负责税收征收管理；生态环境主管部门依照《环境保护税法》和有关环境保护法律法规的规定负责污染物监测管理；县级以上地方人民政府应当建立税务机关、生态环境主管部门和其他相关单位分工协作工作机制；生态环境主管部门和税务机关应当建立涉税信息共享平台和工作配合机制，定期交换有关纳税信息资料。

（二）数据传递和比对

生态环境主管部门应当将排污单位的排污许可、污染物排放数据、环境违法和受行政处罚情况等环境保护相关信息，定期交送税务机关。

税务机关应当将纳税人的纳税申报、税款入库、减免税额、欠缴税款、风险疑点等环境保护税涉税信息，定期交送生态环境主管部门。

税务机关应当将纳税人的纳税申报数据资料与生态环境主管部门交送的相关数据资料进行比对。纳税人申报的污染物排放数据与生态环境主管部门交送的相关数据不一致的，按照生态环境主管部门交送的数据确定应税污染物的计税依据。

（三）复核

税务机关发现纳税人的纳税申报数据资料异常或者纳税人未按照规定期限办理纳税申报的，可以提请生态环境主管部门进行复核，生态环境主管部门应当自收到税务机关的数据资料之日起 15 日内向税务机关出具复核意见。税务机关应当按照生态环境主管部门复核的数据资料调整纳税人的应纳税额。

纳税人的纳税申报数据资料异常，包括但不限于下列情形：

（1）纳税人当期申报的应税污染物排放量与上一年同期相比明显偏低，且无正当理由。

（2）纳税人单位产品污染物排放量与同类型纳税人相比明显偏低，且无正当理由。

（四）纳税时间

环境保护税纳税义务发生时间为纳税人排放应税污染物的当日。环境保护税按月计算，按季申报缴纳。不能按固定期限计算缴纳的，可以按次申报缴纳。

纳税人按季申报缴纳的，应当自季度终了之日起 15 日内，向税务机关办理纳税申报并缴纳税款。纳税人按次申报缴纳的，应当自纳税义务发生之日起 15 日内，向税务机关办理纳税申报并缴纳税款。纳税人申报缴纳时，应当向税务机关报送所排放应税污染物的种类、数量，大气污染物、水污染物的浓度值，以及税务机关根据实际需要要求纳税人报送的其他纳税资料。

（五）纳税地点

纳税人应当向应税污染物排放地的税务机关申报缴纳环境保护税。应税污染物排放地是指应税大气污染物、水污染物排放口所在地，应税固体废物产生地，应税噪声产生地。

纳税人跨区域排放应税污染物，税务机关对税收征收管辖有争议的，由争议各方按照有利于征收管理的原则协商解决。

纳税人从事海洋工程向中华人民共和国管辖海域排放应税大气污染物、水污染物或者固体废物，申报缴纳环境保护税的具体办法，由国务院税务主管部门会同国务院生态环境主管部门规定。

本 章 小 结

本章主要阐述资源和环境税法的基本政策和制度。

资源和环境税法包括资源税法、土地增值税法、城镇土地使用税法和环境保护税法，主要是对因开发和利用自然资源差异而形成的级差收入发挥调节作用。

资源税是对在我国境内从事应税矿产品开采和生产盐的单位和个人课征的一种税。资源税的征税范围涵盖了所有已经发现的矿种和盐。资源税的纳税义务人是指在中华人民共和国领域及管辖的其他海域开发应税资源的单位和个人。资源税实行从价计征或者从量计征，以应税产品的销售额或销售量资源税为计税依据。资源税按月或者按季申报缴纳；不能按固定期限计算缴纳的，可以按次申报缴纳。纳税人应当在矿产品的开采地或者海盐的生产地缴纳资源税。

土地增值税是对有偿转让国有土地使用权及地上建筑物和其他附着物产权，取得增值收入的单位和个人征收的一种税。土地增值税的征税范围包括转让国有土地使用权及其地上建筑物和附着物。土地增值税以转让国有土地使用权、地上的建筑及其附着物并取得收入的单位和个人为纳税人，实行四级超率累进税率，以增值额为计税依据。各省税务机关可按规定对房地产开发企业土地增值税进行清算。土地增值税的纳税人应向房地产所在地主管税务机关办理纳税申报，并在税务机关核定的期限内缴纳土地增值税。

城镇土地使用税是以国有土地或集体土地为征税对象，对拥有土地使用权的单位和个人征收的一种税。城镇土地使用税的征收范围，包括在城市、县城、建制镇和工矿区内的国家所有和集体所有的土地。在城市、县城、建制镇、工矿区范围内使用土地的单位和个人，为城镇土地使用税的纳税人。城镇土地使用税采用有幅度的差别税额，以纳税人实际占用的土地面积为计税依据，土地面积计量标准为每平方米。城镇土地使用税实行按年计算、分期缴纳的征收方法，由土地所在地的税务机关负责征收，具体纳税期限由省、自治区、直辖市人民政府确定。

环境保护税是对在我国领域及管辖的其他海域直接向环境排放应税污染物的企事业单位和其他生产经营者征收的一种税。环境保护税的征收范围包括大气污染物、水污染物、固体废物和噪声四大类。环境保护税的纳税义务人是在中华人民共和国领域和中华人民共和国管辖的其他海域直接向环境排放应税污染物的企业事业单位和其他生产经营者。环境保护税实行定额税率，采用"企业申报、税务征收、环保协同、信息共享"的征管方式。

复习思考题

1. 简述资源税的征收范围。
2. 资源税的纳税人是如何确定的？
3. 资源税的计税依据如何规定？
4. 土地增值税的开征目的是什么？
5. 简述土地增值税的扣除项目。
6. 土地增值税的纳税地点如何规定？
7. 简述城镇土地使用税的征收范围。
8. 简述城镇土地使用税的计税依据。
9. 简述环境保护税的征收范围。
10. 如何计算环境保护税的污染当量值与税额？

第八章 特定目的税法

特定目的税法包括城市维护建设税法、车辆购置税法、耕地占用税法和烟叶税法，主要是为了达到特定目的，对特定对象和特定行为发挥调节作用。

第一节 城市维护建设税法

城市维护建设税法是指国家制定的用于调整城市维护建设税征纳双方权利和义务关系的法律规范。

一、城市维护建设税概述

城市维护建设税是对从事经营活动，缴纳增值税、消费税的单位和个人征收的一种附加税。中华人民共和国成立以来，我国城市建设和维护取得了较大成绩，但国家在城市维护建设方面一直资金不足。1979年以前，我国用于城市维护建设的资金来源由当时的工商税附加、城市公用事业附加和国家下拨城市维护费组成。1985年2月8日，国务院发布了《中华人民共和国城市维护建设税暂行条例》，并自当年在全国范围内施行，自此我国开征城市维护建设税。我国现行城市维护建设税的基本法律规范是2020年8月11日第十三届全国人民代表大会常务委员会第二十一次会议通过的《中华人民共和国城市维护建设税法》，该法自2021年9月1日起施行。

城市维护建设税的特点包括：首先，税款专款专用，所征税款要求保证用于城市公用事业和公共设施的维护和建设；其次，属于一种附加税，城市维护建设税是以纳税人实际缴纳的增值税、消费税税额为计税依据，随增值税、消费税同时征收，其本身没有特定的课税对象，其征管方法也完全比照增值税、消费税的有关规定办理；最后，根据城镇规模及其维护建设资金需要设计不同比例税率。

城市维护建设税的征收弥补了城市维护建设资金的不足,以增值税、消费税为代表的流转税是我国的主体税种,城市维护建设税以增值税、消费税应纳税额为计税依据,保证了税源的充足,对补充城市维护建设资金的不足发生了积极的作用;同时调动了地方政府进行城市维护和建设的积极性,城市维护建设税专项用于城市的公用事业和公共设施的维护和建设,具体使用由地方人民政府确定,充分调动了地方政府协税护税征税的积极性。

二、纳税义务人与征收范围

城市维护建设税是对从事经营活动,缴纳增值税、消费税的单位和个人征收的一种税。

城市维护建设税的纳税义务人是在中华人民共和国境内缴纳增值税、消费税的单位和个人,包括国有企业、集体企业、私营企业、股份制企业、其他企业和行政单位、事业单位、军事单位、社会团体、其他单位,以及个体工商户和其他个人。

城市维护建设税的代扣代缴、代收代缴,比照增值税、消费税的有关规定办理。增值税、消费税的代扣代缴、代收代缴义务人同时也是城市维护建设税的代扣代缴、代收代缴义务人。

对进口货物或者境外单位和个人向境内销售劳务、服务、无形资产缴纳的增值税、消费税税额,不征收城市维护建设税。

三、税率

城市维护建设税的税率,是指纳税人应缴纳的城市维护建设税税额与纳税人实际缴纳的增值税、消费税税额之间的比率。城市维护建设税按纳税人所在地的不同,设置了三档地区差别比例税率,除特殊规定外,即

(1) 纳税人所在地在市区的,税率为7%。

(2) 纳税人所在地在县城、镇的,税率为5%。撤县建市后,城市维护建设税适用税率为7%。

(3) 纳税人所在地不在市区、县城或者镇的,税率为1%。开采海洋石油资源的中外合作油(气)田所在地在海上,其城市维护建设税适用1%的税率。

城市维护建设税的适用税率,应当按纳税人所在地的规定税率执行。但是,对下列两种情况,可按缴纳增值税、消费税所在地的规定税率就地缴纳城市维护建设税:

(1) 由受托方代扣代缴、代收代缴增值税、消费税的单位和个人,其代扣代缴、代收代缴的城市维护建设税按受托方所在地适用税率执行。

(2) 流动经营等无固定纳税地点的单位和个人,在经营地缴纳增值税、消费税的,其城市维护建设税的缴纳按经营地适用税率执行。

四、计税依据

城市维护建设税的计税依据是纳税人依法实际缴纳的增值税、消费税税额。纳税人违反增值税、消费税有关规定而被加收的滞纳金和罚款,是税务机关对纳税人违法行为的经济制裁,不作为城市维护建设税的计税依据;但纳税人在被查补增值税、消费税并被处以罚款时,税务机关应同时对其偷逃的城市维护建设税进行补税、征收滞纳金,并处罚款。

城市维护建设税以增值税、消费税税额为计税依据并与增值税、消费税同时征收,如果要免征或者减征增值税、消费税,也就要同时免征或者减征城市维护建设税。但对出口产品退还增值税、消费税的,不退还已缴纳的城市维护建设税。

自 2005 年 1 月 1 日起,经国家税务局正式审核批准的当期免抵的增值税税额应纳入城市维护建设税和教育费附加的计征范围,分别按规定的税(费)率征收城市维护建设税和教育费附加。2005 年 1 月 1 日前,已按抵免的增值税税额征收的城市维护建设税和教育费附加不再退还,未征的不再补征。

五、应纳税额的计算

城市维护建设税应纳税额的大小是由纳税人实际缴纳的增值税、消费税税额决定的。其计算公式为:

应纳税额 = 纳税人实际缴纳的增值税、消费税税额 × 适用税率

【例 8-1】 某企业位于县城,2021 年 3 月撤县设区,该企业 2021 年 3 月实际缴纳增值税 90 万元、消费税 60 万元。请计算该企业当月应缴纳的城市维护建设税。

【答案】

该企业当月应缴纳的城市维护建设税 = (90 + 60) × 7% = 10.5(万元)。

六、税收优惠

城市维护建设税原则上不单独减免,但因城市维护建设税又具有附加税性质,当主税发生减免时,城市维护建设税相应发生减免。城市维护建设税的税收减免具体有以下几种情况:

(1) 城市维护建设税按减免后实际缴纳的增值税、消费税税额计征,即随增值税、消费税的减免而减免。

(2) 对于因减免税而需要进行增值税、消费税退库的,城市维护建设税也可同时退库。

(3) 海关对进口产品代征的增值税、消费税,不征收城市维护建设税。

(4) 对增值税、消费税实行先征后返、先征后退、即征即退办法的,除另有规定

外，对随增值税、消费税附征的城市维护建设税和教育费附加，一律不退（返）还。

（5）为支持国家重大水利工程建设，对国家重大水利工程建设基金免征城市维护建设税。

（6）对实行增值税期末留抵退税的纳税人，允许其从城市维护建设税、教育费附加和地方教育附加的计税（征）依据中扣除退还的增值税税额。

（7）自2019年1月1日起至2021年12月31日止，由省、自治区、直辖市人民政府根据本地区实际情况，以及宏观调控需要确定，对增值税小规模纳税人可以在50%的税额幅度内减征城市维护建设税。增值税小规模纳税人已依法享受城市维护建设税其他优惠政策的，可叠加享受上述规定的优惠政策。

七、征收管理

（一）纳税环节

城市维护建设税的纳税环节实际上就是纳税人缴纳增值税、消费税的环节。纳税人只要发生增值税、消费税的纳税义务，就要在同样的环节，分别计算缴纳城市维护建设税。

（二）纳税地点

城市维护建设税以纳税人实际缴纳的增值税、消费税税额为计税依据，分别与增值税、消费税同时缴纳。所以，纳税人缴纳增值税、消费税的地点就是该纳税人缴纳城市维护建设税的地点。但是，属于下列情况的，纳税地点为：

（1）代扣代缴、代收代缴增值税、消费税的单位和个人，同时也是城市维护建设税的代扣代缴、代收代缴义务人，其城市维护建设税的纳税地点在代扣代收地。

（2）跨省开采的油田，下属生产单位与核算单位不在一个省内的，其生产的原油，在油井所在地缴纳增值税，其应纳税款由核算单位按照各油井的产量和规定税率，计算汇拨各油井缴纳。所以，各油井应纳的城市维护建设税，应由核算单位计算，随同增值税一并汇拨油井所在地，由油井在缴纳增值税的同时，一并缴纳城市维护建设税。

（3）纳税人跨地区提供建筑服务、销售和出租不动产的，应在建筑服务发生地、不动产所在地预缴增值税时，以预缴增值税税额为计税依据，并按预缴增值税所在地的城市维护建设税适用税率和教育费附加征收率就地计算缴纳城市维护建设税和教育费附加。

预缴增值税的纳税人在其机构所在地申报缴纳增值税时，以其实际缴纳的增值税税额为计税依据，并按机构所在地的城市维护建设税适用税率和教育费附加征收率就地计算缴纳城市维护建设税和教育费附加。

（4）对流动经营等无固定纳税地点的单位和个人，应随同增值税、消费税在经营地按适用税率缴纳。

(三) 纳税期限

因为城市维护建设税是由纳税人在缴纳增值税、消费税时同时缴纳的，所以其纳税期限分别与增值税、消费税的纳税期限一致。根据增值税法和消费税法的规定，增值税、消费税的纳税期限分别为 1 日、3 日、5 日、10 日、15 日、1 个月或者 1 个季度。增值税、消费税的纳税人的具体纳税期限，由主管税务机关根据纳税人应纳税额大小分别核定；不能按照固定期限纳税的，可以按次纳税。

第二节 教育费附加和地方教育附加

教育费附加和地方教育附加是对缴纳增值税、消费税的单位和个人，就其实际缴纳的税额作为计算依据征收的一种附加费。

一、教育费附加和地方教育附加概述

教育费附加是为加快地方教育事业，扩大地方教育经费的资金而征收的一项专用基金。1984 年，国务院颁布了《关于筹措农村学校办学经费的通知》，开征了农村教育事业费附加。1985 年，中共中央做出了《关于教育体制改革的决定》，指出必须在国家增拨教育基本建设投资和教育经费的同时，充分调动企事业单位和其他各种社会力量办学的积极性，开辟多种渠道筹措经费。为此，国务院于 1986 年 4 月 28 日发布了《征收教育费附加的暂行规定》，决定从同年 7 月 1 日开始在全国范围内征收教育费附加。自 1995 年 9 月 1 日起施行的《中华人民共和国教育法》规定："税务机关依法足额征收教育费附加，由教育行政部门统筹管理，主要用于实施义务教育。省、自治区、直辖市人民政府根据国务院的有关规定，可以决定开征用于教育的地方附加费，专款专用。" 2010 年，财政部下发了《关于统一地方教育附加政策有关问题的通知》，对各省、自治区、直辖市的地方教育附加进行了统一。

二、征收范围和计征依据

教育费附加和地方教育附加对缴纳增值税、消费税的单位和个人征收，以其实际缴纳的增值税、消费税税额为计征依据，分别与增值税、消费税同时缴纳。

三、计征比率

教育费附加计征比率几经变化。1986 年开征时，规定为 1%；1990 年 6 月 7 日，国

务院发布《关于修改〈征收教育费附加的暂行规定〉的决定》,将其调整为2%;按照1994年2月7日国务院《关于教育费附加征收问题的紧急通知》的规定,现行教育费附加征收比率为3%,地方教育附加征收比率从2010年起统一为2%。

四、教育费附加和地方教育附加的计算

教育费附加和地方教育附加的计算公式为:

应纳教育费附加或地方教育附加 = 实际缴纳的增值税、消费税税额 × 征收比率(3%或2%)

【例8-2】 某企业2021年3月实际缴纳增值税50万元、消费税40万元。请计算该企业应缴纳的教育费附加和地方教育附加。

【答案】
(1)应纳教育费附加 = (50 + 40) × 3% = 2.7(万元)。
(2)应纳地方教育附加 = (50 + 40) × 2% = 1.8(万元)。

五、减免规定

(1)对海关进口的产品征收的增值税、消费税,不征收教育费附加。

(2)对由于减免增值税、消费税而发生退税的,可同时退还已征收的教育费附加。但对出口产品退还增值税、消费税的,不退还已征收的教育费附加。

(3)对国家重大水利工程建设基金免征教育费附加。

(4)自2019年1月1日起至2021年12月31日止,由省、自治区、直辖市人民政府根据本地区实际情况,以及宏观调控需要确定,对增值税小规模纳税人可以在50%的税额幅度内减征教育费附加和地方教育附加。增值税小规模纳税人已依法享受教育费附加和地方教育附加其他优惠政策的,可叠加享受上述规定的优惠政策。

(5)自2020年1月1日至2021年12月31日,单位和个体工商户将自产、委托加工或购买的货物,通过公益性社会组织和县级以上人民政府及其部门等国家机关,或者直接向承担疫情防治任务的医院,无偿捐赠用于应对新型冠状病毒感染的肺炎疫情的,免征城市维护建设税、教育费附加和地方教育附加。

第三节 车辆购置税法

车辆购置税法是指国家制定的用于调整车辆购置税征纳双方权利和义务关系的法律规范。

一、车辆购置税概述

车辆购置税是指在中华人民共和国境内购置汽车、有轨电车、汽车挂车、排气量超过 150 毫升的摩托车(以下统称"应税车辆")的单位和个人征收的一种税。

我国现行车辆购置税的基本法律规范是 2018 年 12 月 29 日第十三届全国人民代表大会常务委员会第七次会议通过,并于 2019 年 7 月 1 日起施行的《中华人民共和国车辆购置税法》(以下简称《车辆购置税法》)。

征收车辆购置税有利于合理筹集财政资金,规范政府行为,调节收入差距,也有利于配合打击车辆走私和维护国家权益。

二、征收范围

车辆购置税以列举的车辆为征税对象,未列举的车辆不纳税。其征收范围包括汽车、摩托车、电车、挂车、农用运输车,具体规定如下。

(一)汽车

包括各类汽车。

(二)摩托车

(1) 轻便摩托车:最高设计车速不大于 50 km/h,发动机气缸总排量不大于 50 cm^3 的两个或三个车轮的机动车。

(2) 二轮摩托车:最高设计车速大于 50 km/h,或者发动机气缸总排量大于 50 cm^3 的两个车轮的机动车。

(3) 三轮摩托车:最高设计车速大于 50 km/h,或者发动机气缸总排量大于 50 cm^3,空车重量不大于 400 kg 的三个车轮的机动车。

(三)电车

(1) 无轨电车:以电能为动力,由专用输电电缆线供电的轮式公共车辆。

(2) 有轨电车:以电能为动力,在轨道上行驶的公共车辆。

（四）挂车

（1）全挂车：无动力设备，独立承载，由牵引车辆牵引行驶的车辆。

（2）半挂车：无动力设备，与牵引车辆共同承载，由牵引车辆牵引行驶的车辆。

（五）农用运输车

（1）三轮农用运输车：柴油发动机，功率不大于 7.4 kW，载重量不大于 500 kg，最高车速不大于 40 km/h 的三个车轮的机动车。

（2）四轮农用运输车：柴油发动机，功率不大于 28 kW，载重量不大于 1 500 kg，最高车速不大于 50 km/h 的四个车轮的机动车。

有两点需要注意：

（1）地铁、轻轨等城市轨道交通车辆，装载机、平地机、挖掘机、推土机等轮式专用机械车，以及起重机（吊车）、叉车、电动摩托车，不属于应税车辆。

（2）纳税人进口自用应税车辆，是指纳税人直接从境外进口或者委托代理进口自用的应税车辆，不包括在境内购买的进口车辆。

为了体现税法的统一性、固定性、强制性和法律的严肃性特征，车辆购置税征收范围的调整，由国务院决定，其他任何部门、单位和个人无权擅自扩大或缩小车辆购置税的征收范围。

三、纳税义务人

车辆购置税是以在中国境内购置规定的车辆为课税对象、在特定的环节向车辆购置者征收的一种税。就其性质而言，属于直接税的范畴。

车辆购置税的纳税人是指在中华人民共和国境内购置汽车、有轨电车、汽车挂车、排气量超过 150 毫升的摩托车的单位和个人。其中，购置是指以购买、进口、自产、受赠、获奖或者其他方式取得并自用应税车辆的行为。车辆购置税实行一次性征收。购置已征车辆购置税的车辆，不再征收车辆购置税。

四、税率

车辆购置税实行统一比例税率，税率为 10%。

五、计税依据

车辆购置税的计税依据为应税车辆的计税价格，按照下列规定确定：

（1）纳税人购买自用应税车辆的计税价格，为纳税人实际支付给销售者的全部价款，按照纳税人购置应税车辆时相关凭证载明的价格确定，不包括增值税税款。

（2）纳税人进口自用应税车辆的计税价格，为关税完税价格加上关税和消费税。

纳税人进口自用应税车辆是指纳税人直接从境外进口或者委托代理进口自用的应税车辆,不包括在境内购买的进口车辆。

(3) 纳税人自产自用应税车辆的计税价格,按照纳税人生产的同类应税车辆(车辆配置序列号相同的车辆)的销售价格确定,不包括增值税税款;没有同类应税车辆销售价格的,按照组成计税价格确定。组成计税价格计算公式如下:

$$组成计税价格 = 成本 \times (1 + 成本利润率)$$

属于应征消费税的应税车辆,其组成计税价格中应加计消费税税额。

上述公式中的成本利润率,由国家税务总局各省、自治区、直辖市和计划单列市税务局确定。

(4) 纳税人以受赠、获奖或者其他方式取得自用应税车辆的计税价格,按照购置应税车辆时相关凭证载明的价格确定,不包括增值税税款。

这里所称的购置应税车辆时相关凭证,是指原车辆所有人购置或者以其他方式取得应税车辆时载明价格的凭证。无法提供相关凭证的,参照同类应税车辆市场平均交易价格确定其计税价格。原车辆所有人为车辆生产或者销售企业,未开具机动车销售统一发票的,按照车辆生产或者销售同类应税车辆的销售价格确定应税车辆的计税价格。无同类应税车辆销售价格的,按照组成计税价格确定应税车辆的计税价格。

纳税人以外汇结算应税车辆价款的,按照申报纳税之日的人民币汇率中间价折合成人民币计算缴纳税款。

六、应纳税额的计算

车辆购置税实行从价定率的方法计算应纳税额。其计算公式为:

$$应纳税额 = 计税依据 \times 税率$$

由于应税车辆的来源、应税行为的发生及计税依据组成的不同,车辆购置税应纳税额的计算方法也有区别。

(一) 购买自用应税车辆应纳税额的计算

在应纳税额的计算中,应注意以下费用的计税规定:

(1) 购买者随购买车辆支付的工具件和零部件价款应作为购车价款的一部分,并入计税依据中征收车辆购置税。

(2) 支付的车辆装饰费应作为价外费用并入计税依据中计税。

(3) 代收款项应区别征税。凡使用代收单位(受托方)票据收取的款项,应视作代收单位价外收费,购买者支付的价费款,应并入计税依据中一并征税;凡使用委托方票据收取,受托方只履行代收义务和收取代收手续费的款项,应按其他税收政策规定征税。

(4) 销售单位开给购买者的各种发票金额中包含增值税税款。因此,计算车辆购置税时,应换算为不含增值税的计税价格。

(5) 销售单位开展优质销售活动所开票收取的有关费用,属于经营性收入,企业在代理过程中按规定支付给有关部门的费用,企业已做经营性支出列支核算,其收取的各项费用并在一张发票上难以划分的,应作为价外收入计算征税。

【例8-3】 李某于2021年3月从某汽车有限公司购买一辆小汽车供自己使用,支付了包括增值税税款在内的款项113 000元,另支付代收临时牌照费600元、代收保险费1 000元,支付购买工具件和零配件价款2 020元,支付车辆装饰费900元。所支付的款项均由该汽车有限公司开具"机动车销售统一发票"和有关票据。请计算李某应缴纳的车辆购置税。

【答案】

(1) 计税依据 = (113 000 + 600 + 1 000 + 2 020 + 900) ÷ (1 + 13%) = 104 000(元)

(2) 应纳税额 = 104 000 × 10% = 10 400(元)

(二) 进口自用应税车辆应纳税额的计算

纳税人进口自用应税车辆应纳税额的计算公式为:

$$应纳税额 = (关税完税价格 + 关税 + 消费税) \times 税率$$

【例8-4】 某外贸进出口公司2021年3月从国外进口10辆某公司生产的某型号小轿车。该公司报关进口这批小轿车时,经报关地海关对有关报关资料的审查,确定关税完税价格为每辆185 000元人民币,海关按关税政策规定每辆征收了关税46 200元,并按消费税、增值税有关规定分别代征了每辆小轿车的进口消费税40 800元和增值税35 360元。由于联系业务需要,该公司将一辆小轿车留在本单位使用。请根据以上资料,计算该公司应缴纳的车辆购置税。

【答案】

(1) 计税依据 = 185 000 + 46 200 + 40 800 = 272 000(元)

(2) 应纳税额 = 272 000 × 10% = 27 200(元)

(三) 其他自用应税车辆应纳税额的计算

纳税人自产自用、受赠使用、获奖使用和以其他方式取得并自用应税车辆的,凡不能取得该类型车辆的购置价格,或者低于最低计税价格的,以国家税务总局核定的最低计税价格为计税依据计算征收车辆购置税。其计算公式为:

$$应纳税额 = 最低计税价格 \times 税率$$

【例8-5】 某客车制造厂将自产的一辆某型号的客车用于本厂后勤服务,该厂在办理车辆上牌落籍前,出具该车的发票,注明金额90 000元,并按此金额向主管税务机关申报纳税。经审核,国家税务总局对该车同类型车辆核定的最低计税价格为120 000元。请计算该厂应缴纳的车辆购置税。

【答案】

应纳税额 = 120 000 × 10% = 12 000(元)

（四）特殊情形

已经办理免税、减税手续的车辆因转让、改变用途等原因不再属于免税、减税范围的，纳税人、纳税义务发生时间、应纳税额按以下规定执行。

（1）发生转让行为的，受让人为车辆购置税纳税人；未发生转让行为的，车辆所有人为车辆购置税纳税人。

（2）纳税义务发生时间为车辆转让或者用途改变等情形发生之日。

（3）应纳税额计算公式为：

$$应纳税额 = 初次办理纳税申报时确定的计税价格 \times (1 - 使用年限 \times 10\%) \times 10\% - 已纳税额$$

应纳税额不得为负数。

使用年限的计算方法是自纳税人初次办理纳税申报之日起，至不再属于免税、减税范围的情形发生之日止。使用年限取整计算，不满一年的不计算在内。

七、税收优惠

我国车辆购置税实行法定减免，减免税范围的具体规定如下：

（1）外国驻华使馆、领事馆和国际组织驻华机构及其有关人员自用的车辆免税。

（2）中国人民解放军和中国人民武装警察部队列入装备订货计划的车辆免税。

（3）悬挂应急救援专用号牌的国家综合性消防救援车辆免税。

（4）设有固定装置的非运输专用作业车辆免税，即列入国家税务总局下发的《设有固定装置的非运输专用作业车辆免税图册》（以下简称"免税图册"）的车辆免征车辆购置税。

（5）城市公交企业购置的公共汽电车辆免税。

这里所说的城市公交企业，是指由县级以上（含县级）人民政府交通运输主管部门认定的，依法取得城市公交经营资格，为公众提供公交出行服务，并纳入《城市公共交通管理部门与城市公交企业名录》的企业；公共汽电车辆是指按规定的线路、站点、票价和时刻表营运，用于公共交通服务，为运输乘客设计和制造的车辆，包括公共汽车、无轨电车和有轨电车。

根据国民经济和社会发展的需要，国务院可以规定减征或者其他免征车辆购置税的情形，报全国人民代表大会常务委员会备案。

（6）回国服务的在外留学人员用现汇购买1辆个人自用国产小汽车和长期来华定居专家进口1辆自用小汽车免征车辆购置税。

回国服务的在外留学人员购买自用国产小汽车办理免税手续，除按相关规定提供申报资料外，还应当提供中华人民共和国驻留学人员学习所在国的大使馆或者领事馆（中央人民政府驻香港联络办公室、中央人民政府驻澳门联络办公室）出具的留学证明；公安部门出具的境内居住证明、本人护照；海关核发的《中华人民共和国海关回国人员购买国产汽车准购单》。上述所称小汽车，是指含驾驶员座位9座以内，在设计和技术特性上主要用于载运乘客及其随身行李或者临时物品的乘用车。

（7）防汛部门和森林消防部门用于指挥、检查、调度、报汛（警）、联络的由指定厂家生产的设有固定装置的指定型号的车辆免征车辆购置税。

（8）自2018年7月1日至2021年6月30日，对购置挂车减半征收车辆购置税。购置日期按照《机动车销售统一发票》《海关关税专用缴款书》或者其他有效凭证的开具日期确定。上述所称挂车，是指由汽车牵引才能正常使用且用于载运货物的无动力车辆。

（9）原公安现役部队和原武警黄金、森林、水电部队改制后换发地方机动车牌证的车辆（公安消防、武警森林部队执行灭火救援任务的车辆除外），一次性免征车辆购置税。

（10）北京2022年冬奥会和冬残奥会组织委员会新购置车辆免征车辆购置税。

（11）自2021年1月1日至2022年12月31日，对购置的新能源汽车免征车辆购置税。免征车辆购置税的新能源汽车是指纯电动汽车、插电式混合动力（含增程式）汽车、燃料电池汽车。免征车辆购置税的新能源汽车，通过工业和信息化部、税务总局发布《免征车辆购置税的新能源汽车车型目录》实施管理。

八、征收管理

车辆购置税由税务机关负责征收。

（一）纳税申报

车辆购置税的纳税义务发生时间为纳税人购置应税车辆的当日，以纳税人购置应税车辆所取得的车辆相关凭证上注明的时间为准。纳税人应当自纳税义务发生之日起60日内申报缴纳车辆购置税。

纳税人应当在向公安机关交通管理部门办理车辆注册登记前，缴纳车辆购置税。自2019年7月1日起：

（1）纳税人应到下列地点办理车辆购置税纳税申报：

①需要办理车辆登记注册手续的纳税人，向车辆登记地的主管税务机关申报纳税。

②不需要办理车辆登记注册手续的纳税人，单位纳税人向其机构所在地的主管税务机关申报纳税，个人纳税人向其户籍所在地或者经常居住地的主管税务机关申报纳税。

（2）车辆购置税实行一车一申报制度。

（3）车辆购置税的纳税义务发生时间应按照下列情形确定：

① 购买自用应税车辆的为购买之日，即车辆相关价格凭证的开具日期。

② 进口自用应税车辆的为进口之日，即《海关进口增值税专用缴款书》或者其他有效凭证的开具日期。

③ 自产、受赠、获奖或者以其他方式取得并自用应税车辆的为取得之日，即合同、法律文书或者其他有效凭证的生效或者开具日期。

（4）纳税人办理纳税申报时应当如实填报《车辆购置税纳税申报表》，同时提供车辆合格证明和车辆相关价格凭证。

上述所称车辆合格证明，是指整车出厂合格证或者《车辆电子信息单》。所称车辆相关价格凭证，境内购置车辆为机动车销售统一发票或者其他有效凭证；进口自用车辆为《海关进口关税专用缴款书》或者海关进出口货物征免税证明，属于应征消费税车辆的还包括《海关进口消费税专用缴款书》。

（5）纳税人在办理车辆购置税免税、减税时，除按前述第（4）条规定提供资料外，还应当根据不同的免税、减税情形，分别提供相关资料的原件、复印件。

① 外国驻华使馆、领事馆和国际组织驻华机构及其有关人员自用车辆，提供机构证明和外交部门出具的身份证明。

② 城市公交企业购置的公共汽电车辆，提供所在地县级以上（含县级）交通运输主管部门出具的公共汽电车辆认定表。

③ 悬挂应急救援专用号牌的国家综合性消防救援车辆，提供中华人民共和国应急管理部批准的相关文件。

④ 回国服务的在外留学人员购买的自用国产小汽车，提供海关核发的《中华人民共和国海关回国人员购买国产汽车准购单》。

⑤ 长期来华定居专家进口自用小汽车，提供国家外国专家局或者其授权单位核发的专家证或者A类和B类《外国人工作许可证》。

（6）免税、减税车辆因转让、改变用途等原因不再属于免税、减税范围的，纳税人在办理纳税申报时，应当如实填报《车辆购置税纳税申报表》。发生二手车交易行为的，提供二手车销售统一发票；属于其他情形的，按照相关规定提供申报材料。

（7）已经缴纳车辆购置税的，纳税人向原征收机关申请退税时，应当如实填报《车辆购置税退税申请表》，提供纳税人身份证明，并区别不同情形提供相关资料。

① 车辆退回生产企业或者销售企业的，提供生产企业或者销售企业开具的退车证明和退车发票。

② 其他依据法律法规规定应当退税的，根据具体情形提供相关资料。

上述所称纳税人身份证明，单位纳税人为《统一社会信用代码证书》，或者营业执照或者其他有效机构证明；个人纳税人为居民身份证，或者居民户口簿或者入境的身份证件。

（8）纳税人应当如实申报应税车辆的计税价格，税务机关应当按照纳税人申报的计税价格征收税款。纳税人编造虚假计税依据的，税务机关应当依照《税收征管法》及其实施细则的相关规定处理。

（9）前述要求纳税人提供的资料，税务机关能够通过政府信息共享等手段获取相关资料信息的，纳税人不再提交；且前述要求纳税人提供资料的，纳税人应当提供原件和相应的复印件。复印件由主管税务机关留存。主管税务机关根据不同业务管理规定要求留存统一发票报税联、车辆电子信息单、彩色照片及《车辆购置税完税证明》（以下简称"完税证明"）等原件的，不再留存复印件。其他原件经主管税务机关审核后退还纳税人。

（10）税务机关应当在税款足额入库或者办理免税手续后，将应税车辆完税或者免税电子信息，及时传送给公安机关交通管理部门。

税款足额入库包括以下情形：纳税人到银行缴纳车辆购置税税款（转账或者现金），由银行将税款缴入国库，国库已传回《税收缴款书（银行经收专用）》联次；纳税人通过横向联网电子缴税系统等电子方式缴纳税款的，税款划缴已成功；纳税人在办税服务厅以现金方式缴纳税款的，主管税务机关已收取税款。

（11）纳税人名称、车辆厂牌型号、发动机号、车辆识别代号（车架号）、证件号码等应税车辆完税或者免税电子信息与原申报资料不一致的，纳税人可以到税务机关办理完税或者免税电子信息更正，但是不包括以下情形：

① 车辆识别代号（车架号）和发动机号同时与原申报资料不一致。

② 完税或者免税信息更正影响到车辆购置税税款。

③ 纳税人名称和证件号码同时与原申报资料不一致。

税务机关核实后，办理更正手续，重新生成应税车辆完税或者免税电子信息，并且及时传送给公安机关交通管理部门。

（12）纳税人在办理设有固定装置的非运输专用作业车辆免税申报时，除按照规定提供资料外，还应当提供车辆内、外观彩色5寸照片，主管税务机关依据免税图册办理免税手续。

（二）车辆购置税的退税制度

已征车辆购置税的车辆退回车辆生产或销售企业，纳税人申请退还车辆购置税的，应退税额计算公式如下：

$$应退税额 = 已纳税额 \times (1 - 使用年限 \times 10\%)$$

应退税额不得为负数。

使用年限的计算方法是自纳税人缴纳税款之日起，至申请退税之日止。

（三）车辆购置税征管资料

（1）征税车辆：纳税人身份证明、车辆价格证明、车辆合格证明和《车辆购置税纳税申报表》（以下简称"纳税申报表"）。

（2）免税车辆：纳税人身份证明、车辆价格证明、车辆合格证明、纳税申报表、《车辆购置税免（减）税申报表》和车辆免（减）税证明资料。

（3）免税重新申报车辆：① 发生二手车交易行为的，提供纳税人身份证明、《二手车销售统一发票》、纳税申报表和完税证明正本原件；② 未发生二手车交易行为的，提供纳税人身份证明、纳税申报表、完税证明正本原件和其他相关材料。

（4）补税车辆：车主身份证明、车辆价格证明、纳税申报表和补税相关材料。

（5）完税证明补办车辆：① 车辆登记注册前完税证明发生损毁丢失的，提供纳税人（车主）身份证明、车辆购置税完税凭证、车辆合格证明和《车辆购置税完税证明补办表》（以下简称"补办表"）；② 车辆登记注册后完税证明发生损毁丢失的，提供纳税人（车主）身份证明、《机动车行驶证》和补办表。同时，税务机关应当留存新完税证明副本。

（6）完税证明更正车辆：完税证明正、副本和完税证明更正相关材料。

（四）申报列入免税图册的车辆

申报列入免税图册的车辆，机动车生产企业或者纳税人按照规定填写《设有固定装置非运输车辆信息表》，并提供下列资料：

（1）车辆合格证明原件、复印件。

国产车辆，提供合格证和《中华人民共和国工业和信息化部车辆生产及产品公告》；进口车辆，提供《中华人民共和国海关货物进口证明书》。

（2）车辆内、外观彩色五寸照片1套。

（3）车辆内、外观彩色照片电子文档。

（五）应用车辆购置税电子完税信息办理车辆注册登记业务

（1）自2019年6月1日起，纳税人在全国范围内办理车辆购置税纳税业务时，税务机关不再打印和发放纸质车辆购置税完税证明。纳税人办理完成车辆购置税纳税业务后，在公安机关交通管理部门办理车辆注册登记时，不需要向公安机关交通管理部门提交纸质车辆购置税完税证明。

纳税人办理完成车辆购置税纳税业务（免税业务除外）的具体情形如下：纳税人到银行办理车辆购置税税款缴纳（转账或者现金）、由银行将税款缴入国库的，国库已传回《税收缴款书（银行经收专用）》联次；纳税人通过横向联网电子缴税系统等电子方式缴纳税款的，税款划缴已成功；纳税人在办税服务厅以现金方式缴纳税款的，主管税务机关已收取税款。

（2）纳税人申请注册登记的车辆识别代号信息与完税或者免税电子信息不符的，公安机关交通管理部门不予办理车辆注册登记。

（3）自2019年7月1日起，纳税人在全国范围内办理车辆购置税补税、完税证明换证或者更正等业务时，税务机关不再出具纸质车辆购置税完税证明。

（4）纳税人如需纸质车辆购置税完税证明，可向主管税务机关提出，由主管税务机关打印《车辆购置税完税证明（电子版）》，亦可自行通过本省（自治区、直辖市和计划单列市）电子税务局等官方互联网平台查询和打印。

第四节　耕地占用税法

耕地占用税法是指国家制定的用于调整耕地占用税征纳双方权利和义务关系的法律规范。

一、耕地占用税概述

耕地占用税是对占用耕地建房或从事其他非农业建设的单位和个人，就其实际占用的耕地面积征收的一种税，它属于对特定土地资源占用课税。

我国现行耕地占用税的基本法律规范是 2018 年 12 月 29 日第十三届全国人民代表大会常务委员会第七次会议通过的《中华人民共和国耕地占用税法》（以下简称《耕地占用税法》）。

耕地是土地资源中最重要的组成部分，是农业生产最基本的生产资料。我国人口众多，耕地资源相对较少，要用占世界总量7%的耕地，养活占世界总量22%的人口，人多地少的矛盾十分突出。为了遏制并逐步改变这种状况，政府决定开征耕地占用税，运用税收经济杠杆与法律、行政等手段相配合，以便有效地保护耕地。通过开征耕地占用税，使那些占用耕地建房及从事其他非农业建设的单位和个人承担必要的经济责任，有利于政府运用税收经济杠杆调节他们的经济利益，引导他们节约、合理地使用耕地资源。这对保护国土资源，促进农业可持续发展，以及强化耕地管理，保护农民的切身利益等，都具有十分重要的意义。

二、纳税人

耕地占用税的纳税人是在中华人民共和国境内占用耕地建设建筑物、构筑物或者从事非农业建设的单位和个人。

经批准占用耕地的，纳税人为农用地转用审批文件中标明的建设用地人；农用地转用审批文件中未标明建设用地人的，纳税人为用地申请人，其中用地申请人为各级人民政府的，由同级土地储备中心、自然资源主管部门或政府委托的其他部门、单位履行耕地占用税申报纳税义务。

未经批准占用耕地的，纳税人为实际用地人。

三、征收范围

耕地占用税的征收范围包括纳税人占用耕地建设建筑物、构筑物或者从事非农业建设的国家所有和集体所有的耕地。

上述所称耕地，是指用于种植农作物的土地，包括菜地、园地。

占用园林、林地、草地、农田水利用地、养殖水面、渔业水域滩涂及其他农用地建设建筑物、构筑物或者从事非农业建设的，依照《耕地占用税法》的规定缴纳耕地占用税。占用以上农用地建设直接为农业生产服务的生产设施的，不缴纳耕地占用税。

（1）园地，包括果园、茶园、橡胶园、其他园地。

上述其他园地包括种植桑树、可可、咖啡、油棕、胡椒、药材等其他多年生作物的园地。

（2）林地，包括乔木林地、竹林地、红树林地、森林沼泽、灌木林地、灌丛沼泽、其他林地，不包括城镇村庄范围内的绿化林木用地，铁路、公路征地范围内的林木用地，以及河流、沟渠的护堤林用地。

上述其他林地包括疏林地、未成林地、迹地、苗圃等林地。

（3）草地，包括天然牧草地、沼泽草地、人工牧草地，以及用于农业生产并已由相关行政主管部门发放使用权证的草地。

（4）农田水利用地，包括农田排灌沟渠及相应附属设施用地。

（5）养殖水面，包括人工开挖或者天然形成的用于水产养殖的河流水面、湖泊水面、水库水面、坑塘水面及相应附属设施用地。

（6）渔业水域滩涂，包括专门用于种植或者养殖水生动植物的海水潮浸地带和滩地，以及用于种植芦苇并定期进行人工养护管理的苇田。

（7）直接为农业生产服务的生产设施，是指直接为农业生产服务而建设的建筑物和构筑物。具体包括：储存农用机具和种子、苗木、木材等农业产品的仓储设施；培育、生产种子、种苗的设施；畜禽养殖设施；木材集材道、运材道；农业科研、试验、示范基地；野生动植物保护、护林、森林病虫害防治、森林防火、木材检疫的设施；专为农业生产服务的灌溉排水、供水、供电、供热、供气、通信基础设施；农业生产者从事农业生产必需的食宿和管理设施；其他直接为农业生产服务的生产设施。

四、税率

由于在我国的不同地区之间人口和耕地资源的分布极不均衡，有些地区人口稠密，耕地资源相对匮乏；而有些地区则人烟稀少，耕地资源比较丰富。各地区之间的经济发展水平也有很大差异。考虑到不同地区之间客观条件的差别及与此相关的税收调节力度和纳税人负担能力方面的差别，耕地占用税在税率设计上采用了地区差别定额税率。税

率规定如下:

(1) 人均耕地不超过 1 亩的地区（以县、自治县、不设区的市、市辖区为单位，下同），每平方米为 10~50 元。

(2) 人均耕地超过 1 亩但不超过 2 亩的地区，每平方米为 8~40 元。

(3) 人均耕地超过 2 亩但不超过 3 亩的地区，每平方米为 6~30 元。

(4) 人均耕地超过 3 亩的地区，每平方米为 5~25 元。

各地区耕地占用税的适用税额，由省、自治区、直辖市人民政府根据人均耕地面积和经济发展等情况，在上述规定的税额幅度内提出，报同级人民代表大会常务委员会决定，并报全国人民代表大会常务委员会和国务院备案。各省、自治区、直辖市耕地占用税适用税额的平均水平，不得低于《耕地占用税法》所附《各省、自治区、直辖市耕地占用税平均税额表》（表 8-1）规定的平均税额。

在人均耕地低于 0.5 亩的地区，省、自治区、直辖市可以根据当地经济发展情况，适当提高耕地占用税的适用税额，但提高的部分不得超过按上述规定确定的适用税额的 50%。具体适用税额按照规定的程序确定。

占用基本农田的，应当按照适用税额加征 150%。

表 8-1 各省、自治区、直辖市耕地占用税平均税额表　　单位：元/平方米

地区	平均税额
上海	45
北京	40
天津	35
江苏、浙江、福建、广东	30
辽宁、湖北、湖南	25
河北、安徽、江西、山东、河南、重庆、四川	22.5
广西、海南、贵州、云南、陕西	20
山西、吉林、黑龙江	17.5
内蒙古、西藏、甘肃、青海、宁夏、新疆	12.5

五、计税依据

耕地占用税以纳税人实际占用的属于耕地占用税征收范围的土地（以下简称"应税土地"）面积为计税依据，按应税土地当地适用税额计税，实行一次性征收。

六、应纳税额的计算

耕地占用税以纳税人实际占用的应税土地面积为计税依据，以每平方米土地为计税单位，按适用的定额税率计税。应纳税额为纳税人实际占用的应税土地面积（平方米）

乘以适用税额。其计算公式为：

$$应纳税额 = 应税土地面积 \times 适用税额$$

加按150%征收耕地占用税的计算公式为：

$$应纳税额 = 应税土地面积 \times 适用税额 \times 150\%$$

应税土地面积包括经批准占用的耕地面积和未经批准占用的耕地面积，以平方米为单位。适用税额是指省、自治区、直辖市人民代表大会常务委员会决定的应税土地所在地县级行政区的现行适用税额。

【例8-6】 假设某市一家企业新占用30 000平方米耕地用于工业建设，所占耕地适用的定额税率为25元/平方米。请计算该企业应缴纳的耕地占用税。

【答案】
应纳税额 = 30 000 × 25 = 750 000（元）。

七、税收优惠

耕地占用税对占用耕地实行一次性征收，对生产经营单位和个人不设立减免税，仅对公益性单位和需要照顾群体设立减免税。

（一）免征耕地占用税

（1）军事设施占用耕地。

免税的军事设施是指《中华人民共和国军事设施保护法》第二条所列建筑、场地和设备。具体包括：指挥机关，地面和地下的指挥工程、作战工程；军用机场、港口、码头；营区、训练场、试验场；军用洞库、仓库；军用通信、侦察、导航、观测台站，测量、导航、助航标志；军用公路、铁路专用线，军用通信、输电线路，军用输油、输水管道；边防、海防管控设施；国务院和中央军事委员会规定的其他军事设施。

（2）学校、幼儿园、社会福利机构、医疗机构占用耕地。

免税的学校，具体范围包括县级以上人民政府教育行政部门批准成立的大学、中学、小学，学历性职业教育学校和特殊教育学校，以及经省级人民政府或其人力资源社会保障行政部门批准成立的技工院校。学校内经营性场所和教职工住房占用耕地的，按照当地适用税额缴纳耕地占用税。

免税的幼儿园，具体范围限于县级以上人民政府教育行政部门批准成立的幼儿园内专门用于幼儿保育、教育的场所。

免税的社会福利机构，具体范围限于依法登记的养老服务机构、残疾人服务机构、儿童福利机构、救助管理机构、未成年人救助保护机构内，专门为老年人、残疾人、未成年人、生活无着的流浪乞讨人员提供养护、康复、托管等服务的场所。

免税的医疗机构，具体范围限于县级以上人民政府卫生健康行政部门批准设立的医疗机构内专门从事疾病诊断、治疗活动的场所及其配套设施。

（3）农村烈士遗属、因公牺牲军人遗属、残疾军人及符合农村最低生活保障条件的农村居民，在规定用地标准以内新建自用住宅。

（二）减征耕地占用税

（1）铁路线路、公路线路、飞机场跑道、停机坪、港口、航道、水利工程占用耕地，减按每平方米2元的税额征收耕地占用税。

减税的铁路线路，具体范围限于铁路路基、桥梁、涵洞、隧道及其按照规定两侧留地、防火隔离带。专用铁路和铁路专用线占用耕地的，按照当地适用税额缴纳耕地占用税。

减税的公路线路，具体范围限于经批准建设的国道、省道、县道、乡道和属于农村公路的村道的主体工程及两侧边沟或者截水沟。专用公路和城区内机动车道占用耕地的，按照当地适用税额缴纳耕地占用税。

减税的飞机场跑道、停机坪，具体范围限于经批准建设的民用机场专门用于民用航空器起降、滑行、停放的场所。

减税的港口，具体范围限于经批准建设的港口内供船舶进出、停靠及旅客上下、货物装卸的场所。

减税的航道，具体范围限于在江、河、湖泊、港湾等水域内供船舶安全航行的通道。

减税的水利工程，具体范围限于经县级以上人民政府水行政主管部门批准建设的防洪、排涝、灌溉、引（供）水、滩涂治理、水土保持、水资源保护等各类工程及其配套和附属工程的建筑物、构筑物占压地和经批准的管理范围用地。

（2）农村居民在规定用地标准以内占用耕地新建自用住宅，按照当地适用税额减半征收耕地占用税；其中农村居民经批准搬迁，新建自用住宅占用耕地不超过原宅基地面积的部分，免征耕地占用税。免征或者减征耕地占用税后，纳税人改变原占地用途，不再属于免征或者减征耕地占用税情形的，应当按照当地适用税额补缴耕地占用税。

（3）纳税人因建设项目施工或者地质勘查临时占用耕地，应当依照《耕地占用税法》的规定缴纳耕地占用税。纳税人在批准临时占用耕地期满之日起1年内依法复垦，恢复种植条件的，全额退还已经缴纳的耕地占用税。

纳税人临时占用耕地是指经自然资源主管部门批准，在一般不超过2年内临时使用耕地并且没有修建永久性建筑物的行为。依法复垦应由自然资源主管部门会同有关行业管理部门认定并出具验收合格确认书。

（4）因挖损、采矿塌陷、压占、污染等损毁耕地属于税法所称的非农业建设，应依照税法规定缴纳耕地占用税；自自然资源、农业农村等相关部门认定损毁耕地之日起3年内依法复垦或修复，恢复种植条件的，比照税法规定办理退税。

（5）在农用地转用环节，用地申请人能证明建设用地人符合《耕地占用税法》规定的免税情形的，免征用地申请人的耕地占用税；在供地环节，建设用地人使用耕地用途符合《耕地占用税法》规定的免税情形的，由用地申请人和建设用地人共同申请，按退税管理的规定退还用地申请人已经缴纳的耕地占用税。

（6）自2019年1月1日起至2021年12月31日止，由省、自治区、直辖市人民政府根据本地区实际情况，以及宏观调控需要确定，对增值税小规模纳税人可以在50%的税额幅度内减征耕地占用税。增值税小规模纳税人已依法享受耕地占用税其他优惠政策的，可叠加享受上述规定的优惠政策。

八、征收管理

（一）纳税义务发生时间

耕地占用税的纳税义务发生时间为纳税人收到自然资源主管部门办理占用耕地手续的书面通知的当日。纳税人应当自纳税义务发生之日起30日内申报缴纳耕地占用税。

未经批准占用耕地的，耕地占用税纳税义务发生时间为自然资源主管部门认定的纳税人实际占用耕地的当日。

因挖损、采矿塌陷、压占、污染等损毁耕地的纳税义务发生时间为自然资源、农业农村等相关部门认定损毁耕地的当日。

纳税人占地类型、占地面积和占地时间等纳税申报数据材料以自然资源等相关部门提供的相关材料为准；未提供相关材料或者材料信息不完整的，经主管税务机关提出申请，由自然资源等相关部门自收到申请之日起30日内出具认定意见。

（二）征收机关

耕地占用税由税务机关负责征收。

耕地占用税的征收管理，依照《耕地占用税法》和《征收管理法》的规定执行。

纳税人、税务机关及其工作人员违反规定的，依照《税收征收管理法》和有关法律法规的规定追究法律责任。

（三）纳税申报

（1）纳税人占用耕地，应当在耕地所在地申报纳税。

（2）纳税人的纳税申报数据资料异常或者纳税人未按照规定期限申报纳税的，包括下列情形：

① 纳税人改变原占地用途，不再属于免征或者减征耕地占用税情形，未按照规定进行申报的。

② 纳税人已申请用地但尚未获得批准先行占地开工，未按照规定进行申报的。

③ 纳税人实际占用耕地面积大于批准占用耕地面积，未按照规定进行申报的。

④ 纳税人未履行报批程序擅自占用耕地，未按照规定进行申报的。

⑤ 其他应提请相关部门复核的情形。

（3）纳税人因建设项目施工或者地质勘查临时占用耕地，应当依照本法的规定缴纳耕地占用税。纳税人在批准临时占用耕地期满之日起一年内依法复垦，恢复种植条件的，全额退还已经缴纳的耕地占用税。

（4）县级以上地方人民政府自然资源、农业农村、水利、生态环境等相关部门向税务机关提供的农用地转用、临时占地等信息，包括农用地转用信息、城市和村庄集镇按批次建设用地转而未供信息、经批准临时占地信息、改变原占地用途信息、未批先占农用地查处信息、土地损毁信息、土壤污染信息、土地复垦信息、草场使用和渔业养殖权证发放信息等。

各省、自治区、直辖市人民政府应当建立健全本地区跨部门耕地占用税部门协作和信息交换工作机制。

第五节 烟叶税法

烟叶税法是指国家制定的用于调整烟叶税征纳双方权利和义务关系的法律规范。

一、烟叶税概述

烟叶税是以纳税人收购烟叶的收购金额为计税依据征收的一种税。烟叶税是随着中华人民共和国的成立和发展而逐步成熟的，1958年我国颁布实施《中华人民共和国农业税条例》（以下简称《农业税条例》）；1983年，国务院以《农业税条例》为依据，选择对特定农林产品征收农林特产农业税，当时征收农业税的农林特产品不包括烟叶，对烟叶另外征收产品税和工商统一税。1994年，我国进行了财政体制和税制改革，国务院决定取消原产品税和工商统一税，将原农林特产农业税与原产品税和工商统一税中的农林牧水产品税目合并，改为统一征收农业特产农业税，并于同年1月30日发布了《关于对农业特产收入征收农业税的规定》（国务院令第143号）；其中规定对烟叶在收购环节征收农业税，税率为31%。1999年，将烟叶特产农业税的税率下调为20%。2004年6月，根据《中共中央、国务院关于促进农民增加收入若干政策的意见》（中发〔2004〕1号），财政部、国家税务总局下发《关于取消除烟叶外的农业特产农业税有关问题的通知》（财税〔2004〕120号），规定从2004年起，除对烟叶暂保留征收农业特产农业税外，取消对其他农业特产品征收的农业特产农业税。2005年12月29日，第十届全国人民代表大会常务委员会第十九次会议决定，《农业税条例》自2006年1月1日起废止。农业特产农业税是依据《农业税条例》开征的，取消农业税以后，意味着农业特产农业税也要同时取消。因此，2006年2月17日，国务院令第459号废止了《关于对农业特产收入征收农业税的规定》。这样，对烟叶征收农业特产农业税也失去了法律依据。

但是，停止征收烟叶特产农业税，将会产生一些新的问题：一是烟叶产区的地方财政特别是一些县乡的财政收入将受到较大的影响。按照当时财政体制，烟叶特产农业税收入是全部划归县乡财政的，而且这部分收入在当地财政收入中占有较大比重。如果停止征收烟叶特产农业税，在一定程度上会加剧烟叶产区地方财政特别是县乡财政的困难。二是不利于烟叶产区县乡经济的发展，对当地基层政权的正常运转和各项公共事业的发展会产生一定的负面影响。我国的烟叶产区多数集中在西部和边远地区，农业基础薄弱，经济结构和财源比较单一，当地经济的培育和公共事业的发展等基本上都要依靠地方政府的投入和推动，停止征收烟叶特产农业税会减少当地财政收入，对推动各项事业的发展不利。三是不利于卷烟工业的持续稳定发展。烟叶是卷烟生产的主要原料，停止征收烟叶特产农业税，会影响地方政府引导和发展烟叶种植的积极性，对于卷烟工业的持续稳定发展也是不利的。

基于以上情况，为了保持政策的连续性，充分兼顾地方利益和有利于烟叶产区可持续发展，国务院决定制定《中华人民共和国烟叶税暂行条例》，开征烟叶税取代原烟叶特产农业税。2006年4月28日，国务院公布了《中华人民共和国烟叶税暂行条例》，该条例自公布之日起施行。2017年12月27日，第十二届全国人民代表大会常务委员会第三十一次会议通过《中华人民共和国烟叶税法》，该法自2018年7月1日起施行。

二、纳税人

在中华人民共和国境内，依照《中华人民共和国烟草专卖法》的规定收购烟叶的单位为烟叶税的纳税人。

三、征收范围

烟叶税的征收范围是晾晒烟叶、烤烟叶。

四、计税依据

烟叶税的计税依据为纳税人收购烟叶实际支付的价款总额。

五、税率

烟叶税实行比例税率，税率为20%。烟叶税实行全国统一的税率，主要是考虑烟叶属于特殊的专卖品，其税率不宜存在地区间的差异，否则会形成各地之间的不公平竞争，不利于烟叶种植的统一规划和烟叶市场、烟叶收购价格的统一。

六、应纳税额的计算

烟叶税的应纳税额按照纳税人收购烟叶实际支付的价款总额乘以税率计算。其计算公式为：

$$应纳税额 = 实际支付价款 \times 税率$$

纳税人收购烟叶实际支付的价款总额包括纳税人支付给烟叶生产销售单位和个人的烟叶收购价款和价外补贴。其中，价外补贴统一按烟叶收购价款的10%计算。

$$实际支付价款 = 收购金额 \times (1 + 10\%)$$

【例8-7】 某烟草公司系增值税一般纳税人，2021年3月收购烟叶100 000千克，烟叶收购价格为12元/千克，总计1 200 000元，货款已全部支付。请计算该烟草公司当月收购烟叶应缴纳的烟叶税。

【答案】

该烟草公司当月收购烟叶应缴纳的烟叶税 = 1 200 000 × (1 + 10%) × 20% = 264 000（元）。

七、征收管理

烟叶税的征收管理，依照《税收征收管理法》和《烟叶税法》的有关规定执行。

（一）纳税义务发生时间

烟叶税的纳税义务发生时间为纳税人收购烟叶的当日。收购烟叶的当日是指纳税人向烟叶销售者付讫收购烟叶款项或者开具收购烟叶凭据的当日。

（二）纳税地点

纳税人收购烟叶，应当向烟叶收购地的主管税务机关申报缴纳烟叶税。

（三）纳税期限

烟叶税按月计征，纳税人应当于纳税义务发生月终了之日起15日内申报并缴纳税款。

本章小结

本章主要阐述特定目的税法的基本政策和制度。

特定目的税法包括城市维护建设税法、车辆购置税法、耕地占用税法和烟叶税法，主要是为了达到特定目的，对特定对象和特定行为发挥调节作用。

城市维护建设税是对从事经营活动，缴纳增值税、消费税的单位和个人征收的一种税。城市维护建设税的纳税义务人，是指在中华人民共和国境内缴纳增值税、消费税的单位和个人。按纳税人所在地的不同，城市维护建设税设置了三档地区差别比例税率。城市维护建设税以纳税人实际缴纳的增值税、消费税税额为计税依据，分别与增值税、消费税同时缴纳。城市维护建设税的纳税期限分别与增值税、消费税的纳税期限一致。教育费附加和地方教育附加是对缴纳增值税、消费税的单位和个人，就其实际缴纳的税额为计算依据按比例征收的一种附加费。

车辆购置税是指在中华人民共和国境内购置车辆者征收的一种税。车辆购置税以列举的车辆作为征税对象，未列举的车辆不纳税。其征税范围包括汽车、摩托车、电车、挂车和农用运输车，纳税人为在中华人民共和国境内购置应税车辆的单位和个人。车辆购置税实行统一比例税率，以应税车辆的计税价格为计税依据，实行从价定率的方法计算应纳税额。纳税人应当在向公安机关交通管理部门办理车辆注册登记前，缴纳车辆购置税。

耕地占用税是对占用耕地建房或从事其他非农业建设的单位和个人，就其实际占用的耕地面积征收的一种税。耕地占用税以在中华人民共和国境内占用耕地建设建筑物、构筑物或者从事非农业建设的单位和个人为纳税人，以其实际占用的应税土地面积为计税依据，以每平方米土地为计税单位，按适用的定额税率计税。耕地占用税对占用耕地实行一次性征收。

烟叶税是以纳税人收购烟叶的收购金额为计税依据征收的一种税。在中华人民共和国境内，依照《中华人民共和国烟草专卖法》的规定收购烟叶的单位为烟叶税的纳税人。烟叶税的征税范围是指晾晒烟叶、烤烟叶。烟叶税以纳税人收购烟叶实际支付的价款总额作为计税依据，实行比例税率计算应纳税额。纳税人收购烟叶，应当向烟叶收购地的主管税务机关申报缴纳烟叶税。

复习思考题

1. 简述城市维护建设税的征税范围。
2. 城市维护建设税的计税依据是如何确定的？
3. 城市维护建设税的税率如何规定？
4. 教育费附加的计征比率如何规定？
5. 如何计算和缴纳车辆购置税？
6. 车辆购置税的纳税地点如何规定？
7. 简述耕地占用税的征收范围。

8. 耕地占用税的税率如何规定?
9. 烟叶税的纳税人是如何确定的?
10. 如何计算烟叶税的应纳税额?

第九章 财产和行为税法

财产和行为税法包括房产税法、车船税法、船舶吨税法、印花税法和契税法，主要是对某些财产和行为发挥调节作用。

第一节 房产税法

房产税法是指国家制定的用于调整房产税征纳双方权利和义务关系的法律规范。

一、房产税概述

我国现行房产税的基本法律规范是1986年9月15日国务院颁布的《中华人民共和国房产税暂行条例》（以下简称《房产税暂行条例》）。征收房产税有利于地方政府筹集财政资金，也有利于加强房产管理。

二、征收范围

房产税以房产为征税对象。所谓房产，是指有屋面和围护结构（有墙或两边有柱），能够遮风避雨，可供人们在其中生产、学习、工作、娱乐、居住或储藏物资的场所。房地产开发企业建造的商品房，在出售前，不征收房产税；但对出售前房地产开发企业已使用或出租、出借的商品房，应按规定征收房产税。

房产税的征收范围为城市、县城、建制镇和工矿区。具体规定如下：

（1）城市是指经国务院批准设立的市。

（2）县城是指未设立建制镇的县人民政府所在地。

（3）建制镇是指经省、自治区、直辖市人民政府批准设立的建制镇。

（4）工矿区是指工商业比较发达，人口比较集中，符合国务院规定的建制镇标准，但尚未设立建制镇的大中型工矿企业所在地。开征房产税的工矿区须经省、自治区、直辖市人民政府批准。

房产税的征收范围不包括农村,这主要是为了减轻农民的负担。因为农村的房屋,除农副业生产用房外,大部分是农民居住用房。对农村房屋不纳入房产税征收范围,有利于农业发展,繁荣农村经济,促进社会稳定。

三、纳税义务人

房产税是以房屋为征税对象,按照房屋的计税余值或租金收入,向产权所有人征收的一种财产税。房产税以在征收范围内的房屋产权所有人为纳税人。其中:

(1) 产权属于全民所有的,由经营管理单位纳税;产权属于集体和个人所有的,由集体单位和个人纳税。

所称单位,包括国有企业、集体企业、私营企业、股份制企业、外商投资企业、外国企业和其他企业及事业单位、社会团体、国家机关、军队和其他单位;所称个人,包括个体工商户和其他个人。

(2) 产权出典的,由承典人纳税。所谓产权出典,是指产权所有人将房屋、生产资料等的产权,在一定期限内典当给他人使用,而取得资金的一种融资业务。这种业务大多发生于出典人急需用款,但又想保留产权回赎权的情况。承典人向出典人交付一定的典价之后,在质典期内即获抵押物品的支配权,并可转典。产权的典价一般要低于卖价。出典人在规定期间内须归还典价的本金和利息,方可赎回出典房屋等的产权。在房屋出典期间,产权所有人已无权支配房屋,因此,税法规定对房屋具有支配权的承典人为纳税人。

(3) 产权所有人、承典人不在房产所在地的,或者产权未确定及租典纠纷未解决的,由房产代管人或者使用人纳税。

所谓租典纠纷,是指产权所有人在房产出典和租赁关系上,与承典人、租赁人发生各种争议,特别是权利和义务的争议悬而未决的。此外,还有一些产权归属不清的问题,也都属于租典纠纷。对于租典纠纷尚未解决的房产,税法规定代管人或者使用人为纳税人,主要目的在于加强征收管理,保证房产税及时入库。

(4) 无租使用其他房产的问题。纳税单位和个人无租使用房产管理部门、免税单位及纳税单位的房产,应由使用人代为缴纳房产税。

四、税率

我国现行房产税采用的是比例税率。因为房产税的计税依据分为从价计征和从租计征两种形式,所以房产税的税率也有两种:一种是按房产原值一次减除10%~30%后的余值计征的,税率为1.2%;另一种是按房产出租的租金收入征税的,税率为12%。自

2008年3月1日起，对个人出租住房，不区分用途，按4%的税率征收房产税。

五、计税依据

房产税的计税依据是房产的计税价值或房产的租金收入。按照房产计税价值征税的，称为从价计征；按照房产租金收入征税的，称为从租计征。

（一）从价计征

《房产税暂行条例》规定，房产税依照房产原值一次减除10%~30%后的余值计算缴纳。具体减除幅度，由省、自治区、直辖市人民政府确定。

（1）房产原值是指纳税人按照会计制度规定，在会计核算账簿"固定资产"科目中记载的房屋原价。因此，凡按会计制度规定在账簿中记载有房屋原价的，应以房屋原价按规定减除一定比例后为房产余值计征房产税；没有记载房屋原价的，按照上述原则，并参照同类房屋确定房产原值，按规定计征房产税。

需要注意的是，自2009年1月1日起，对依照房产原值计税的房产，不论是否记载在会计账簿固定资产科目中，均应按照房屋原价计算缴纳房产税。房屋原价应根据国家有关会计制度规定进行核算。对纳税人未按国家会计制度规定核算并记载的，应按规定予以调整或重新评估。

自2010年12月21日起，对按照房产原值计税的房产，无论会计上如何核算，房产原值均应包含地价，包括为取得土地使用权支付的价款、开发土地发生的成本费用等。宗地容积率低于0.5的，按房产建筑面积的2倍计算土地面积并据此确定计入房产原值的地价。

（2）房产原值应包括与房屋不可分割的各种附属设备或一般不单独计算价值的配套设施。主要包括：暖气、卫生、通风、照明、煤气等设备；各种管线，如蒸汽、压缩空气、石油、给水排水等管道及电力、电信、电缆导线；电梯、升降机、过道、晒台等。属于房屋附属设备的水管、下水道、暖气管、煤气管等应从最近的探视井或三通管起，计算原值；电灯网、照明线从进线盒连接管起，计算原值。

自2006年1月1日起，为了维持和增加房屋的使用功能或使房屋满足设计要求，凡以房屋为载体，不可随意移动的附属设备和配套设施，如给排水、采暖、消防、中央空调、电气及智能化楼宇设备等，无论在会计核算中是否单独记账与核算，都应计入房产原值，计征房产税。对于更换房屋附属设备和配套设施的，在将其价值计入房产原值时，可扣减原来相应设备和设施的价值；对附属设备和配套设施中易损坏、需要经常更换的零配件，更新后不再计入房产原值。

（3）纳税人对原有房屋进行改建、扩建的，要相应增加房屋的原值。房产余值是房产原值减除规定比例后的剩余价值。此外，还应注意以下两个问题：

① 对投资联营的房产，在计征房产税时应予以区别对待。对于以房产投资联营，

投资者参与投资利润分红，共担风险的，按房产余值作为计税依据计征房产税；对于以房产投资，收取固定收入，不承担联营风险的，实际是以联营名义取得房产租金，应根据《房产税暂行条例》的有关规定由出租方按租金收入计缴房产税。

② 对于融资租赁房屋的情况，由于租赁费包括购进房屋的价款、手续费、借款利息等，与一般房屋出租的"租金"内涵不同，且租赁期满后，当承租方偿还最后一笔租赁费时，房屋产权要转移到承租方。这实际是一种变相的分期付款购买固定资产的形式，因此在计征房产税时应以房产余值计算征收。根据《关于房产税城镇土地使用税有关问题的通知》（财税〔2009〕128号）的规定，融资租赁的房产，由承租人自融资租赁合同约定开始日的次月起依照房产余值缴纳房产税。合同未约定开始日的，由承租人自合同签订的次月起依照房产余值缴纳房产税。

(4) 居民住宅区内业主共有的经营性房产缴纳房产税。自2007年1月1日起，对居民住宅区内业主共有的经营性房产，由实际经营（包括自营和出租）的代管人或使用人缴纳房产税。其中，自营的，依照房产原值减除10%~30%后的余值计征，没有房产原值或不能将业主共有房产与其他房产的原值准确划分开的，由房产所在地地方税务机关参照同类房产核定房产原值；出租的，依照租金收入计征。

(5) 凡在房产税征收范围内的具备房屋功能的地下建筑，包括与地上房屋相连的地下建筑及完全建在地面以下的建筑、地下人防设施等，均应当依照有关规定征收房产税。上述具备房屋功能的地下建筑是指有屋面和维护结构，能够遮风避雨，可供人们在其中生产、经营、工作、学习、娱乐、居住或储藏物资的场所。自用的地下建筑，按以下方式计税：

① 工业用途房产，以房屋原价的50%~60%为应税房产原值。

$$应纳房产税的税额 = 应税房产原值 \times [1 - (10\% \sim 30\%)] \times 1.2\%$$

② 商业和其他用途房产，以房屋原价的70%~80%为应税房产原值。

$$应纳房产税的税额 = 应税房产原值 \times [1 - (10\% \sim 30\%)] \times 1.2\%$$

房屋原价折算为应税房产原值的具体比例，由各省、自治区、直辖市和计划单列市财政和地方税务部门在上述幅度内自行确定。

对于与地上房屋相连的地下建筑，如房屋的地下室、地下停车场、商场的地下部分等，应将地下部分与地上房屋视为一个整体，按照地上房屋建筑的有关规定计算征收房产税。

(二) 从租计征

房产出租的，以房产租金收入为房产税的计税依据。

所谓房产的租金收入，是房屋产权所有人出租房产使用权所得的报酬，包括货币收入和实物收入。

如果是以劳务或者其他形式为报酬抵付房租收入的，应根据当地同类房产的租金水平，确定一个标准租金额从租计征。

对于出租房产，租赁双方签订的租赁合同约定有免收租金期限的，免收租金期间由产权所有人按照房产原值缴纳房产税。

出租的地下建筑，按照出租地上房屋建筑的有关规定计算征收房产税。

六、应纳税额的计算

房产税的计税依据有两种，与之相对应的应纳税额计算也分为两种：一是从价计征的计算；二是从租计征的计算。

（一）从价计征的计算

从价计征是按房产原值减除一定比例后的余值计征，其计算公式为：

$$应纳税额 = 应税房产原值 \times (1 - 扣除比例) \times 1.2\%$$

如前所述，房产原值是"固定资产"科目中记载的房屋原价；减除一定比例是省、自治区、直辖市人民政府规定的10%~30%的减除比例；计征的适用税率为1.2%。

【例9-1】 某企业的经营用房原值为8 000万元，按照当地规定允许减除30%后按余值计税，适用税率为1.2%。请计算该企业当年应缴纳的房产税。

【答案】
应纳税额 = 8 000 × (1 − 30%) × 1.2% = 67.2(万元)。

（二）从租计征的计算

从租计征是按房产的租金收入计征，其计算公式为：

$$应纳税额 = 租金收入 \times 12\%（或4\%）$$

【例9-2】 某公司出租房屋8间，年租金收入为25万元，适用税率为12%。请计算该公司当年应缴纳的房产税。

【答案】
应纳税额 = 25 × 12% = 3(万元)。

七、税收优惠

房产税的税收优惠是根据国家政策需要和纳税人的负担能力制定的。房产税属于地方税，因此给予地方一定的减免权限，有利于地方因地制宜地处理问题。

目前，房产税的税收优惠政策主要有：

（1）国家机关、人民团体、军队自用的房产免征房产税。但上述免税单位出租的房产及非本身业务用的生产、营业用房，不属于免税范围。

上述"人民团体"，是指经国务院授权的政府部门批准设立或登记备案并由国家拨付行政事业费的各种社会团体。

上述"自用的房产",是指这些单位本身的办公用房和公务用房。

(2) 由国家财政部门拨付事业经费的单位,如学校、医疗卫生单位、托儿所、幼儿园、敬老院、文化、体育、艺术这些实行全额或差额预算管理的事业单位所有的,本身业务范围内使用的房产免征房产税。

(3) 宗教寺庙、公园、名胜古迹自用的房产免征房产税。

宗教寺庙自用的房产,是指举行宗教仪式等的房屋和宗教人员使用的生活用房屋。公园、名胜古迹自用的房产,是指供公共参观游览的房屋及其管理单位的办公用房屋。宗教寺庙、公园、名胜古迹中附设的营业单位,如影剧院、饮食部、茶社、照相馆等所使用的房产及出租的房产,不属于免税范围,应照章纳税。

(4) 个人所有非营业用的房产免征房产税。

个人所有的非营业用房,主要是指居民住房,不分面积多少,一律免征房产税。

个人拥有的营业用房或者出租的房产,不属于免税房产,应照章纳税。

(5) 经财政部批准免税的其他房产,主要有:

① 对非营利性医疗机构、疾病控制机构和妇幼保健机构等卫生机构自用的房产,免征房产税。

② 从2001年1月1日起,对按政府规定价格出租的公有住房和廉租住房,包括企业和自收自支事业单位向职工出租的单位自有住房,房管部门向居民出租的公有住房,落实私房政策中带户发还产权并以政府规定租金标准向居民出租的私有住房等,暂免征收房产税。

③ 对公租房,免征房产税。公租房经营管理单位应单独核算公租房租金收入,未单独核算的,不得享受免征房产税优惠政策。

(6) 自2019年1月1日至2021年12月31日,对国家级、省级科技企业孵化器、大学科技园和国家备案众创空间自用及无偿或通过出租等方式提供给在孵对象使用的房产,免征房产税。上述所称在孵对象是指符合相关认定和管理办法规定的孵化企业、创业团队和个人。国家级、省级科技企业孵化器、大学科技园和国家备案众创空间应按规定申报享受免税政策,并将房产土地权属资料、房产原值资料、房产土地租赁合同、孵化协议等留存备查,税务部门依法加强后续管理。2018年12月31日以前认定的国家级科技企业孵化器、大学科技园,自2019年1月1日起享受上述税收优惠政策。2019年1月1日以后认定的国家级、省级科技企业孵化器、大学科技园和国家备案众创空间,自认定之日次月起享受上述税收优惠政策。2019年1月1日以后被取消资格的,自取消资格之日次月起停止享受上述税收优惠政策。

(7) 自2019年1月1日至2021年12月31日,对高校学生公寓,免征房产税。上述所称高校学生公寓,是指为高校学生提供住宿服务,按照国家规定的收费标准收取住宿费的学生公寓。企业享受本条规定的免税政策,应按规定进行免税申报,并将不动产权属证明、载有房产原值的相关材料、房产用途证明、租赁合同等资料留存备查。

(8) 自 2019 年 1 月 1 日至 2021 年 12 月 31 日，对农产品批发市场、农贸市场（包括自有和承租，下同）专门用于经营农产品的房产，暂免征收房产税。对同时经营其他产品的农产品批发市场和农贸市场使用的房产，按其他产品与农产品交易场地面积的比例确定征免房产税。

① 农产品批发市场和农贸市场，是指经工商登记注册，供买卖双方进行农产品及其初加工品现货批发或零售交易的场所。农产品包括粮油、肉禽蛋、蔬菜、干鲜果品、水产品、调味品、棉麻、活畜、可食用的林产品及由省、自治区、直辖市财税部门确定的其他可食用的农产品。

② 享受上述税收优惠的房产，是指农产品批发市场、农贸市场直接为农产品交易提供服务的房产。农产品批发市场、农贸市场的行政办公区、生活区，以及商业餐饮娱乐等非直接为农产品交易提供服务的房产，不属于上述优惠范围，应按规定征收房产税。

③ 企业享受上述免税政策，应按规定进行免税申报，并将不动产权属证明、载有房产原值的相关材料、租赁协议、房产土地用途证明等资料留存备查。

(9) 自 2019 年 1 月 1 日至 2020 年 12 月 31 日，对向居民供热收取采暖费的供热企业，为居民供热所使用的厂房，免征房产税；对供热企业其他厂房，应当按照规定征收房产税。

① 对专业供热企业，按其向居民供热取得的采暖费收入占全部采暖费收入的比例，计算免征的房产税。

② 对兼营供热企业，视其供热所使用的厂房与其他生产经营活动所使用的厂房是否可以区分，按照不同方法计算免征的房产税。可以区分的，对其供热所使用厂房，按向居民供热取得的采暖费收入占全部采暖费收入的比例，计算免征的房产税。难以区分的，对其全部厂房，按向居民供热取得的采暖费收入占其营业收入的比例，计算免征的房产税。

③ 对自供热单位，按向居民供热建筑面积占总供热建筑面积的比例，计算免征供热所使用的厂房的房产税。

(10) 自 2019 年 1 月 1 日至 2021 年 12 月 31 日，由省、自治区、直辖市人民政府根据本地区实际情况，以及宏观调控需要确定，对增值税小规模纳税人可以在 50% 的税额幅度内减征房产税。增值税小规模纳税人已依法享受房产税其他优惠政策的，可叠加享受上述规定的优惠政策。

(11) 自 2019 年 1 月 1 日至 2023 年 12 月 31 日，对公租房免征房产税。公租房经营管理单位应单独核算公租房租金收入，未单独核算的，不得享受免征房产税优惠政策。

八、征收管理

（一）纳税义务发生时间

（1）纳税人将原有房产用于生产经营，从生产经营之月起缴纳房产税。

（2）纳税人自行新建房屋用于生产经营，从建成之次月起缴纳房产税。

（3）纳税人委托施工企业建设的房屋，从办理验收手续之次月起缴纳房产税。

（4）纳税人购置新建商品房，自房屋交付使用之次月起缴纳房产税。

（5）纳税人购置存量房，自办理房屋权属转移、变更登记手续，房地产权属登记机关签发房屋权属证书之次月起缴纳房产税。

（6）纳税人出租、出借房产，自交付出租、出借房产之次月起缴纳房产税。

（7）房地产开发企业自用、出租、出借本企业建造的商品房，自房屋使用或交付之次月起缴纳房产税。

（8）纳税人因房产的实物或权利状态发生变化而依法终止房产税纳税义务的，其应纳税款的计算应截止到房产的实物或权利状态发生变化的当月月末。

（二）纳税期限

房产税实行按年计算、分期缴纳的征收方法，具体纳税期限由省、自治区、直辖市人民政府确定。

（三）纳税地点

房产税在房产所在地缴纳。房产不在同一地方的纳税人，应按房产的坐落地点分别向房产所在地的税务机关纳税。

第二节　车船税法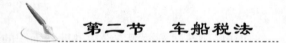

车船税法是指国家制定的用于调整车船税征纳双方权利和义务关系的法律规范。

一、车船税概述

车船税是以车船为征税对象，向拥有车船的单位和个人征收的一种税。

我国现行车船税的基本法律规范是 2011 年 2 月 25 日第十一届全国人民代表大会常务委员会第十九次会议通过的《中华人民共和国车船税法》（以下简称《车船税法》），该法自 2012 年 1 月 1 日起施行。

征收车船税有利于地方政府筹集财政资金，有利于车船的管理和合理配置，也有利